Janina Jacke
Systematik unzuverlässigen Erzählens

Narratologia

Contributions to Narrative Theory

Edited by
Fotis Jannidis, Matías Martínez, John Pier,
Wolf Schmid (executive editor)

Editorial Board
Catherine Emmott, Monika Fludernik, José Ángel García Landa, Inke Gunia,
Peter Hühn, Manfred Jahn, Markus Kuhn, Uri Margolin, Jan Christoph Meister,
Ansgar Nünning, Marie-Laure Ryan, Jean-Marie Schaeffer, Michael Scheffel,
Sabine Schlickers

Band 66

Janina Jacke

Systematik unzuverlässigen Erzählens

—

Analytische Aufarbeitung und Explikation
einer problematischen Kategorie

DE GRUYTER

Gedruckt mit Unterstützung des Förderungsfonds Wissenschaft der VG WORT

ISBN 978-3-11-077816-8
e-ISBN (PDF) 978-3-11-065968-9
e-ISBN (EPUB) 978-3-11-065920-7
ISSN 1612-8427

Library of Congress Control Number: 2019947864

Bibliografische Information der Deutschen Nationalbibliothek
Die Deutsche Nationalbibliothek verzeichnet diese Publikation in der Deutschen
Nationalbibliografie; detaillierte bibliografische Daten sind im Internet
über http://dnb.dnb.de abrufbar.

© 2021 Walter de Gruyter GmbH, Berlin/Boston
Dieser Band ist text- und seitenidentisch mit der 2020 erschienenen
gebundenen Ausgabe.
Satz: Integra Software Services Pvt. Ltd.
Druck und Bindung: CPI books GmbH, Leck

www.degruyter.com

für Arne und Silas

Vorwort

Die vorliegende Studie ist eine überarbeitete Fassung meiner Dissertation, die ich im Januar 2018 an der Universität Hamburg eingereicht habe. Ich möchte all denjenigen danken, die mich bei der Arbeit an diesem Buch unterstützt haben.

Mein Doktorvater Jan Christoph Meister hat mein Interesse an Erzähltheorie geweckt, die Arbeit an meiner Dissertation begleitet und mich durch Stellen in verschiedenen Projekten nicht zuletzt auch finanziell gefördert. Meinem Zweitgutachter Tom Kindt bin ich ebenfalls zu Dank verpflichtet – unter anderem auch dafür, dass ich durch seine Arbeiten die analytische Literaturwissenschaft kennen gelernt habe. Ebenso danke ich Tilmann Köppe, der nicht nur als externer Gutachter für diese Arbeit fungiert, sondern mich vielfach unterstützt hat. Weiterer Dank gilt den Gutachtern, die für die Aufnahme dieser Arbeit in die Narratologia-Reihe plädiert haben, und den Herausgebern der Reihe – insbesondere Wolf Schmid, der die Aufnahme betreut hat.

Für hilfreiche fachliche Diskussionen zum Thema meiner Dissertation und darum herum danke ich Evelyn Gius und Christian Folde. Johannes Franzen hat mich auf einige interessante unzuverlässige Erzähler aufmerksam gemacht. Thomas Petraschka, Vincenz Pieper, Matthias Aumüller und wiederum Jan Christoph Meister möchte ich für detaillierte Kommentare zu dieser Arbeit danken.

Danken möchte ich außerdem meinen Eltern für ihre Unterstützung. Mein größter Dank gilt Arne Spudy für fortwährende inhaltliche Diskussionen auf allen Detailebenen, Planungshilfe und moralischen Beistand. Ohne ihn wäre die Fertigstellung dieser Arbeit schwer vorstellbar gewesen.

Inhaltsverzeichnis

Vorwort —— VII

I **Einleitung** —— 1
  1 Problemaufriss —— 1
  2 Vorgehen —— 7
  3 Ziel der Arbeit —— 9

II **Definitionen** —— 11
  1 Fünf Tätigkeitstypen, fünf Unzuverlässigkeitstypen: Was ein Erzähler alles auf unzuverlässige Weise tun kann —— 17
    1.1 Was der Erzähler behauptet – sprachliche faktenbezogene Unzuverlässigkeit —— 20
    1.1.1 Berichten vs. Interpretieren —— 25
    1.1.2 Generalisieren (oder: Theoretisieren) —— 29
    1.1.3 Kommentieren —— 31
    1.2 Was der Erzähler für wahr hält – kognitive faktenbezogene Unzuverlässigkeit —— 34
    1.3 Welche Werturteile der Erzähler äußert – sprachliche wertebezogene Unzuverlässigkeit —— 39
    1.4 Welche Werte der Erzähler annimmt – kognitive wertebezogene Unzuverlässigkeit —— 46
    1.5 Welche Werte der Erzähler durch seine Handlungen exemplifiziert – aktionale wertebezogene Unzuverlässigkeit —— 49
    1.6 Zusammenfassung: Zum Verhältnis zwischen den fünf Unzuverlässigkeitstypen —— 52
  2 Adäquatheitskriterien: Wann ein Fehlverhalten vorliegt —— 58
    2.1 Adäquatheitskriterien für die Assertionen des Erzählers —— 64
    2.1.1 Korrektheit der Assertionen —— 64
    2.1.2 Vollständigkeit der Assertionen —— 67
    2.1.2.1 Täuschung durch Auslassung —— 71
    2.1.2.2 Unentscheidbares Erzählen —— 74
    2.1.2.3 Fehlende Reichweite der Deutungen —— 79
    2.1.2.4 Zusammenfassung —— 84
    2.2 Adäquatheitskriterien für die Überzeugungen des Erzählers —— 84

- 2.3 Adäquatheitskriterien für die Wertäußerungen des Erzählers — **86**
  - 2.3.1 ‚Korrektheit' der Wertäußerungen — **86**
  - 2.3.2 ‚Vollständigkeit' der Wertäußerungen — **87**
- 2.4 Adäquatheitskriterien für die Wertungshaltungen des Erzählers — **92**
- 2.5 Adäquatheitskriterien für die werteexemplifizierenden Handlungen des Erzählers — **93**
- 2.6 Zusammenfassung — **94**

3 Bezugsinstanzen: Inwiefern unzuverlässiges Erzählen an Interpretationstheorien gekoppelt ist — **97**
- 3.1 Die verschiedenen Rollen der Bezugsinstanzen in Theorien unzuverlässigen Erzählens — **103**
  - 3.1.1 Bezugsinstanz als Werteschablone — **103**
  - 3.1.2 Bezugsinstanz bei Feststellung der Fakten — **106**
  - 3.1.3 Bezugsinstanz bei Feststellung der Werkbedeutung — **108**
  - 3.1.4 Zusammenfassung — **111**
- 3.2 Drei Bezugsinstanzen: impliziter Autor, realer Autor und Leser — **113**
  - 3.2.1 Der implizite Autor als Bezugsinstanz — **113**
  - 3.2.2 Der reale Autor als Bezugsinstanz — **125**
  - 3.2.3 Der reale Leser als Bezugsinstanz — **135**
- 3.3 Zum Umgang mit dem Bezugsinstanzen-Pluralismus — **146**

4 ‚Mildernde Umstände'? Offenheit, Auflösung und Korrektur — **158**
- 4.1 Täuschende vs. offene Unzuverlässigkeit — **160**
- 4.2 Aufgelöste vs. nicht-aufgelöste Unzuverlässigkeit — **167**
- 4.3 Zusammenfassung — **172**

5 Nur ‚ein bisschen' unzuverlässig? Die Rolle des Grads — **173**
- 5.1 Das Maß — **176**
- 5.2 Die Relevanz — **178**
- 5.3 Die Häufigkeit — **180**
- 5.4 Zur Operationalisierung der Graduierung — **180**

6 Nur verdächtig oder bereits überführt? Zur Realisiertheit der Fehlfunktion — **183**
- 6.1 Bestätigungs- vs. Wahrscheinlichkeitsansatz — **184**
- 6.2 Zur Operationalisierung des Wahrscheinlichkeitsansatzes — **192**

III Typologie —— 195

- 1 Anforderungen an Typologien —— 196
  - 1.1 Anzahl der Parameter —— 196
  - 1.2 Relevanz der Parameter —— 197
  - 1.3 Exklusivität und Vollständigkeit —— 198
  - 1.4 Kombinierbarkeit —— 199
- 2 Diskussion der definitionsrelevanten Typologien unzuverlässigen Erzählens —— 200
  - 2.1 Grundtypen —— 200
  - 2.2 Sonderfall: Bezugsinstanztypen —— 204
  - 2.3 Weitere definitionsrelevante Typen —— 205
- 3 Exemplarische Diskussion rein heuristischer Typologien —— 207
  - 3.1 Intentionale vs. nicht-intentionale Unzuverlässigkeit —— 208
  - 3.2 Unzuverlässiges Berichten vs. unzuverlässiges Interpretieren —— 210
  - 3.3 Picaros, Verrückte, Naive und Clowns —— 212
  - 3.4 Bindende vs. entfremdende Unzuverlässigkeit —— 215
  - 3.5 Zusammenfassung —— 217

IV Prinzipien der Anwendung —— 219

- 1 Anwendungsbereich: Wann ist Unzuverlässigkeit möglich? —— 219
  - 1.1 Heterodiegetische, nicht-personale, allwissende und festlegende Erzähler —— 220
    - 1.1.1 Definitionen und Interrelationen —— 220
      - 1.1.1.1 Homodiegetisch vs. heterodiegetisch —— 221
      - 1.1.1.2 Personal vs. nicht-personal —— 222
      - 1.1.1.3 Beschränkt vs. allwissend —— 226
      - 1.1.1.4 Repräsentierend vs. festlegend —— 228
    - 1.1.2 Die vier Erzählertypen und Unzuverlässigkeit —— 234
      - 1.1.2.1 Heterodiegetische Erzähler —— 234
      - 1.1.2.2 Festlegende Erzähler —— 234
      - 1.1.2.3 Allwissende Erzähler —— 237
      - 1.1.2.4 Nicht-personale Erzähler —— 238
  - 1.2 Intradiegetische Erzähler —— 242
  - 1.3 Reflektorfiguren —— 247

1.4 Genre- und epochenspezifische Erzählkonventionen —— 256
1.4.1 Unzuverlässigkeit im Realismus —— 257
1.4.2 Unzuverlässigkeit in der Moderne —— 259
1.4.3 Unzuverlässigkeit in der Postmoderne —— 260
2 Unzuverlässigkeitsdiagnosen: Methoden der Feststellung und Status der Hypothesen —— 262
2.1 Kriterien der Interpretativität —— 263
2.2 Die Interpretativität von Unzuverlässigkeitsdiagnosen —— 268
2.2.1 Die Generierung von Unzuverlässigkeitshypothesen —— 269
2.2.2 Die Rechtfertigung von Unzuverlässigkeitshypothesen —— 275
2.2.2.1 Feststellung der fiktiven Fakten —— 276
2.2.2.2 Feststellung der ‚Werte des Werks' —— 282
2.2.2.3 Konzeptuelle Kopplung an bestimmte Kontexte —— 284
2.2.2.4 Konzeptuelle Kopplung an Werkbedeutung —— 285
2.2.2.5 Zusammenfassung —— 286

V Explikation unzuverlässigen Erzählens —— 289
1 Definitionstheorie —— 290
2 Probleme bei der Explikation unzuverlässigen Erzählens —— 293
2.1 Komplexitätsreduktion unter Rückgriff auf das Exaktheitskriterium —— 295
2.2 Komplexitätsreduktion unter Rückgriff auf das Ähnlichkeitskriterium —— 296
2.3 Komplexitätsreduktion unter Rückgriff auf das Fruchtbarkeitskriterium —— 298
3 Explikationsvorschlag für „unzuverlässiges Erzählen" —— 298
3.1 Einschränkung unter Rekurs auf Tätigkeitstypen und Adäquatheitskriterien —— 299
3.2 Einschränkung unter Rekurs auf Bezugspunkte —— 301
3.3 Einschränkung unter Rekurs auf ‚mildernde Umstände' —— 303
3.4 Einschränkung unter Rekurs auf den Grad —— 303
3.5 Erweiterung unter Rekurs auf Wahrscheinlichkeitserwägungen —— 305
3.6 Zusammenfassung —— 307

VI Schlussbetrachtungen und Ausblick —— 309

Literatur —— 315

Namensregister —— 327

I Einleitung

1 Problemaufriss

„Unzuverlässiges Erzählen" ist eines der meistdiskutierten Konzepte der Narratologie. Als solches dient es dazu, bestimmte Eigenschaften fiktionaler Erzähltexte[1] zu identifizieren und zu anderen Eigenschaften in Beziehung zu setzen.[2] Doch welche Eigenschaften sind es, die durch den Ausdruck „unzuverlässiges Erzählen"[3] gefasst werden sollen? Ganz allgemein gesprochen lässt sich sagen, dass der Ausdruck eine Besonderheit der erzählerischen Darstellung in einem Text beschreibt: Unzuverlässiges Erzählen liegt vor, wenn wir den Aussagen

---

1 Mit „Erzähltext" ist ein Text gemeint, der „von mindestens zwei Ereignissen handelt, die temporal geordnet sowie in mindestens einer weiteren Weise miteinander verknüpft sind" (Köppe und Kindt 2014: 43). Als fiktional soll ein Text genau dann gelten, wenn dieser aufgrund autor- und leserseitig akzeptierter Regeln als Einladung dazu verstanden wird, sich das Erzählte vorzustellen, und wenn Schlüsse auf die Wirklichkeit als verboten verstanden werden (vgl. Köppe und Kindt 2014: 74–79).
2 Die Narratologie ist eine geisteswissenschaftliche Disziplin, die sich mit den Prinzipien und Praktiken erzählender Darstellungen befasst (vgl. Meister 2014, § 1). Obwohl sich mittlerweile eine ganze Reihe von Varianten unterschiedlicher Ausrichtung ausgeprägt hat (vgl. Herman 1999), ist die Narratologie im Allgemeinen immer noch stark durch ihre formalistischen und strukturalistischen Ursprünge geprägt: Der Fokus liegt weiterhin meist auf der Analyse formaler bzw. struktureller Aspekte von Erzählungen, d. h. der *Art und Weise*, wie Geschichten vermittelt werden (*discours*). Für diese Analysen wird ein spezifisches und in weiten Teilen konsensuell anerkanntes begriffliches Instrumentarium narratologischer Konzepte bzw. Kategorien verwendet, wie beispielsweise die von Gérard Genette eingeführten Kategorien zur Analyse der Zeit, des Modus und der Stimme (vgl. Genette 2010).
  Während im Rahmen narratologischer Analysen heutzutage fiktionale wie nicht-fiktionale Erzählungen sowie Erzählungen in ganz unterschiedlichen Medien untersucht werden, beschränke ich mich in dieser Arbeit auf die Untersuchung unzuverlässigen Erzählens in textuellen, fiktionalen Erzählungen. Die Option der Übertragung meiner Analysen und Vorschläge auf unzuverlässiges Erzählen in nicht-fiktionalen und beispielsweise in filmischen Erzählungen wird allerdings in Kapitel VI kurz angerissen. Für einen Überblick über bestimmte Varianten nicht-fiktionalen Erzählens vgl. beispielsweise Fludernik (2013) oder Schwalm (2014); zum Erzählen in anderen Medien vgl. Thon (2016).
3 Ich werde die Ausdrücke „unzuverlässiges Erzählen", „erzählerische Unzuverlässigkeit" und „unzuverlässiger Erzähler" in dieser Arbeit synonym verwenden, da sie auch in der Unzuverlässigkeitsforschung meist austauschbar bzw. zumindest ohne geregelte Unterscheidung verwendet werden. Die Frage, ob unzuverlässiges Erzählen auch ‚ohne Erzähler' auftreten kann (bzw. wie sich die Konzepte *erzählerlose Erzählung* und *nicht-personaler Erzähler* zueinander verhalten), wird in Kapitel IV.1.1 kurz adressiert.

des Erzählers[4] nicht trauen können. Als klassisches Beispiel für unzuverlässiges Erzählen wird häufig Edgar Allan Poes Erzählung *The Tell-Tale Heart* angeführt. Dort versucht der Erzähler hartnäckig, sich für einen Mord an einem alten Mann zu rechtfertigen, und meint schließlich, das Herz des Toten unter seinen Dielenbrettern schlagen zu hören (vgl. Poe 1902).

Auch wenn uns diese allgemeine Charakterisierung und das Beispiel eine Vorstellung davon vermitteln, was unter dem Ausdruck „unzuverlässiges Erzählen" zu verstehen ist, muss unser Verständnis auf Basis dieser Angaben tentativ bleiben: Was erzählerische Unzuverlässigkeit *genau* ist, wissen wir noch nicht. Grund hierfür ist zum einen die Vagheit der Charakterisierung: Was genau soll es heißen, dass wir einem Erzähler nicht trauen können? Zum anderen ist auch die Angabe eines Beispiels für Unzuverlässigkeit nur scheinbar aussagekräftig genug, um das narratologische Konzept zu verstehen. Denn es ist unklar, welche Eigenschaften dieses Beispielfalls es im Einzelnen sind, die ihn zu einem Fall unzuverlässigen Erzählens machen. Ist es die Tatsache, dass es sich bei dem Erzähler um einen Mörder handelt? Oder ist das entscheidende Kriterium, dass der Erzähler uns etwas Unwahres erzählt – nämlich dass man das Herz der Leiche schlagen hören könne?

In der Tat ist unzuverlässiges Erzählen ein Konzept, das nicht sonderlich exakt bestimmt ist – und dies ist nicht unproblematisch. Schließlich sollen narratologische Konzepte bzw. Analysekategorien[5] dem Zweck dienen, eine genaue Analyse erzählender Texte zu ermöglichen und die wissenschaftliche Diskussion über diese Texte durch eine standardisierte Terminologie zu vereinfachen (vgl. auch Ohme 2015: 5). Beide Funktionen werden durch die ungenaue Bestimmung des Unzuverlässigkeitskonzepts untergraben: Die sehr allgemein gehaltene Bestimmung lässt es zu, dass sehr viele unterschiedliche Erzählphänomene als Fälle unzuverlässigen Erzählens kategorisiert werden. Der durch den Terminus beschriebene Phänomenbereich ist also potenziell sehr groß und heterogen – eine besonders *genaue* Analyse ermöglicht die Klassifikation eines Textes als ‚unzuverlässig erzählt' also nicht. Zudem ist auch das Kriterium der Standardisierung nicht gegeben. Denn unterschiedliche Literaturwissenschaftler verwenden

---

[4] Aus Gründen besserer Lesbarkeit verwende ich in dieser Arbeit das generische Maskulinum (z. B. „Erzähler", „Literaturwissenschaftler", „Autor"), auch wenn alle Geschlechter gemeint sind.

[5] Ich bezeichne „unzuverlässiges Erzählen" in dieser Arbeit manchmal als Konzept und manchmal als (Analyse-)Kategorie. Meinem Verständnis nach stellen narratologische Analysekategorien einen Subtyp von Konzepten dar, die auf die konkrete Detailanalyse narrativer Phänomene in Texten gerichtet sind – Textteile können unter eine bestimmte Kategorie fallen oder nicht.

den Ausdruck „unzuverlässiges Erzählen" oft verschieden: Sie beschränken ihr Verständnis des Konzepts auf unterschiedliche Bedeutungsfacetten der Wendung „Wir können den Aussagen des Erzählers nicht trauen". Deswegen ist es häufig nicht ganz klar, was ein bestimmter Literaturwissenschaftler konkret im Sinn hat, wenn er einen Text als „unzuverlässig erzählt" einordnet.

Angesichts der Tatsachen, dass unzuverlässiges Erzählen einerseits ein äußerst häufig angewandtes Konzept in der Literaturanalyse und -interpretation ist, andererseits aber zu ungenau bestimmt zu sein scheint, um die Funktionen einer narratologischen Analysekategorie adäquat zu erfüllen, liegt der Versuch nahe, die Defizite des Konzepts durch eine Schärfung des Begriffs zu beheben. Und in der Tat existiert seit der Einführung des Unzuverlässigkeitsbegriffs im Jahr 1961 durch Wayne Booth eine immer noch rapide wachsende Vielzahl an Beiträgen, die genau dieses Ziel verfolgt. Dennoch gibt es immer noch keine in der Literaturwissenschaft allgemein akzeptierte Definition des Begriffs.[6] Diese Tatsache hat einige Literaturwissenschaftler zu der Annahme veranlasst, dass die Entwicklung einer standardisierten Verwendungsweise gar nicht *möglich* sei.[7] Den zentralen Grund hierfür sehen diese Forscher darin, dass unterschiedliche literaturwissenschaftliche Schulen den Unzuverlässigkeitsbegriff jeweils im Kontext ihrer eigenen Literatur- bzw. Interpretationstheorie nutzen wollen. Zu diesem Zweck würden die jeweiligen Theoretiker „unzuverlässiges Erzählen" so definieren, dass es bereits *auf konzeptueller Ebene* an die spezifischen theoretischen Grundannahmen der fraglichen Schule gekoppelt ist. Wie können wir uns dies vorstellen? Booth hat den Unzuverlässigkeitsbegriff bereits im Rahmen seiner Definition an das Konzept des *impliziten Autors* geknüpft: Ein Erzähler sei unzuverlässig, wenn seine Äußerungen und Handlungen nicht den Normen des impliziten Autors des fraglichen Werks entsprechen (vgl. Booth 1961: 158–159). Was genau unter einem impliziten Autor zu verstehen ist, soll an späterer Stelle noch ausführlich dargelegt werden.[8] Im vorliegenden Zusammenhang ist erst einmal nur wichtig zu verstehen, dass der implizite Autor ein Konstrukt ist, das eng mit der von Booth

---

6 Vor diesem Hintergrund ist es sowohl überraschend als auch unzutreffend, wenn Fludernik in ihrem Überblicksaufsatz von 2005 sieben Punkte nennt, hinsichtlich derer in der Unzuverlässigkeitsforschung angeblich Konsens besteht (vgl. Fludernik 2005: 39–41). Fludernik listet dort unter anderem mehrere Punkte, die das Thema der für Unzuverlässigkeit relevanten Bezugsinstanzen betreffen – hierüber bestand und besteht allerdings durchaus kein Konsens (siehe hierzu auch Kapitel II.3).
7 Die ausführlichste Herleitung und Begründung dieser Ansicht liefert Tom Kindt (vgl. Kindt 2008). Ich werde diese Hypothese in den Kapiteln II.3 und IV.2 noch in aller Ausführlichkeit darlegen und prüfen.
8 Das Konzept *impliziter Autor* wird in Kapitel II.3 und dort insbesondere unter II.3.2.1 zum Thema gemacht.

vertretenen rhetorischen Literatur- und Interpretationstheorie verknüpft ist. Von den Verfechtern anderer Schulen wird diesem Konstrukt oft vehemente Kritik entgegengebracht. Es ist also nicht verwunderlich, dass diese Literaturwissenschaftler ein derart definiertes Unzuverlässigkeitskonzept im Rahmen ihrer eigenen Vorhaben nicht sinnvoll nutzen können. Da allerdings bestimmte andere Facetten des Unzuverlässigkeitskonzepts – also eines Erzählers, ‚dessen Aussagen wir nicht trauen können' – offenbar dennoch einen Reiz für andere Schulen haben, existiert mittlerweile eine Reihe alternativer Definitionsvorschläge für „unzuverlässiges Erzählen". Diese kommen zwar ohne Bezugnahme auf den impliziten Autor aus, sind aber wiederum an Konzepte oder Instanzen gekoppelt, die in enger Verbindung zu den jeweiligen literaturwissenschaftlichen Schulen stehen. Ein Beispiel hierfür sind Definitionen, die im Kontext der kognitivistischen Narratologie entwickelt worden sind und „unzuverlässiges Erzählen" unter Rekurs auf interpretative Tätigkeiten des Lesers eines narrativen Textes verstehen[9] – ein anderes Beispiel stellen solche Definitionen dar, die – den Grundannahmen des Intentionalismus folgend – unzuverlässiges Erzählen unter Bezugnahme auf die Absichten des realen Autors definieren.[10]

Diese Definitionsunterschiede scheinen nun so gravierend und grundlegend zu sein, dass es aussichtslos erscheinen mag, weiter an der Schärfung und Standardisierung des Unzuverlässigkeitsbegriffs zu arbeiten. Und tatsächlich existieren sogar noch weitere Gründe, diese Einschätzung für zutreffend zu halten. Denn meines Erachtens gibt es neben den in der Unzuverlässigkeitsforschung bereits ausgiebig diskutierten Definitionsunterschieden, die aus der Kopplung des Begriffs an bestimmte Interpretationstheorien resultieren, noch mindestens *fünf* weitere Parameter, in Bezug auf welche bisher existierende Unzuverlässigkeitsdefinitionen sich unterscheiden.[11]

Ich bin allerdings dennoch der Ansicht, dass es zu vorschnell wäre, das Vorhaben der Schärfung und Standardisierung des Unzuverlässigkeitsbegriffs aufgrund dieses Befunds aufzugeben. Stattdessen erscheint es mir als überaus sinnvolle Aufgabe, der genauen Analyse der bisher existierenden Unzuverlässigkeitstheorien mehr Aufmerksamkeit zu widmen, als dies bisher in der Unzuverlässigkeitsforschung geschehen ist. Es existiert noch kein umfassender Vergleich der wichtigsten Unzuverlässigkeitstheorien, der die Gemeinsamkeiten und Unterschiede dieser Theorien – zusammen mit den Gründen für diese

---

9 Siehe hierzu auch Kapitel II.3.2.3.3.
10 Siehe hierzu auch Kapitel II.3.2.2.2.
11 Diese Parameter werden im folgenden Abschnitt (*Vorgehen*) aufgelistet und in Kapitel II näher erläutert.

Gemeinsamkeiten und Unterschiede – wirklich systematisch und detailliert herausstellt.[12] Ein möglicher Grund hierfür mag darin bestehen, dass es sich dabei keinesfalls um eine triviale Aufgabe handelt. Denn der Unzuverlässigkeitsbegriff wird in den meisten theoretischen Arbeiten nicht explizit definiert, sondern stattdessen tentativ charakterisiert und anhand von Beispielen illustriert.[13] Wie wir jedoch gesehen haben, steht dies der Klarheit des Begriffs entgegen. Ein umfassender Vergleich der existierenden Unzuverlässigkeitstheorien macht also zuallererst eine Rekonstruktion der den Theorien teilweise implizit zugrundeliegenden Unzuverlässigkeitsdefinitionen notwendig. Trotz des großen Aufwands sind Rekonstruktion und Vergleich der Definitionen aber durchaus lohnenswert – und dies aus mindestens drei Gründen:

Erstens führt eine systematische Rekonstruktion der Definitionsunterschiede dazu, dass wir einen detaillierten Überblick darüber bekommen, mit welchen erzählerischen Eigenheiten wir es im weiten und heterogenen Feld der ‚Unzuverlässigkeitsphänomene' eigentlich konkret zu tun haben. Durch die Identifikation der Definitionsunterschiede decken wir gleichzeitig eine *feinere Unterteilung des Phänomenbereichs* auf. Wenn wir beispielsweise feststellen, dass ein Theoretiker immer dann von unzuverlässigem Erzählen spricht, wenn ein Erzähler falsche Informationen über die erzählten Ereignisse vermittelt, ein anderer Theoretiker dagegen nur dann, wenn der Erzähler uns *absichtlich* täuschen will, dann kennen wir bereits ein interessantes Kriterium, anhand dessen wir ‚Unzuverlässigkeitsphänomene' genauer klassifizieren können. Wir können dann nämlich zwischen intentionaler und nicht-intentionaler fehlerhafter Informationsvergabe durch den Erzähler unterscheiden.[14] Während es sich beim Kriterium der Absichtlichkeit allerdings um ein schon recht bekanntes Merkmal zur Typisierung von Unzuverlässigkeitsphänomenen handelt, werden meine Rekonstruktionen einige Kriterien aufdecken, die in der Unzuverlässigkeitsdebatte bisher kaum oder noch gar nicht thematisiert worden sind. Durch

---

[12] Auch die kürzlich erschienene Arbeit von Meir Sternberg und Tamar Yacobi mit dem vielversprechenden Titel *(Un)Reliability in Narrative Discourse. A Comprehensive Overview* (Sternberg und Yacobi 2015) stellt hier keine Ausnahme dar. Der Grund hierfür liegt darin, dass der 170-seitige ‚Aufsatz' sich letztlich nur sehr kursorisch einer sorgfältigen systematischen Auswertung der bestehenden Ansätze widmet. Das Hauptanliegen scheint dagegen darin zu bestehen, die eigene konstruktivistisch-kognitivistische Theorie unzuverlässigen Erzählens in häufig wenig überzeugender Weise gegen Einwände zu verteidigen. In diesem Zuge werden zugleich sämtliche Schriften anderer Unzuverlässigkeitstheoretiker – seien diese kritisch oder affirmativ gegenüber dem konstruktivistischen Ansatz – auf unangenehm polemische Weise kritisiert. Eine detaillierte Diskussion dieses Ansatzes erfolgt in Kapitel II.3.3.
[13] Definitionstheoretische Grundlagen werden zu Beginn von Kapitel II adressiert und in Kapitel V.1 ausführlicher diskutiert.
[14] Aspekte der Intentionalität werden genauer in den Kapiteln II.1 und III.3 diskutiert.

die Identifizierung so einer Substrukturierung des Phänomenbereichs kommen wir dem Ziel, durch narratologische Konzepte eine möglichst genaue Analyse erzählender Texte zu ermöglichen, einen Schritt näher.

Zweitens wird durch eine detaillierte Rekonstruktion der Definitionsunterschiede zugleich deutlich, dass die Antwort auf viele literaturwissenschaftliche Streitfragen, die die praktische Anwendung des Unzuverlässigkeitskonzepts betreffen, danach variiert, welche Unzuverlässigkeitsdefinition zugrunde gelegt wird. Viele dieser Diskussionen sind also als reiner *Streit um Worte* zu verstehen. Was bedeutet das? Nehmen wir einmal an, ein Literaturwissenschaftler ist der Ansicht, dass wir es in einem bestimmten literarischen Text mit unzuverlässigem Erzählen zu tun haben – ein anderer Literaturwissenschaftler dagegen kategorisiert das Erzählen in diesem Text als zuverlässig. Zunächst scheint dieses Szenario nahezulegen, dass sich der Text schlichtweg unterschiedlich verstehen lässt: Schließlich sind literarische Texte oft mehrdeutig und lassen sich deswegen unterschiedlich interpretieren. Eine genauere Analyse der diskrepanten Kategorisierungen des Textes zeigt nun allerdings: Beide Literaturwissenschaftler haben dasselbe Textverständnis – sie sind beispielsweise beide der Ansicht, dass in ihnen ein Erzähler vorkommt, der uns falsche Informationen vermittelt. Ihre Ansichten variieren lediglich hinsichtlich der Frage, ob diese Eigenschaft allein bereits ausreicht, um den Text als ‚unzuverlässig erzählt' zu kategorisieren.

Ein ähnlicher Streit um Worte lässt sich übrigens auch im Hinblick auf allgemeine, theoretische Fragen feststellen, die mit der Anwendung des Unzuverlässigkeitskonzepts zu tun haben. Diese Fragen betreffen zum einen den Anwendungsbereich des Konzepts (z. B. die Frage, auf welche Typen von Erzählern das Konzept überhaupt sinnvoll angewandt werden kann)[15] und zum anderen die Methoden der Feststellung unzuverlässigen Erzählens (z. B. die Frage, ob die Feststellung unzuverlässigen Erzählens notwendigerweise eine interpretative Operation darstellt).[16] Auch hier kann eine genaue Rekonstruktion der verschiedenen Definitionsansätze zeigen, dass unterschiedliche Definitionsfacetten unzuverlässigen Erzählens zu unterschiedlichen Antworten führen. Die in die relevanten Debatten involvierten Theoretiker sprechen also oft gar nicht über den Anwendungsbereich oder die Feststellungsmethoden derselben Phänomene – es ist also kein Wunder, dass sie zu unterschiedlichen Ergebnissen kommen.

---

15 Siehe hierzu Kapitel IV.1.
16 Siehe hierzu Kapitel IV.2.

Drittens führt eine genaue vergleichende Rekonstruktion der Unzuverlässigkeitsdefinitionen aber auch dazu, dass wir auf der einen Seite einen genaueren Überblick über die *Gemeinsamkeiten* zwischen den einzelnen Ansätzen bekommen. Auf der anderen Seite lernen wir optimalerweise zugleich die *Gründe für die Differenzen* zwischen den Definitionen kennen. Beide Aspekte bieten Anknüpfungspunkte, um den Versuch der Standardisierung des Unzuverlässigkeitsbegriffs noch einmal in Angriff zu nehmen. Denn zum einen gibt es möglicherweise einen geteilten Begriffskern, der sich zumindest für eine Minimaldefinition unzuverlässigen Erzählens eignet – und zum anderen können wir die Gründe der einzelnen Theoretiker für ihre jeweilige Definitionsvariante evaluieren und so eventuell für eine standardisierte Nutzung des Unzuverlässigkeitsbegriffs im Sinne der am besten begründeten Definitionsvariante plädieren.

2 Vorgehen

Rekonstruktion und Vergleich existierender Unzuverlässigkeitsdefinitionen sowie, ganz allgemein, das Vorhaben der Schärfung des Unzuverlässigkeitsbegriffs werde ich im Rahmen dieser Arbeit in den folgenden Teilschritten durchführen:

Kapitel II – das umfangreichste Kapitel dieser Arbeit – ist der systematischen und vergleichenden Rekonstruktion der wichtigsten Unzuverlässigkeitsdefinitionen gewidmet. Diese Rekonstruktion erfolgt entlang der sechs Parameter, in Bezug auf welche Unzuverlässigkeitsdefinitionen variieren: die Tätigkeit, die ein Erzähler inadäquat ausführt (II.1), das Kriterium, das diese Inadäquatheit bedingt (II.2), die interpretationstheoretisch relevante Instanz, an welche die Unzuverlässigkeitsdefinition gekoppelt ist (II.3), mögliche relativierende Faktoren im Verhalten des Erzählers (II.4), der Grad, in welchem der Erzähler eine Tätigkeit inadäquat ausführt (II.5) und die Realisiertheit der inadäquat ausgeführten Tätigkeit (II.6). Was sich hinter diesen schlagwortartigen Beschreibungen der Parameter verbirgt, werde ich zu Beginn von Kapitel II genauer erläutern.

In Kapitel III werde ich mich der Untergliederung des Phänomenbereichs – oder, in anderen Worten, der Typologie – unzuverlässigen Erzählens genauer widmen. Dafür führe ich zunächst einige theoretische Kriterien zur Einordnung von Typologien ein (III.1) und nehme dann eine Bestandsaufnahme und Einordnung der ‚Unzuverlässigkeitstypologien' vor, die sich aus Kapitel II ergeben haben (III.2). Schließlich stelle ich noch einige etablierte zusätzliche, rein heuristische Typologien vor, die ebenfalls nach den zuvor eingeführten Kriterien genauer bestimmt werden.[17] Insgesamt dient dieses Kapitel auf der einen Seite einem genaueren Kennenlernen des ‚Phänomenbereichs Unzuverlässigkeit', indem es zum Beispiel die Frage beantwortet, welche Typologien kombiniert angewandt werden können und welche nicht. Auf der anderen Seite entsteht dadurch zugleich ein immer feineres Beschreibungsinstrumentarium für Unzuverlässigkeitsphänomene, das eine sehr genaue Analyse von Erzählungen ermöglicht, die in diesen Phänomenbereich fallen.[18]

Kapitel IV ist schließlich der Untersuchung der Anwendungsbedingungen unzuverlässigen Erzählens gewidmet: Aus den Kapiteln II und III ist eine detaillierte und systematische Aufstellung von Unzuverlässigkeitsphänomenen hervorgegangen. Die Fragen, unter welchen Bedingungen die entsprechenden Unterkategorien unzuverlässigen Erzählens überhaupt zur Anwendung kommen können (IV.1) und auf welche Weise die Feststellung der fraglichen Phänomene erfolgt (IV.2), können hier endlich relational für die einzelnen Phänomentypen beantwortet werden. Dieses Kapitel liefert also eine differenzierte Klärung einiger der am meisten diskutierten Fragen in der Unzuverlässigkeitsdebatte.

Während die Kapitel II bis IV einen vornehmlich rekonstruierenden und analysierenden Charakter haben, ist Kapitel V schließlich darauf ausgelegt, einen eigenen, regulierenden Vorschlag für die künftige Verwendung des Unzuverlässigkeitsbegriffs zu entwickeln. Dafür werde ich zunächst einige Grundlagen der Definitionstheorie einführen (V.1), um im Anschluss daran unter Rückgriff auf die bisherigen Ergebnisse die Probleme zu thematisieren, die sich

---

17 Was ich unter (rein) *heuristischen Typologien* (im Gegensatz zu *definitionsrelevanten Typologien*) verstehe, werde ich in Kapitel III genauer erläutern.

18 Ich werde im Rahmen dieser Arbeit auch spezielle Typen oder Typenkombinationen von Unzuverlässigkeitsphänomenen adressieren, die bisher im Rahmen literarischer Werke nur selten oder in Einzelfällen womöglich auch noch gar nicht umgesetzt worden sind. Dies lässt sich meines Erachtens aus mehreren Gründen rechtfertigen. Zum einen hat die Diskussion theoretischer Kombinationsmöglichkeiten in Kapitel II die Funktion zu zeigen, dass bisher nicht unterschiedene Unzuverlässigkeitsphänomene theoretisch unabhängig voneinander sind und deswegen im Rahmen der Unzuverlässigkeitsdefinition auseinandergehalten werden sollten. Zum anderen kann für Narratologen gerade die Analyse innovativer Sonderfälle des Erzählens interessant sein. So spricht sich beispielsweise auch Chatman explizit für die Diskussion narrativer Techniken aus, die noch nicht oder nur äußerst selten umgesetzt worden sind. Chatman selbst diskutiert beispielsweise die Möglichkeiten filmisch umgesetzter Unzuverlässigkeit zu einem Zeitpunkt, als unzuverlässiges Erzählen im Film, wie Chatman selbst anmerkt, noch vollkommen unterrepräsentiert war (vgl. Chatman 1990; 130–132). Ab Ende der 1990er Jahre wurde unzuverlässiges filmisches Erzählen dann mit rasant wachsender Häufigkeit umgesetzt. Seine Diskussion der Möglichkeiten filmischer Unzuverlässigkeit hatte also auch vor der tatsächlichen Umsetzung dieser Option schon ihre Berechtigung.

für die Formulierung eines regulierenden Vorschlags zur Verwendung des Unzuverlässigkeitsbegriffs stellen (V.2). In einem Versuch, die präsentierten Probleme bestmöglich zu lösen, werde ich schließlich einen gut begründeten Definitionsvorschlag für „unzuverlässiges Erzählen" anbieten, der sich meines Erachtens für eine standardisierte Verwendung des Konzepts eignen würde.

In Kapitel VI werde ich schließlich meine Ergebnisse zusammenfassen und reflektieren. Darüber hinaus gehe ich noch kurz auf drei Aspekte ein, die in dieser Arbeit weitgehend ausgeklammert wurden: die Funktionen unzuverlässigen Erzählens sowie die Anwendbarkeit der hier analysierten und entwickelten Modelle auf nicht-fiktionale Erzählungen und auf filmische Erzählungen.

3 Ziel der Arbeit

Mit meiner Arbeit möchte ich zwei komplementäre Beiträge zur Unzuverlässigkeitsforschung leisten: Zum einen – und hierin liegt der Fokus meiner Arbeit – möchte ich in einem weitgehend nicht-normativen Zugang die literaturwissenschaftliche Debatte um unzuverlässiges Erzählen umfassend systematisieren, um Konsens und Dissens, Ziele und Zusammenhänge, Probleme und Missverständnisse aufzudecken. In diesem Kontext gilt es, die sich in den existierenden Unzuverlässigkeitstheorien manifestierenden Absichten und wissenschaftlichen Grundannahmen ernst zu nehmen und nicht vorschnell Vorschläge aufgrund ihrer Verschiedenheit vom eigenen literaturtheoretischen Zugang abzutun. Die Relevanz, die diesem Ziel beigemessen wird, spiegelt sich im Fokus meiner Arbeit auf eine rekonstruierende, analysierende Herangehensweise an Unzuverlässigkeitstheorien wider (Kapitel II bis IV).

Zum anderen gibt es aber auch Ziele, die sich im Rahmen solch eines nicht-normativen Zugangs nicht realisieren lassen: Würde meine Arbeit nach Kapitel IV enden, stünden Literaturwissenschaftler, denen es hauptsächlich um die praktische Anwendung gut handhabbarer begrifflicher Instrumentarien für die Textanalyse geht, vor einem Problem. Sie müssten sich fragen: Ist es denn nun tatsächlich ratsam, alle in den vorangegangenen Kapiteln diskutierten Erzählphänomene als Varianten unzuverlässigen Erzählens zu verstehen? Ergäbe sich hieraus nicht ein allzu weiter, allzu heterogener Begriffsumfang, der der wissenschaftlichen Nützlichkeit des Konzepts entgegensteht? Um auch diesen Literaturwissenschaftlern ein sinnvolles Angebot unterbreiten zu können, schlage ich in Kapitel V in einem normativen Zugang eine Definition unzuverlässigen Erzählens vor, die in ihrer Komplexität reduziert und wissenschaftlich nützlich ist. Wer mit diesem Vorschlag nicht einverstanden ist – denn trotz sorgfältiger Begründung spielen in solchen Zusammenhängen letztlich oft auch individuelle Schwerpunktsetzungen eine Rolle –, dem sollten die umfangreichen Analysen in den Kapiteln II bis V.2 genug Material liefern, um meinen Vorschlag anzufechten.

Neben den Beiträgen, die meine Arbeit unmittelbar zur Unzuverlässigkeitsforschung leistet, werden aber auch theoretische Probleme mit größerer Reichweite adressiert. So erfordert die Analyse des Anwendungsbereichs unzuverlässigen Erzählens in Kapitel IV.1 beispielsweise eine robuste Differenzierung vierer grundlegender Erzählertypenpaare (homodiegetisch/heterodiegetisch, personal/nichtpersonal, beschränkt/allwissend und repräsentierend/festlegend), die in der Narratologie bisher nicht ausreichend auseinandergehalten worden sind. Die Untersuchung der Methoden der Feststellung unzuverlässigen Erzählens in Kapitel IV.2 setzt die Auseinandersetzung mit einem sogar noch komplexeren literaturwissenschaftlichen Phänomen voraus: dem der Interpretativität. Kapitel IV.2 enthält demzufolge einen Vorschlag darüber, anhand welcher Faktoren wir bestimmen können, wie interpretativ eine (literaturwissenschaftliche) Aussage über einen literarischen Text ist. Und in Kapitel V.1 schließlich entwickle ich eine Antwort auf die wissenschaftstheoretische Frage, welche Kriterien narratologische Kategorien (bzw. deren Definitionen) erfüllen müssen, um als ‚gute' Kategorien zu gelten.

Was diese Arbeit dagegen nicht liefert, sind ausführliche Analysen konkreter Fälle unzuverlässigen Erzählens sowie die Untersuchung des Phänomens in seinen historischen Kontexten. Konkret heißt dies beispielsweise auch, dass die möglichen Funktionen und Wirkungen unzuverlässigen Erzählens sowie die Relationen zwischen Unzuverlässigkeitsformen und bestimmten Genres bzw. Erzähltraditionen nicht näher adressiert werden, sofern sie keinen Einfluss auf die Definition, Typologie oder Anwendungsprinzipien unzuverlässigen Erzählens haben.[19] Kürzere Diskussionen zu diesen Aspekten finden sich aber beispielsweise in den Kapiteln II.2.1.2, II.3.1.3 und IV.1.4. Darüber hinaus werden die möglichen Funktionen unzuverlässigen Erzählens im Rahmen des Ausblicks (Kapitel VI) noch einmal aufgegriffen.

---

19 Das mögliche Bedenken, dass eine eigene phänomenologische Bestandsaufnahme notwendig sein könnte, um eine adäquate Explikation unzuverlässigen Erzählens vorschlagen zu können, erscheint mir nicht haltbar: Bei dem starken Überangebot an Theorien unzuverlässigen Erzählens ist es äußerst unwahrscheinlich, dass phänomenologische Untersuchungen Fälle aufdecken, die unter den Unzuverlässigkeitsbegriff fallen sollen, bisher aber von keiner Definition abgedeckt werden. Es muss in dieser Arbeit also vor allem darum gehen, Kriterien aufzuzeigen, nach denen wir zwischen den *bereits existierenden* Unzuverlässigkeitstheorien oder ‚Theoriebausteinen' eine Auswahl treffen können, um zu einem nützlichen und handhabbaren Konzept zu gelangen.

II Definitionen

Im Rahmen einer *Definition* wird festgelegt, was ein Ausdruck bedeuten soll. Damit liefern Definitionen Antworten auf Fragen des Typs „Was ist X?". Eine Definition unzuverlässigen Erzählens gibt also Aufschluss darüber, was „unzuverlässiges Erzählen" bedeuten soll, d. h. welche narrativen Phänomene der Ausdruck benennt – sie antwortet mithin auf die Frage „Was ist unzuverlässiges Erzählen?" bzw. „Was wollen wir unter unzuverlässigem Erzählen verstehen?". Kennen wir die Definition unzuverlässigen Erzählens, so verstehen wir, was ein Literaturwissenschaftler ausdrücken will, wenn er einen Erzähler als unzuverlässig bezeichnet.

Definitionen im engeren Sinne (auch: Äquivalenzdefinitionen) haben darüber hinaus eine ganz bestimmte Form: Sie bestehen aus dem zu definierenden Terminus (*Definiendum*, hier: „unzuverlässiges Erzählen"), dem definierenden Teil (*Definiens*) und dem Ausdruck einer Äquivalenzbeziehung zwischen diesen beiden Teilen (vgl. Pawłowski 1980: 9–17). Eine Äquivalenzdefinition gibt also die Bedingungen an, die notwendig und zusammen hinreichend sind, damit ein Begriff adäquat verwendet wird. In anderen Worten: Es gibt kein Phänomen, das die genannten Bedingungen erfüllt, aber nicht unter den fraglichen Begriff fällt, und es gibt kein Phänomen, das unter den Begriff fällt, die Bedingungen aber nicht erfüllt.

Die Definition unzuverlässigen Erzählens stellt meines Erachtens das wichtigste und grundlegendste Element einer Theorie unzuverlässigen Erzählens dar.[20] Schließlich müssen wir, bevor wir uns weitere Gedanken über erzählerische Unzuverlässigkeit machen, erst einmal wissen, was Unzuverlässigkeit überhaupt *ist*. Wie bereits in der Einleitung angemerkt, finden sich in den meisten Unzuverlässigkeitstheorien aber keine expliziten Definitionen im oben genannten Sinne, sondern lediglich formlose Charakterisierungen des Phänomens, die oft mit der Angabe von Beispielen arbeiten. Wenn wir allerdings systematisch vergleichen wollen, was unterschiedliche Unzuverlässigkeitstheoretiker unter unzuverlässigem Erzählen verstehen, dann ist es sinnvoll, die Definitionen zu rekonstruieren, die sich aus ihren Ausführungen ergeben. Hierfür greife ich auf die Methode der *rationalen Rekonstruktion* zurück. Dabei handelt es sich um eine Methode der analytischen Philosophie, die im

---

[20] Meinem Verständnis nach können Theorien unzuverlässigen Erzählens unterschiedliche Aspekte des Konzepts und des dazugehörigen Phänomenbereichs zum Gegenstand haben – sie sind also nicht auf Begriffsbestimmungen reduziert.

Grunde darin besteht, eine adäquate Zusammenfassung bestimmter Theorien zu liefern und diese Theorien zugleich so darzustellen (oder anzupassen), dass sie grundlegenden Rationalitätskriterien genügen, beispielsweise Widerspruchsfreiheit und Klarheit (vgl. Stegmüller 1979).[21] Angewandt auf Unzuverlässigkeitstheorien hat diese Methode den Vorteil, die zentralen Intuitionen der fraglichen Unzuverlässigkeitstheoretiker in Bezug auf das Konzept *unzuverlässiges Erzählen* zu erhalten (d. h. an den praktischen Zielen, die mithilfe des Konzepts verfolgt werden, festzuhalten) und es zugleich zu einer klar umrissenen Analysekategorie zu machen. Letzteres ist zum einen eine wichtige Vorbedingung für eine regelgeleitete und transparente Verwendung des Ausdrucks „unzuverlässiges Erzählen", zum anderen ermöglicht es, wie bereits deutlich gemacht, den systematischen Vergleich der unterschiedlichen Ansätze.

Bisherige Überblicksdarstellungen der existierenden Unzuverlässigkeitstheorien bzw. -definitionen (vgl. bspw. Nünning 1998; Nünning 1999; Kindt 2008; Shen 2013; Fonioková 2015; V. Nünning 2015a; Sternberg und Yacobi 2015) unterscheiden sich in mindestens einer von zwei Hinsichten von der Herangehensweise, der ich in den Kapiteln II.1 bis II.6 folge: Zum einen verfahren viele dieser Zusammenfassungen primär historisch, d. h. sie stellen die Entwicklung der Unzuverlässigkeitsforschung von Booths Einführung des Begriffs bis hin zu den aktuellsten Ansätzen dar. Zum anderen – und dies folgt unter anderem aus der historisch orientierten Darstellungsweise – sind die Überblicke meist unterkomplex. Meines Erachtens ist die historische Darstellungsweise in einigen der genannten Beispielüberblicke überhaupt nur deswegen möglich, weil die tatsächliche Komplexität der einzelnen Unzuverlässigkeitsdefinitionen nicht beachtet wird: Beim zusammenfassenden Vergleich wird meist nur *ein* Kriterium berücksichtigt, hinsichtlich dessen sich Definitionsvorschläge unterscheiden – nämlich die in der Einleitung bereits genannte Kopplung der Definitionen an bestimmte literatur- bzw. interpretationstheoretische Schulen. Hinsichtlich dieses Kriteriums lässt sich denn auch ein historischer Trend feststellen, der in Kapitel II.3 genauer thematisiert wird. Wie ich aber schon deutlich gemacht habe, stellt die Kopplung an literaturtheoretische Ansätze nur einen von sechs Parametern dar, in Bezug auf welche Unzuverlässigkeitsdefinitionen sich unterscheiden. Bezüglich der anderen Parameter lässt sich kein ähnlich klarer historischer Entwicklungstrend feststellen – und außerdem würde

---

[21] Für eine weitere Diskussion der Schwierigkeiten dieser Methode (beispielsweise was das Erreichen sowohl ihrer deskriptiven als auch ihrer präskriptiven Ziele anbelangt) sowie ihres Potenzials, vgl. Groeben und Pahlke 2016: 83–109.

ein historisch organisierter Überblick unter Berücksichtigung derart vieler Parameter heillos unübersichtlich werden.²²

Darüber hinaus gibt es noch einen weiteren Faktor, der eine historisch geordnete und kompakte Darstellungsweise der Unzuverlässigkeitstheorien erschwert. Wie im weiteren Verlauf dieses Kapitels noch deutlich werden wird, bestehen die Unzuverlässigkeitsdefinitionen, die sich aus den Theorien rekonstruieren lassen, oft aus mehreren Komponenten – und dies auch in Bezug auf einzelne Parameter. Wie können wir uns das vorstellen? Nehmen wir einmal den Parameter der von der Unzuverlässigkeit betroffenen *Erzählertätigkeit* (Kapitel II.1) als Beispiel. Viele Theoretiker geben auf die Frage, welche Erzählertätigkeit von Unzuverlässigkeit betroffen sein kann, mehrteilige (oder: disjunktive) Antworten.²³ Sie würden also beispielsweise sagen: Unzuverlässiges Erzählen liegt genau dann vor, wenn etwas mit den Wertungen des Erzählers nicht in Ordnung ist oder wenn seine beschreibenden Darstellungen der fiktiven Ereignisse nicht adäquat sind. Hierdurch werden einzelne Definitionen so komplex, dass zum einen ein historisch geordneter Überblick nicht sinnvoll möglich ist – zum anderen sollte man sogar von der Priorisierung einer kompakten Darstellung der einzelnen Definitionsvorschläge absehen.

Mein Ansatz zur vergleichenden Darstellung der verschiedenen Definitionen unzuverlässigen Erzählens ist dementsprechend folgender: Die Unterkapitel II.1 bis II.6 widmen sich alle jeweils einem Parameter, in Bezug auf welchen die Definitionsvorschläge sich unterscheiden. In jedem Unterkapitel stelle ich nacheinander die unterschiedlichen Antwortoptionen dar, die sich in den Unzuverlässigkeitstheorien bezüglich der verschiedenen Parameter finden lassen.

---

22 Eine Ausnahme stellt die kürzlich erschienene Arbeit Robert Vogts zu unzuverlässigem Erzählen dar (vgl. Vogt 2018). In seiner Darstellung des Forschungsstands orientiert Vogt sich ebenfalls an inhaltlichen Aspekten bisheriger Theorien und Typologien (vgl. Vogt 2018: 4–13; 21–28; 39–43; 61–70). Obwohl er dabei auch einige Facetten des Unzuverlässigkeitsphänomens in den Blick nimmt, die von anderen Forschern übersehen worden sind, bleibt seine Darstellung jedoch an einigen Stellen immer noch zu ungenau.

Vogts Monografie, in der eine Typologie, ein Beschreibungsmodells und eine Erklärung der Funktionsweise unzuverlässigen Erzählens unter Rekurs auf die *possible worlds theory* und die kognitive Rezeptionsforschung entwickelt werden, ist kurz vor der Drucklegung dieser Arbeit erschienen. Aus diesem Grund wird sie hier nicht so ausführlich besprochen, wie es ihr gebühren würde. Neben knappen Verweisen auf Vogt Monografie findet aber an einigen Stellen ein früher erschienener Artikel Vogts genauere Beachtung, der die wichtigsten Ideen seines Buchs vorwegnimmt (vgl. Vogt 2015). Eine ausführliche Besprechung von Vogts Arbeit findet sich außerdem in Jacke (2019).

23 Disjunktionen sind komplexe Aussagen, bei denen zwei Aussagen (Disjunkte) durch ein (hier: einschließendes) „oder" verbunden sind. Aussagen diesen Typs sind genau dann wahr, wenn mindestens ein Disjunkt wahr ist.

Nach der Vorstellung jeder Antwortoption lege ich kurz dar, in welchen Unzuverlässigkeitstheorien diese Antwortoptionen jeweils zu finden sind und in welcher Weise sie dort formuliert sind. Das bedeutet: Eine einzelne Theorie unzuverlässigen Erzählens wird potenziell in jedem der sechs Unterkapitel behandelt (nämlich immer dann, wenn sich der fragliche Theoretiker zu jedem der sechs Parameter positioniert) – und manchmal wird eine einzelne Theorie sogar an mehreren Stellen innerhalb eines Unterkapitels adressiert (nämlich immer dann, wenn der fragliche Theoretiker eine mehrteilige bzw. disjunktive Antwort bezüglich eines Parameters gibt). Diese Vorgehensweise ermöglicht eine detaillierte Analyse der Definitionsvorschläge.

Allerdings hätte auch ein historisches Vorgehen einige Vorzüge: Zum Beispiel werden so häufig die Gründe für bestimmte definitorische Entscheidungen einzelner Forscher eher deutlich, da die historische Darstellung besser zeigt, inwieweit ihre Definitionsvorschläge in (affirmativer oder kritischer) Auseinandersetzung mit vorherigen Theorien entstanden sind. Um die historische Dimension und die Einzeltheorien in ihrer Kompaktheit nicht aus dem Blick zu verlieren, findet sich deswegen am Ende jedes Unterkapitels eine Tabelle, in der die wichtigsten Theorien in historischer Reihenfolge gelistet sind und jeweils angezeigt wird, welche Antworten die einzelnen Theoretiker bezüglich der Parameter geben.[24] Auf diese Weise wird nicht nur eine detaillierte Analyse der Definitionen ermöglicht, sondern auch ihr übersichtlicher und schneller Vergleich.

Damit die Systematik, der die Kapitel II.1 bis II.6 folgen, besser verständlich wird, möchte ich kurz noch einen stärker inhaltlich ausgerichteten Ausblick auf diese Kapitel liefern. Dafür stelle ich knapp vor, was sich jeweils hinter den sechs Parametern verbirgt, in Bezug auf welche sich die Definitionen unzuverlässigen Erzählens unterscheiden.

(1) Einen Parameter stellt die *Tätigkeit* des Erzählers (bzw. der Typ der Tätigkeit) dar, die von der Unzuverlässigkeit betroffen ist. Welches Verhalten bzw. welche Tätigkeit ist es, die einen Erzähler zu einem unzuverlässigen Erzähler macht? Welches Verhalten ist der Grund dafür, dass wir dem Erzähler nicht trauen können? Wie wir in der Einleitung bereits gesehen haben, sind hier unterschiedliche Antworten möglich. Beispielsweise können hier einerseits bestimmte *faktenbezogene* Tätigkeiten als relevant erachtet werden (z. B. die Assertionen eines Erzählers über die thematisierten

---

[24] Hierbei werden insbesondere viele der frühen Theorien berücksichtigt, damit nachvollziehbar wird, wie sich *unzuverlässiges Erzählen* zu einem derart heterogenen Konzept entwickeln konnte. Darüber hinaus werden vor allem solche Theorien berücksichtigt, die über viele der sechs Parameter Angaben erhalten, sowie solche, die vergleichsweise innovativ sind.

Fakten bzw. Ereignisse), andererseits aber auch bestimmte *wertebezogene* Tätigkeiten (z. B. gewisse (außersprachliche) Verhaltensweisen, mittels derer der Erzähler bestimmte moralische Werte exemplifiziert). Die Erzählertätigkeit als relevanter Parameter ist schon in anderen theoretischen Arbeiten thematisiert worden – die Komplexität der Antworten, die sich in den verschiedenen Unzuverlässigkeitstheorien finden lassen, ist dabei allerdings nicht erkannt worden.

(2) Damit wir einen Erzähler als unzuverlässig bezeichnen können, muss er eine der relevanten Tätigkeiten inadäquat ausführen. Ein zweiter Parameter besteht dementsprechend in dem *Kriterium, das diese Inadäquatheit bedingt*. Was, zum Beispiel, macht die Assertionen eines Erzählers über die thematisierten Ereignisse inadäquat? Die Antworten, die sich hier oft finden lassen, sind: *Inkorrektheit* (d. h. die Vergabe falscher Informationen über die Ereignisse) und *Unvollständigkeit* (d. h. das Auslassen relevanter Informationen über die Ereignisse). Die Diskussion der Inadäquatheitskriterien wird dadurch verkompliziert, dass diese Kriterien sich teilweise für die verschiedenen Erzählertätigkeiten unterscheiden. Ein weiteres Problem besteht in der Unterbestimmtheit des Kriteriums der Unvollständigkeit.

(3) Einen dritten Parameter stellt die bereits thematisierte *Wahl einer literatur- bzw. interpretationstheoretischen Schule* dar, an die die Definition unzuverlässigen Erzählens gekoppelt ist. Um zu bestimmen, ob ein Erzähler eine der relevanten Tätigkeiten inadäquat ausführt, ist nicht selten eine umfassende Interpretation des fraglichen Textes notwendig. Damit so eine Interpretation regelgeleitet vorgenommen werden kann, muss ein theoretischer Rahmen gewählt werden, der die Regeln der Interpretation vorgibt. In diesem Zusammenhang wird meist zugleich eine bestimmte Instanz angegeben, die für Interpretationen als autoritativ betrachtet wird. Die Antworten verteilen sich hier auf den rhetorischen Ansatz (impliziter Autor), den intentionalistischen Ansatz (realer Autor) und den kognitivistischen Ansatz (Leser). Im Gegensatz zu den beiden vorher genannten Parametern kommt es im Zusammenhang mit der Interpretationstheorie bzw. der Bezugsinstanz kaum vor, dass innerhalb einer Unzuverlässigkeitstheorie in relevanter Hinsicht mehrere Antworten gegeben werden. Obwohl dieser Parameter zu den meistdiskutierten der Unzuverlässigkeitsdebatte gehört, ist er bisher nicht in seiner Komplexität erfasst worden: Wie ich deutlich machen werde, spielen Interpretationstheorien bzw. die dazugehörigen Bezugsinstanzen im Zusammenhang mit Unzuverlässigkeitstheorien in *dreierlei Hinsicht* eine Rolle. Diese drei Hinsichten sind aber bisher nicht auseinandergehalten (und folglich auch nicht gesondert diskutiert) worden.

Sobald wir wissen, welche Antworten ein Unzuverlässigkeitstheoretiker auf die Fragen zu den ersten drei Parametern geben würde, kennen wir bereits die wichtigsten Facetten seiner Definition unzuverlässigen Erzählens. Diese ersten drei Parameter müssen in jeder Definition unzuverlässigen Erzählens bestimmt werden, damit die Definition vollständig und präzise ist. Darüber hinaus existieren allerdings noch drei weitere Parameter, die in einigen Unzuverlässigkeitsdefinitionen eine Rolle spielen. Werden diese Parameter bestimmt, so hat dies entweder eine Verkleinerung des Begriffsumfangs[25] unzuverlässigen Erzählens zur Folge (wie im Falle des vierten und fünften Parameters) oder aber eine Vergrößerung desselben (wie im Fall von Parameter Nummer sechs).

(4) Einer der fakultativ bestimmbaren Parameter betrifft ein mögliches *ausgleichendes Verhalten* des Erzählers, das gewissermaßen als ‚mildernder Umstand' verstanden werden kann. Beispielsweise könnte ein Erzähler zwar eine der relevanten Tätigkeiten (erster Parameter) inadäquat ausführen (zweiter Parameter), aber zugleich ein Verhalten an den Tag legen, das uns von einer Klassifikation als unzuverlässiger Erzähler absehen lassen könnte. Beispiele für so ein potenziell ausgleichendes Verhalten sind: ein *offener Umgang* mit dem problematischen Verhalten bzw. dessen *Auflösung* oder *Korrektur*.

(5) Ein weiterer fakultativer Parameter, dessen Bestimmung ebenfalls zu einer Eingrenzung des Begriffsumfangs unzuverlässigen Erzählens führt, ist der *Grad*, mit dem ein Erzähler die relevanten Tätigkeiten inadäquat ausführt. Denn einige Theoretiker scheinen der Ansicht zu sein, dass unzuverlässiges Erzählen erst dann vorliegt, wenn das ‚Fehlverhalten' eines Erzählers einen gewissen Grad überschreitet. Hierbei ist zweierlei zu beachten: Zum einen gibt es unterschiedliche Faktoren, die so einen Grad bestimmen können (z. B. die *Häufigkeit*, mit der das relevante Verhalten vorkommt, sowie die *Stärke* der Inadäquatheit eines einzelnen Vorkommnisses); zum anderen kann es unterschiedliche Ansichten darüber geben, ab welchem Grad es angemessen ist, von Unzuverlässigkeit zu sprechen.

(6) Neben den beiden fakultativ bestimmbaren Parametern, die zu einer Einschränkung des Begriffsumfangs führen, gibt es noch einen weiteren, der

---

[25] „Begriffsumfang" und „Begriffsinhalt" bezeichnen unterschiedliche Aspekte der Bedeutung sprachlicher Ausdrücke. Dabei steht „Begriffsumfang" (auch: „Extension") für die Menge aller Objekte, die durch den Ausdruck bezeichnet werden. „Begriffsinhalt" (auch: „Intension") bezeichnet dagegen die für ihn spezifische Teilmenge der Eigenschaften der Eigenschaften, die den unter den Begriff fallenden Objekten zukommt.

dessen Erweiterung zur Folge hat. Die hier zugrunde liegende Idee einiger Theoretiker besteht darin, dass das relevante Erzählerverhalten (also beispielsweise die Vergabe inkorrekter Informationen über die erzählten Ereignisse) gar nicht unbedingt tatsächlich *realisiert* bzw. *nachgewiesen* sein muss, damit wir einen Erzähler als unzuverlässig kategorisieren können. Stattdessen sei es bereits ausreichend, wenn wir gute Gründe dafür haben, dem Erzähler nicht zu trauen. In anderen Worten: Wir müssen lediglich Anlass zur Annahme haben, dass das Auftreten von Varianten des relevanten ‚Fehlverhaltens' erwartbar bzw. wahrscheinlich ist.

Steigen wir also in die Rekonstruktion, die Analyse und den Vergleich der Unzuverlässigkeitsdefinitionen ein.

1 Fünf Tätigkeitstypen, fünf Unzuverlässigkeitstypen: Was ein Erzähler alles auf unzuverlässige Weise tun kann

Ich möchte mich dem Begriff des unzuverlässigen Erzählens im Folgenden nicht sofort theoretisch, sondern zunächst systematisch nähern – als Symptomatik ‚narratorialer Unzulänglichkeit'. Bereits im Rahmen der Einleitung ist deutlich geworden, dass es recht unterschiedliche Erzählertätigkeiten sind, die bei der Zuschreibung von erzählerischer Unzuverlässigkeit als relevant erachtet werden. Auch eine erste Möglichkeit, die relevanten Tätigkeiten zu systematisieren, hatte ich schon skizziert: Es können sowohl Tätigkeiten eine Rolle spielen, die etwas mit den erzählten Fakten bzw. Ereignissen zu tun haben (*faktenbezogene Tätigkeiten*), als auch solche, die etwas mit (moralischen) Werten zu tun haben (*wertebezogene Tätigkeiten*). Erinnern wir uns an das Beispiel des Erzählers aus Poes *The Tell-Tale Heart*. Dieser stellt zum einen Behauptungen auf, die offenbar falsch sind – nämlich dass man das Herz des von ihm getöteten Mannes schlagen hören könne („the noise was *not* within my ears", Poe 1902: 94). Hierbei handelt es sich offenbar um eine *faktisch* falsche Behauptung, die der Erzähler aufgrund seiner psychischen Verfasstheit allerdings für wahr hält. Zum anderen ist der Erzähler aber auch in *moralischer* Hinsicht höchst vertrauensunwürdig: Er begeht einen grausamen Mord, für den er sich penetrant zu rechtfertigen sucht („You should have seen how wisely I proceeded", Poe 1902: 88).

Auf die Tatsache, dass unter dem narratologischen Unzuverlässigkeitsbegriff solche doch recht unterschiedlichen Eigenschaften bzw. Verhaltensweisen von Erzählern zusammengefasst werden, ist in der Unzuverlässigkeitsforschung bereits an mehreren Stellen aufmerksam gemacht worden. In vielen dieser theoretischen Arbeiten wird die Unterscheidung zwischen fakten- und wertebezogener Unzuverlässigkeit allerdings lediglich angesprochen, nicht aber ausführlicher diskutiert oder im Rahmen einer Definition unzuverlässigen Erzählens berücksichtigt.[26] Erst in späteren Theorien findet diese Differenzierung einen expliziten Niederschlag in der Modellierung des Unzuverlässigkeitskonzepts. So unterscheiden beispielsweise James Phelan und Patricia Martin in ihrer Theorie unzuverlässigen Erzählens zwischen *unreliable reporting*, das ‚die Achse der Fakten' betreffe, und *unreliable regarding* bzw. *evaluating*, das ‚die Achse der Werte' betreffe (vgl. Phelan und Martin 1999: 94).[27] Auch Dorrit Cohn setzt die Fakten-Werte-Unterscheidung in ihrer Theorie um: Sie schlägt vor, nur Fälle erzählerischen Fehlverhaltens, die etwas mit der Repräsentation fiktiver Fakten zu tun haben, als *unreliable narration* zu bezeichnen – wertebezogenes Fehlverhalten soll dagegen *discordant narration* genannt werden (vgl. Cohn 2000: 307).[28] Eine sehr exakte und durchdachte Unterscheidung der beiden Varianten findet sich bei Tom Kindt: Er weist ihnen die Bezeichnungen „mimetische" und „axiologische Unzuverlässigkeit" zu (Kindt 2003: 57; Kindt 2008: 48).[29] Ich werde in Bezug auf diese beiden grundlegenden

---

[26] Ein erster Verweis findet sich bei Martínez-Bonati, der anmerkt, dass Erzähler in „matters of judgment and conviction" unzuverlässig sein können, aber zuverlässig in ihren „*mimetic* sentences" (Martínez-Bonati 1981: 115). Bonati ordnet ersteres Phänomen der Persönlichkeit des Erzählers zu, letzteres dagegen dessen Diskurs (siehe hierzu auch Kapitel II.6). Weitere frühe Anmerkungen zu dieser Unterscheidung finden sich bei Susan Lanser, die zwischen Unzuverlässigkeit im Zusammenhang mit dem „reporting of external events" und moralischer Unzuverlässigkeit unterscheidet (Lanser 1981: 171), sowie bei Kathleen Wall, die deutlich macht, dass Unzuverlässigkeit sowohl durch „distance between the ‚norms and values' of the [implied] author and those articulated by the narrator's words and behavior" als auch durch „misreporting of events" realisiert sein kann (Wall 1994: 18). Vergleichbare Hinweise finden sich auch bei Gaby Allrath (1998: 59) und Nünning (1998: 11–13).
[27] Wie ich in den Kapiteln II.1.1 und II.2.2 noch genauer thematisieren werde, nehmen Phelan und Martin allerdings neben diesen beiden Richtungen unzuverlässigen Erzählens noch eine dritte an, nämlich *unreliable reading* bzw. *interpreting*.
[28] Bei Cohn ist allerdings zu beachten, dass sie an die Unterscheidung zwischen *unreliable* und *discordant narration* noch weitere Eigenschaften koppelt – beispielsweise dass diskordantes Erzählen einen ‚Blick hinter die erzählte Geschichte' erfordere, um eine tieferliegende Bedeutung zu entschlüsseln (vgl. Cohn 2000: 307; siehe hierzu auch Kapitel II.4). Mir ist allerdings nicht ersichtlich, warum diese zweite Eigenschaft an wertebezogene Unzuverlässigkeit gekoppelt sein sollte (vgl. hierzu auch Koch 2011: 62).
[29] Details darüber, wie diese Varianten in den genannten Theorien definiert werden, finden sich im Laufe dieses Kapitels.

Varianten unzuverlässigen Erzählens im Folgenden von *Grundrichtungen* sprechen, die ich als *faktenbezogene* und *wertebezogene* Unzuverlässigkeit[30] bezeichne.[31]

Obwohl in der Unzuverlässigkeitsforschung also ein Bewusstsein dafür besteht, dass in vielen Theorien unzuverlässigen Erzählens zwei unterschiedliche Arten von Erzählertätigkeiten unter demselben narratologischen Begriff zusammengefasst werden, sind bestimmte Dimensionen des Tätigkeitsparameters bisher nicht ausreichend thematisiert worden. Denn es gibt unterschiedliche faktenbezogene und wertebezogene Erzählertätigkeiten, auf die im Rahmen von Unzuverlässigkeitstheorien Bezug genommen wird. Wie ich gleich ausführlich darlegen werde, kommen faktenbezogene Erzählertätigkeiten in zwei Varianten vor (im Rahmen von *sprachlichen* sowie von *kognitiven* Erzählerhandlungen), wertebezogene Erzählertätigkeiten sogar in drei Varianten (*sprachliche*, *kognitive* und *allgemeine* Erzählerhandlungen). Im Folgenden werde ich zunächst diese fünf Varianten nacheinander durchgehen und darlegen, in welcher Form jeweils in unterschiedlichen Unzuverlässigkeitstheorien auf diese Tätigkeiten Bezug genommen wird. Zum Abschluss des Kapitels setze ich mich mit den Beziehungen zwischen diesen Tätigkeiten bzw. den damit verknüpften Unzuverlässigkeitstypen auseinander und diskutiere, wie es zu einem derart heterogenen Phänomenbereich des Unzuverlässigkeitskonzepts kommen konnte.

---

30 Diese Bezeichnungen scheinen mir zum einen intuitiv verständlich und sie sind zum anderen allgemein genug, um terminologisch tatsächlich auf alle Fälle zu passen, die diesen beiden Grundrichtungen zugeordnet werden. Darüber hinaus kann durch die gewählten Bezeichnungen die Verwendung solcher Termini vermieden werden, die entweder in der literaturwissenschaftlichen Fachsprache schon anders besetzt sind (z. B. „faktual" für „nichtfiktional") oder die leicht missverstanden werden könnten (z. B. „faktische Unzuverlässigkeit" als „tatsächliche (im Gegensatz zu lediglich vermuteter) Unzuverlässigkeit").

31 Sternberg und Yacobi scheinen noch mehr ‚Achsen' anzunehmen, auf denen die Unzuverlässigkeit eines Erzählers verortet sein kann. Neben der faktenbezogenen Achse und der wertebezogenen, die sie in eine ästhetische und eine moralische unterteilen, nennen sie auch „empathy, imaginativeness, intellectual power, and actually every transmissional feature of behavior that counts as an object of judgment by some standard in some narrative frameworks" (Sternberg und Yacobi 2015: 415). Insgesamt gehen Sternberg und Yacobi also davon aus, dass mehr Arten von Erzählertätigkeiten oder -eigenschaften Unzuverlässigkeit ausmachen können. Tatsächlich lässt sich auch Booth an einigen Stellen ähnlich verstehen (vgl. Booth 1961: 156). Aufgrund der Randständigkeit dieser Lesart werde ich diese jedoch nicht weiter diskutieren.

1.1 Was der Erzähler behauptet – sprachliche faktenbezogene Unzuverlässigkeit

Obwohl der Unzuverlässigkeitsbegriff, wie wir noch sehen werden, in Booths Ursprungsdefinition hauptsächlich unter Rekurs auf wertebezogene Erzählertätigkeiten definiert worden ist, möchte ich mit der genaueren Darstellung der faktenbezogenen Tätigkeiten beginnen. Hierfür gibt es zwei Gründe: Zum einen sind die faktenbezogenen Unzuverlässigkeitsvarianten die einfacheren bzw. zugänglicheren Typen unzuverlässigen Erzählens. Zum anderen betrifft sprachliche faktenbezogene Unzuverlässigkeit die einzige essentielle (oder: obligatorische) Erzählertätigkeit – also diejenige Tätigkeit, die jeder Erzähler notwendigerweise ausführt: Der Bericht von Fakten bzw. Ereignissen wird von vielen Erzähltheoretikern als einzige notwendige (und zugleich als hinreichende) Bedingung dafür gehandelt, dass ein Text überhaupt als Erzählung klassifiziert werden kann. So bezeichnet „Erzählung" beispielsweise Genette zufolge „den mündlichen oder schriftlichen Diskurs [...], der von einem Ereignis oder einer Reihe von Ereignissen berichtet" (Genette 2010: 11). Edward M. Forsters prominentes Beispiel einer Minimalerzählung („The king died", Forster 1969: 82) stellt einen solchen Bericht dar: In Form einer Assertion erhalten wir Informationen über Fakten der erzählten Welt. Keine notwendige Eigenschaft einer Erzählung scheint es dagegen zu sein, dass der Erzähler irgendein Verhalten an den Tag legt, das in moralischer Hinsicht auffällig ist. Beispielsweise enthält nicht jede Erzählung Informationen über allgemeine Handlungen des Erzählers, mithilfe derer er bestimmte Werte exemplifizieren könnte – ebenso wenig enthält jede Erzählung notwendigerweise wertende Äußerungen des Erzählers, durch welche er die erzählten Ereignisse kommentiert.

Kommen wir also zur ersten faktenbezogenen Tätigkeitsvariante, auf die sich die narratologische Kategorie *unzuverlässiges Erzählen* beziehen kann. Es handelt sich hier um die eben schon angesprochene Tätigkeit, Assertionen über die Fakten und Ereignisse der erzählten Welt zu liefern und dadurch Informationen über dieselbe zu vermitteln. Unter Assertionen sind dabei *Behauptungen* zu verstehen, also Äußerungen, die einen Wahrheitswert haben.[32] In Searles Sprechakttheorie wird die entsprechende illokutionäre Klasse als Repräsentativa bzw. Assertiva bezeichnet. Ihm zufolge stellen Assertionen ein „commitment to the truth of a pro-

---

[32] Die Probleme, die sich hinsichtlich des Wahrheitswerts fiktionaler Äußerungen ergeben, greife ich kurz in Kapitel II.2.1.1 auf

position" dar (Searle 1970: 29).[33] Obwohl ich mich erst in Kapitel II.2 genauer damit auseinandersetze, worin im Einzelnen die Erfolgskriterien für die Tätigkeit des Erzählers bestehen, uns mittels assertiver Äußerungen über die Fakten der erzählten Welt zu informieren, scheint klar: Die Fakten der erzählten Welt selbst gelten hier als zentraler Referenzpunkt.

Sprachliche faktenbezogene Unzuverlässigkeit lässt sich in unterschiedlichen Unzuverlässigkeitstheorien eindeutig nachweisen – sei es als Teildefinition (d. h. als eine von mehreren Antworten auf die Frage nach der relevanten Erzählertätigkeit) oder als ausschließliche Definition unzuverlässigen Erzählens (d. h. als einzige Antwort auf diese Frage). Während es nicht ganz klar zu sein scheint, ob diese Variante implizit bereits Booths Theorie unzuverlässigen Erzählens zugrunde liegt,[34] finden sich in etwas späteren Theorien Formulierungen, die deutlicher auf

---

33 Eine Bemerkung Searles über diese illokutionäre Klasse könnte allerdings Anlass für Missverständnisse sein. So schreibt Searle, es sei eine essentielle Eigenschaft von Assertionen, dass sie eine Überzeugung des Sprechers ausdrückten. Dies bedeutet aber nicht, dass der Sprecher tatsächlich von der Wahrheit des Geäußerten überzeugt sein muss, damit sein Sprechakt als Assertion zu verstehen ist: Wie Tsohatzidis erklärt, ist „eine Überzeugung ausdrücken" nicht gleichbedeutend mit „eine Überzeugung *haben*". Ein Sprecher kann also im Rahmen einer Assertion auch eine Überzeugung ausdrücken, die er nicht hat (vgl. Tsohatzidis 2002: 232). Dies ist wichtig – denn wie wir noch sehen werden, sind eben auch solche Assertionen im Zusammenhang mit sprachlicher faktenbezogener Unzuverlässigkeit relevant, mithilfe derer der Erzähler eine Überzeugung ausdrückt, die er selbst nicht hat, zum Beispiel im Fall einer bewussten Lüge.

34 Einige Forscher scheinen der Ansicht zu sein, dass dies der Fall ist. So geben Phelan und Martin beispielsweise an, ihre Unterscheidung zwischen *unreliable reporting* und *evaluating* mache lediglich bestimmte Unterscheidungen explizit, die bei Booth bereits angelegt seien (vgl. Phelan und Martin 1999: 94). Genauere Auskünfte darüber, an welchen Stellen Booths Ausführungen möglicherweise nahelegen, dass auch er von einer faktenbezogenen Variante unzuverlässigen Erzählens ausgeht, finden sich bei Kindt (vgl. Kindt 2008: 46–49): Während Booths *Definition* sich auf Wertaspekte beschränke („I have called a narrator reliable when he speaks for or acts in accordance with the norms of the work [...], unreliable when he does not", Booth 1961: 158–159), legten einige der von ihm angeführten *Beispiele* nahe, dass auch die fiktiven Fakten eine Rolle im Zusammenhang mit Unzuverlässigkeit spielten. Dieser These lässt sich aber die Vermutung entgegenstellen, dass Booth lediglich einen weiteren *Normbegriff* hat, als die meisten Forscher annehmen: Geht man davon aus, dass Booth sich auf moralische Normen beschränkt, lassen sich einige seiner Beispiele tatsächlich nicht mit seiner Definition in Einklang bringen. Dies trifft beispielsweise auf den Fall der Gouvernante in Henry James' *The Turn of the Screw* zu (vgl. Booth 1961: 311–316), die möglicherweise fälschlicherweise behauptet, ihre Zöglinge seien von Geistern besessen: Mit den *moralischen* Werten der Gouvernante scheint es hier keine Probleme zu geben. Wenn man dagegen davon ausgeht, dass Booth einen weiteren Normbegriff ansetzt und beispielsweise auch bestimmte Rationalitätsnormen zugrunde legt, dann lässt sich das Beispiel der Gouvernante mit Booths Definition in Einklang bringen: Würde die Gouvernante bestimmten Rationalitätsnormen folgen, würde sie möglicherweise nicht behaupten, dass Übernatürliches

die Integration sprachlicher faktenbezogener Unzuverlässigkeit verweisen. So macht beispielsweise Seymour Chatman folgende Bemerkung: „What precisely is the domain of unreliability? It is the discourse, that is, *the view of what happens or what the existents are like* (Chatman 1978: 234, meine Hervorhebung).[35] Und auch Shlomith Rimmon-Kenan schreibt:

> A reliable narrator is one whose rendering of the story and/or commentary on it the reader is supposed to take as an authoritative account of the *fictional truth*. An unreliable narrator, on the other hand, is one whose rendering of the story and/or commentary on it the reader has reason to suspect. (Rimmon-Kenan 1983: 100, meine Hervorhebung)

Allerdings entsteht bei den beiden hier angeführten Autoren der Eindruck, dass sie möglicherweise zwischen den faktenbezogenen und den wertebezogenen Funktionen des Erzählers gar keine deutliche Grenze ziehen.[36] Es scheint deswegen fraglich, ob es sich hier bei der Aufnahme sprachlicher faktenbezogener Unzuverlässigkeit in die jeweiligen Theorien unzuverlässigen Erzählens um bewusste und wohlüberlegte definitorische Entscheidungen handelt.[37]

---

geschehe. Folgt man also dieser Lesart, ist faktenbezogene Unzuverlässigkeit nicht unbedingt schon bei Booth angelegt.

35 Unter „existents" versteht Chatman „the objects contained in story-space, [...] namely character and setting" (Chatman 1978: 107).

36 Dieser Zweifel wird beispielsweise dadurch genährt, dass Chatman unzuverlässiges Erzählen an anderer Stelle folgendermaßen charakterisiert: „What makes a narrator unreliable is that his values diverge strikingly from that of the implied author's" (Chatman 1978: 149) – die Frage, in welchem Verhältnis diese beiden Charakterisierungen zueinander stehen, wird dabei nicht beantwortet. Eine ähnliche Unklarheit ist auch bei Rimmon-Kenan festzustellen: Trotz ihrer oben zitierten, auf fiktive Wahrheit/Unwahrheit beschränkten Definition spricht sie an anderer Stelle Fälle unzuverlässigen Erzählens an, in denen die Unzuverlässigkeit „the narrator's evaluations, though not necessarily in his reporting of facts" betreffe (Rimmon-Kenan 1983: 102). Ob es sich hierbei um eine Ungenauigkeit handelt, die vermieden werden sollte, oder ob der Entscheidung, Assertionen und Wertäußerungen nicht im Rahmen der Definition unzuverlässigen Erzählens zu unterscheiden, eine plausible Position zugrunde liegen kann, wird in Kapitel II.1.2 diskutiert.

37 Ähnliches lässt sich beispielsweise auch über die Unzuverlässigkeitstheorie Yacobis sagen. Ihr zufolge betreffe Unzuverlässigkeit „textual tensions, above all on the level of fictive *reality*" (Yacobi 1981: 113, meine Hervorhebung). Normative Aspekte scheinen für sie aber auch eine Rolle zu spielen. Hier wird allerdings nicht klar, ob diese für sie einen Teil von *reality* darstellen (was diesen Aspekten wohl definitorische Relevanz im Zusammenhang mit unzuverlässigem Erzählen verleihen würde) oder ob der Einsatz erzählerischer Unzuverlässigkeit nur in vielen Fällen dem Erreichen bestimmter „normative ends" dient (Yacobi 1981: 117).

Ein etwas ähnlich gelagertes Problem lässt sich auch im Zusammenhang mit anderen, insbesondere kognitivistischen Theorien feststellen: In vielen dieser Theorien (neben Yacobis

Eine solche bewusste Aufnahme lässt sich dagegen bei Phelan und Martin in Form ihres bereits erwähnten Unterkonzepts des *unreliable reporting* nachweisen („unreliable reporting occurs along the axis of facts/events", Phelan und Martin 1999: 94).[38] Und in der Unzuverlässigkeitstheorie Matías Martínez' und Michael Scheffels scheint unzuverlässiges Erzählen – orientiert man sich an der angebotenen Definition – sogar vollkommen in der sprachlichen faktenbezogenen Variante aufzugehen: Sie definieren Unzuverlässigkeit als „Behauptungen über die erzählte Welt, die als zweifelhaft oder falsch aufzufassen sind" (Martínez und Scheffel 1999: 192).[39] In besonders klar definierter Form findet

---

bspw. auch in Nünnings und Zerwecks) wird zwar deutlich, dass faktenbezogene Tätigkeiten des Erzählers eine wichtige Rolle im Zusammenhang mit unzuverlässigem Erzählen spielen – unklar bleibt aber, ob die Assertionen oder die Überzeugungen des Erzählers (siehe auch Kapitel II.1.2) die entscheidenden Faktoren sind. Der Grund für derartige Unklarheiten besteht meines Erachtens in der Eigenart kognitivistischer Ansätze, unzuverlässiges Erzählen als ‚Interpretationsstrategie' zu definieren (siehe Kapitel II.3.2.3). Dies führt dazu, dass die Einordnung dieser Ansätze in die zusammenfassende Übersichtstabelle am Ende des Unterkapitels tentativ bleiben muss.

Obwohl unklar ist, inwieweit auch Renate Hof einen kognitivistischen Ansatz verfolgt, lässt sich diese letztgenannte Unklarheit auch bei ihr feststellen: Einerseits schreibt sie, es gehe bei ‚Unglaubwürdigkeit' um die Wahrheit und die Falschheit von Äußerungen (vgl. Hof 1984: 23). Dies scheint andererseits aber in Diskrepanz zu der Behauptung zu stehen, dass es eigentlich eine Frage der *Haltung* des Erzählers sei, ob dieser als unglaubwürdig eingestuft werden müsse (vgl. Hof 1984: 48).

38 Als analog zu diesem Konzepts ist auch Margolins ‚alethische Unzuverlässigkeit' (Margolin 2015: 40) zu verstehen.

39 Allerdings scheinen Martínez und Scheffel durch diese Definition letztlich gar nicht anzeigen zu wollen, dass die wertebezogenen Varianten unzuverlässigen Erzählens ausgeschlossen werden sollen. Denn obwohl ihr Fokus eindeutig auf den erzählten Fakten liegt, finden über Umwege auch Wertefragen Einzug in ihre Theorie. Ein Typ unzuverlässigen Erzählens, den Martínez und Scheffel diskutieren, wird von ihnen als *theoretisch unzuverlässiges Erzählen* bezeichnet (vgl. Martínez und Scheffel 1999: 101) – hierunter sollen auch solche Fälle fallen, „in denen der Erzähler eine subjektiv getönte Bewertung des Erzählten vornimmt" (Martínez und Scheffel 1999: 100). Wie noch deutlich werden wird, trifft diese Beschreibung sprachliche *wertebezogene* Unzuverlässigkeit (siehe Kapitel II.1.1.3).

Weitere Ansätze, die unzuverlässiges Erzählen möglicherweise auf faktenbezogene Aspekte des Erzähldiskurses beschränken wollen, sind Currie („[W]e perceive narrative unreliability when we perceive a disparity between the (determining) intentions of the implied author *concerning what is true in the story* and the (reporting) intentions of the narrator concerning what she would have the reader believe occurred", Currie 1995: 20, meine Hervorhebung) und Cohn („a factual kind of unreliability that is attributed to a mis- or disinformed narrator, unwilling or unable to tell what ‚actually' happened" (Cohn 2000: 307). Cohn sieht allerdings zusätzlich ein Konzept vor, das inhaltlich mit wertebezogener Unzuverlässigkeit vergleichbar ist und das sie als „discordant narration" bezeichnet (siehe Kapitel II.1.1.3). Köppe und Kindt dagegen beschränken ihr

sich sprachliche faktenbezogene Unzuverlässigkeit bei Kindt, der sie neben zwei wertebezogenen Varianten in seine Theorie aufnimmt. Seine Definition mimetischer Unzuverlässigkeit lautet:

> Der Erzähler N in einem literarischen Werk W ist genau dann *mimetisch zuverlässig*, wenn es als Teil der Kompositionsstrategie$_W$ zu verstehen ist, dass Ns Äußerungen im Hinblick auf die fiktive Welt$_W$ ausschließlich korrekte und alle relevanten Informationen enthalten; N ist genau dann *mimetisch unzuverlässig*, wenn es als Teil der Kompositionsstrategie$_W$ zu verstehen ist, dass Ns Äußerungen im Hinblick auf die fiktive Welt$_W$ nicht ausschließlich korrekte oder nicht alle relevanten Informationen enthalten. (Kindt 2008: 53)

Ein weiterer eindeutiger Verweis auf diese Variante unzuverlässigen Erzählens findet sich bei Silke Lahn und Jan Christoph Meister („Mimetische Unzuverlässigkeit liegt vor, wenn Informationen über Handlungsabläufe [...] oder Angaben über die konkrete Beschaffenheit der erzählten Welt widersprüchlich, zweifelhaft oder unzutreffend sind und die Widersprüche nicht anderweitig aufgelöst werden können", Lahn und Meister 2013: 183).

Im Zusammenhang mit sprachlicher faktenbezogener Unzuverlässigkeit muss noch ein wichtiger Aspekt angesprochen werden, der nicht ganz leicht einzuordnen ist. In einigen Unzuverlässigkeitstheorien wird nämlich eine feinere Untergliederung der Erzählertätigkeit vorgenommen, die ich als „mittels Assertionen über die Fakten der erzählten Welt informieren" beschrieben habe. Im Speziellen werden dieser Tätigkeit spezifischere Tätigkeiten wie *Berichten*, *Interpretieren*, *Generalisieren* und *Kommentieren* zugeordnet. Interessant ist nun die Frage, welcher Status dieser feineren Untergliederung zukommt. Meines Erachtens sind die fünf Tätigkeitstypen bzw. Unzuverlässigkeitstypen, denen ich jeweils ein Unterkapitel in Kapitel II.1 widme, alle notwendigerweise *definitionsrelevant* für unzuverlässiges Erzählen.[40] Das bedeutet, dass ein Verweis auf diese Unzuverlässigkeitstypen *explizit* in die Definition unzuverlässigen Erzählens aufgenommen werden muss. Geschieht dies nicht, so ist die Definition zu unpräzise, um eine regelgeleitete Anwendung zu ermöglichen. Zugleich bin ich der Ansicht, dass *keine weiteren* außer diesen fünf Tätigkeitstypen in dieser Form definitionsrelevant für erzählerische Unzuverlässigkeit

---

Unzuverlässigkeitskonzept zwar nicht auf sprachliche faktenbezogene Unzuverlässigkeit – sie sind aber der Ansicht, es handele sich bei dieser Unzuverlässigkeitsvariante um das „incomparably more influential concept of unreliable narration" (Köppe und Kindt 2011: 81). Und Ohme möchte zwar das Konzept des unzuverlässigen Erzählens abschaffen, sieht aber als Alternativkonzept die „semantische Markierung" vor, die ausschließlich sprachliche und nur faktenbezogene Aspekte betrifft (vgl. Ohme 2015: 218–265; siehe auch Kapitel II.2.1.1 und V).

40 Das Konzept der Definitionsrelevanz greife ich in Kapitel III noch einmal auf.

sind. Diese Annahme scheint aber in Diskrepanz zu der Tatsache zu stehen, dass sich in einigen Unzuverlässigkeitstheorien bereits im Rahmen der Definition unzuverlässigen Erzählens Referenzen auf die feineren Tätigkeitstypen Berichten, Interpretieren, Theoretisieren oder Kommentieren finden (s. u.). Ich werde deswegen auf den folgenden Seiten aufzeigen, wodurch sich diese feineren Tätigkeiten auszeichnen, und gegen ihre notwendige Definitionsrelevanz argumentieren. Beginnen möchte ich mit der Unterscheidung zwischen Berichten und Interpretieren, die sich vor allem in Phelans und Martins Definition unzuverlässigen Erzählens finden lässt.

1.1.1 Berichten vs. Interpretieren

Die Definition unzuverlässigen Erzählens, die Phelans und Martins Theorie zugrunde liegt, aber erst später von Phelan explizit so formuliert worden ist, lautet folgendermaßen: Unzuverlässiges Erzählen sei

> [n]arration in which the narrator's reporting, reading (or interpreting), and/or regarding (or evaluating) are not in accordance with the implied author's [reporting, interpreting and/or evaluating].
> (Phelan 2005: 219)[41]

Während ich mich mit der wertebezogenen Variante (*unreliable evaluating*) erst ab Kapitel II.1.3 beschäftigen will, ist im vorliegenden Kontext die Unterscheidung zwischen *reporting* und *interpreting* relevant. Genaue Definitionen dieser Tätigkeiten finden sich in Phelans und Martins Theorie jedoch nicht – dabei ist die Unterscheidung derselben alles andere als trivial. Einer möglichen Lesart zufolge unterscheiden sich narratoriale Berichte und Interpretationen hinsichtlich der *Sorte von Sachverhalten* oder Fakten, über die sie uns informieren. Diesem Verständnis nach sind die Berichte eines Erzählers Assertionen, die *unmittelbar zugängliche, ‚äußere' Fakten* der erzählten Welt betreffen. Seine Interpretationen sind dagegen Assertionen, die bestimmte ‚innere' Fakten betreffen, die normalerweise nicht unmittelbar zugänglich sind, zum Beispiel (kausale) Zusammenhänge zwischen Fakten, mentale Prozesse (anderer) Figuren wie beispielsweise Handlungsmotive oder bestimmte Arten von Regeln oder Gesetzen.[42] Assertive

---

[41] Diese Definition erscheint in dieser Form noch nicht explizit in Phelans und Martins Artikel von 1999, sondern erst später in Phelans Monografie *Living to Tell about It* (vgl. Phelan 2004). Dennoch scheint dies die Definition zu sein, die auch schon Phelans und Martins Auseinandersetzung mit erzählerischer Unzuverlässigkeit zugrunde liegt.

[42] Andere Ansätze, in denen eine entsprechende Unterscheidung getroffen zu werden scheint, sind beispielsweise Lansers („[A] narrator may be quite trustworthy in reporting events but not competent in interpreting them, or may confuse certain facts but have a good understanding of their implications", Lanser 1981: 171) und Manfred Jahns („Ein Erzähler ist

Äußerungen über diese zweite Sorte von Sachverhalten sind also in der Regel stärker auf vorangegangene Prozesse des Schlussfolgerns angewiesen.[43]

Mir erscheint die Unterscheidung zwischen den Berichten und den Interpretationen des Erzählers in mehrerlei Hinsicht problematisch. Den wichtigsten Grund dafür, dass diese Unterscheidung meines Erachtens *nicht definitionsrelevant* ist, möchte ich im Folgenden kurz vorstellen.[44] Der gesonderte Verweis auf die Berichte und die Interpretationen des Erzählers ist im Rahmen der Definition unzuverlässigen Erzählens deshalb nicht notwendig, weil es sich sowohl bei Berichten als auch bei Interpretationen offenbar *gleichermaßen* um Assertionen über Sachverhalte in der erzählten Welt handelt. Es geht in beiden Fällen darum, wahrheitswertfähige Aussagen über diese Fakten zu tätigen – seien es nun äußere oder ‚innere' Fakten. Obwohl ich erst in Kapitel II.2 genauer diskutieren werde, wann solche Assertionen als inadäquat zu verstehen sind, können wir an dieser Stelle schon davon ausgehen, dass die Adäquatheit sowohl von Berichten als auch von Interpretationen an den Fakten der erzählten Welt gemessen werden kann. Es lässt sich daher problemlos eine exakte und sehr gut verständliche Definition sprachlicher faktenbezogener Unzuverlässigkeit finden, unter die unzuverlässiges Berichten und Interpretieren gemeinsam fallen.

Allerdings lässt sich in Phelans und Martins Theorie eine Stelle finden, die dagegen zu sprechen scheint, dass sich Berichte und Interpretationen von Erzählern gleichermaßen auf die erzählten Fakten beziehen. Phelan und Martin charakterisieren nur unzuverlässiges Berichten unter Bezugnahme auf Fakten bzw. Ereignisse („occurs along the axis of facts/events", Phelan und Martin 1999: 94), unzuverlässiges Interpretieren dagegen unter Bezugnahme auf Wissen bzw. Wahrnehmung („occurs along the axis of knowledge/perception", Phelan und Martin 1999: 94). Für diese Unterscheidung, die von den Autoren

---

mimetisch autoritativ, wenn er die Sachverhalte und Ereignisse der Story adäquat (ohne erkennbaren Irrtum oder Irreführung) darstellt; ein Erzähler ist *interpretativ* autoritativ, wenn er die Sachverhalte und Gegebenheiten der Story in seinen expliziten Kommentaren ohne erkennbare Fehldeutung einschätzt", Jahn 1998: 83). Auch Vera Nünning nennt explizit diese beiden Tätigkeitsvarianten (vgl. V. Nünning 2015b: 87).

43 Diese Korrelation ist aber nicht notwendig. In Kapitel II.1.2 werde ich noch auf zwei andere Lesarten von Phelans und Martins Unterscheidung zwischen Berichten und Interpretieren eingehen, die stärker auf der Intuition basieren, dass die Unterscheidung zwischen Berichten und Interpretieren etwas mit Schlussfolgerungen zu tun hat. Dort werde ich dann auch klarmachen, warum die in den drei Lesarten thematisierten Kriterien nicht notwendigerweise korrelieren.

44 Zwei Gründe, aus denen die Unterscheidung auch schon als rein heuristische problematisch ist, werden in Kapitel III.3 vorgestellt.

nicht theoretisch fundiert wird, sind unterschiedliche Gründe denkbar, die ich jeweils kurz diskutieren möchte.

(1) Vielleicht gehen Phelan und Martin davon aus, dass Interpretationen (im Gegensatz zu Berichten) keinen Wahrheitswert haben – also weder wahr noch falsch sind. Das erscheint mir aber unplausibel. Sicherlich stimmt es, dass wir nicht für alle Interpretationen, die ein Erzähler äußert, *herausfinden* können, ob sie in der Fiktion wahr sind: Fiktionale Texte geben uns grundsätzlich nicht über alle Fakten der jeweiligen fiktiven Welt[45] Auskunft. Das heißt aber zum einen nicht, dass die fraglichen Assertionen in der Fiktion keinen Wahrheitswert haben, sondern lediglich, dass wir keine gute Möglichkeit haben, diesen Wahrheitswert zu bestimmen.[46] Zum anderen können von dieser Unbestimmtheit nicht nur die Interpretationen des Erzählers, sondern auch dessen Berichte betroffen sein: Auch für einige Assertionen über äußere, direkt wahrnehmbare Fakten einer fiktiven Welt gilt, dass wir häufig nicht feststellen können, ob sie in der fiktiven Welt wahr sind oder nicht. Es erscheint mir deswegen nicht sinnvoll, anzunehmen, dass wir Interpretationen grundsätzlich nicht danach beurteilen können, ob sie den fiktiven Fakten entsprechen.

(2) Vielleicht nehmen Phelan und Martin aber auch gar nicht an, dass Interpretationen grundsätzlich keinen Wahrheitswert haben, sondern dass sie einfach *häufiger* von der bereits angesprochenen Unbestimmtheit betroffen sind als Berichte. Diese Annahme ist nicht unplausibel, da Interpretationen ja offenbar ‚innere', nicht direkt wahrnehmbare Fakten betreffen – Aussagen über derartige Fakten sind für uns als Leser oft schwieriger zu überprüfen als Aussagen über äußere Fakten. Es könnte deshalb aus rein pragmatischen Gründen sinnvoll sein, für die Beurteilung von Interpretationen ein anderes Kriterium anzusetzen als Übereinstimmung mit den fiktiven Fakten. Dennoch scheint es mir aber weiterhin sinnvoll, Interpretationen immer, wenn dies möglich ist, zumindest *auch* danach zu beurteilen, ob sie die Fakten der erzählten Welt adäquat wiedergeben oder nicht.

(3) Ein dritter möglicher Grund für eine getrennte Definition unzuverlässigen Berichtens und Interpretierens könnte die Annahme sein, dass Interpretationen nicht generell als Unterform von Assertionen (also von Behauptungen über Fakten der erzählten Welt) verstanden werden können, sondern

---

[45] Zur Rede von fiktiven Welten siehe auch Kapitel II.2.1.1.
[46] Auf die hier vorausgesetzte Annahme, dass wir fiktive Welten grundsätzlich als vollständig verstehen sollten (in dem Sinne, dass normalerweise jede Proposition in ihr genau einen Wahrheitswert hat), gehe ich in Kapitel II.2.1.1 noch einmal etwas genauer ein.

manchmal stattdessen *Wertungen* darstellen. Obwohl die genaue Relation zwischen Assertionen und Wertungen erst in den Kapiteln II.1.3 und II.2.3 diskutiert wird, werden wohl viele von uns die Intuition haben, dass sich Wertungen in relevanten Hinsichten von ‚gewöhnlichen' Assertionen unterscheiden – beispielsweise darin, dass letztere keine Behauptungen über unabhängig existierende Fakten darstellen. Wenn wir nun annehmen, dass Phelan und Martin unter „Interpretation" lediglich eine Äußerung verstehen, die nicht *unmittelbar wahrnehmbare Inhalte* ausdrückt, dann würden neben bestimmten Assertionen auch (manche) Wertäußerungen darunterfallen. Könnte es also sein, dass Phelan und Martin davon ausgehen, dass Interpretationen nicht immer Assertionen darstellen, sondern manchmal auch Wertungen – und dass hierin der Grund liegt, warum sie diese beiden Formen unzuverlässigen Erzählens im Rahmen der Definition auseinanderhalten wollen? Wäre dies der Fall, dann wäre immer noch nicht klar, warum Phelan und Martin unzuverlässiges Interpretieren auf einer *dritten* ‚Achse' verorten (nämlich der Achse des Wissens/der Wahrnehmung), anstatt auf der Achse der Fakten/der Ereignisse und der Achse der Werte/der Ethik. Ein weiterer Grund, der dagegen spricht, auch (manche) Wertungen als Interpretationen zu verstehen, besteht darin, dass die Unterscheidung dieser narratorialen ‚Äußerungstypen' offenbar auf Seymour Chatman zurückgeht – und dieser spricht sich gegen ein derartiges Verständnis von „Interpretation" aus. So macht er deutlich, dass „Interpretation" im weiteren Sinne des Worts zwar auch bestimmte Wertungen umfasse – er ist aber der Ansicht, dass es sinnvoll ist, beide Konzepte auseinanderzuhalten:

> [W]e shall stick to the three-way distinction [between interpretation, judgment, and generalization], limiting ‚interpretation' to any relatively value-free attempt to account for something in terms of the story itself, without going outside it (as do judgment and generalization). (Chatman 1978: 237–238)

Ich halte Chatmans Vorschlag für äußerst sinnvoll, da Wertungen (aus in Kapitel II.1.3 näher zu erläuternden Gründen) als gesonderte Klasse behandelt werden sollten.[47] Alles in allem scheint es mir also keinen guten Grund zu geben, die Unterscheidung zwischen unzuverlässigem Berichten und Interpretieren als definitionsrelevant für unzuverlässiges Erzählen zu betrachten – beides lässt sich stattdessen unter dem Konzept der sprachlichen faktenbezogenen Unzuverlässigkeit zusammenfassen.

---

[47] Eine Vermischung oder Verwechslung von Interpretationen und Wertungen ist aber in vielen Unzuverlässigkeitstheorien festzustellen.

1.1.2 Generalisieren (oder: Theoretisieren)

Wenn wir damit unzuverlässiges Berichten und Interpretieren im Rahmen der Definition unzuverlässigen Erzählens unter sprachlicher faktenbezogener Unzuverlässigkeit zusammenfassen, können wir uns der nächsten Erzählertätigkeit zuwenden, die zuweilen im Rahmen von Unzuverlässigkeitstheorien gesondert behandelt (d. h. anscheinend nicht einfach als Unterform von Assertionen verstanden) wird. Es handelt sich hier um das Theoretisieren bzw. Generalisieren durch den Erzähler. So führen beispielsweise Martínez und Scheffel theoretische Unzuverlässigkeit als einen von drei Typen unzuverlässigen Erzählens (neben mimetisch teilweise unzuverlässigem und mimetisch unentscheidbarem Erzählen) an, auf den sie jedoch nicht bereits im Rahmen ihrer Definition (siehe Kapitel II.3.2.2) Bezug nehmen. Auch bei Lahn und Meister wird theoretische Unzuverlässigkeit als eigener Typ verstanden: „Theoretische Unzuverlässigkeit liegt vor, wenn die Aussagen des Erzählers in Bezug auf allgemeine Sachverhalte wenig angemessen oder unzutreffend sind" (Lahn und Meister 2013: 183). Und Uri Margolin weist – unter Rekurs auf Martínez und Scheffel – im Rahmen seiner Unzuverlässigkeitstheorie darauf hin, dass seine alethische Unzuverlässigkeit „claims of what is the case in the domain, both specifics (individual facts) and generalities" (Margolin 2015: 40) betreffe.

Obwohl erzählerische Unzuverlässigkeit, die die Theoretisierungen oder Generalisierungen des Erzählers betrifft, in diesen Theorien also vermutlich nicht als definitionsrelevant verstanden wird, erscheint es sinnvoll, an dieser Stelle kurz – und gewissermaßen ‚präventiv' – aufzuzeigen, dass es sich auch tatsächlich nicht um eine definitionsrelevante Unterscheidung handelt. Dies ist nicht so eindeutig, wie sich zunächst vermuten lässt. Schwierigkeiten bekommen wir nämlich, wenn wir das Konzept der Theoretisierung oder Generalisierung genau zu verstehen versuchen. Zwar scheinen Margolin und Martínez und Scheffel das gleiche Verständnis des Konzepts zu haben: Martínez und Scheffel beschreiben theoretische Sätze als „allgemein", mimetische Sätze beträfen dagegen „räumlich und zeitlich fixierte[] Sachverhalt[e]" (Martínez und Scheffel 1999: 99). Dies scheint mir so zu verstehen zu sein, dass theoretische Sätze bestimmte Regelhaftigkeiten behaupten bzw. Allaussagen darstellen, wohingegen mimetische Sätze *einzelne* Fakten oder Ereignisse beschreiben. In Margolins Definition findet sich dieses Unterscheidungskriterium wieder („generalities" vs. „individual facts"). Allerdings geht die Unterscheidung zwischen Berichten und Generalisierungen des Erzählers ursprünglich auf Chatman zurück – wie Margolin auch selbst anmerkt (vgl. Margolin 2015: 39). Bei Chatman lässt sich nun aber ein anderes Kriterium für die Differenzierung finden: „‚Generalization' makes reference outward from the fiction to the real world, either to ‚universal truths' or to actual historical facts" (Chatman 1978: 227–228). Generalisierungen zeichnen sich laut Chatman also nicht durch ihre Allgemeinheit aus (d. h. sie können auch historische Einzelfakten betreffen), sondern durch ihre Referenz auf die reale (im Gegensatz zur erzählten) Welt.

Halten wir also zunächst fest, dass das Konzept des Theoretisierens bzw. Generalisierens einer eindeutigen Bestimmung bedarf, damit es im Rahmen einer Unzuverlässigkeitstheorie überhaupt sinnvoll zum Einsatz kommen kann. Da dies bisher nicht gegeben ist, sollten wir für beide der genannten Kriterien einzeln testen, ob wir unzuverlässige ‚Generalisierungen' bzw. ‚Theoretisierungen' des Erzählers getrost sprachlicher faktenbezogener Unzuverlässigkeit zuordnen können, ohne theoretische Unzuverlässigkeit oder ein vergleichbares Konzept im Rahmen der Definition unzuverlässigen Erzählens gesondert aufzulisten.

Schauen wir uns dafür zunächst ausschließlich den Aspekt der Regelhaftigkeit an: Allaussagen, die allgemeine Behauptungen über die erzählte Welt aufstellen, betreffen Fakten der erzählten Welt und haben daher – ebenso wie Berichte und Interpretationen – in der Fiktion einen Wahrheitswert. Sie haben mit Interpretationen allerdings die Eigenschaft gemein, dass es häufig nicht trivial ist, ihren Wahrheitswert festzustellen.

Kommen wir zum zweiten Aspekt, der im Zusammenhang mit den Theoretisierungen bzw. Generalisierungen des Erzählers eine Rolle spielt: die Referenz auf unsere reale Welt. Hier scheint es zunächst ein Problem zu geben. Ich hatte oben geschrieben, dass sprachliche faktenbezogene Unzuverlässigkeit die Assertionen des Erzählers über die Fakten der *erzählten* Welt betreffe. Bedeutet dies, dass wir unzuverlässiges Theoretisieren, das ja eben die Fakten der *realen* Welt betrifft, nicht als Unterfall sprachlicher faktenbezogener Unzuverlässigkeit verstehen können? Schließlich kann sich eine erzählte, fiktive Welt bezüglich ihrer Fakten von unserer realen Welt unterscheiden.[48] Ich glaube allerdings dennoch, dass so eine Subsumtion möglich und sinnvoll ist. Meine Argumentation hierfür basiert allerdings auf Intuitionen hinsichtlich des Begriffsumfangs unzuverlässigen Erzählens, von denen ich allein auf Basis der vorhandenen theoretischen Texte nicht feststellen kann, ob sie von anderen Unzuverlässigkeitstheoretikern (insbesondere von Martínez und Scheffel bzw. von Margolin) geteilt werden. Meine Perspektive ist hier folgende: In den allermeisten Fällen, in denen der Erzähler eines fiktionalen Textes allgemeine Behauptungen aufstellt, die auch für unsere reale Welt Gültigkeit beanspruchen, wird der Wahrheitswert

---

[48] Im Grunde betrifft dieses Problem schon die Adäquatheitskriterien für die relevanten Erzählertätigkeiten – diese Adäquatheitskriterien werden erst in Kapitel II.2 diskutiert. Da diese Frage hier aber relevant ist, um zu zeigen, dass es sich beim Theoretisieren nicht um eine weitere definitionsrelevante Tätigkeit handelt, wird die Diskussion hier in Teilen vorgezogen.

dieser Sätze in der fiktiven erzählten Welt und in unserer realen Welt *identisch* sein. In all diesen Fällen macht es hinsichtlich des Begriffsumfangs also keinen Unterschied, ob wir in unserer Definition sprachlicher faktenbezogener Unzuverlässigkeit weiterhin nur auf die Fakten der fiktiven Welt oder stattdessen auch auf die Fakten unserer realen Welt referieren. Dies macht nur in den – vermutlich eher seltenen – Fällen einen Unterschied, in denen sich der Wahrheitswert *allgemeiner Behauptungen* für die fiktive und für unsere reale Welt unterscheidet. Hier habe ich nun die Intuition, dass wir einen Erzähler eines fiktionalen Textes nur dann als unzuverlässig bezeichnen würden, wenn seine Generalisierungen (auch) in der fiktiven Welt nicht den Fakten entsprechen. Im Einzelnen bedeutet dies: Eine Allaussage, die in der fiktiven Welt wahr, in unserer Welt aber falsch ist, macht den Erzähler eines fiktionalen Textes noch nicht unzuverlässig; eine Allaussage, die in unserer Welt wahr ist, in der fiktiven Welt aber falsch, macht einen Erzähler dagegen unzuverlässig. Dies entspricht meines Erachtens auch der literaturwissenschaftlichen Praxis im Umgang mit Texten wie Märchen. Wenn der Erzähler in einem Grimm'schen Märchen behauptet, dass alle Wölfe Bösewichte (d. h. gierig, listig und gefährlich für Menschen) seien, dann handelt es sich deswegen nicht um einen unzuverlässigen Erzähler: In der Märchenwelt trifft der Erzähler damit eine zutreffende allgemeine Aussage, auch wenn sie in unserer Welt nicht zutreffend ist. Gehen wir von dieser Intuition bzw. Praxis aus, so bleibt unsere Definition sprachlicher faktenbezogener Unzuverlässigkeit auch für Theoretisierungen/Generalisierungen adäquat – und wir können unzuverlässiges Theoretisieren als nicht-definitionsrelevanten Unterfall dieses Typs erzählerischer Unzuverlässigkeit verstehen.

1.1.3 Kommentieren

Kommen wir nun noch kurz zum letzten narratorialen Äußerungstyp, der im Rahmen von Unzuverlässigkeitstheorien manchmal gesondert genannt wird: dem Kommentieren. Während die meisten Unzuverlässigkeitstheoretiker nichts Genaueres darüber schreiben, was sie unter ‚den Kommentaren' des Erzählers verstehen, geht auch dieses Konzept offenbar auf Chatmans Unterscheidung narratorialer Äußerungstypen zurück. Für diesen ist „Kommentar" ein Sammelbegriff, der in seiner expliziten Form vor allem die Äußerungstypen Interpretieren, Generalisieren und Bewerten umfasst.[49] Von diesen drei Typen habe ich

---

[49] Eine vierte Form des expliziten Kommentars („self-conscious narration") betrifft bei Chatman, im Gegensatz zu den anderen drei Formen, nicht die *story*, sondern den *discourse* (Chatman 1978: 228). Da diese Form in Unzuverlässigkeitstheorien aber keine Rolle zu spielen scheint, wird sie hier nicht weiter diskutiert.

Interpretieren und Generalisieren bereits ausführlich diskutiert und dagegen argumentiert, dass ihre Unterscheidung vom Berichten definitionsrelevant ist. Beim Bewerten dagegen scheint es sich anders zu verhalten: Die Unterscheidung zwischen fakten- und wertebezogener Unzuverlässigkeit wird in so vielen Unzuverlässigkeitstheorien als definitionsrelevant behandelt, dass wir – zumindest erst einmal – davon ausgehen sollten, dass die Wertäußerungen des Erzählers nicht einfach als eine Form von Assertion über fiktive Fakten verstanden werden sollte. Wertäußerungen werden deswegen gesondert in Kapitel II.1.3 diskutiert. Eine ausführlichere Argumentation für die Trennung von Fakten- und Wertefragen im Kontext der Definition unzuverlässigen Erzählens findet sich in Kapitel II.2.1.

Neben den Typen von Erzähleräußerungen, die Chatman den Kommentaren zuordnet, scheint es mir aber noch zwei weitere Äußerungstypen zu geben, die man plausiblerweise als Kommentar verstehen kann. Diese Typen sollten kurz aufgegriffen werden, weil ihre Handhabung im Zusammenhang mit Unzuverlässigkeitsanalysen nicht trivial ist.

Der erste Fall, den ich besprechen möchte, betrifft Äußerungen des Erzählers, mithilfe derer er uns über seine eigenen Ideen, Vermutungen, Wahrnehmungen etc. informiert. Um deutlich zu machen, welche Relevanz solchen Äußerungen im Rahmen von Unzuverlässigkeitsanalysen zukommen kann, können wir an das Beispiel für unzuverlässiges Erzählen anknüpfen, das ich in der Einleitung illustrativ angeführt habe. In Bezug auf Poes *The Tell-Tale Heart* könnte man auf die Idee kommen, dass die Klassifikation des Erzählers als *faktenbezogen unzuverlässig* unplausibel sei – schließlich gibt dieser Erzähler doch sehr zuverlässig seine idiosynkratische Wahrnehmung wieder. Da es auch ein Faktum der erzählten Welt ist, dass der Erzähler glaubt, das Herz des Toten schlagen zu hören, können wir möglicherweise mit unseren Unzuverlässigkeitszuschreibungen durcheinanderkommen. Allerdings gibt die eben skizzierte Analyse nicht gut wieder, wie in der literaturwissenschaftlichen Praxis normalerweise mit assertiven Erzähleräußerungen verfahren wird, die sich allem Anschein nach auf ‚äußere' Fakten der erzählten Welt beziehen. Sie werden nicht als Behauptungen über die Wahrnehmungen und das Überzeugungssystem des Erzählers verstanden, sondern eben als Behauptungen über die erzählte Welt jenseits dieser Wahrnehmungen und Überzeugungen. Ihre Adäquatheit wird dementsprechend auch nicht daran gemessen, ob die Behauptungen mit den tatsächlichen Wahrnehmungen und Überzeugungen des Erzählers übereinstimmen, sondern ob sie mit der fiktiven Welt außerhalb derselben in Einklang stehen.

Wie sieht es aber mit Behauptungen aus, die – zumindest ihrer Form nach – tatsächlich die Wahrnehmungen oder Überzeugungen des Erzählers zum Gegenstand haben? Dies ist beispielsweise dann der Fall, wenn der Erzähler nicht einen Satz wie „Dort steht ein Baum" äußert, sondern stattdessen „Ich sehe einen Baum" oder „Ich glaube, dort steht ein Baum". Verstehen wir solche Äußerungen buchstäblich, so müssten wir ihre Adäquatheit tatsächlich daran messen, ob sie mit den Wahrnehmungen oder Überzeugungen des Erzählers übereinstimmen. Schließlich kann der Erzähler entweder wahre oder falsche Assertionen über seine Wahrnehmungen und Überzeugungen machen. Allerdings scheint es mir plausibel anzunehmen, dass Erzähler häufig mit derartigen Äußerungen – auch wenn deren Form möglicherweise etwas anderes suggeriert – eigentlich die Behauptung „Dort steht ein Baum" zum Ausdruck bringen wollen. Ist dies der Fall, müssen diese Behauptungen trotz ihrer Form an den ‚äußeren' Fakten jenseits der Wahrnehmungen und Überzeugungen des Erzählers gemessen werden. Welche Lesart derartiger Äußerungen jeweils angebracht ist, lässt sich zwar häufig durch den intratextuellen Kontext der Äußerung (oder unter Rückgriff auf sprachliche Konventionen) bestimmen – aber es kann auch passieren, dass eine eindeutige Entscheidung nicht möglich ist. All dies sind Gründe, im Rahmen konkreter Unzuverlässigkeitsanalysen besonders sorgsam vorzugehen und klarzumachen, in Bezug auf welche Fakten die Assertionen des Erzählers evaluiert werden – Gründe für die gesonderte Aufführung von Berichten und Kommentaren des Erzählers im Rahmen der Unzuverlässigkeitsdefinition sehe ich hierin allerdings nicht.

Einen anderen Typ von Erzähleräußerung, den man eventuell als Kommentar bezeichnen könnte, stellen solche Äußerungen dar, die eindeutig als unsichere Vermutungen gekennzeichnet sind, beispielsweise durch modale Abschwächung. Sätze dieser Art wären zum Beispiel „Wahrscheinlich steht dort ein Baum". Es scheint mir nun unterschiedliche Möglichkeiten zu geben, derartige Äußerungen zu verstehen – und dementsprechend auch unterschiedliche Möglichkeiten, die Zuverlässigkeit eines Erzählers zu bewerten, der entsprechende Sätze äußert. Verstehen wir diese Sätze buchstäblich, so müssten wir uns eigentlich fragen, ob der Erzähler eine korrekte Einschätzung der Wahrscheinlichkeit, dass die modal abgeschwächte Proposition wahr ist, abgegeben hat. Wir müssten uns in diesem Fall also fragen: Ist es in der erzählten Welt tatsächlich wahrscheinlich, dass dort ein Baum steht? Eine andere Möglichkeit besteht darin, die Adäquatheit modal abgeschwächter Behauptungen einfach danach zu beurteilen, ob die Proposition zutrifft, ohne dabei die modale Abschwächung zu beachten. Wir würden uns also fragen: „Steht dort tatsächlich ein Baum?". Eine dritte Möglichkeit wäre, modal abgeschwächte Äußerungen generell als defizitär zu verstehen, weil der Erzähler uns durch sie *nicht ausreichend* über die fiktiven Fakten informiert: Wir wollen wissen, ob dort ein Baum steht oder nicht.[50] Eine generelle Lösung dieses Problems kann ich hier nicht anbieten – stattdessen belasse ich es auch hier bei den Hinweisen, dass in der konkreten Analyse besondere Vorsicht geboten ist und dass sich immer noch keine guten Gründe gezeigt haben, Erzählerkommentare gesondert in die Unzuverlässigkeitsdefinition aufzunehmen.

Nachdem wir nun die Assertionen des Erzählers (und den damit verbundenen Unzuverlässigkeitstyp der sprachlichen faktenbezogenen Unzuverlässigkeit) kennen gelernt haben, können wir zu einem weiteren Typ faktenbezogener Unzuverlässigkeit übergehen. Dieser wird in Unzuverlässigkeitstheorien deutlich seltener diskutiert als die sprachliche Variante – er lässt sich aber, wie ich gleich zeigen werde, beispielsweise aus einer zweiten möglichen Lesart von Phelans und Martins Konzept des unzuverlässigen Interpretierens ableiten.

1.2 Was der Erzähler für wahr hält – kognitive faktenbezogene Unzuverlässigkeit

Ich hatte im Zuge der Analyse von Phelans und Martins Konzept des unzuverlässigen Interpretierens bereits darauf hingewiesen, dass nicht ganz eindeutig festzustellen ist, ob das entscheidende Kriterium für diese Unzuverlässigkeitsform tatsächlich darin besteht, dass es hier um Assertionen über nicht direkt wahrnehmbare (bzw. ‚innere') Fakten geht. Es scheint nämlich ein weiteres Kriterium zu geben, das Fälle unzuverlässigen Interpretierens gemeinsam haben. Wenn wir uns Phelans und Martins Beschreibungen unzuverlässigen Interpretierens – und vor allem auch die literarischen Beispiele, die sie hierfür angeben (vgl. Phelan und Martin 1999: 91– 95) – ansehen, dann fällt Folgendes auf: Ein Erzähler wird von ihnen offenbar immer dann als unzuverlässig interpretierend verstanden, wenn die problematische Assertion des Erzählers *unabsichtlich* inadäquat ist. Eine andere Möglichkeit, die Unterscheidung zwischen absichtlich und unabsichtlich inadäquaten Assertionen zu beschreiben, ist folgende: Ein Erzähler, der *absichtlich* eine inadäquate Assertion äußert, hat *keine* analoge inadäquate Überzeugung über die fraglichen fiktiven Fakten; ein Erzähler, der *unabsichtlich* eine inadäquate Assertion äußert, *hat* dagegen eine analoge inadäquate Überzeugung.[51] Dabei verstehe ich unter „Überzeugung" eine

---

50 Das Phänomen der unzureichenden Informationsvermittlung wird im Zusammenhang mit den Erfolgskriterien für sprachliche faktenbezogene Unzuverlässigkeit in Kapitel II.2 diskutiert.
51 Diese Identitätsbehauptung ist vielleicht nicht ganz korrekt, weil die Möglichkeit besteht, dass ein Erzähler sich verspricht, also eine Überzeugung hat und diese auch äußern will, ihm dieses aber nicht gelingt. Solche Fälle scheinen mir hier aber zu vernachlässigen zu sein.

Proposition, die ein Subjekt für wahr hält. Ein und derselbe Satz kann also eine Assertion sein, wenn er geäußert wird, und eine Überzeugung, wenn er für wahr gehalten wird. Obwohl die genauen Kriterien für adäquate Überzeugungen erst in Kapitel II.2.2 diskutiert werden, können wir doch davon ausgehen, dass auch die Überzeugungen von Erzählern fiktionaler Texte danach beurteilt werden, ob sie mit den Fakten der erzählten Welt im Einklang stehen.

Dieser Lesart von Phelans und Martins Theorie zufolge wäre unzuverlässiges Interpretieren also ein Unterfall von sprachlicher faktenbezogener Unzuverlässigkeit: Es liegt immer dann vor, wenn eine Assertion, die die Fakten der erzählten Welt nicht adäquat abbildet, *in Kombination mit einer Überzeugung* vorkommt, die diese Fakten ebenfalls nicht adäquat abbildet.[52] Obwohl mir –

---

52 Wir können uns nun fragen, welche Zusammenhänge zwischen der ersten und der zweiten Lesart des Konzepts des unzuverlässigen Interpretierens besteht: Fakten, die nicht unmittelbar zugänglich sind, müssen normalerweise inferiert werden, um gut begründete Aussagen über sie treffen zu können. Wenn sie tatsächlich inferiert werden, dann führt dies normalerweise zugleich dazu, dass das inferierende Subjekt (hier: der Erzähler) die Konsequenz seiner Schlussfolgerung in sein Überzeugungssystem aufnimmt. Dies ist jedoch keine notwendige Verknüpfung. Denn Aussagen über nicht direkt zugängliche Fakten können auch ohne Inferenz und ohne entsprechende Überzeugung getroffen werden – beispielsweise wenn ein Erzähler sich hier einfach etwas ausdenkt oder bewusst lügt. Die beiden unterschiedlichen Arten, Phelans und Martins Konzept des unzuverlässigen Interpretierens zu verstehen, führen also nicht zum selben Begriffsumfang.

Über die beiden dargestellten Varianten hinaus gibt es noch eine dritte Lesart dieses Konzept, die ich hier nur sehr kurz adressieren möchte (– für eine ausführliche Darstellung vgl. Jacke 2017). Diese Lesart wird vor allem in Margolins Unzuverlässigkeitstheorie nahegelegt (vgl. Margolin 2015), in der er auf Phelans und Martins Konzept des unzuverlässigen Interpretierens (bei ihm: *epistemische Unzuverlässigkeit*) zurückgreift. Dieser Lesart zufolge ist die Eigenschaft, die das Interpretieren eines Erzählers auszeichnet, tatsächlich die Tatsache, dass hier notwendigerweise *Schlussfolgerungen* durch den Erzähler involviert sind. Unzuverlässiges Schlussfolgern, so lässt sich Margolin rekonstruieren, liegt vor, wenn die Schlussfolgerungen eines Erzählers nicht logisch schlüssig sind, d. h. wenn die von ihm abgeleiteten Propositionen nicht aus den zugrunde gelegten Prämissen folgen (vgl. Margolin 2015: 40; 55). Wenn man dies bereits als hinreichend für unzuverlässiges Erzählen versteht, hätten wir es hier mit einem weiteren definitionsrelevanten Typ unzuverlässigen Erzählens zu tun (bzw. sogar mit zwei weiteren Typen, da nicht-schlüssiges Schlussfolgern sowohl die Äußerungen des Erzählers als auch seine Denkprozesse betreffen kann). Definitionsrelevant ist dieser Typ deshalb, weil ein anderes Adäquatheitskriterium angesetzt werden muss – es geht hier weder um die adäquate Repräsentation von Fakten noch um das Im-Einklang-Stehen mit einem bestimmten Wertesystem, sondern um die Erfüllung des logischen Kriteriums der Schlüssigkeit. Da es mir aber zu unklar erscheint, ob es sich hier wirklich um das intendierte Verständnis des Konzepts des unzuverlässigen Interpretierens handelt, und da eine Aufnahme als eigener definitionsrelevanter Typ die Definition unzuverlässigen Erzählens unnötig verkomplizieren würden, möchte ich hier davon absehen. Stattdessen gehe ich davon aus, dass es die Intuitionen

wie ich gleich noch genauer erklären werde – narratoriale Überzeugungen in der Tat sehr relevant im Zusammenhang mit Unzuverlässigkeit erscheinen, ist die Art und Weise, wie dieser Aspekt in Phelans und Martins Modell Eingang findet, nicht optimal. Wenig sinnvoll erscheint mir vor allem der Vorschlag, die Untersuchung des Überzeugungssystems von Erzählern im Rahmen von Unzuverlässigkeitsanalysen fest an die Analyse ihrer sprachlichen Äußerungen zu koppeln. Stattdessen ist es ratsam, die Analysemöglichkeiten flexibler gestalten. Aus diesem Grund möchte ich dafür plädieren, kognitive faktenbezogene Unzuverlässigkeit als eigene Variante erzählerischer Unzuverlässigkeit zu verstehen, die genau dann vorliegt, wenn die Überzeugungen eines Erzählers die Fakten der erzählten Welt nicht adäquat abbilden.[53]

Obwohl der Vorschlag, kognitive faktenbezogene Unzuverlässigkeit als eigene, von sprachlicher faktenbezogener Unzuverlässigkeit logisch unabhängige Variante erzählerischer Unzuverlässigkeit zu verstehen, von der zweiten hier präsentierten Lesart Phelans und Martins Modell abweicht, bewahrt er meines Erachtens die zentrale Intuition: nämlich dass die Überzeugungen des Erzählers eine wichtige Rolle im Zusammenhang mit seiner Unzuverlässigkeit spielen. Darüber hinaus bietet die Modellierung als unabhängiger Typ mindestens zwei wichtige Vorteile. Zum einen kann auf diese Weise gut die Debatte um sogenannte ‚unzuverlässige Reflektoren' aufgegriffen werden – d. h. die Frage, inwieweit auch Figuren, die zwar nicht selbst erzählen, deren (problematische) Perspektive der Erzähler jedoch einnimmt, in den Begriffsumfang unzuverlässigen Erzählens fallen können. Während diese Frage erst in Kapitel IV.1 im Detail diskutiert wird, lässt sich hier bereits eine

---

der meisten Unzuverlässigkeitsforscher am besten trifft, nicht-schlüssige Inferenzen des Erzählers (und eventuell auch das Fehlen bestimmter Inferenzen bzw. Erklärungen) als möglichen *Indikator* für faktenbezogene Unzuverlässigkeit zu verstehen. Denn schließlich können durch nicht-schlüssige Inferenzen selbst aus wahren Prämissen leicht unwahre Konsequenzen abgeleitet werden. Indikatoren für unzuverlässiges Erzählen werden in den Kapiteln II.6 und IV.2 ausführlicher diskutiert.

53 Aus denselben Gründen halte ich auch V. Nünnings Vorschlag, die Diskrepanz zwischen den Äußerungen des Erzählers und seinen Überzeugungen als eigenen Typ unzuverlässigen Erzählens zu betrachten, für wenig sinnvoll (vgl. V. Nünning 2015b: 87). Auch hier erscheint es mir praktischer und flexibler, jeweils die fiktiven Fakten als Referenzpunkt zu nutzen.

Ich weiche an dieser Stelle bereits etwas von dem Vorhaben ab, im Rahmen von Kapitel II lediglich die Intuitionen der Unzuverlässigkeitstheoretiker präzise zu rekonstruieren – stattdessen spielen hier bereits sehr grundlegende Nützlichkeitserwägungen eine Rolle. Ich werde hierauf in Kapitel V noch einmal genauer eingehen.

kurze, differenzierte Antwort geben: Reflektorfiguren können nicht sprachlich, wohl aber kognitiv unzuverlässig sein. Zum anderen bietet uns die gesonderte Modellierung kognitiver Unzuverlässigkeit bessere Analyseoptionen. Wir können nicht nur Erzähler kategorisieren, die unabsichtlich oder absichtlich inadäquate Assertionen äußern (hier wäre der Erzähler hinsichtlich der erzählten Fakten im ersten Fall sowohl sprachlich als auch kognitiv unzuverlässig, im zweiten dagegen nur sprachlich), sondern wir können auch den interessanten Fall eines Erzählers kategorisieren, dessen Assertionen *unabsichtlich adäquat* sind. So ein Erzähler hat inadäquate Überzeugungen über die fiktive Welt und versucht, seinen Adressaten durch seine Assertionen zu täuschen – aufgrund seiner eigenen Uninformiertheit gibt er dabei jedoch ‚aus Versehen' die Fakten der erzählten Welt adäquat wieder. Ein Beispiel für einen derartigen Fall ist der intradiegetische Erzähler Pablo Ibbieta aus Sartres *Le Mur* (vgl. Sartre 1939): Dieser – ein Gefangener im Spanischen Bürgerkrieg – soll das Versteck seines Kameraden Ramón Gris verraten. Im Glauben, einen falschen Ort zu nennen, verrät Ibbieta seinen Kameraden dabei unabsichtlich, da dieser inzwischen sein Versteck gewechselt hat.

Die konzeptuelle Trennung sprachlicher und kognitiver faktenbezogener Unzuverlässigkeit scheint damit aus theoretischen und heuristischen Gründen sinnvoll. Aber handelt es sich auch um eine *definitionsrelevante* Unterscheidung? Nach meiner Modifikation lässt sich kognitive faktenbezogene Unzuverlässigkeit nicht mehr einfach als Unterfall sprachlicher faktenbezogener Unzuverlässigkeit verstehen. Denn ein Erzähler kann auch dann inadäquate Überzeugungen haben, wenn er keine inadäquaten Assertionen äußert. Aber können wir nicht möglicherweise die sprachliche und die kognitive Variante faktenbezogener Unzuverlässigkeit im Rahmen einer gemeinsamen, nicht-disjunktiven Definition zusammenfassen? Hier lautet die Antwort: wir *können* möglicherweise, aber wir *sollten* nicht. Zwar ist anzunehmen, dass beide Varianten unzuverlässigen Erzählens etwas mit Inadäquatheit in Bezug auf die fiktiven Fakten zu tun haben – schließlich nennen wir beide Formen „faktenbezogene Unzuverlässigkeit". Aber damit gelangen wir erst einmal nur *einen* Schritt weiter in Richtung einer gemeinsamen, nicht-disjunktiven Definition: „Faktenbezogene Unzuverlässigkeit liegt genau dann vor, wenn die X eines Erzählers nicht adäquat die fiktiven Fakten wiedergeben". Wie diese unvollständige Definition deutlich macht, bräuchten wir einen Terminus, der die Assertionen und die Überzeugungen eines Erzählers (und nur diese) umfasst. Hier lässt sich meines Erachtens aber kein wirklich aussagekräftiger Terminus finden – und wir sollten schließlich darum bemüht sein, eine exakte und *ausreichend verständliche* Definition unzuverlässiges Erzählen zu formulieren. Damit das Konzept der faktenbezogenen Unzuverlässigkeit ausreichend verständlich ist, sollte es unter Rekurs sowohl auf die Assertionen als auch auf die Überzeugungen des Erzählers definiert werden:

Faktenbezogene Unzuverlässigkeit liegt genau dann vor, wenn die Assertionen oder die Überzeugungen des Erzählers den Fakten der erzählten Welt nicht adäquat entsprechen. Sprachliche und kognitive faktenbezogene Unzuverlässigkeit sind also tatsächlich als definitionsrelevante Typen aufzufassen.[54]

Neben Phelans und Martins Theorie gibt es noch weitere, in denen sich Hinweise auf die Inklusion inadäquater Überzeugungen in das Unzuverlässigkeitskonzept erkennen lassen. Dabei geht es jedoch nicht immer um die Überzeugungen des Erzählers selbst, sondern teilweise um die einer Reflektorfigur, die nicht selbst als Erzähler fungiert. Dies ist beispielsweise in Booths Theorie der Fall – denn Booth unterscheidet noch gar nicht zwischen Erzählern und Reflektoren.[55] Detaillierte Überlegungen zur potenziellen Unzuverlässigkeit von Reflektorfiguren finden sich in Kapitel IV.1.3.

Es gibt aber auch Unzuverlässigkeitstheoretiker, die explizit auf die Überzeugungen von *Erzählern* eingehen. Hier ist beispielsweise Hof zu nennen, die hierin sogar den Kern des Unzuverlässigkeitskonzepts zu sehen scheint: „Die Frage der Glaubwürdigkeit betrifft den point-of-view, d. h., diese Frage stellt sich in Bezug auf die Haltung eines Sprechers zu einem erzählten Geschehen" (Hof 1984: 48). Ohme dagegen spricht sich gegen die Inklusion kognitiver Aspekte in das Konzept des unzuverlässigen Erzählens (bzw. seines Alternativkonzepts der semantischen Markierung, siehe Kapitel V.2) aus. Seines Erachtens werden diese Aspekte bereits durch die narratologischen Kategorien zur Analyse der Erzählperspektive abgedeckt, so dass es zu Redundanzen käme, wenn wir es zusätzlich als Teil des Konzepts erzählerischer Unzuverlässigkeit verstehen würden (vgl. Ohme 2015: 208).

Im Falle vieler kognitivistischer Theorien unzuverlässigen Erzählens lässt sich nicht leicht entscheiden, ob eine Inklusion kognitiver faktenbezogener Unzuverlässigkeit vorgesehen ist. Häufig wird dort einerseits betont, dass Unzuverlässigkeit

---

54 Bedenken hinsichtlich der Frage, ob es tatsächlich sinnvoll ist, kognitive faktenbezogene Unzuverlässigkeit in das Unzuverlässigkeitskonzept aufzunehmen (z. B. aufgrund mangelnder terminologischer Plausibilität oder eines eingeschränkten Anwendungsbereichs) werden in den Kapiteln IV.1 und V.2 thematisiert.
55 Dies zeigt sich zum Beispiel in folgendem Zitat: „We should remind ourselves that any sustained inside view [...] temporarily turns the character whose mind is shown into a teller" (Booth 1996¹: 164). Da allerdings nicht klar ist, ob Booth überhaupt faktenbezogene Unzuverlässigkeit mitdenkt, lässt sich auch nicht mit Sicherheit sagen, ob kognitive faktenbezogene Unzuverlässigkeit Teil seiner Theorie ist.

ein Phänomen sei, das der Leser aufgrund von Diskrepanzen der erzählerischen *Darstellung* zuschreibe. Andererseits wird aber gerade in konstruktivistisch-kognitivistischen Theorien betont, es gehe zentral um die *Perspektive* des Erzählers. Diese Unklarheit ist zumindest zum Teil dadurch bedingt, dass kognitivistische Unzuverlässigkeitstheoretiker es oft für ausreichend zu halten scheinen, zu betonen, dass unzuverlässiges Erzählen eine Interpretationsstrategie sei (siehe auch Kapitel II.3.2.3). Dabei fehlt oft eine genauere Beantwortung der Frage, in welchen Zuschreibungen genau diese Interpretationsstrategie besteht: Geht es um die Zuschreibung inadäquater Behauptungen, inadäquater Überzeugungen – oder um beides? Nur in manchen dieser kognitivistischen Theorien lassen sich diese Fragen letztlich dadurch auflösen, dass die Autoren sich explizit zur Debatte um unzuverlässige Reflektorfiguren äußern, wie es beispielsweise bei Yacobi der Fall ist: „[The problem of reliability] arises with respect to every speaking and reflecting participant in the literary act of communication" (Yacobi 1981: 113). Denn wer der Auffassung ist, dass auch Reflektorfiguren unzuverlässig sein können, der wird auch Erzählern aufgrund entsprechender kognitiver Fehlfunktionen Unzuverlässigkeit zuschreiben.

Nachdem ich die definitionsrelevanten faktenbezogenen Varianten unzuverlässigen Erzählens präsentiert habe, können wir zur Diskussion der wertebezogenen Varianten übergehen, die in mehrerlei Hinsicht komplexer und komplizierter sind. Beginnen wir hier mit der zugänglichsten Variante, die bereits in den frühesten Definitionsvorschlägen explizit enthalten ist: mit sprachlicher wertebezogener Unzuverlässigkeit.

1.3 Welche Werturteile der Erzähler äußert – sprachliche wertebezogene Unzuverlässigkeit

Bereits in Booths Definition unzuverlässigen Erzählens findet sich die Formulierung „[the narrator does not] speak[] for [...] the norms of the work" (Booth 1961: 158). Betroffen sind von diesem Typ unzuverlässigen Erzählens also offenbar die wertenden Aussagen des Erzählers.[56] Wir können uns nun in Anbetracht dieser

---

[56] Zu diesen ‚wertenden Äußerungen' sind einige klärende Anmerkungen notwendig. (1) Handelt es sich hier ausschließlich um moralische Wertäußerungen oder um Wertäußerungen im Allgemeinen? Dies wird im Rahmen der meisten Unzuverlässigkeitstheorien nicht ganz deutlich. Obwohl es sich bei moralischen Wertungen wohl um den wichtigsten Wertungstyp im Zusammenhang mit unzuverlässigem Erzählen handelt, ist es meines Erachtens sinnvoll, auch nichtmoralische Wertäußerungen mit einzubeziehen – beispielsweise ästhetische Urteile oder nicht näher bestimmbare Wertungen (vgl. auch Sternberg und Yacobi 2015: 415). Dies ist allerdings nur

Teildefinition mehrere Fragen stellen: Handelt es sich bei dem hier beschriebenen Phänomen nicht einfach um einen Unterfall sprachlicher faktenbezogener Unzuverlässigkeit? Und warum nimmt Booth in seiner Definition Bezug auf die ‚Werte des Werks'? Meines Erachtens hängen diese beiden Fragen zusammen – schauen wir uns zunächst die erste genauer an.

Handelt es sich bei den vom Erzähler geäußerten Wertungen nicht einfach um eine Form von Assertionen, wie ich es beispielsweise auch für Interpretationen und Generalisierungen gezeigt habe? Sollte dem so sein, hätten wir keinen Grund, im Rahmen der Definition unzuverlässigen Erzählens gesondert auf die Wertungen des Erzählers einzugehen – außer wir wollen den Terminus „unzuverlässiges Erzählen" *ausschließlich* für die Kategorisierung narratorialer Wertungen verwenden.[57] Ob es sich bei Werturteilen allerdings tatsächlich um eine Form von Assertionen handelt – also um Äußerungen, die einen Wahrheitswert haben und uns über (äußere) Fakten informieren sollen – ist unklar.[58] Mit Fragen dieser Art

---

im Zusammenhang mit sprachlicher und kognitiver wertebezogener Unzuverlässigkeit (siehe Kapitel II.1.4) sinnvoll – bei aktionaler wertebezogener Unzuverlässigkeit kann es dagegen, wie später noch deutlich wird, nur um moralische Werte gehen (siehe Kapitel II.1.5). (2) In welchem Verhältnis stehen Wertäußerungen und normative Äußerungen? Streng genommen wäre es möglich, zwischen Äußerungen, die Werte ausdrücken (z. B. „Diese Handlung ist schlecht"), und solchen, die Normen ausdrücken (z. B. „Du sollst dies nicht tun!") zu unterscheiden. Erstere bringen eine Einordnung von Handlungen, Personen oder Ähnlichem als gut oder schlecht zum Ausdruck, während letztere eine Handlungsanweisung enthalten. Ich würde aber dafür plädieren, normative Äußerungen im Zusammenhang mit wertebezogener Unzuverlässigkeit auch als Werturteile zu verstehen – man könnte argumentieren, dass sich normative Äußerungen in (allgemeine) Wertäußerungen übersetzen lassen. (3) Welche Form können Wertäußerungen in literarischen Texten annehmen? Wertäußerungen können entweder explizit auf allgemeine Eigenschaften oder Handlungstypen bezogen sein (z. B. „Nächstenliebe ist gut") oder auf konkrete Handlungen, Personen etc. (z. B. „Es war gut, dass der Mann dem Obdachlosen etwas spendete"). Etwas impliziter können Wertäußerungen auch im Form positiv oder negativ ‚gefärbter' bzw. konnotierter Ausdrücke erfolgen (z. B. „Die Töle kläffte"). In einigen Fällen kann es schwer sein, zu entscheiden, ob eine Äußerung (primär) wertend oder beschreibend gemeint ist (z. B. „Er handelte vollkommen überlegt"). In Fällen, in denen Wertungen durch Äußerungen *ausschließlich implizert* sind (z. B. eventuell „Sie hatte extrem kleine, eng zusammenstehende Augen"), möchte ich dagegen nicht von Wertäußerungen sprechen. Für eine ausführliche Diskussion derartiger Fragen vgl. auch Winko (vgl. Winko 1991: 36–48).

57 Letzteres mag bei Booth der Fall sein – bei Phelan und Martin trifft es aber beispielsweise nicht zu, denn diese wollen inadäquate Berichte, Interpretationen und Wertungen als Unzuverlässigkeit verstehen.

58 Ein entsprechender Hinweis im Rahmen von Unzuverlässigkeitstheorien findet sich auch bei Köppe und Kindt (vgl. Köppe und Kindt 2011: 86). Diese entscheiden sich aufgrund solcher Schwierigkeiten allerdings dazu, wertebezogene Unzuverlässigkeitsvarianten vorerst nicht genauer zu diskutieren.

beschäftigt sich das philosophische Forschungsfeld der Metaethik[59] – und es existieren, wie so oft, keine allgemein akzeptierten Antworten auf diese Fragen.[60] Nur *einer* metaethischen Strömung zufolge funktionieren Wertäußerungen in allen wichtigen Hinsichten genauso wie Assertionen: Laut metaethischem *Realismus* existieren Werte tatsächlich als objektive Eigenschaften in der Welt – und Wertäußerungen sind Assertionen über diese Werte, die entweder wahr oder falsch sind (vgl. Sayre-McCord 2015). Geht man vom metaethischen Realismus aus, wäre es also durchaus möglich, sprachliche wertebezogene Unzuverlässigkeit einfach als Unterfall der sprachlichen faktenbezogenen Unzuverlässigkeitsvariante zu verstehen – wir hätten es dann mit keinem definitionsrelevanten Typ zu tun. Allerdings würde man sich mit dieser Entscheidung auf den metaethischen Realismus festlegen – und es existieren zahlreiche metaethische Positionen, denen zufolge Wertäußerungen sich in relevanten Hinsichten von Assertionen unterscheiden. Diese Positionen werden oft unter der Bezeichnung „moralischer Antirealismus" zusammengefasst. Um zu zeigen, warum vor dem Hintergrund antirealistischer Positionen keine gemeinsame Definition fakten- und wertebezogener Unzuverlässigkeit sinnvoll bzw. möglich ist, werde ich die drei wichtigsten kurz skizzieren.

Der Fehlertheorie (*error theory*) zufolge sind Wertäußerungen zwar Assertionen, die Behauptungen über objektive moralische Eigenschaften (z. B. von Menschen, Handlungen oder weiteren Eigenschaften) aufstellen. Allerdings existieren nach fehlertheoretischer Ansicht keine solchen objektiven Werte bzw. moralischen Eigenschaften in der Welt – deswegen sind *alle* Wertäußerungen systematisch *falsch* (vgl. Mackie 1977). Es wäre aus dieser Perspektive also zwar möglich, fakten- und wertebezogene Unzuverlässigkeit gemeinsam zu definieren, denn auch Wertäußerungen werden als Assertionen betrachtet. Allerdings wäre ein so definiertes Konzept wertebezogener Unzuverlässigkeit kein sinnvolles. Zwar werden die Adäquatheitskriterien für die relevanten Erzählertätigkeiten erst in Kapitel II.2 diskutiert – es wird aber hier schon deutlich, dass wir bei einer gemeinsamen Definition

---

[59] Für einen Überblick vgl. Sayre-McCord 2012.
[60] Die Relevanz metaethischer Fragestellungen für die Theorie unzuverlässigen Erzählens wird von Margolin zwar erkannt, dann allerdings sofort wieder stark relativiert. So schreibt er, wir bräuchten für robuste Unzuverlässigkeitstheorien unter anderem eigentlich „theories of [...] of evaluation" (Margolin 2015: 42) – dies sei aber „totally impractical", da wir bei der Zuschreibung von Unzuverlässigkeit schließlich einfach mit Faustregeln arbeiteten. Dass dieser Workaround Margolins eigenen Ansprüchen aber eigentlich nicht genügen kann, macht ein Zitat einige Seiten zuvor deutlich. Hier schreibt Margolin noch: „The real task is to formulate criteria by which reliability of each kind could be measured, procedures for evaluating [the] degree of fulfillment in individual cases [etc.]" (Margolin 2015: 40). Dies ist im Falle wertebezogener Unzuverlässigkeit nur möglich, wenn wir uns Gedanken darüber machen, ob die Wertungen des Erzählers nach denselben Kriterien beurteilt werden können wie seine Äußerungen und Überzeugungen.

fakten- und wertebezogener Unzuverlässigkeit aus fehlertheoretischer Perspektive bereits dann wertebezogene Unzuverlässigkeit annehmen müssten, wenn ein Erzähler *überhaupt* Werturteile äußert. Das würde wertebezogene Unzuverlässigkeit zu einem nutzlosen Konzept machen – und tatsächlich scheint auch kein Unzuverlässigkeitstheoretiker diesen Ansatz vertreten zu wollen.

Eine zweite antirealistische Position ist der metaethische *Subjektivismus*. Auch Subjektivisten gehen davon aus, dass Wertäußerungen Assertionen darstellen. Allerdings beziehen sich diese Assertionen nicht auf objektive moralische Eigenschaften, die ‚äußeren' Entitäten (wie Menschen oder Handlungen) zukommen, sondern auf das Meinungssystem des Sprechers. Wenn ein Sprecher also eine moralische Meinung wie „Diese Handlung ist schlecht" äußert, dann stellt er damit eigentlich nur eine Behauptung über sein eigenes Meinungssystem auf – nämlich dass er der Meinung ist, dass diese Handlung schlecht sei. Eine solche Wertäußerung wäre also immer genau dann wahr, wenn der Sprecher tatsächlich die geäußerte moralische Meinung hat, und genau dann falsch, wenn er sie nicht hat (vgl. Joyce 2015: Abschnitt 5). Würden wir sprachliche wertebezogene Unzuverlässigkeit so verstehen, dann wäre sie tatsächlich ein Unterfall faktenbezogener Unzuverlässigkeit, der dem Sonderfall *Aussagen über eigene Wahrnehmung, Überzeugungen und Meinungen* zuzuordnen ist, den ich in Kapitel II.1.1 im Zusammenhang mit Erzählerkommentaren diskutiere. Allerdings scheint auch dies nicht die Art und Weise zu sein, wie wertebezogene Unzuverlässigkeit in der Unzuverlässigkeitsforschung verstanden wird.

Die letzte antirealistische Position, die ich hier kurz vorstellen möchte, ist moralischer *Non-Kognitivismus*.[61] Laut dieser Position sind Wertäußerungen gar keine Form von Assertionen. Stattdessen gelten sie beispielsweise als bloße emotionale Reaktionen des Sprechers, ähnlich einem Ausruf wie „Hurra!" oder „Buh!" (vgl. van Roojen 2013). Als solche können Wertäußerungen also nicht unter Assertionen subsumiert werden – und sie können auch nicht danach beurteilt werden, ob sie den Fakten der erzählten Welt entsprechen.[62] Aus nonkognitivitscher Perspektive wäre wertebezogene Unzuverlässigkeit also notwendigerweise ein Unzuverlässigkeitstyp, der in der Definition gesondert adressiert werden muss.

---

61 Das „kognitiv" in „Kognitivismus" ist hier enger zu verstehen als das „kognitiv" in „kognitive Unzuverlässigkeit". In letzterem Zusammenhang heißt es lediglich: auf das Denken bezogen; in ersterem dagegen ist das entscheidende Kriterium, dass Werturteile laut Non-Kognitivismus *keine* Propositionen ausdrücken, also keinen Wahrheitswert haben.
62 Theoretisch könnten sie allerdings, wie die Assertionen im Rahmen des Subjektivismus, danach beurteilt werden, ob sie den tatsächlichen Emotionen des Sprechers entsprechen.

Die Ergebnisse des Exkurses in die Metaethik lassen sich folgendermaßen zusammenfassen: Das Zusammenlegen sprachlicher faktenbezogener und sprachlicher wertebezogener Unzuverlässigkeit im Rahmen einer Unzuverlässigkeitsdefinition (unter Rekurs auf dieselben Adäquatheitskriterien) ist nur dann überhaupt *möglich*, wenn man bestimmte metaethische Positionen zugrunde legt. Einige davon machen die wertebezogene Variante sprachlicher Unzuverlässigkeit allerdings zu einem sinnlosen Konzept (Fehlertheorie), andere möglicherweise zu einem sinnvollen, das aber nicht der tatsächlichen Verwendungsweise dieses Konzepts in der Literaturwissenschaft entspricht (Subjektivismus). Um wertebezogene Unzuverlässigkeit tatsächlich als gewöhnlichen Unterfall faktenbezogener Unzuverlässigkeit verstehen zu können, auf den man im Rahmen einer Definition nicht gesondert Bezug nehmen muss, muss man also moralischer Realist sein.[63] Und möglicherweise ist dies auch tatsächlich die metaethische Intuition, die solchen Unzuverlässigkeitstheorien zugrunde liegt, die ausschließlich einen Verweis auf die Assertionen des Erzählers enthalten (vgl. z. B. Rimmon-Kenan 1983: 100–103). Da metaethische Aspekte allerdings meines Wissens nie explizit im Zusammenhang mit Unzuverlässigkeitstheorien diskutiert werden, ist letztlich nicht immer festzustellen, ob die fraglichen Theoretiker inadäquate Werturteile aus dem Unzuverlässigkeitskonzept ausschließen wollen oder ob sie stillschweigend davon ausgehen, dass diese durch ihre ausschließlich auf Assertionen bezogenen Definitionen automatisch inkludiert sind.[64]

---

63 Hier ist allerdings eine Einschränkung angebracht. In fiktionalen Erzählungen können auch unmögliche fiktive Welten beschrieben werden. Deswegen ist theoretisch möglich, dass in bestimmten Fiktionen fiktive Welten beschrieben werden, in denen es objektive moralische Eigenschaften gibt und Werturteile mithin einen Wahrheitswert haben – selbst wenn beides in unserer realen Welt nicht der Fall wäre. Bei der Analyse solcher Fiktionen könnte man also möglicherweise die Wertungen des Erzählers nach denselben Kriterien beurteilen wie seine Assertionen. Allerdings denke ich, dass fiktive Welten, die so stark von unserer abweichen, die Ausnahme sind und nur angenommen werden sollten, wenn wir im Einzelfall gute Gründe dafür haben (siehe hierzu auch die Anmerkungen zum *reality principle* in Kapitel IV.2). Es wäre also nicht sinnvoll, die allgemeine Definition wertebezogener Unzuverlässigkeit auf einen solchen Sonderfall zuzuschneiden.
64 Wenn die fraglichen Forscher tatsächlich Werturteile als Form von Assertionen über die objektive Außenwelt betrachten, dann sind Moralurteile wohl in der Regel als Theoretisierungen zu verstehen, also als allgemeingültige (Regelmäßigkeits-)Aussagen, die für unsere reale Welt Gültigkeit beanspruchen. In diesem Fall müsste, wie oben bereits thematisiert, festgelegt werden, wie die sprachliche evaluative Zuverlässigkeit eines Erzählers beurteilt wird, wenn sich die fiktive Welt hinsichtlich der Antwort auf die Frage, was moralisch richtig ist, von unserer unterscheidet. Ich würde auch hier dafür plädieren, in diesem Fall die fiktive Welt als Maßstab zu betrachten.

In durchaus vielen Unzuverlässigkeitstheorien lässt sich allerdings tatsächlich eine Unterscheidung zwischen fakten- und wertebezogener Unzuverlässigkeit bereits im Rahmen der Definition finden. Möglicherweise weist das auf ein Vorherrschen non-kognitivistischer Intuitionen bei den fraglichen Theoretikern hin. Allerdings muss auch dies letztlich unklar bleiben, da sich meist keine Angaben zu den genauen Gründen für eine gesonderte Konzeptualisierung der beiden Fälle finden lassen. Meines Erachtens sind hier mindestens drei unterschiedliche Gründe denkbar:

(1) Die fraglichen Theoretiker sehen die Unterscheidung gar nicht als definitionsrelevant, sondern finden die Unterscheidung lediglich im Rahmen einer nicht-definitionsrelevanten Typologie heuristisch nützlich (siehe hierzu auch Kapitel III).
(2) Die Theoretiker wollen das Konzept der wertebezogenen Unzuverlässigkeit nicht fest an eine bestimmte metaethische Position (z. B. den Realismus) koppeln, damit das Konzept flexibler verwendbar bleibt.
(3) Die fraglichen Theoretiker haben tatsächlich non-kognitivistische metaethische Intuitionen. Hierfür spricht beispielsweise die Tatsache, dass einige Theoretiker im Rahmen ihrer Unzuverlässigkeitstheorien vermehrt auf die Subjektivität von Werten verweisen (vgl. bspw. Nünning 1998; Nünning 1999; Zerweck 1998; Zerweck 2001).

Seien die Gründe der einzelnen Forscher für eine getrennte Konzeptualisierung faktenbezogener und wertebezogener Unzuverlässigkeit letztlich wie sie sein mögen – ich halte es allein aufgrund der Möglichkeit der metaethischen Neutralität (siehe Grund Nummer 2) für sinnvoll, beide Varianten auch weiterhin auseinanderzuhalten. Wie es sich letztlich im Einzelnen umsetzen lässt, dass wertebezogene Unzuverlässigkeit nicht an eine metaethische Position gekoppelt ist, werde ich in Kapitel II.3 ausführlich darlegen. Im Groben besteht die Lösung darin, nicht von ‚richtigen' oder ‚falschen' Wertäußerungen seitens des Erzählers zu sprechen, sondern von Wertungen, die mit dem Wertesystem einer bestimmten als relevant erachteten *Bezugsinstanz* (z. B. des impliziten Autors oder des Lesers) übereinstimmen oder nicht übereinstimmen (siehe Kapitel II.2.3).[65] In diesem Kontext ist letztlich auch Booths Bezugnahme auf die ‚Werte des Werks' bzw. des impliziten Autors zu verstehen.

---

[65] Ich werde in Kapitel II.3 auch darauf eingehen, dass einige Theoretiker nicht nur wertebezogene, sondern auch faktenbezogene Unzuverlässigkeit unter Rekurs auf so eine Bezugsinstanz definieren. Meines Erachtens wird in diesem Zusammenhang jedoch nicht beachtet, dass die Bezugsinstanz in beiden Fällen unterschiedliche Rollen einnimmt – und im Falle faktenbezogener Unzuverlässigkeit noch keine unmittelbar *definitorische* Relevanz besitzt.

Neben Booths Theorie unzuverlässigen Erzählens gibt es noch zahlreiche weitere, in denen sprachliche wertebezogene Unzuverlässigkeit ein definitorisch wichtiger Teil unzuverlässigen Erzählens darstellt. Hierzu gehört zum Beispiel William Riggan, dessen Definition folgende Wendung enthält: „[T]he norms propounded [...] by the narrator through his words [...] are at variance with those norms held by the implied author [...]" (Riggan 1981: 5). Eine entsprechende Formulierung findet sich auch bei Kindt im Rahmen seiner Definition axiologischer Unzuverlässigkeit:

> Der Erzähler in einem literarischen Werk W ist [...] dann axiologisch unzuverlässig, wenn er in seinen Äußerungen ausdrücklich für die Werte$_W$ eintritt [...]; er ist [...] dann axiologisch unzuverlässig, wenn dies nicht der Fall ist. (Kindt 2008: 53)[66]

Auch bei Lahn und Meister scheint sprachliche wertebezogene Unzuverlässigkeit einen eigenen Grundtyp unzuverlässigen Erzählens darzustellen: „Evaluative Unzuverlässigkeit liegt vor, wenn Einschätzungen und Bewertungen des Erzählers, die sich auf die jeweilige erzählte Welt beziehen[,] [...] nicht zu überzeugen vermögen" (2013: 183) – ebenso wie bei Köppe und Kindt: „Der fiktive Erzähler eines fiktionalen Erzähltextes ist genau dann axiologisch unzuverlässig, wenn seine Wertauffassungen den durch den Text im ganzen ausgedrückten Wertauffassungen nicht entsprechen" (2014: 253).[67]

In den beiden letztgenannten Theorien machen zwar die im Rahmen der Definition verwendeten Formulierungen („Einschätzungen", „Bewertungen", „Wertauffassungen") allein noch nicht vollkommen klar, ob Wertungen auf der sprachlichen oder auf der kognitiven Ebene gemeint sind – an anderen Stellen machen die Autoren allerdings deutlich, dass sie erzählerische Unzuverlässigkeit primär als Phänomen verstehen, das die Erzähler*äußerungen* betrifft. In vielen kognitivistischen Theorien dagegen wird zwar offensichtlich, dass wertebezogene Tätigkeiten des Erzählers eine Rolle spielen – die Theorien sind aber bezüglich dieses Aspekts zu unspezifisch, um sicher feststellen zu können, welche der möglichen Varianten wertebezogener Unzuverlässigkeit konkret mitgedacht werden.

Cohn diskutiert zwar ausführlich ein Konzept, dessen Inhalt mit dem der sprachlichen wertebezogenen Unzuverlässigkeit weitgehend deckungsgleich zu

---

[66] Dasselbe Konzept lässt sich mit identischem Namen auch bei Margolin finden (vgl. Margolin 2015: 40).

[67] In einem Aufsatz von 2011 schreiben Köppe und Kindt dagegen noch, dass sie sich einer Antwort auf die Frage enthalten wollen, ob auch die evaluativen Äußerungen des Erzählers unter das Unzuverlässigkeitskonzept fallen (vgl. Köppe und Kindt 2011: 86).

sein scheint – sie bezeichnet dieses Phänomen allerdings nicht als unzuverlässiges, sondern stattdessen als diskordantes Erzählen (vgl. Cohn 2000).

Ohme schließlich schließt Wertaspekte aus seinem Alternativkonzept zu unzuverlässigem Erzählen (‚semantische Markierung') aus, da es keine sinnvolle Norm gebe, um ihre Adäquatheit zu beurteilen: Sie seien zu individuell bzw. zu subjektiv (vgl. Ohme 2015: 246) und außerdem zu komplex bzw. vielfältig (vgl. Ohme 2015: 255) – deshalb würden sie eine Erzählertypologie überfordern (vgl. Ohme 2015: 263).

1.4 Welche Werte der Erzähler annimmt – kognitive wertebezogene Unzuverlässigkeit

Eine genauere Analyse bestehender Unzuverlässigkeitstheorien ergibt, dass dort teilweise nicht nur auf die Wert*äußerungen* des Erzählers Bezug genommen wird, sondern darüber hinaus auf ‚seine Werte'. Dies scheinen mir allerdings zwei verschiedene Dinge zu sein: Ein Erzähler kann schließlich bestimmte Wertäußerungen tätigen, ohne dass diese seine tatsächlichen Werte bzw. Wertungshaltungen wiedergeben. Wenn wir außerdem davon ausgehen, dass die Inadäquatheit narratorialer Wertungen tatsächlich daran gemessen wird, ob diese einem anderen, als relevant verstandenen Wertesystem entsprechen, dann können wir uns Fälle vorstellen, in denen der Erzähler nur *entweder* auf der sprachlichen *oder* auf der kognitiven Ebene wertebezogen unzuverlässig ist. Zum Beispiel ist es möglich, dass ein Erzähler zwar problematische Moralvorstellungen hat, diese aber nicht direkt äußert – beispielsweise weil er sich der Unpopularität seiner Meinungen bewusst ist.[68] Andersherum ist es ebenso denkbar, dass ein Erzähler eigentlich unproblematische evaluative Meinungen *hat*, aber dennoch inadäquate Meinungen *äußert*, beispielsweise um seinen Adressaten zu provozieren. Beide Varianten wertebezogener Unzuverlässigkeit sind also logisch unabhängig voneinander. Und auch hier haben wir es wieder mit einem notwendigerweise definitionsrelevanten Typ unzuverlässigen Erzählens zu tun: Wir können ihn nicht einfach zusammen mit sprachlicher wertebezogener Unzuverlässigkeit definieren, weil einmal die Werturteile auf der Äußerungs- und einmal die auf der kognitiven Ebene betroffen

---

[68] Solche Konstellationen bzw. Psychologisierungen des Erzählers sind generell nur dann möglich, wenn es sich um einen personalen Erzähler handelt. Zur Frage, welche Typen unzuverlässigen Erzählens bei welchen Erzählertypen vorkommen können, siehe Kapitel IV.1.

sind. Hier greift also dieselbe Argumentation, die ich schon für die gesonderte Definition sprachlicher und kognitiver faktenbezogener Unzuverlässigkeit angebracht habe. Zum anderen sollten wir kognitive wertebezogene Unzuverlässigkeit auch nicht der kognitiven Variante faktenbezogener Unzuverlässigkeit zuordnen, da dies uns auf bestimmte metaethische Positionen festlegen würde, wie ich schon in Kapitel II.1.3 argumentiert habe. Die Kriterien, nach denen die Inadäquatheit narratorialer Wertungshaltungen beurteilt wird, werden erst in den Kapiteln II.2.3 und II.3 ausführlich diskutiert. An dieser Stelle sei allerdings bereits angemerkt, dass die sinnvollste und am häufigsten umgesetzte Lösung wieder darin besteht, ein ausgewähltes Referenzwertesystem hinzuzuziehen.

Obwohl es, wie ich in Kürze zeigen werde, nicht vollständig klar ist, welche Theoretiker diesen Typ unzuverlässigen Erzählens tatsächlich in ihre Unzuverlässigkeitsdefinitionen aufnehmen wollen, scheint mir eine solche Aufnahme durchaus sinnvoll und folgerichtig zu sein. Denn wenn wir die kognitive Ebene des Erzählers im Fall faktenbezogener Unzuverlässigkeit mit einbeziehen (beispielsweise um die Unzuverlässigkeit von Reflektorfiguren adäquat analysieren zu können, siehe Kapitel IV.1), dann gibt es keinen guten Grund, hier von der Symmetrie des Unzuverlässigkeitskonzepts abzuweichen.

Ein potenzieller Verweis auf kognitive wertebezogene Unzuverlässigkeit lässt sich im Rahmen zahlreicher Ansätze finden, in denen von den Werten des Erzählers (bzw. ‚the narrator's values') die Rede ist (vgl. z. B. Chatman 1978: 149).[69] Allerdings scheint an dieser Stelle besondere Vorsicht geboten: Es ist nicht klar, ob die Tatsache, dass ein Theoretiker im Rahmen seiner Definition nicht – wie beispielsweise Booth – auf die sprachlichen Wertungen, sondern auf ‚die Werte' des Erzählers Bezug nimmt, als bewusste und abgrenzende Definitionsentscheidung verstanden werden kann. Chatman beispielsweise scheint sich gar nicht dessen bewusst zu sein, dass sich seine Definition unzuverlässigen Erzählens von Booths Definition unterscheidet. Denkbar ist hier einerseits, dass Chatman nicht über die Möglichkeit nachgedacht hat, dass sich die Wertäußerungen und die Wertungshaltungen eines Erzählers

---

[69] Chatmans Unzuverlässigkeitstheorie scheint allerdings insgesamt etwas inkonsistent. Wie ich in Kapitel II.1.1 deutlich gemacht habe, legt Chatman an anderer Stelle nahe, dass es ihm um den Wahrheitswert der narratorialen Behauptungen über die fiktiven Fakten gehe. Während dies noch offen lässt, ob Chatman nicht zusätzlich die Wertungshaltungen des Erzählers in seine Unzuverlässigkeitsdefinition integrieren will, scheint gegen diese Lesart die Tatsache zu sprechen, dass für Chatman Nabokovs *Lolita* keinen Fall unzuverlässigen Erzählens darstellt. Als Grund für diese Einschätzung nennt Chatman die Tatsache, dass Humbert Humbert bestmöglich wiedergebe, wie sich die Geschichte zugetragen habe (vgl. Chatman 1978: 234).

unterscheiden können. Andererseits kann es auch sein, dass Chatman davon ausgeht, es gehe auch Booth eigentlich um *die Werte* des Erzählers, die aber in der Regel an dessen Wertäußerungen abgelesen werden können. Da es letztlich genug Anzeichen dafür gibt, dass einige Theoretiker inadäquate Wertungshaltungen eines Erzählers allein schon als Fall unzuverlässigen Erzählens verstehen möchten, scheint es auch von dieser Warte aus gerechtfertigt, diesen Typ im Rahmen meiner Rekonstruktion der Unzuverlässigkeitsdefinitionen aufzunehmen.[70]

Eine weitere Sorte von Hinweis darauf, dass kognitive wertebezogene Fehlfunktionen als Teil des Unzuverlässigkeitskonzepts verstanden werden sollen, liegt wieder dann vor, wenn ein Theoretiker Wertaspekte im Allgemeinen nennt und zugleich – wie Booth – nicht zwischen Erzählern und Reflektoren unterscheidet bzw. davon ausgeht, dass auch Reflektorfiguren unzuverlässig sein können.

Darüber hinaus können auch die von einigen Theoretikern diskutierten Beispiele für unzuverlässiges Erzählen darauf hinweisen, dass kognitive wertebezogene Unzuverlässigkeit mitgedacht wird. Dies ist zum Beispiel bei Phelan und Martin der Fall. Bei ihnen scheint wertebezogene Unzuverlässigkeit unter anderem dann vorzuliegen, wenn ein Erzähler unmoralisch handelt – wohl weil man dann davon ausgehen könne, dass der Erzähler fragwürdige Werte vertrete (vgl. Phelan und Martin 1999: 92; siehe auch den Abschnitt zum Verhältnis zwischen den Unzuverlässigkeitstypen am Ende von Kapitel II.1).

Explizit aus dem Unzuverlässigkeitskonzept ausgeschlossen (oder doch zumindest zu einer aktuell nicht mehr literaturwissenschaftlich relevanten Variante erklärt) werden fragwürdige evaluative Wertungshaltungen des Erzählers meines Wissens nur in einem Aufsatz von Köppe und Kindt. Dort wird diese Unzuverlässigkeitsvariante, die „evaluative attitudes of narrative agents" (Köppe und Kindt 2011: 81) betreffe, von einer anderen, relevanten Variante unterschieden, in der ein Erzähler die fiktiven Fakten verzerrt darstelle.

---

[70] Weitere Theorien, in denen solche Ausdrücke verwendet werden, die eher auf kognitive als auf sprachliche wertebezogene Unzuverlässigkeit hinzuweisen scheinen, sind beispielsweise Gerald Princes („[A] narrator whose norms and behavior are not in accordance with the implied author's norms", „a narrator whose values (tastes, judgments, moral sense) diverge from those of the implied author's", Prince 1988: 111) sowie Zerwecks, der von den „morals" des Erzählers spricht (vgl. Zerweck 2001: 162).

1.5 Welche Werte der Erzähler durch seine Handlungen exemplifiziert – aktionale wertebezogene Unzuverlässigkeit

Wir haben damit vier definitorisch relevante und sehr grundlegende Varianten unzuverlässigen Erzählens kennen gelernt, von denen jeweils zwei faktenbezogene und zwei wertebezogene Tätigkeiten des Erzählers betreffen. Außerdem betreffen zwei die sprachlichen Äußerungen des Erzählers und zwei seine Kognition. Diese Symmetrie wird nun aber gebrochen. Denn es lässt sich noch ein dritter Typ unzuverlässigen Erzählens identifizieren, der der wertebezogenen Grundrichtung zuzuordnen ist und für den es keine Entsprechung auf der faktenbezogenen Seite geben kann.

Schauen wir uns Booths ursprüngliche Definition unzuverlässigen Erzählens an, so stellen wir fest, dass diese nicht nur einen Verweis auf die sprachlichen Wertungen des Erzählers enthält, sondern auch auf die moralische Dimension seiner Handlungen selbst. Neben der Formulierung „[the narrator does not] speak for the norms of the work" finden wir auch die Wendung „[the narrator does not] act in accordance with the norms of the work" (vgl. Booth 1961: 158–159). In diesem zweiten Fall scheint es darum zu gehen, dass der Erzähler durch seine Handlungen bestimmte Werte *exemplifiziert* – und dass diese Werte in noch zu spezifizierender Hinsicht als inadäquat verstanden werden, wodurch die Unzuverlässigkeit des Erzählers zustande kommt.[71] Ich bezeichne dieses Erzählerverhalten hier vorerst als *aktionale wertebezogene Unzuverlässigkeit*.

Dass diese Art von Erzählerverhalten von den beiden anderen wertebezogenen Unzuverlässigkeitsvarianten logisch unabhängig ist, lässt sich leicht illustrieren. Schließlich kann ein Erzähler durch seine Handlungen bestimmte Werte exemplifizieren, ohne dass diese exemplifizierten Werte seinen moralischen Haltungen entsprechen oder er diese Werte im Rahmen von Äußerungen kommuniziert. Beispielsweise ist gut vorstellbar, dass ein Erzähler (zum Beispiel aus einer Notsituation heraus oder aus charakterlicher Schwäche) in einer Weise handelt, die zugleich gegen ein bestimmtes als Maßstab verstandenes Wertesystem *und* gegen seine eigenen Werte verstößt, während letztere im Einklang mit dem relevanten Wertesystem stehen. Ein Beispiel ist der Protagonist

---

[71] Dass eine Handlung einen Wert exemplifiziert, heißt, dass sie ein konkretes Beispiel dafür darstellt, wie es aussehen könnte, diesem Wert entsprechend zu handeln. So könnte man beispielsweise sagen, dass eine Spende an einen Obdachlosen den Wert der Nächstenliebe exemplifiziert. Gleiches gilt für ‚Negativwerte' oder ‚Sünden'. So exemplifiziert beispielsweise ein grundloses Aus-der-Haut-Fahren den ‚Negativwert' des Jähzorns.

und Erzähler aus Christian Krachts *Faserland* (vgl. Kracht 1995). Dass dieser seinen eigenen moralischen Ansprüchen nicht gerecht wird, lässt sich insbesondere feststellen, als er von einer Party bei seinem Freund Rollo erzählt. Der Erzähler hat Mitleid mit Rollo, weil er merkt, wie schlecht es diesem geht und dass sich keiner der Partygäste um ihn kümmert.[72] Nach einem kurzen Versuch, sich selbst seines Freundes anzunehmen, fühlt der Erzähler sich aber von der Situation überfordert und verlässt die Party – in Rollos Porsche (vgl. Kracht 1995: 152–154).

Ebenso kann es Erzähler geben, deren Wertvorstellungen zwar inadäquat sind, die diese inadäquaten Werte im Rahmen ihrer Handlungen aber nicht exemplifizieren, weil sie beispielsweise letztlich nicht skrupellos genug sind, ihren moralischen Intuitionen zu folgen. Genauso sind Erzähler vorstellbar, die zwar problematische Wertäußerungen tätigen, die kommunizierten Werte aber nicht durch Handlungen exemplifizieren (beispielsweise weil wir gar nichts über ihre Handlungen erfahren, siehe auch Kapitel IV.1), oder Erzähler, die zwar fragwürdige Werte durch ihr Handeln exemplifizieren, aber keine entsprechenden Werte äußern. Ein mögliches Beispiel für einen Erzähler, dessen Moralurteile (sprachlich und kognitiv) äußerst fragwürdig sind, der diese Haltungen aber – zumindest einer möglichen Lesart zufolge – nicht in die Tat umsetzt, könnte Patrick Bateman aus Bret Easton Ellis' Roman *American Psycho* sein (vgl. Ellis 1991). Bateman ist ohne Frage ein extremer Sadist, der – zunächst allem Anschein nach – mehrere Menschen auf brutale Weise umbringt. Zahlreiche Hinweise im Buch deuten allerdings darauf hin, dass Bateman psychotisch ist und sich diese Morde nur vorgestellt hat.[73] Folgt man dieser Lesart, wäre Bateman zwar sprachlich und

---

[72] „Aber diese schönen Menschen hier auf der Party, diese gutangezogenen, schönen Menschen, das sind ganz und gar nicht seine Freunde. [...] Da läuft er hin und her, der arme Rollo, und er sieht es nicht, daß alle ihn gar nicht kennen wollen" (Kracht 1995: 146–147).

[73] Beispielsweise scheinen die verstümmelten Leichen zweier Prostituierter, die Bateman in einer Wohnung zurückgelassen zu haben glaubt, verschwunden zu sein, ohne dass die Morde gemeldet worden wären (vgl. Ellis 1991: 366–370). Außerdem hinterlässt Bateman seinem Anwalt Harold eine Nachricht, in der er die vermeintlichen Morde gesteht. Als Bateman den Anwalt dann zufällig auf einer Party trifft, hält Harold Bateman nicht nur für jemand anders, sondern ist auch davon überzeugt, dass es sich bei der Nachricht um einen absurden Scherz gehandelt hat: „Bateman's such a bloody ass-kisser, such a brown-nosing goody-goody, that I couldn't really appreciate it. Otherwise it was amusing" (Ellis 1991: 387). Darüber hinaus berichtet Harold, dass er sich mit einem der vermeintlichen Mordopfer, Paul Owen, kürzlich noch zweimal getroffen habe – *nachdem* Bateman diesen angeblich umgebracht hat (vgl. Ellis 1991: 388).

kognitiv wertebezogen unzuverlässig, aber nicht aktional. (Darüber hinaus wäre er natürlich auch faktenbezogen unzuverlässig – sowohl sprachlich als auch kognitiv.)

Da aktionale wertebezogene Unzuverlässigkeit nicht unter einen der bisher diskutierten Typen subsumierbar ist und mit keinem von ihnen zusammen definiert werden kann, handelt es sich um einen eigenen definitionsrelevanten Typ. Die Adäquatheitsbedingungen, die in Kapitel II.2 diskutiert werden, hat er aber wohl durch seine Bezogenheit auf Werte mit den beiden anderen wertebezogenen Varianten gemein. Eine faktenbezogene Variante des aktionalen Unzuverlässigkeitstyps kann es aus evidenten Gründen nicht geben: Ein Erzähler kann nicht durch sein Handeln bestimmte Fakten der erzählten Welt exemplifizieren. Es findet sich deswegen verständlicherweise auch kein Versuch einer entsprechenden Konzeptualisierung in den Theorien unzuverlässigen Erzählens.

Im Zusammenhang mit aktionaler Unzuverlässigkeit sind zwei Aspekte besonders auffällig, die eventuell auch schon für die kognitiven Unzuverlässigkeitsvarianten in Anschlag gebracht werden können. Zum einen erscheint es nicht unbedingt terminologisch plausibel, das hier beschriebene Verhalten als unzuverlässiges *Erzählen* zu bezeichnen – schließlich geht es hier meist weder um sprachliches Handeln, noch um Denk- oder Wahrnehmungsprozesse, die in irgendeiner Weise Eingang in die erzählerische Darstellung finden.[74] Zum anderen kann das beschriebene Verhalten gar nicht bei allen Typen von Erzählern auftreten, da wir gar nicht von allen Erzählern etwas über deren (außersprachliche) Handlungen erfahren – beispielsweise im Fall nicht-personaler Erzähler. Da es im vorliegenden Zusammenhang aber noch nicht um die Beurteilung der Plausibilität, sondern erst einmal hauptsächlich um die Rekonstruktion von Definitionsvorschlägen geht, werden diese Probleme hier nicht weiter besprochen. Sie werden allerdings ausführlich in den Kapiteln IV.1 und V aufgegriffen.

Neben Booths Definition enthalten auch Riggans, Kindts und Gerald Prince' Definitionen unzuverlässigen Erzählens explizite Verweise auf aktionale wertebezogene Unzuverlässigkeit. So findet sich bei Riggan die Wendung „the norms [...] exemplified by the narrator through his [...] actions" (Riggan 1981: 5), bei Prince heißt es „a narrator whose norms *and behavior* are not in accordance with the implied author's norms" (Prince 1988: 111, meine Hervorhebung) – und in Kindts Definition axiologischer Unzuverlässigkeit findet sich die Formulierung

---

74 In Einzelfällen kann dies aber der Fall sein – zum Beispiel kann man durch sprachliches Handeln wie Lügen gegen Werte verstoßen.

„Der Erzähler in einem literarischen Werk W ist [...] dann *axiologisch zuverlässig*, wenn er [...] in Übereinstimmung mit [den Werten$_W$] handelt; er ist genau dann *axiologisch unzuverlässig*, wenn dies nicht der Fall ist" (Kindt 2008: 53).

Bei Phelan und Martin scheinen einige Beispiele für unzuverlässiges Erzählen, die die Autoren diskutieren, einen Hinweis darauf zu geben, dass auch sie diese Variante zumindest implizit mitdenken (vgl. Phelan und Martin 1999: 92).

Extrem auffällig ist die Tatsache, dass aktionale wertebezogene Unzuverlässigkeit bisher erst in einem einzigen Beitrag zu unzuverlässigem Erzählen – der zudem erst 2015 erschienen ist – explizit diskutiert worden ist. Dies ist vor allem vor dem Hintergrund des Sonderstatus überraschend, den dieser Typ offensichtlich einnimmt. In dem genannten Artikel sprechen sich Meir Sternberg und Tamar Yacobi vehement dagegen aus, dieses Phänomen in das Unzuverlässigkeitskonzept zu integrieren. Ihres Erachtens zeigt sich in der Aufnahme dieses Konzepts eine unzulässige bzw. wenig sinnvolle Vermischung („conflation") des erzählenden und des erlebenden Ichs des Erzählers (vgl. Sternberg und Yacobi 2015: 337; 380–386). Ich verstehe die Aufnahme sowohl sprachlicher als auch aktionaler Aspekte der Erzählerfigur im Rahmen der fraglichen Unzuverlässigkeitstheorien allerdings nicht als Vermischung, sondern schlicht als Kombination, d. h. als potenzielles Plädoyer dafür, dass beide Facetten im Zusammenhang mit erzählerischer Unzuverlässigkeit eine Rolle spielen *sollen*. In diesem Sinne stellt die Aufnahme des aktionalen Aspekts eine definitorische Entscheidung bzw. Stipulation dar – und keinen Fehler. Für oder gegen die Sinnhaftigkeit dieser Entscheidung muss allerdings gesondert argumentiert werden. Dies erfolgt im Rahmen dieser Arbeit in Kapitel V.

1.6 Zusammenfassung: Zum Verhältnis zwischen den fünf Unzuverlässigkeitstypen

Wir haben nun also fünf ‚Tätigkeiten' des Erzählers kennen gelernt, die von erzählerischer Unzuverlässigkeit betroffen sein können und die im Rahmen einer Unzuverlässigkeitsdefinition gesondert adressiert werden müssen (siehe Abb. 1, S. 53).

(1) das Aufstellen von Behauptungen über die Fakten der erzählten Welt,
(2) das Hegen von Überzeugungen über diese Fakten,
(3) das Äußern von Werturteilen,
(4) das Hegen von Werturteilen und
(5) das Exemplifizieren von Werten durch Handlungen.

Alle diese Tätigkeiten können – laut bisheriger Unzuverlässigkeitstheorien – unzuverlässiges Erzählen konstituieren, wenn sie inadäquat ausgeführt werden. Die entsprechenden Unzuverlässigkeitstypen habe ich folgendermaßen genannt:
(1) sprachliche faktenbezogene Unzuverlässigkeit,
(2) kognitive faktenbezogene Unzuverlässigkeit,
(3) sprachliche wertebezogene Unzuverlässigkeit,
(4) kognitive wertebezogene Unzuverlässigkeit und
(5) aktionale wertebezogene Unzuverlässigkeit.

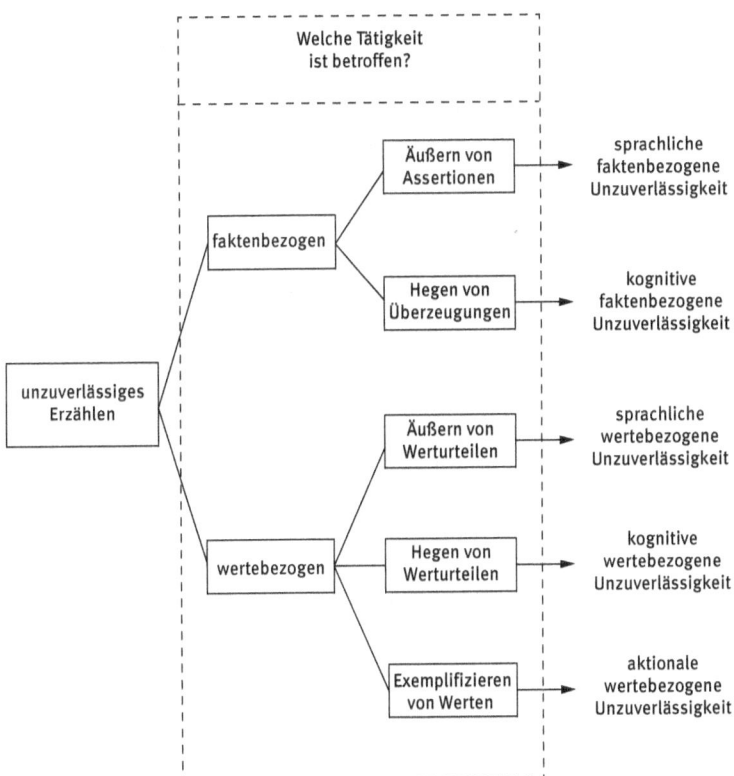

Abb. 1: Erzählertätigkeiten und Grundtypen unzuverlässigen Erzählens.

Wie ich gezeigt habe, sind diese fünf Typen voneinander unabhängig, d. h. jeder von ihnen kann auftreten, ohne notwendigerweise Unzuverlässigkeit eines anderen Typs nach sich zu ziehen. Dennoch gibt es einige interessante Zusammenhänge zwischen diesen Typen – und diese Zusammenhänge scheinen auch der Grund dafür zu sein, dass der Ausdruck „unzuverlässiges Erzählen" heute einen so heterogenen Phänomenbereich beschreibt. Denn in den verschiedenen Unzuverlässigkeitstheorien lassen sich oft Hinweise darauf finden, dass die Unterschiede zwischen den fünf hier vorgestellten Phänomenen nicht hinreichend reflektiert und berücksichtigt worden sind, wodurch es zu vagen Umschreibungen, Verwechslungen oder Vermengungen gekommen ist.

Einige dieser Verwechslungen oder Vermengungen kommen dadurch zustande, dass *Indikatorenverhältnisse* zwischen einigen dieser Typen bestehen. Beispielsweise sind sowohl die Wertäußerungen eines Erzählers als auch seine (werteexemplifizierenden) Handlungen oft gute Hinweise darauf, welche Werte der Erzähler tatsächlich selbst hegt. Man darf allerdings nicht den Fehler machen, von Wertäußerungen und Handlungen *automatisch* auf die Werte des Erzählers zu schließen. Ein solcher Fehler lässt sich beispielsweise bei Phelan und Martin nachweisen. Diese definieren wertebezogene Unzuverlässigkeit unter Rekurs auf die *Wertungen* des Erzählers, wobei nicht vollkommen klar ist, ob sie hierbei die sprachlichen oder die kognitiven Wertungen im Sinn haben – in ihren Beispielanalysen klassifizieren sie einen Erzähler jedoch deswegen als wertebezogen unzuverlässig, weil er lügt, also ‚unmoralisch handelt' („If he [i. e., Butler Stevens] is underreporting, the unreliability does exist along the axis of ethics: Stevens is being intentionally deceptive", Phelan und Martin 1999: 92). Um unzuverlässiges Erzählen zu einem präzisen Konzept zu machen, muss man sich jedoch entscheiden, um welches bzw. welche dieser Phänomene es im Zusammenhang mit Unzuverlässigkeit konkret gehen soll: *Bezeichnet* „unzuverlässiges Erzählen" sowohl inadäquate Wertäußerungen als auch Wertungshaltungen und aktionale Exemplifikationen von Werten? Oder bezeichnet der Ausdruck nur eines oder zwei dieser Phänomene?[75]

Ein zweiter Grund für eine Verwechslung oder Vermengung der diskutierten Phänomene könnte darin bestehen, dass es teilweise Schnittpunkte zwischen

---

[75] Eine interessante Reflexion dieser Indikatorenverhältnisse findet sich auch bei Hof. Sie schreibt, dass für die Einschätzung der Glaubwürdigkeit eines Erzähler (die von ihr primär als faktenbezogenes Phänomen verstanden wird) die „Beobachtung des Verhaltens eines Sprechers zuverlässiger sei als die sprachliche Äußerung selbst" – und dass „in diesem Zusammenhang die expliziten und impliziten Bewertungen des erzählten Geschehens" durch den Erzähler von Bedeutung seien (Hof 1984: 178). Sämtliche wertebezogene Varianten dienen in ihrem Ansatz also nur als *Indikatoren* für Unzuverlässigkeit. Dass sie moralische Aspekte nicht für definitorisch relevant im Zusammenhang mit Unzuverlässigkeit hält, macht Hof ganz deutlich: „Das Problem der Glaubwürdigkeit innerhalb eines Erzähltextes ist [...] zunächst freizuhalten von moralischen Kategorien" (Hof 1984: 55), die lediglich „Formen der Signalisierung" seien (Hof 1984: 55).

einzelnen Unzuverlässigkeitstypen gibt. Einen dieser Schnittpunkte haben wir eben in meiner Darstellung der Verwechslungen bei Phelan und Martin schon kennen gelernt. Es scheint nämlich so zu sein, dass ein lügender Erzähler (d. h. faktenbezogene Unzuverlässigkeit auf der sprachlichen Ebene ohne gleichzeitige faktenbezogene Unzuverlässigkeit auf der kognitiven Ebene) sehr oft durch diese Form faktenbezogener Unzuverlässigkeit auch als aktional wertebezogen unzuverlässig verstanden wird. Dies liegt daran, dass intentionale Unaufrichtigkeit wohl gegen die meisten Wertesysteme verstoßen wird, die im Zusammenhang mit den wertebezogenen Tätigkeiten des Erzählers zur Evaluation seiner Zuverlässigkeit herangezogen werden. Auch hier ist jedoch Vorsicht geboten: So kann es durchaus vorkommen, dass ein Erzähler aus hehren Gründen lügt, beispielsweise um eine andere Person zu schützen. In diesem Fall wird das Verhalten des Erzählers eher mit vielen der potenziell als relevant erachteten Wertesysteme im Einklang stehen – es würde dann also nicht unbedingt aktionale wertebezogene Unzuverlässigkeit vorliegen.[76]

Ein letzter Grund für die Vermengung verschiedener Unzuverlässigkeitstypen besteht in der potenziell weiten Bedeutung (bzw. in der fehlenden Reflexion der genauen Bedeutung) bestimmter Ausdrücke, die im Zusammenhang mit unzuverlässigem Erzählen verwendet worden sind. Ein Beispiel hierfür sind Ausdrücke wie „Behaupten" oder „Fakten". Hier ist häufig nicht klar, ob die Theoretiker, die unzuverlässiges Erzählen auf bestimmte Eigenschaften der narratorialen Behauptungen über die Fakten der erzählten Welt beschränken, davon ausgehen, dass auch Wertäußerungen als Behauptungen über Fakten verstanden werden können (so z. B. bei Rimmon-Kenan 1983: 100–103 oder Martínez und Scheffel 1999: 100–104). Andersherum lassen sich auch Ausdrücke wie „Normen" sehr weit verstehen. So sind beispielsweise einige der literarischen Beispiele, die Booth für unzuverlässiges Erzählen anführt, nur dann mit seiner Definition in Einklang zu bringen, wenn man unter „Normen" auch

---

[76] Ein weiteres Beispiel für solche Schnittpunkte zwischen Unzuverlässigkeitstypen hat etwas mit dem Verhältnis zwischen den Handlungsmotiven und moralischer Bewertung des Handelnden zu tun. Die Frage, aus welchen Motiven ein Erzähler handelt, ist eine faktenbezogene Frage – sie hat aber häufig zugleich großen Einfluss darauf, ob wir sagen würden, dass ein Erzähler in seinen Handlungen gegen bestimmte Werte verstößt. Auf diese Weise können weitere Schnittpunkte beispielsweise zwischen sprachlicher faktenbezogener und aktionaler wertebezogener Unzuverlässigkeit zustande kommen. Dies ist zum Beispiel dann der Fall, wenn ein Erzähler uns zweifelhafte bzw. falsche Auskünfte über seine Handlungsmotive gibt (sprachliche faktenbezogene Unzuverlässigkeit) und seine tatsächlichen Handlungsmotive zugleich offenlegen, dass der Erzähler ‚unmoralisch' gehandelt hat (aktionale wertebezogene Unzuverlässigkeit).

so etwas wie ‚die Weltsicht' des Erzählers versteht. Was die Gouvernante aus Henry James' *The Turn of the Screw* also zu einer potenziell unzuverlässigen Erzählerin macht, wäre nach Booth wahrscheinlich die Tatsache, dass sie eine Weltsicht hat, mit der sich die Existenz von Geistern in Einklang bringen lässt. Eine für die meisten Literaturwissenschaftler allerdings viel naheliegendere Beschreibung des Falls der Gouvernante wäre, dass diese potenziell falsche Überzeugungen über die fiktiven Fakten hegt und deswegen falsche Behauptungen tätigt. Es ist also tatsächlich gut möglich, dass Booth die faktenbezogene Variante unzuverlässigen Erzählens als solche gar nicht in seiner Theorie berücksichtigen wollte und nur aufgrund einiger Beispiele missverstanden wurde, die Schnittstellen zwischen werte- und faktenbezogener Unzuverlässigkeit darstellen.[77]

Aufgrund dieser Relationen zwischen den Typen und insbesondere auch durch die fehlende Reflexion der Unterschiede steht meine Rekonstruktion der *einzelnen* Unzuverlässigkeitsdefinitionen nicht immer auf sicherem Grund. Es ist nicht ganz klar, ob die Theoretiker jeweils tatsächlich genau die Typen inkludieren wollen, die ich ihren Theorien zuschreibe. Dennoch stellt die folgende Tabelle einen Versuch dar, einen Überblick darüber zu liefern, welche Erzählertätigkeiten im Rahmen der einzelnen Theorien in das Unzuverlässigkeitskonzept inkludiert werden sollen (siehe Abb. 2, S. 57).[78]

Wir sind jetzt einen ganzen Schritt weiter auf dem Weg, eine präzise Rekonstruktion der Unzuverlässigkeitsdefinitionen zu liefern. Unzuverlässiges Erzählen muss nun nicht mehr vage charakterisiert werden (z. B. mit Formulierungen wie „Wir können dem Erzähler nicht trauen" oder „Der Erzähler verhält sich inadäquat"). Stattdessen können wir jetzt immerhin schon sagen, dass der Erzähler sich im Hinblick auf Fakten oder Werte inadäquat verhalten muss. Genauer bedeutet das:

---

[77] Der Grund, warum unterschiedliche Theoretiker den Fokus auf bestimmte der genannten Erzählertätigkeiten setzen, scheint mir darin zu liegen, dass diese Erzählertätigkeiten oder -*funktionen* (z. B. uns zu informieren oder als moralische Instanz zu dienen) im Zusammenhang mit individuellen Forschungsinteressen und/oder theoretischen Annahmen über Literatur eine zentrale Rolle einnehmen. Genaueres hierzu diskutiere ich in Kapitel II.3.

[78] Die Tabelle, ebenso wie die Tabellen in den folgenden Abschnitten, ist folgendermaßen zu lesen: Wenn recht sicher ist, dass ein bestimmtes Element integriert werden soll, wird ein schwarzer Haken gesetzt. Wenn aufgrund uneindeutiger Angaben nicht ganz klar, aber wahrscheinlich ist, dass ein Element integriert werden soll, wird ein grauer, eingeklammerter Haken gesetzt. Wenn ein Element sie eindeutig ausgeschlossen wird, findet sich ein schwarzes Kreuz – wenn ein Ausschluss nur wahrscheinlich ist, ein graues, eingeklammertes Kreuz. Wenn die fragliche Tätigkeit gar nicht thematisiert wird, bleibt die Tabellenzeile leer.

	Tätigkeit				
	faktenbez.		wertebezogen		
	sprachlich	kognitiv	sprachlich	kognitiv	aktional
Booth 1961			✓	(✓)	✓
Chatman 1978	✓		(✓)	✓	
Yacobi 1981; 2001	✓	(✓)	(✓)	(✓)	
Rimmon-Kenan 1983	✓		✓		
Wall 1994	✓		✓		✓
Currie 1995	✓				
Nünning 1998; 1999	(✓)	(✓)	(✓)	(✓)	
Martinez/ Scheffel 1999	✓		(✓)		
Phelan/ Martin 1999	✓	(✓)	✓	(✓)	(✓)
Zerweck 2001	✓		✓	(✓)	
Heyd 2006	✓		(✓)		
Hansen 2007	✓		✓		
Kindt 2008	✓		✓		✓
Margolin 2015	✓		✓		

Abb. 2: Forschungsüberblick Erzählertätigkeit (Exzerpt).

Unzuverlässiges Erzählen liegt genau dann vor, wenn ein Erzähler
(1) inadäquate Behauptungen aufstellt oder
(2) inadäquate Überzeugungen hegt oder
(3) inadäquate Werturteile äußert oder
(4) inadäquate Werturteile hegt oder
(5) durch Handlungen inadäquate Werte exemplifiziert.

Bei diesem ersten Schritt zur Schärfung der Definition handelt es sich gewissermaßen um die Vereinigungsmenge aller Definitionsvorschläge. Das bedeutet: In keiner Unzuverlässigkeitstheorie spielen alle diese Typen eine Rolle, in jeder aber mindestens einer – und in fast allen mehrere. Zum anderen ist diese disjunktive Definition aber auch als Vereinigungsmenge aller Definitionsvorschläge nur teilweise akkurat. Denn obwohl sie meines Erachtens alle Erzählertätigkeiten abdeckt, die definitorische Relevanz haben, gibt es auch Theorien, die – unter zentraler Bezugnahme auf diese Tätigkeiten – eine Beschränkung (siehe Kapitel II.3.1.3, II.4 und II.5) oder eine Erweiterung (siehe Kapitel II.6) vorschlagen. Welche Formen diese genau annehmen, wird später noch deutlicher.

Wir können nun zum nächsten Parameter übergehen, in Bezug auf welchen sich die Unzuverlässigkeitsdefinitionen teilweise unterscheiden. Es handelt sich hier um das Kriterium der Adäquatheit: Unter welchen Voraussetzungen können wir davon sprechen, dass ein Erzähler die fünf oben genannten Tätigkeiten inadäquat ausführt? Hier gilt es, die Adäquatheitskriterien für diese Tätigkeiten einzeln zu untersuchen – und wie gleich deutlich wird, werden auch hier oft mehrere Kriterien innerhalb einer einzelnen Unzuverlässigkeitstheorie für wichtig erachtet.

2 Adäquatheitskriterien: Wann ein Fehlverhalten vorliegt

Im vorangegangenen Kapitel haben wir fünf Erzählertätigkeiten kennen gelernt, die für „unzuverlässiges Erzählen" definitorisch relevant sind, wenn sie inadäquat ausgeführt werden. Aber unter welchen Bedingungen können wir davon sprechen, dass diese Tätigkeiten inadäquat ausgeführt werden?

Ein systematischer Vorschlag hierzu, der zudem für sich beansprucht, für alle im Kontext erzählerischer Unzuverlässigkeit relevanten Erzählertätigkeiten Gültigkeit zu besitzen, findet sich bei Phelan und Martin. Ihnen zufolge könne ein Erzähler in Bezug auf alle diese Tätigkeiten in *zweierlei* Hinsicht unzuverlässig sein. Die Unterscheidung zwischen diesen beiden Varianten lasse sich anhand derjenigen Aktivität treffen, die der Leser ausführen müsse, um eine adäquate Auffassung über die relevanten Fakten oder Werte zu erlangen:

> Audiences perform two qualitatively different actions once they determine that a narrator's words can't be taken at face value: (1) they reject those words and, if possible, reconstruct a more satisfactory account; or (2) they [...] accept what the narrator says but then supplement the account. (Phelan und Martin 1999: 94)

Phelan und Martin bezeichnen diese beiden Varianten mit den Vorsilben „*mis-*" und „*under-*", die sie jeweils den in ihrer Theorie berücksichtigten Erzählertätigkeiten voranstellen (*misreporting, underreporting, misinterpreting, underinterpreting, misevaluating, underevaluating*). Formuliert man diese Unterscheidung unter Rückgriff auf das Konzept der Adäquatheitskriterien, lässt sich also sagen: Erzähler müssen die Kriterien der Korrektheit und der Vollständigkeit erfüllen, damit sie die genannten Tätigkeiten adäquat ausführen. Andersherum bedeutet das, dass bei Inkorrektheit oder bei Unvollständigkeit unzuverlässiges Erzählen vorliegt. Wenn der Leser die Perspektive des Erzählers *verwerfen* muss, um eine adäquate Vorstellung der relevanten fakten- oder wertebezogenen Aspekte zu erlangen, dann offenbar deswegen, weil die Erzählerperspektive in einem noch genauer zu klärenden Sinne ‚inkorrekt' ist. Muss der Leser dagegen das vom Erzähler Kommunizierte *ergänzen*, so liegt dies offenbar an der *Unvollständigkeit* des Kommunizierten.[79]

Im Rahmen späterer Theorien unzuverlässigen Erzählens tauchen die mit *mis-* und *under-*Varianten verknüpften Erfolgskriterien unter anderen Bezeichnungen auf. Sowohl Theresa Heyd als auch Tom Kindt greifen in ihren Unzuverlässigkeitsdefinitionen bzw. -theorien auf Paul Grices Konversationsmaximen zurück, insbesondere auf die Maximen der Qualität („Try to make your contribution one that is true") und der Quantität („Make your contribution as informative as required (for the current purpose of the exchange)", Grice 1989: 308).[80]

---

[79] Viele (insbesondere frühe und/oder kognitivistische) Arbeiten zu unzuverlässigem Erzählen sind in ihrer Unzuverlässigkeitsdefinition viel zu vage, als dass man herauslesen könnte, welche Adäquatheitskriterien im Einzelnen angesetzt werden. Yacobi beispielsweise nutzt ausschließlich vage Umschreibungen wie „textual tensions", „oddities", „inconsistencies" (Yacobi 1981: 113) und Ähnliches. Für die Überblickstabelle am Ende von Kapitel II.2 gehe ich davon aus, dass in solchen Theorien zumindest das Kriterium der Korrektheit mitgedacht worden sein muss, da es sich hierbei um das simplere und naheliegendere Kriterium handelt.

[80] An einigen Stellen in Kindts Ausführungen mag der Eindruck entstehen, dass auch die beiden übrigen Konversationsmaximen Grices (Relevanz und Modus) als Adäquatheitskriterien angesetzt werden sollen. Allerdings wird der Status dieser zusätzlichen Kriterien in Kindts Ansatz nicht vollkommen klar. An einigen Stellen scheinen seine Ausführungen

Während Phelans und Martins Konzepte des *mis-* und des *under-* nicht an allen Stellen vollkommen identisch sind mit einem Verstoß gegen die Konversationsmaximen der Qualität und der Quantität,[81] so ist doch eine ähnliche Stoßrichtung festzustellen. Da allerdings weder Heyd noch Kindt sich genauer

---

dafür zu sprechen, dass die zusätzlichen Kriterien lediglich als *Indikatoren* zu verstehen sind, die auf Unzuverlässigkeit hindeuten *können*; dass unzuverlässiges Erzählen aber letztlich nur dann vorliegt, wenn der Erzähler falsche Informationen vermittelt oder relevante Informationen auslässt (zur Diskussion von Indikatoren siehe auch Kapitel IV.2 und II.6). Für diese Lesart spricht die Definitionsvariante Kindts, die er als ‚offene Formel' bezeichnet (siehe Kapitel 2.3.2.2). Dieser Lesart zufolge weckt ein Verstoß gegen die Grice'schen Konversationsmaximen den *Verdacht* des Rezipienten, der Erzähler könne unzuverlässig sein – dieser Verdacht muss aber in einem zweiten Schritt verifiziert (oder falsifiziert) werden (vgl. Kindt 2008: 53; 56). An anderen Stellen wird dagegen nahegelegt, dass Verstöße des Erzählers gegen die Kriterien der Relevanz und des Modus allein bereits hinreichend für unzuverlässiges Erzählen sind. Für diese Lesart spricht die Definition, die Kindt als operationalisierbare Definitionsvariante unter Rückgriff auf die autorintentionalistische Interpretationstheorie entwirft (siehe Kapitel II.2.2.2). Kindt schreibt hierzu, dass die Feststellung erzählerischer Unzuverlässigkeit unter Bezugnahme auf diese Definition lediglich zwei Schritte erfordere: erstens die Feststellung, dass ein Erzähler gegen eine der Konversationsmaximen verstoße, und zweitens die Feststellung, dass das Kooperationsprinzip vom Autor aufrechterhalten wird (vgl. Kindt 2008: 65). Im Rahmen dieser Lesart wäre es also nicht notwendig, dass der Erzähler etwas Falsches erzählt oder relevante Informationen weglässt – es wäre ausreichend, wenn er gegen *irgendeine* der Grice'schen Maximen verstieße. Meines Erachtens ist die erste dieser Lesarten plausibler, weswegen ich mich hier an sie halte. Die Möglichkeit, erzählerische Unzuverlässigkeit schon dann zuzuschreiben, wenn lediglich Indikatoren dafür vorliegen, dass eine der relevanten Tätigkeiten adäquat ausgeführt wird, diskutiere ich allerdings noch einmal in Kapitel II.6.

Auch Margolin scheint zusätzliche Adäquatheitskriterien für faktenbezogene Unzuverlässigkeit anzusetzen: Er legt als Kriterien für diesen Typ unzuverlässigen Erzählens Wahrheit, Konsistenz, Kohärenz/Relevanz und Vollständigkeit fest (vgl. Margolin 2015: 42–45). Andererseits zeichnet Margolin die Kriterien der Falschheit und Unvollständigkeit als „semantic features giving rise to alethic *un*reliability" aus (Margolin 2015: 44). Das Verhältnis dieser beiden Aussagen ist mir unklar. Am sinnvollsten erscheint es mir aber, Inkonsistenz als (möglicherweise hinreichenden) Indikator für Inkorrektheit zu verstehen – und Inkohärenz als Indikator für Inkorrektheit oder Unvollständigkeit.

81 Die Modellierung der Erfolgskriterien, die unter Rückgriff auf Grices Konzepte der Qualität und Quantität erfolgt, unterscheidet sich mindestens in zweierlei Hinsicht von Phelans und Martins *mis-*/*under-*Variante. Zum einen müssen auch solche Erzähler als Verletzer der Quantitätsmaxime gelten, die ‚zu viel' erzählen, d. h. ihren Beitrag ‚zu informativ' gestalten, während unter das Konzept des *under-* – wie der Name schon sagt – nur Beiträge fallen, die *zu wenig* informativ sind. Zweitens behandelt Grice in seinem Modell nur *absichtsvolle* Verletzungen der Gesprächsmaximen, während unter unzuverlässigem Erzählen gemeinhin (so auch bei Phelan und Martin) auch solche erzählerischen Dysfunktionen subsumiert werden, die dem Erzähler nicht-intentional unterlaufen.

damit auseinandersetzen, was im Zusammenhang mit den einzelnen relevanten Erzählertätigkeiten jeweils unter Inkorrektheit und Unvollständigkeit zu verstehen ist, Phelan und Martin dies aber zumindest in Ansätzen tun, beziehe ich mich im Folgenden hauptsächlich auf letztere Theorie.[82]

Phelans und Martins Unterscheidung zwischen *mis-* und *under*-Formen unzuverlässigen Erzählens scheint nun auf den ersten Blick durchaus leicht verständlich und heuristisch nützlich zu sein. Um dies zu illustrieren, können wir uns zwei Beispiele sprachlicher faktenbezogener Unzuverlässigkeit anschauen, von denen eines einen Fall inkorrekter und eines einen Fall unvollständiger Informationsvergabe darstellt.

(1) Wenn der Erzähler in Poes *The Tell-Tale Heart* behauptet, das Geräusch des schlagenden Herzens sei tatsächlich in der fiktiven Außenwelt zu hören, dann erfüllt er die Tätigkeit, uns mittels assertiver Aussagen über die Fakten der erzählten Welt zu informieren, deshalb nicht adäquat, weil er schlicht *falsche* Behauptungen über diese äußert.

(2) Im Gegensatz dazu stellt Dr. James Sheppard, der Erzähler in Agatha Christies *The Murder of Roger Ackroyd*, keine *falschen* Behauptungen über die Fakten der fiktiven Welt auf. Dennoch wird die Erzählung als kanonischer Fall sprachlicher faktenbezogener Unzuverlässigkeit verstanden, denn Sheppard unterschlägt in seiner Erzählung an der relevanten Stelle die zentrale Information, dass er selbst den Mord begangen hat, an dessen Aufklärung er sich scheinbar beteiligt (vgl. Christie 1990). Auch über ihn können wir offenbar mit einigem Recht behaupten, dass er seine Funktion als Berichterstatter inadäquat ausführt, denn er lässt in seinem Erzählbericht zentrale Informationen über die erzählte Welt auf eine Weise aus, die dazu geeignet ist, den Leser über die Fakten in die Irre zu führen.

Legt man die im vorangegangenen Kapitel diskutierten Typen unzuverlässigen Erzählens zugrunde, so handelt es sich bei Poes und Christies Erzählern um denselben Unzuverlässigkeitstyp, nämlich um sprachliche faktenbezogene Unzuverlässigkeit – da dieser aber in den beiden Fällen so grundlegend unterschiedlich ausgestaltet ist, erscheint es zumindest in heuristischer Hinsicht äußert nützlich, hier weiter zwischen *mis-* und *under*-Typen zu differenzieren.

---

[82] Auch Lahn und Meister übernehmen diese Terminologie, ohne genauere Analysen der Kriterien Qualität und Quantität vorzunehmen (vgl. Lahn und Meister 2013: 183–184).

Allerdings verstehe ich die Unterscheidung zwischen *mis-* und *under-*Fällen nicht nur als heuristisch nützlich, sondern sogar als *definitionsrelevant*. Denn zum einen scheint es mir nicht selbsterklärend zu sein, dass sich hinter der Redeweise des ‚inadäquaten Ausführens' einer der relevanten Tätigkeiten die Missachtung entweder des Kriteriums der Korrektheit oder der Vollständigkeit zu verstehen ist. Eine Definition unzuverlässigen Erzählens, die lediglich von Inadäquatheit spricht, ohne darüber Aufschluss zu geben, was hierunter zu verstehen ist, ist deswegen nicht ausreichend verständlich.[83] Darüber hinaus ist die Unterscheidung zwischen *mis-* und *under-*Typen unzuverlässigen Erzählens noch in einer zweiten Hinsicht relevant im Zusammenhang mit der Unzuverlässigkeitsdefinition. Denn wie im Verlauf des vorliegenden Kapitels noch deutlich werden wird, sind nicht alle Theoretiker der Ansicht, dass das Kriterium der Vollständigkeit im Zusammenhang mit unzuverlässigem Erzählen eine Rolle spielen sollte. Die *mis-/under-*Unterscheidung hat also eine Relevanz für den durch konkrete Definitionsvorschläge konstituierten Begriffsumfang des Terminus „unzuverlässiges Erzählen", da einige Theoretiker bei einer Missachtung des Kriteriums der Vollständigkeit den Terminus „unzuverlässiges Erzählen" nutzen wollen, andere dagegen nicht.

Während die Relevanz der *mis-/under-*Unterscheidung also keineswegs in Frage steht, weist die konkrete Definition dieser beiden Typen bei Phelan und Martin einige Schwachstellen auf. Diesbezüglich sind insbesondere drei Probleme zu verzeichnen.

(1) Die erste Schwierigkeit besteht darin, dass zwar für die faktenbezogenen Unzuverlässigkeitsvarianten intuitiv relativ klar zu sein scheint, was genau unter den Kriterien der Korrektheit und Vollständigkeit zu verstehen ist – für die wertebezogenen Varianten scheint diese intuitive Verständlichkeit dagegen nicht unbedingt zu gelten. Wenn man davon ausgeht, dass sich

---

[83] Diese Einschätzung scheint auch dadurch bestätigt zu werden, dass die *mis-/under-*Unterscheidung tatsächlich in einigen Definitionsvorschlägen unzuverlässigen Erzählens (und nicht nur im Rahmen von darüber hinausgehenden Typologien) aufgegriffen wird. So lautet Kindts Definition mimetischer Unzuverlässigkeit ja beispielsweise „N ist genau dann *mimetisch unzuverlässig*, wenn es als Teil der Kompositionsstrategie$_W$ zu verstehen ist, dass Ns Äußerungen im Hinblick auf die fiktive Welt$_W$ nicht ausschließlich korrekte oder nicht alle relevanten Informationen enthalten" (Kindt 2008: 53). Eine gegenläufige Tendenz lässt sich dagegen in einem jüngeren Artikel von Kindt und Köppe finden, in dem die Autoren, basierend auf Stühring (vgl. Stühring 2011) argumentieren, man könne durch den Verweis auf *mangelnde Präzision* („lack of accuracy", Kindt und Köppe 2011: 85) der über die fiktiven Fakten vermittelten Informationen die Einzelnennung fehlerhafter und vollständiger Informationen umgehen. Wie ich allerdings bereits deutlich gemacht habe, halte ich diese Lösung für ungeeignet, da die Rede von ‚mangelnder Präzision' nicht hinreichend klar ist.

die Adäquatheit der Behauptungen und Überzeugungen eines Erzählers aus der Relation ergibt, die zwischen diesen und den Fakten der erzählten Welt besteht, dann kann man sich recht einfach eine Vorstellung davon machen, was es bedeutet, dass Behauptungen oder Überzeugungen inkorrekt oder unvollständig sind.[84] Wie dagegen aus dem Exkurs in die Metaethik in Kapitel II.1.3 hervorgeht, ist unklar, ob Werturteile nach den gleichen Kriterien beurteilt werden können wie Behauptungen oder Überzeugungen. Dadurch ist es nicht unbedingt selbsterklärend, was ‚Inkorrektheit' und ‚Unvollständigkeit' im Zusammenhang mit Werten zu bedeuten hat. Wie im weiteren Verlauf dieses Kapitels noch deutlich werden wird, sind die Lösungsvorschläge, die Phelan und Martin für dieses Problem anbieten, nicht immer hinreichend oder plausibel. Ein Grund hierfür scheint wieder einmal darin zu bestehen, dass Phelan und Martin die Bedeutung, die die Konzepte *mis-* und *under-* jeweils in Verbindung mit ihren drei Unzuverlässigkeitsvarianten *reporting*, *interpreting* und *evaluating* haben, hauptsächlich anhand von Beispielen illustrieren, anstatt sich um eine explizite Definition zu bemühen. Kurz: Die Konzepte *mis-* und *under-* müssen sorgfältiger und jeweils in Relation zu den einzelnen relevanten Erzählertätigkeiten definiert werden.

(2) Ein zweites Problem besteht darin, dass Phelans und Martins Auflistung der Erzählertätigkeiten, die im Kontext erzählerischer Unzuverlässigkeit eine Rolle spielen, von derjenigen abweicht, die aus meiner Analyse in Kapitel II.1 hervorgegangen ist. Zum Beispiel gibt es in ihrer Theorie das ‚kombinierte' Konzept des *unreliable interpreting*, das in meiner Rekonstruktion in sprachliche und kognitive faktenbezogene Unzuverlässigkeit aufgespalten worden ist. Zum anderen differenzieren Phelan und Martin nicht wie ich in meiner allgemeinen Rekonstruktion zwischen drei wertebezogenen Varianten unzuverlässigen Erzählens, sondern vermischen diese Varianten teilweise in ihrem Konzept des *unreliable evaluating*. Es muss deswegen neu geprüft werden, ob die *mis-/under-*Unterscheidung tatsächlich für alle fünf Typen möglich und sinnvoll ist oder ob eine mögliche selektive Relevanz durch die Fusionierung zweier Typen bei Phelan und Martin verschleiert worden ist.

(3) Das dritte Problem, das sich hinsichtlich der *mis-/under-*Unterscheidung bei Phelan und Martin feststellen lässt, betrifft die durchweg problematische Natur des *under-*Konzepts, die eine etwas genauere Untersuchung

---

84 Wie ich allerdings gleich noch erklären werde, ist dies aber für das Kriterium der Vollständigkeit bei genauerem Hinsehen doch auch komplizierter als gedacht.

desselben schnell offenlegt. Denn während ich oben noch nahegelegt hatte, dass die Differenzierung zwischen inkorrekter und unvollständiger Informationsvergabe (zumindest für sprachliche faktenbezogene Unzuverlässigkeit) leicht verständlich und unkompliziert ist, stimmt dies im Hinblick auf das Kriterium der Unvollständigkeit gar nicht uneingeschränkt. Der Grund hierfür liegt darin, dass offenbar keine Erzählung *im buchstäblichen Sinne* vollständig sein kann. Damit das Kriterium der Vollständigkeit also überhaupt nützlich sein kann, muss es im Kontext erzählerischer Unzuverlässigkeit spezifiziert werden – und hierbei handelt es sich um eine Aufgabe, die alles andere als trivial ist.

Nachdem ich nun hoffentlich hinreichend plausibilisiert habe, dass es sich bei der Unterscheidung zwischen *mis-* und *under-*Formen unzuverlässigen Erzählens um eine definitionsrelevante, aber bisher nicht hinreichend analysierte Differenzierung handelt, werde ich die Kriterien der Korrektheit und Vollständigkeit für die fünf in Kapitel II.1 herausgestellten Erzählertätigkeiten unter Rückgriff auf die relevanten Forschungsdebatten einzeln untersuchen.

2.1 Adäquatheitskriterien für die Assertionen des Erzählers

2.1.1 Korrektheit der Assertionen

Beginnen wir also mit einer genaueren Untersuchung der Frage, wie das Kriterium der Korrektheit im Zusammenhang mit den Assertionen eines Erzählers zu verstehen ist. Damit eine Assertion über die fiktive Welt, um die es in einer Erzählung geht, korrekt ist, muss sie in dieser Welt wahr sein. Auf dem Feld der Erkenntnistheorie und Sprachphilosophie gibt es komplexe Debatten darüber, was es bedeutet, dass eine Assertion wahr ist – und die Frage, was wir meinen, wenn wir im Zusammenhang mit *fiktionalen* Äußerungen von Wahrheit sprechen, wird sogar gesondert diskutiert.[85] Ich möchte hier allerdings nicht auf die Details dieser Debatten eingehen – schließlich scheinen wir uns intuitiv ein gutes Verständnis davon machen zu können, was es bedeutet, dass eine Erzähleräußerung in der fiktiven Welt der Erzählung wahr ist. Wir stellen uns vor, dass die assertiven Äußerungen des Erzählers Details einer fiktiven Welt zum

---

[85] Vgl. für einen Überblick über die philosophische Debatte über Wahrheit Glanzberg (2013). Im Rahmen der Debatte zum Thema *Wahrheit in Fiktion* werden unter anderem die Fragen diskutiert, ob bzw. in welcher Hinsicht fiktive Gegenstände existieren und ob bzw. inwiefern Assertionen über fiktive Gegenstände wahr sein können (vgl. hierzu beispielsweise Lewis 1978; für einen Überblick vgl. Kroon und Voltolini 2018).

Gegenstand haben – und wir können uns fragen, ob die Erzählung diese Welt korrekt wiedergibt oder nicht.

Aber *können* wir uns wirklich im Hinblick auf jede assertive Äußerung des Erzählers sinnvoll fragen, ob diese in der fraglichen fiktiven Welt wahr ist? Diese Frage ist nur dann zu bejahen, wenn wir davon ausgehen, dass jeder Assertion in der fiktiven Welt ein Wahrheitswert zukommt. In unserer realen Welt dürfen wir annehmen, dass dies der Fall ist:[86] Auch wenn wir in manchen Fällen (momentan) nicht herausfinden können, welcher Wahrheitswert einer Assertion (z. B. „Es gibt in unserem Universum intelligentes Leben außerhalb des Planeten Erde") zukommt, müssen wir davon ausgehen, dass dieser Satz entweder wahr oder falsch ist. Für fiktive Welten gilt diese Regel aber nur, wenn wir davon ausgehen, dass diesen Welten die Eigenschaft der *Vollständigkeit* zukommt. Wie in Kapitel II.2.1.2 noch deutlicher werden wird, wird in fiktionalen Erzählungen immer nur ein Ausschnitt aus einer Welt dargestellt – also eine Selektion an Ereignissen, von denen wir uns vorstellen, dass sie in einer fiktiven Welt geschehen. Die Frage ist nun: Wie sollen wir Aspekte einordnen, die nicht Teil der Erzählung sind? Sollten wir davon ausgehen, dass fiktive Welten nur so selektiv bestimmt sind, dass Assertionen über bestimmte Aspekte, die in der Geschichte nicht vorkommen, schlicht keinen Wahrheitswert in der fiktiven Welt haben? Diese Frage wird kontrovers diskutiert. So ist beispielsweise Ruth Lorand der Ansicht, dass wir die Rede von ‚fiktiven Welten', die im Rahmen fiktionaler Texte dargestellt würden, ganz vermeiden sollten – denn diese Ausdrucksweise lege nahe, dass wir diese ‚Welt' auf Basis der Texte vollständig rekonstruieren könnten, was jedoch unmöglich sei (vgl. Lorand 2001: 425–426). Diese Argumentation scheint mir allerdings zwei Dinge zu vermischen: Die Vorstellung, dass fiktionale Erzählungen uns Ausschnitte einer fiktiven Welt berichten, geht nicht notwendigerweise mit der Überzeugung einher, dass diese Welt für uns vollständig rekonstruierbar ist. Die Rede von fiktiven Welten (teilweise auch *story worlds*) ist in der Literaturwissenschaft extrem verbreitet. Ein Grund hierfür wird sein, dass die Vorstellung, die in fiktionalen Texten präsentierten Geschichten würden sich in fiktiven Welten zutragen, unser ‚Eintauchen' in diese Geschichten und unsere emotionale Involviertheit befördert – und damit zugleich den ästhetischen Lesegenuss verstärkt. Hierzu trägt auch die Vorstellung bei, dass die erzählten Welten in der Regel vollständig sind – in dieser Hinsicht also unserer realen Welt entsprechen.[87] Wenn wir die

---

[86] Ausnahmen sind möglicherweise selbstreferentielle Sätze, die zu Paradoxa führen (vgl. beispielsweise Bolander 2017). Derartige Fälle werden im Weiteren nicht adressiert.

[87] Es ist allerdings nicht ausgeschlossen, dass eine fiktionale Erzählung eine *unmögliche Welt* zum Gegenstand hat, in der manche Propositionen keinen Wahrheitswert haben. Dies scheint mir aber ein Sonderfall zu sein, der nur sehr selten vorliegt. Auch wenn ich hier nichts

Vorstellung, dass fiktionale Erzählungen uns Ausschnitte vollständiger fiktiver Welten präsentieren, aus diesen Gründen als legitimiert verstehen, dann können wir uns also gemeinhin auch in Bezug auf jede Assertion des Erzählers sinnvoll fragen, ob diese in der fiktiven Welt wahr oder falsch ist – denn jede Assertion *hat* dort einen Wahrheitswert.

Damit ist allerdings noch nicht gesagt, dass wir in Bezug auf jede Assertion *herausfinden* können, welchen Wahrheitswert sie in der fiktiven Welt der fraglichen Erzählung hat. Um die Frage beantworten zu können, ob dies möglich ist, müssen wir uns die allgemeinere Frage stellen, wie wir herausfinden können, was in einer bestimmten Fiktion wahr (bzw. falsch) ist. Diese Frage werde ich in den Kapiteln II.3 und IV.2 noch einmal aufgreifen.

Auch wenn die Diagnose fehlerhafter Berichterstattung also nicht immer trivial sein mag, können wir uns doch intuitiv recht leicht eine Vorstellung davon machen, was ein Erzähler tut, dem wir sprachliche faktenbezogene Unzuverlässigkeit aufgrund von Inkorrektheit diagnostizieren: Er stellt falsche Behauptungen über die Fakten der fiktiven Welt auf.

Es ist davon auszugehen, dass Korrektheit in allen Unzuverlässigkeitstheorien, die sprachliche faktenbezogene ‚Fehlfunktionen' des Erzählers einbeziehen, als Erfolgskriterium für die Assertionen des Erzählers verstanden wird. In sehr vielen Theorien wird dieses Kriterium explizit besprochen (z. B. indem *falsche*, *inkorrekte* oder *unzutreffende* Äußerungen als hinreichend für unzuverlässiges Erzählen genannt werden).[88] In anderen Fällen sind die verwendeten Beschreibungen nicht derart eindeutig – es wird aber dennoch klar, dass inkorrekte Erzähleräußerungen als Unzuverlässigkeit gelten sollen.[89]

Im Rahmen von Unzuverlässigkeitstheorien wird das Kriterium der Korrektheit im Zusammenhang mit den Äußerungen des Erzählers selbst nur selten problematisiert. Häufiger beschäftigen sich Theoretiker dagegen mit der Frage, wie wir *feststellen* können, ob eine Erzähleräußerung wahr oder falsch ist. Diese Frage wird in Kapitel IV.2.2.2 wieder aufgegriffen. Neben dem Kriterium der Korrektheit

---

Genaueres zu den Bedingungen sagen kann, unter denen solche unvollständigen Welten vorliegen, scheint doch die Annahme sinnvoll, dass hier das *reality principle* bzw. das *principle of minimal departure* greift (vgl. hierzu auch Kapitel IV.2): Wir sollten so lange annehmen, dass in einer fiktiven Welt die gleichen Dinge wahr sind wie in unserer, bis wir im Text Kontraindikatoren finden. Wenn wir also in einem Text keine Hinweise darauf finden, dass es sich bei der fiktiven Welt um eine sehr merkwürdige handelt, in der nicht allen Assertionen ein Wahrheitswert zukommt, dann sollten wir auch nicht davon ausgehen, dass dies der Fall ist.

88 Beispiele sind Martínez und Scheffel (1999), Phelan und Martin (1999), Kindt (2008), Lahn und Meister (2013) und zahlreiche weitere.

89 Dies gilt beispielsweise für Yacobi (1981), Rimmon-Kenan (1983), Nünning (1998; 1999) und viele mehr.

wird in einigen Theorien unzuverlässigen Erzählens aber noch ein anderes Kriterium genannt, das erfüllt sein muss, damit wir einen Erzähler als zuverlässigen Informanten über die erzählte Welt verstehen: Der Erzählerbericht müsse in einem bestimmten Sinne *vollständig* sein. Diese Eigenschaft der Vollständigkeit scheint allerdings um einiges problematischer zu sein als die der Korrektheit.

2.1.2 Vollständigkeit der Assertionen

Einige Theoretiker sind der Auffassung, dass wir auch solche Erzähler als (sprachlich faktenbezogen) unzuverlässig bezeichnen sollten, die in ihrer Erzählung bestimmte Informationen *auslassen*. Ob Fälle unvollständiger Informationsvergabe tatsächlich in den Begriffsumfang unzuverlässigen Erzählens aufgenommen werden sollen, ist allerdings nicht unumstritten. So schließt beispielsweise Chatman diesen Fall dezidiert aus:

> We must be precise in our use of the term „unreliable narration." It is a meaningful concept only when it refers to the actual and overt misrepresentation or distortion of story „facts," by a narrator's guile, naiveté or whatever. It must refer, I believe, to a narrator's acts of commission, not of omission. The omission of crucial data in the unraveling of a story is not a matter of unreliability but of that special form of analepsis which, as Genette puts it, „sidesteps" an event and which he dubs „paralipsis." Paralipsis omits „one of the constituent elements of a situation in a period that the narrative does generally cover." [...] Unlike the unreliable narrator, the paraliptic narrator ultimately fills in the gap. But the unreliable narrator sticks to his guns, and it is only the context or the intervention of a later, reliable narrator [...] that sets things straight. (Chatman 1990: 225)[90]

Folgende (implizite) Argumente lassen sich bei Chatman für diese Entscheidung identifizieren: In seinen Ausführungen macht er deutlich, dass die fraglichen

---

[90] Merkwürdig ist allerdings, dass Chatman an späterer Stelle doch eine Variante des Fehlens von Informationen als einen Fall unzuverlässigen Erzählens verstehen will. Er diskutiert an dieser Stelle visuelle Unzuverlässigkeit im Film, d. h. den Fall, in dem für die visuelle Erzählinstanz (‚die Kamera') Darstellungsweisen nachzuweisen sind, die als Unzuverlässigkeit gelten sollen. Chatman schreibt dort: „A more usual but weaker case of visual unreliability occurs when the visual track presents a shallow picture of events, which are interpreted with greater profundity by the voice-over narrator" (Chatman 1990: 136). Die visuelle Erzählinstanz scheint hier lediglich bestimmte Informationen *auszulassen*, indem sie gewisse Sachverhalte nicht ausreichend interpretiert. Dieser Fall, der in Phelans und Martins Terminologie als „*underinterpreting*" zu bezeichnen ist, wird von mir weiter unten als einer von drei Fällen unzuverlässigen Erzählens im Zusammenhang mit unvollständiger Informationsvergabe diskutiert. In Chatmans Ansatz ist das generelle Ausschließen unvollständiger Informationsvergabe aus dem Unzuverlässigkeitskonzept in Kombination mit der Inklusion dieses Sonderfalls als Inkonsistenz zu verstehen.

Fälle von Auslassungen durch den Erzähler generell dadurch charakterisiert seien, dass der Erzähler selbst die ausgelassenen Informationen zu einem späteren Zeitpunkt nachreiche. Anscheinend ist Chatman der Ansicht, dass es sprachlich unplausibel ist, einen solchen Erzähler als unzuverlässig zu bezeichnen, da dessen Erzählung *am Ende* keine Mängel mehr aufweist – der Erzähler sorgt also selbst für die Behebung seiner temporären Versäumnisse.[91] Während erst in Kapitel V dieser Arbeit diskutiert wird, welchen Stellenwert wir solchen sprachlichen Intuitionen beimessen sollten, kann an dieser Stelle aber bereits auf eine Ungereimtheit in Chatmans Argumentation verwiesen werden. Es ist nämlich unklar, warum Chatman davon ausgeht, dass in allen Fällen unvollständiger Informationsvergabe eine Paralipse vorliegt, so dass der Erzähler *selbst* die fehlenden Informationen später nachreicht – in allen Fällen inkorrekter Berichterstattung dagegen der Kontext oder ein anderer Erzähler offenbaren, dass der ursprüngliche Erzählerbericht fehlerhaft war. Stattdessen sind nämlich auch Fälle unvollständiger Informationsvergabe möglich, die keine Paralipse konstituieren – in denen die Auslassung also nicht durch den Erzähler selbst korrigiert wird, sondern durch einen anderen Erzähler (z. B. bei vielen multiperspektivischen Erzählungen) oder durch den Kontext. Andersherum ist es genauso denkbar, dass ein Erzähler, der etwas Falsches berichtet, sich später selbst korrigiert.[92] Chatmans Argumentation gegen eine Aufnahme von Fällen unvollständiger Informationsvergabe in den Begriffsumfang unzuverlässigen Erzählens scheint also nicht sonderlich robust zu sein.

Im Gegensatz zu Chatman haben viele andere Unzuverlässigkeitstheoretiker durchaus die Intuition, dass bestimmte Fälle unvollständiger Informationsvergabe als erzählerische Unzuverlässigkeit verstanden werden sollten. Hierzu gehören beispielsweise Phelan und Martin (1999), Heyd (2006; 2011) Kindt (2008), Köppe und Kindt (2011), Stühring (2011), Lahn und Meister (2013), Margolin (2015) und weitere.[93] All diese Theoretiker gehen explizit darauf ein, dass das

---

[91] Diese und vergleichbare sprachliche Intuitionen, die zu einer Einschränkung des Begriffsumfangs unzuverlässigen Erzählens führen, werden in Kapitel II.4 genauer diskutiert.
[92] Dieser Fall tritt beispielsweise in Wolf Haas' Brenner-Romanen vermehrt auf, zum Beispiel wenn der Erzähler Brenner sich in *Komm, süßer Tod* bei der Rezitation eines Gedichts mit den Worten „Nein, Moment" selbst unterbricht und in der Folge seinen eigenen Rezitationsfehler korrigiert (vgl. Haas 1998: 60; vgl. hierzu auch Nindl 2010: 44).
[93] Im Fall einiger anderer Theorien wird aus den verwendeten Formulierungen dagegen nicht klar, ob auch Fälle unvollständiger Informationsvergabe als Unzuverlässigkeit verstanden werden sollen. Ein Beispiel hierfür ist Rimmon-Kenan: Sie spricht zwar von „understatements" als einem Fall unzuverlässigen Erzählens (Rimmon-Kenan 1983: 102) – hierunter scheint sie aber möglicherweise eher Fälle zu verstehen, die Phelan und Martin als *underevaluating* verstehen. Wie ich in Kapitel II.2.3.2 argumentiere, handelt es sich hierbei aber meist eigentlich

Auslassen von Informationen in bestimmten Fällen genug Ähnlichkeit mit der Vergabe falscher Informationen aufweist, um die Klassifikation als unzuverlässiges Erzählen zu rechtfertigen.

Wie die Formulierung „in bestimmten Fällen" bereits andeutet, gibt es mit dem Kriterium der Vollständigkeit weitaus mehr Probleme als mit dem Kriterium der Korrektheit. Denn offenbar kann das Auslassen von Informationen durch den Erzähler nicht in allen Fällen sinnvoll als inadäquates Erzählerverhalten und damit als Unzuverlässigkeit gelten. Grund hierfür ist die Tatsache, dass Erzählerberichte *notwendigerweise* unvollständig bezüglich der Fakten der fiktiven Welt sind.[94] Denn zum einen scheint es immer Fakten zu geben, die für die erzählte Geschichte irrelevant sind und deren Fehlen im Erzählerbericht wir deswegen nicht als Dysfunktion des Erzählers verstehen. Diesen Fall illustriert die berühmte Frage, wie viele Kinder Lady Macbeth hatte (vgl. Knights 1946). Zum anderen erscheint es ebenso legitim, dass Erzähler solche Informationen auslassen, die zwar im Zusammenhang mit der Geschichte relevant sind, die der Erzähler aber deswegen weglässt, weil er davon ausgehen kann, dass sein Adressat diese Informationen ganz selbstverständlich ergänzt.

Um solche Fälle auszuschließen, haben einige Theoretiker ihren Definitionen des Konzepts des *underreporting* (bzw. der unvollständigen Informationsvergabe) den Zusatz hinzugefügt, dass es im Zusammenhang mit Unzuverlässigkeit nur um das Auslassen *relevanter* Informationen gehe („underreporting of what is clearly salient", Phelan und Martin 1999: 108; „[wenn die Äußerungen des Erzählers] nicht alle relevanten Informationen enthalten", Kindt 2008: 53).[95] Phelan

---

um Formen ‚inkorrekten' Erzählens. Ein weiterer Zweifelsfall ist Hof, die schreibt, dass das Problem der Glaubwürdigkeit insofern von der ‚Wahrheitsfrage' zu trennen sei, als man auch mit wahren Aussagen lügen könne (vgl. Hof 1984: 55–56).
94 Dies scheint jedenfalls dann zu gelten, wenn man von der Vollständigkeit fiktiver Welten ausgeht.
95 Ohme hat dagegen einen eigenen Vorschlag, wie das Kriterium der Vollständigkeit eingegrenzt werden soll. Für ihn gelten nur solche Fälle als unvollständige Informationsvergabe, in denen im Werk selbst eine bestimmte Vollständigkeitsnorm etabliert und dann gebrochen wird (implizite Markierung, vgl. Ohme 2015: 221–228), oder solche, in denen Auslassungen durch den Erzähler selbst thematisiert werden (vgl. Ohme 2015: 228–233). Was Ohmes Ansatz aber besonders von den anderen Vorschlägen abhebt, ist, dass unvollständiges Erzählen überhaupt nur dann als Fall unzuverlässigen Erzählens (bzw. bei ihm als ‚semantische Markierung') verstanden wird, wenn die fraglichen Informationen vollständig ausbleiben und nicht etwa zu einem späteren Zeitpunkt nachgereicht werden (vgl. Ohme 2015: 233). Damit schließt Ohme viele Fälle aus, die die meisten anderen Unzuverlässigkeitstheoretiker wohl als Unzuverlässigkeit kategorisieren würden – beispielsweise Fälle, in denen der Adressat zunächst durch die Auslassung von Informationen getäuscht, diese Täuschung aber später durch Nachreichen der Informationen aufgelöst wird.

betont zusätzlich, dass *underreporting* von Genettes Konzept der *elliptical narration* zu unterscheiden sei, d. h. von „telling that leaves a gap that the narrator and the implied author expect their respective audiences to be able to fill" (Phelan 2005: 52).[96]

Obwohl uns diese Einschränkungen eine etwas bessere Vorstellung davon vermitteln, welche Fälle unvollständiger Informationsvergabe im Kontext unzuverlässigen Erzählens eine Rolle spielen, erscheint mir das Kriterium der Relevanz immer noch nicht hinreichend klar. Unter welchen Umständen kann eine Information über die fiktiven Fakten als relevant verstanden werden? Einige Theoretiker scheinen hier der Annahme zu sein, dass immer nur im Rahmen einer *Interpretation* des fraglichen Erzähltextes entschieden werden könne, welche Aspekte der Erzählung relevant seien – diese Einschätzung könne daher von Interpret zu Interpret variieren (vgl. Kindt 2008: 42–46). Dies erscheint mir

---

[96] Bei Phelan und Martin lässt sich noch ein weiterer Vorschlag zur Einschränkung des *underreporting*-Konzepts finden, dessen Funktion nicht ganz klar wird. So schreiben die Autoren, *undereporting* liege nur dann vor, wenn ein Erzähler *weniger erzähle, als er wisse* (vgl. Phelan und Martin 1999: 96). Dieser Vorschlag kann nun offenbar nicht als Alternative zu den eben genannten Restriktionsvorschlägen verstanden werden, die verhindern sollen, dass schlichtweg jede Erzählung als unzuverlässig verstanden werden muss – schließlich berichtet *jeder* Erzähler weniger, als er weiß. Stattdessen könnte diesem Definitionsvorschlag eine bestimmte sprachliche Intuition zugrunde liegen: Einige Theoretiker halten es vielleicht für terminologisch unplausibel bzw. in gewisser Weise ‚unfair', von Erzählern mit normal-menschlichen kognitiven Beschränkungen zu verlangen, dass sie über alle relevanten Details Bescheid wissen, eine lückenlose Erinnerung aufweisen oder Ähnliches. Diese vermeintliche Implausibilität kann durch die fragliche Einschränkung umgangen werden: Es werden Erzähler aus dem Begriffsumfang unzuverlässigen Erzählens ausgeschlossen, die relevante Informationen nur deshalb auslassen, weil sie selbst nicht über sie verfügen. In anderen Worten: Es sind nur solche Erzähler unzuverlässig, die relevante Informationen *absichtlich* unterschlagen.

Allerdings erscheint mir diese Lösung wenig plausibel. Denn wenn wir einen Erzähler mit epistemischen Defiziten aufgrund terminologischer Implausibilität nicht als *underreporter* bezeichnen wollen, dann erscheint es inkonsistent, einen Erzähler *unabhängig* von diesen Defiziten als *misreporter* zu bezeichnen, sobald er falsche Informationen vermittelt. Schließlich kann es jedem Menschen ebenso leicht passieren, sich einmal in Bezug auf irgendeine Tatsache zu irren, wie es normal ist, nicht alle relevanten Informationen zu kennen oder zu erinnern. Bei Phelan und Martin findet sich nun aber ebendiese Inkonsistenz: Ihren Erläuterungen zufolge tritt *misreporting* unabhängig davon auf, ob ein Bericht des Erzählers intentional oder nicht-intentional fehlerhaft ist, wohingegen *underreporting* nur dann vorliegen soll, wenn ein Bericht nicht-intentional unvollständig ist. Während die Frage, welche Rolle terminologische Plausibilität und sprachliche Intuitionen im Rahmen narratologischer Begriffsbestimmungen spielen sollen, erst in Kapitel V dieser Arbeit ausführlich diskutiert wird, lässt sich hier schon festhalten, dass derartige Inkonsistenzen in der Modellierung erzählerischer Unzuverlässigkeit vermieden werden sollten.

aber etwas zu kurz gegriffen. Denn während die Eigenschaft der Relevanz *im Allgemeinen* wohl tatsächlich einen relativen Charakter hat (z. B. in dem Sinne, dass sie Nachfragen der Art „wofür?" bzw. „für wen?" erfordert), lässt sich diese Eigenschaft für den speziellen Kontext erzählerischer Unzuverlässigkeit meines Erachtens genauer bestimmen. So lassen sich drei Fälle unterscheiden, in denen ausgelassene Informationen im Kontext fiktionaler Erzählungen als relevant verstanden werden. Obwohl fast alle dieser Fälle, wie sich gleich zeigen wird, nur schwer robust zu modellieren sind, möchte ich sie kurz der Reihe nach durchgehen – denn hierdurch können wir uns der präzisen Rekonstruktion der Unzuverlässigkeitsdefinitionen und dem Verständnis des Phänomenbereichs einen weiteren Schritt nähern.

2.1.2.1 Täuschung durch Auslassung

Einen ersten Fall unvollständiger Informationsvergabe, der gemeinhin als erzählerische Unzuverlässigkeit gewertet wird, haben wir bereits in der Einleitung zu Kapitel II.2 anhand eines Beispiels kennen gelernt. Im Fall von Agatha Christies *The Murder of Roger Ackroyd* lässt der Erzähler in seinem Bericht zunächst die offenbar relevante Information aus, dass er selbst derjenige war, der den fraglichen Mord begangen hat. In welcher Hinsicht ist diese Information nun relevant? Eine mögliche Antwort auf diese Frage ist folgende: Durch das Weglassen genau dieser Informationen an genau dieser Stelle haben wir als Leser offenbar guten Grund, *falsche Überzeugungen* über die Fakten der erzählten Welt zu entwickeln. Die charakteristische und definierende Eigenschaft dieses Typs sprachlicher faktenbezogener Unzuverlässigkeit scheint also neben der Auslassung von Informationen *die Täuschung* des Lesers zu sein, die durch ebendiese Auslassung potenziell bewirkt wird.[97] Und in dieser Hinsicht sind die

---

[97] Eine interessante Frage ist hier, ob dieser Typ unzuverlässigen Erzählens an die tatsächliche *Wirkung* gekoppelt ist, die die Auslassung von Informationen beim Leser auslöst. Da es durchaus möglich ist, dass bei der Erstrezeption ein und desselben Textes einige Leser getäuscht werden, andere jedoch nicht, würde das bedeuten, dass das Vorliegen dieses Typ unzuverlässigen Erzählens potenziell von Rezeption zu Rezeption variiert. Ein alternativer Definitionsvorschlag lässt sich bei Stühring finden, der im Zusammenhang mit täuschender Unzuverlässigkeit (*deceptive unreliability*) davon spricht, dass der Text (zumindest temporär) die Generierung bestimmter Überzeugungen über die fiktiven Fakten *autorisiert* bzw. rechtfertigt, die sich später jedoch als nicht gerechtfertigt herausstellen (vgl. Stühring 2011: 96–97). Diese alternative Formulierung berücksichtigt die Intuition, dass tatsächliche empirische Leserreaktionen nicht immer rational sind – und dass unzuverlässiges Erzählen nur dann zugeschrieben werden sollte, wenn dies auf Basis des Textmaterials gerechtfertigt ist (– für eine genauere Diskussion dieses Faktors siehe Kapitel II.3). Nun ist es allerdings alles andere als eine triviale Frage, was es heißt, dass ein Text eine bestimmte Lesart autorisiert. Das lässt sich

ausgelassenen Informationen hier auch als relevant zu verstehen: Sie wären an dieser Stelle nötig gewesen, um falsche Annahmen auf Adressatenseite zu verhindern. Wir können diesen Typ dementsprechend als *Täuschung durch Auslassung* bezeichnen.[98]

Für Köppe und Kindt (2011) scheint das Relevanzkriterium vollständig in dieser Auslegung aufzugehen:

> If a narrator fails to supply us with information that is vital for our correct understanding of what is narrated, we thereby acquire false beliefs about what is narrated. Thus omitting relevant information has the same effect as telling what is not true. We are mislead [sic] about what is the case in either way, and this is what constitutes narrative unreliability.
> (Köppe und Kindt 2011: 86)

---

leicht anhand des angeführten Beispielstextes illustrieren: Warum würden wir sagen, dass Sheppard in *The Murder of Roger Ackroyd* ein unzuverlässiger Erzähler ist – ein unpersönlicher oder heterodiegetischer Erzähler eines gewöhnlichen Kriminalromans, der in seiner Erzählung zunächst den genauen Bericht vom Tathergang ausspart, dagegen nicht? Offenbar erscheint es uns im Falle eines nicht-personalen oder heterodiegetischen Erzählers (siehe Kapitel IV.1) nicht angemessen, jede Figur, die dieser nicht von vorherein als schuldig entlarvt, für unschuldig zu halten. Dies wiederum ist dadurch bedingt, dass es zu den *Genrekonventionen* gewöhnlicher Kriminalromane gehört, dass der Erzähler den Täter bis kurz vor Ende der Erzählung nicht nennt. In *The Murder of Roger Ackroyd* dagegen sind andere Vorannahmen dafür verantwortlich, dass wir die zeitweilige Generierung falscher Überzeugungen über die fiktiven Fakten als ‚gerechtfertigt' betrachten würden: Zum einen spielt wohl eine weitere, speziellere Genrekonvention von Kriminalromanen eine Rolle – nämlich die Konvention, dass der *Ermittler*, als welcher Sheppard hier mit fungiert, zum einen nicht der Mörder ist und zum anderen an der relevanten Stellen alle für die Aufklärung des Falls wichtigen Informationen kommuniziert. Obwohl die Frage, welche Annahmen der Text autorisiert, also nicht unproblematisch ist (– Weiteres hierzu findet sich in den Kapiteln II.3 und IV.2 –), erscheint mir dieses Verständnis des Unzuverlässigkeitstyps *Täuschung durch Auslassung* dennoch plausibler als ein Verständnis, das der tatsächlichen Täuschung empirischer Leser definitorische Relevanz zuschreibt.

98 Der möglicherweise allzu sperrig anmutende Zusatz „durch Auslassung" ist notwendig, weil eine Irreführung des Lesers auch durch inkorrekte Informationsvergabe bewirkt werden kann. Wenn ein Erzähler falsche Behauptungen über die fiktive Welt aufstellt und der Leser keine Möglichkeit hat, zum fraglichen Zeitpunkt die Fehlerhaftigkeit der Informationen zu erkennen, dann wird er ebenso in die Irre geführt wie in Fällen des Roger Ackroyd-Typs (vgl. für eine Diskussion von *deceptive unreliability* im Allgemeinen Stühring 2011). Während die Frage, ob der Leser getäuscht wird, im Falle inkorrekter Informationsvergabe von den meisten Theoretikern allerdings als irrelevant dafür betrachtet wird, ob der fragliche Erzähler als unzuverlässig eingestuft werden sollte (Ausnahmen werden in Kapitel II.4 diskutiert), ist dies bei unvollständiger Informationsvergabe nicht der Fall. Hier muss die Täuschung des Lesers (bzw. eines der anderen beiden im weiteren Verlauf thematisierten Kriterien) hinzukommen, damit von erzählerischer Unzuverlässigkeit gesprochen werden kann.

Neben der definitionsrelevanten Eigenschaft, den Leser durch Auslassung potenziell in die Irre zu führen, gibt es weitere Eigenschaften, die diesem Typ faktenbezogener Unzuverlässigkeit *typischerweise* (aber nicht notwendigerweise) zukommen.

Erstens scheint das fragliche Erzählerverhalten meist ein intentionales zu sein: Sowohl die Auslassung der Informationen als auch die dadurch bewirkte Täuschung des Adressaten ist vom Erzähler *beabsichtigt*. Beides ist in dem oben angeführten Beispiel aus The Murder of Roger Ackroyd der Fall. Allerdings sind ebenso nicht-intentionale Fälle denkbar: Es ist möglich, dass ein Erzähler, der den Leser durch Auslassung von Informationen täuscht, diese Informationen nicht wissentlich auslässt, sondern weil er selbst nicht über sie verfügt. Ein Beispiel für einen solchen Erzähler ist Tony Webster in Julian Barnes' Roman *The Sense of an Ending* (vgl. Barnes 2012). Tony fragt sich, warum seine Ex-Freundin aus Teenagerzeiten ihn zu hassen scheint – und auch der Leser stellt sich diese Frage. Denn zunächst gibt nichts in Tonys Erzählung genügend Anlass für begründete Vermutungen. Wie sich schließlich herausstellt, liegt dies aber zumindest teilweise daran, dass Tony wichtige Details seiner Vergangenheit in seinem Bericht ausgelassen hat – Details, die er selbst vollkommen vergessen oder verdrängt hatte. Es lässt sich argumentieren, dass hier tatsächlich ein Fall unzuverlässigen Erzählens vorliegt, der durch die Auslassung von Informationen zustande kommt – und dass Tony zur Zeit seines Erzählens nicht (mehr) über diese Informationen verfügt hat.

Neben der Möglichkeit, dass ein Erzähler, den wir als unzuverlässig kategorisieren würden, unbewusst Informationen auslässt, ist außerdem vorstellbar, dass ein Erzähler Informationen zwar bewusst auslässt, aber fälschlicherweise denkt, dass sein Adressat die Informationen selbst richtig ergänzen kann – der Erzähler beabsichtigt durch die Auslassung also keine Täuschung. Mir scheint es hier erst einmal keine guten Gründe zu geben, diese Fälle unabsichtlicher Täuschung durch Auslassung aus dem Begriffsumfang unzuverlässigen Erzählens auszuschließen.[99]

Zweitens betreffen Fälle von Täuschung durch Auslassung häufig sehr *zentrale Aspekte* der Geschichte und nicht bloß ‚unwichtige' Randphänomene.[100]

---

[99] Manch einer mag die sprachliche Intuition haben, dass „Täuschung" Intentionalität auf Sprecherseite impliziert. Dies ist meines Erachtens nicht notwendigerweise der Fall. Sollte meine Wortwahl allerdings tatsächlich zu stark nahelegen, dass Intentionalität eine definierende Eigenschaft ist, sollte womöglich eine andere Bezeichnung für diesen Typ gefunden werden.

[100] Diese Unterscheidung lässt sich zwar womöglich nicht robust treffen, aber intuitiv sollte verständlich sein, was hier gemeint ist – da sie beim nächsten zu diskutierenden Fall definitorische Relevanz hat, wird sie dort ausführlicher diskutiert.

Auch dies ist im Christie-Beispiel der Fall. Denkbar ist aber ebenso, dass die nur ein peripheres Faktum oder Ereignis der Geschichte betroffen ist.[101]

Drittens zeichnen sich viele Fälle von Täuschung durch Auslassung dadurch aus, dass die relevanten Informationen später *durch den Erzähler selbst nachgereicht* werden, wie es auch in dem Christie-Beispiel der Fall ist. Auch dies ist aber nicht unbedingt notwendig. Beispielsweise kann die Information durch einen anderen Erzähler nachgereicht werden – oder die Tatsache, dass überhaupt Informationen ausgelassen worden sind, kann indirekt kommuniziert werden.[102]

Eine letzte typische, aber nicht notwendige Eigenschaft des hier diskutierten Unzuverlässigkeitstyps betrifft den Zeitpunkt der Auflösung: Häufig werden die ausgelassenen Informationen nämlich erst ganz am Ende der Geschichte – im Rahmen eines *final twist* – nachgereicht; auch dies ist im Falle des Erzählers Sheppard der Fall. Allerdings kann eine Täuschung durch Auslassung – gerade wenn sie nur einen peripheren Aspekt der Geschichte betrifft – auch schon nach kurzer Zeit aufgelöst werden.

Insgesamt lässt sich wohl zwanglos davon sprechen, dass es sich bei der Täuschung durch Auslassung um den kanonischsten und präsentesten Fall von *underreporting* handelt: Die meisten Theoretiker scheinen an diese Variante der irreführenden Unzuverlässigkeit zu denken, wenn sie über unvollständige Informationsvergabe sprechen.

2.1.2.2 Unentscheidbares Erzählen

Den zweiten Fall, in dem es möglicherweise sinnvoll erscheint, das Auslassen von Informationen als erzählerische Unzuverlässigkeit zu verstehen (und damit zugleich die zweite Möglichkeit, das Relevanzkriterium zu verstehen), können wir als *unentscheidbares Erzählen* bezeichnen. Dieser Typ liegt vor, wenn der Erzähler *für die erzählte Geschichte relevante Fragen* definitiv offen lässt – entweder indem er sie gar nicht adressiert oder indem er nicht deutlich macht, welche von zwei oder mehr thematisierten Ereignisvarianten diejenige ist, die sich in der fiktiven Welt tatsächlich zugetragen hat. Ein Beispiel für diesen Typ unzuverlässigen Erzählens lässt sich dem Erzähler in E.T.A. Hofmanns *Der Sandmann* diagnostizieren (vgl. Hoffmann 1985). Dieser scheint zwei Varianten

---

[101] Manche Unzuverlässigkeitstheorien enthalten allerdings Hinweise darauf, dass generell periphere Fälle erzählerischer Dysfunktionen aus dem Begriffsumfang unzuverlässigen Erzählens ausgeschlossen werden sollen – folglich im Speziellen auch periphere Fälle von Täuschung durch Auslassung. Dies wird in Kapitel II.5 genauer untersucht.
[102] Wie so eine indirekte Kommunikation aussehen kann, wird in Kapitel II.4 genauer diskutiert.

der Ereignisse gleichberechtigt nebeneinander stehenzulassen: Entweder wird der Protagonist Nathanael tatsächlich von einem grausamen Dämon malträtiert oder er leidet unter Verfolgungswahn und Halluzinationen.[103]

Dieser Typ sprachlicher faktenbezogener Unzuverlässigkeit durch unvollständige Informationsvergabe hat zwei definitorisch relevante Eigenschaften: Zum einen müssen Fragen unbeantwortet bleiben, die für die Geschichte zentral sind. Zwar kann ich der robusten Bestimmung dieser Eigenschaft hier nicht im Detail nachgehen, aber eventuell ließen sich in diesem Zusammenhang Theorien fruchtbar machen, die sich mit der Bestimmung der Fragen beschäftigen, *die eine Erzählung aufwirft*. Unentscheidbares Erzählen als Fall von Unzuverlässigkeit liegt nur dann vor, wenn solche Fragen unbeantwortet bleiben, die die Erzählung aufwirft.[104] Zum anderen scheint es im Falle unentscheidbaren Erzählens eine definitorisch relevante Eigenschaft zu sein, dass diese Fragen tatsächlich unbeantwortet *bleiben*. Die Tatsache, dass ein Erzähler bestimmte relevante Informationen erst zu einem späten Zeitpunkt in der Erzählung vermittelt, wird wohl von kaum einem Unzuverlässigkeitstheoretiker als Fall erzählerischer Unzuverlässigkeit verstanden, solange im Text nicht zugleich eine Täuschung

---

[103] Weitere Kommentare zum *Sandmann* finden sich in Kapitel III.2.1.

[104] Bei Currie lässt sich beispielsweise folgender Bestimmungsversuch finden:

> I propose the following as the criterion of when a narration is ambiguous: when it raises a question in the viewer's mind which it fails to answer, and where the raising and the nonanswering seem to have been intentional. (Currie 1995: 24)

In diesem Definitionsvorschlag bestimmt Currie das zur Debatte stehende Unzuverlässigkeitsphänomen unter Bezugnahme auf eine bestimmte Leserreaktion – nämlich die Fragen, die sich der Leser stellt. Um allerdings absolut arbiträre Fragen, die sich einzelne Leser stellen können, auszuschließen, fügt Currie einen Verweis auf (unterstellte) Intentionalität sowohl der fraglichen Leserreaktion als auch des Unterlassens der Beantwortung der Frage ein. Damit legt Currie sich aber wiederum auf eine bestimmte Interpretationstheorie fest, im Rahmen derer sowohl konkrete Leserreaktionen als auch – in gewissem Maße – auktoriale Intentionen eine Rolle spielen (siehe hierzu auch Kapitel II.3).

Eine interpretationsneutralere Möglichkeit lässt sich eventuell im Zusammenhang mit Theorien zum Phänomen der *narrative closure* finden. Unter *closure* wird gemeinhin die Eigenschaft von Texten verstanden, abgeschlossen zu sein bzw. ein Ende zu haben. Die potenziellen Gemeinsamkeiten zwischen fehlender *closure* und unentscheidbarem Erzählen bestehen darin, dass auch im Falle fehlender *closure* offensichtlich relevante Fragen in Bezug auf die fiktive Welt nicht durch den Text beantwortet werden. Ein vielversprechender Zugang, um das Konzept der *closure* besser zu analysieren, besteht nun darin, auf die so genannte *erotetische Struktur* von Erzählungen Bezug zu nehmen. Hierunter sind die Fragen zu verstehen, die durch den Text selbst aufgeworfen werden (vgl. Carroll 2007; Wisniewski 2010).

des Lesers angelegt ist.[105] Typischerweise liegt in Fällen unentscheidbaren Erzählens kein Täuschungspotenzial vor.

Ein bestimmter Typus unentscheidbaren Erzählens lässt sich möglicherweise als konstitutiv für das Genre der literarischen Fantastik verstehen, dem auch *Der Sandmann* zuzurechnen ist. Fantastisches Erzählen ist laut Tzvetan Todorov durch persistente Unentscheidbarkeit zwischen einer natürlichen und einer übernatürlichen Lesart der geschilderten fiktiven Ereignisse definiert (vgl. Todorov 1972: 33). Während Todorov das ‚Natürliche' noch an unserer kulturell bestimmten Wirklichkeitssicht festmacht, ersetzt Uwe Durst diese durch die ‚Normrealität', d. h. durch die fiktive Wirklichkeitskonstruktion (vgl. Durst 2001: 95). Wenn man von dieser Fantastikdefinition ausgeht und zugleich der Ansicht ist, dass unentscheidbares Erzählen im oben explizierten Sinne generell einen Fall unzuverlässigen Erzählens darstellt, dann ist jeder fantastische Text notwendigerweise ein Fall unzuverlässigen Erzählens.[106] Selbst wenn dies zutreffen sollte und die Diagnose unzuverlässigen Erzählens somit für jeden fantastischen Text formal korrekt ist, mag aber fraglich bleiben, wie *fruchtbar* die Verwendung des Unzuverlässigkeitskonzepts in diesen Fällen ist. Solche Fälle, in denen die Zuordnung eines Erzähltextes zu einem bestimmten Genre möglicherweise mit Unzuverlässigkeitsanalysen interferiert, werden in Kapitel IV.1.4 näher untersucht.[107]

---

[105] Eine mögliche Ausnahme ist allerdings Pettersson (vgl. Pettersson 2015: 119–220).

[106] Todorovs Annahme, dass das Bestehenbleiben der Unentscheidbarkeit notwendig für fantastisches Erzählen sei, ist nicht unbestritten. So ist beispielsweise Wünsch der Ansicht, dass konstitutiv für Fantastik nur ein temporäres Nebeneinanderbestehen der ‚natürlichen' und der wunderbaren Deutungsvariante sei – dieses könne aber entweder zugunsten der natürlichen oder der wunderbaren Lesart aufgelöst werden und müsse nicht notwendigerweise bestehen bleiben (vgl. Wünsch 1991: 71). Legt man diese Fantastikdefinition zugrunde, so stellt fantastisches Erzählen nicht notwendigerweise einen Fall unzuverlässigen Erzählens dar. Denn wie ich oben deutlich gemacht habe, lässt sich unentscheidbares Erzählen (als Unterfall von Unzuverlässigkeit) nicht sinnvoll auf rein temporäre Unentscheidbarkeit ausweiten. Dann würden wohl beispielsweise auch alle klassischen Kriminalgeschichten darunterfallen – eine Konsequenz, die die meisten Literaturwissenschaftler als kontraintuitiv auffassen würden. Ich würde deswegen argumentieren, dass fantastische Texte, in denen die Unbestimmtheit aufgelöst wird, nur dann als Fall unzuverlässigen Erzählens zu verstehen sind, wenn mit der temporären Auslassung von Informationen zugleich eine Täuschung des Lesers angelegt ist oder wenn der Erzähler an irgendeiner Stelle etwas Falsches erzählt – beispielsweise indem er ungesicherte Informationen als gesichert darstellt. Eine ähnliche Argumentation lässt sich auch bei Lang finden (vgl. Lang 2013).

[107] Das Phänomen des unentscheidbaren Erzählens weist einige Parallelen mit dem Konzept der Ambiguität (bzw. der Polyvalenz) literarischer Texte auf (vgl. für einen interdisziplinären Überblick über die Ambiguitätsdebatte Bauer et al. 2010). Unter Ambiguität wird im literarischen Kontext Doppel- oder Mehrdeutigkeit verstanden (vgl. Bauer et al. 2010: 27), die sich auf unterschiedliche Aspekte eines literarischen Textes beziehen kann. Unentscheidbares Erzählen (als

Unentscheidbares Erzählen wird von einigen Theoretikern im Zusammenhang mit Unzuverlässigkeit diskutiert. So scheinen beispielsweise Martínez und Scheffel es als einen Typ unzuverlässigen Erzählens einzuordnen, wenn ihre drei Typen unzuverlässigen Erzählens neben theoretisch unzuverlässigem Erzählen und mimetisch teilweise unzuverlässigem Erzählen auch mimetisch unentscheidbares Erzählen umfassen (vgl. Martínez und Scheffel 1999: 101–104). Allerdings wollen Martínez und Scheffel diesen Typ anscheinend auf sehr umfassende Fälle beschränken, in denen die Unzuverlässigkeit

> unaufgelöst bestehen bleibt und sich in eine grundsätzliche Unentscheidbarkeit bezüglich dessen, was in der fiktiven Welt der Fall ist, verwandelt. Keine einzige Behauptung des Erzählers ist dann in ihrem Wahrheitswert entscheidbar, und keine einzige Tatsache der fiktiven Welt steht definitiv fest. (Martínez und Scheffel 1999: 103)

Für Robert Vogt handelt es sich bei unentscheidbarem Erzählen ebenfalls um einen von drei Grundtypen unzuverlässigen Erzählen: „[One type of] unreliability can be regarded as a feature of the narrative discourse which leaves open whether or not a narrator or a focalizer depicts or evaluates the narrative world in an adequate way" (Vogt 2015: 132). Vogt nennt diesen Typ *ambiguous unreliable narration*. Laut Vogt betrifft dieser Typ die gesamte Erzählung und kann nicht einem Erzähler oder Reflektor zugeschrieben werden (vgl. Vogt 2015: 133). Meines Erachtens zeigt sich in dieser nicht ganz exakten Formulierung die Auffassung, dass unentscheidbares Erzählen nur dann vorliegt, wenn die Unentscheidbarkeit persistent ist.[108]

Auch Köppe und Kindt wollen (einige Fälle) unentscheidbaren Erzählens als Fall von Unzuverlässigkeit verstehen. Dies wird daran deutlich, dass sie die Unzuverlässigkeit eines der von ihnen diskutierten Beispieltexte folgendermaßen

---

potenzielle Form erzählerischer Unzuverlässigkeit) lässt sich als Unterform von Ambiguität verstehen – als Ambiguität, die sich auf die fiktiven Fakten (bzw. auf die Mimesis, vgl. Bauer et al. 2010: 37–38) bezieht und die Fragen betrifft, die von der Erzählung selbst aufgeworfen werden. Ob unentscheidbares Erzählen als Polyvalenz (also als intendierte bzw. bedeutungstragende, ,wertvolle' Form von Ambiguität, vgl. Beaugrande und Dressler 1981: Kap. V.I) verstanden werden kann, hängt davon ab, ob es als notwendige Bedingung für unzuverlässiges Erzählen angesehen wird, immer intentional eingesetzt zu werden bzw. generell einen ästhetischen Wert zu haben (siehe hierzu Kapitel II.3.1.3 und V.3).

[108] Problematisch an Vogts Ansatz ist unter anderem, dass er in diesem Typ fakten- und wertebezogene Unzuverlässigkeit zusammenwirft – ohne dabei die Probleme zu berücksichtigen, die im Zusammenhang mit wertebezogener Unzuverlässigkeit und dem Kriterium der Unvollständigkeit auftreten (siehe Kapitel II.2.2.2). Außerdem scheint Vogt seine drei Grundtypen nach sehr heterogenen Kriterien zu konstituieren. Dies wird aber erst deutlich, wenn ich in Kapitel II.4 seine beiden weiteren Typen diskutiere.

beschreiben: „Der Erzähltext lässt uns im unklaren [sic] darüber, was genau in der fiktiven Welt der Fall ist. Wir können jedoch nicht sagen, dass wir in die Irre geführt würden" (Köppe und Kindt 2014: 245).

Andere Theoretiker dagegen wollen unentscheidbares Erzählen nicht als Fall von Unzuverlässigkeit verstehen. Hierzu gehört beispielsweise Rimmon-Kenan, die davon spricht, dass unentscheidbares Erzählen es dem Leser lediglich erschwert oder gar verunmöglicht, herauszufinden, ob er es mit einer unzuverlässigen Erzählung zu tun hat:

> Many texts make it difficult to decide whether the narrator is reliable or unreliable, and if unreliable – to what extent. Some texts – which may be called ambiguous narratives – make such a decision impossible, putting the reader in a position of constant oscillation between mutually exclusive alternatives. (Rimmon-Kenan 1983: 103)

Auch Currie ist der Ansicht, dass zwar interessante Beziehungen zwischen unentscheidbarem und unzuverlässigem Erzählen bestehen können, Unentscheidbarkeit aber nicht per se schon als Fall von Unzuverlässigkeit zu verstehen ist. Currie geht dabei von einem recht engen Konzept erzählerischer Unzuverlässigkeit aus, das sich grob folgendermaßen umschreiben lässt: Oberflächlich betrachtet scheint etwas in der fiktiven Welt der Fall zu sein, während eine tiefere Reflexion jedoch enthüllt, dass es sich anders verhält (vgl. Currie 1995: 22 – Genaueres zu Curries Definition findet sich in Kapitel II.3.2.2). Unzuverlässiges Erzählen könne nun, so Currie, leichter erreicht werden, wenn es mit unentscheidbarem Erzählen gepaart werde, beispielsweise wenn eine Erzählung „seems, superficially, to close a certain issue but reveals on reflection that the question is open" – Currie nennt diesen Fall „transition to openness" (Currie 1995: 25). Auch für Currie ist unentscheidbares Erzählen allein also nicht bereits ein Unterfall unzuverlässigen Erzählens – Grund hierfür scheint aber insbesondere seine ausgesprochen restriktive Definition unzuverlässigen Erzählens zu sein.

Simone Lang diskutiert die Relation zwischen bestimmten Formen unentscheidbaren Erzählens und Unzuverlässigkeit im Zusammenhang mit fantastischen Erzählungen. Ihr zufolge sind destabilisierte Erzähler in der fantastischen Literatur nicht notwendigerweise unzuverlässig, sondern nur dann, wenn sie intentional Falsches berichten oder ausschließlich ihre eigene Sicht mitteilen und diese als gesichert und wahr ausgeben (vgl. Lang 2013: 15). Problematisch ist bei dieser Analyse allerdings zum einen die Unklarheit des Konzepts des destabilisierten Erzählers. Zum anderen lässt sich kritisch anführen, dass Lang Kindts Definition mimetischer Unzuverlässigkeit zugrunde legt, dann aber unter der Hand von ihr abweicht: Kindts Definition zufolge müsste ein Erzähler, dessen Bericht relevante Informationen fehlen, als unzuverlässig gelten – auch wenn dies nicht intentional geschieht und wenn der Erzähler seine Version nicht als gesichert oder wahr ausgibt.[109]

Wie dieser Einblick in die Forschungsliteratur zu unentscheidbarem Erzählen und Unzuverlässigkeit zeigt, ist eine robuste Definition des Konzepts bzw. seine Inklusion in den Unzuverlässigkeitsbegriff nicht ganz unproblematisch. Denn zum einen scheint es Fälle zu geben, in denen es uns unangebracht vorkommen könnte, Erzähler, die die Voraussetzungen für unentscheidbares Erzählen erfüllen, als unzuverlässig zu bezeichnen. Ein solches Beispiel aus Theodor Storms *Der Schimmelreiter* diskutiert Lang: Der Erzähler lasse hier zwar offen, welche von zwei Ereignisvarianten sich tatsächlich zugetragen hat – aber er berichtet nichts Falsches und stellt auch nicht etwas Ungesichertes als sicher dar (vgl. Lang 2013: 20). Eine zweite offene Frage bezüglich des Konzepts des unentscheidbaren Erzählens betrifft die Frage, ob unentscheidbares Erzählen einem einzelnen Erzähler zugeschrieben werden kann oder generell nur der erzählerischen Vermittlung als ganzer, wie etwa Vogt es annimmt. Ein Prüfstein dieser Frage wäre beispielsweise ein Fall, in dem ein Erzähler uns zwar keine Auskunft über eine relevante Frage hinsichtlich der fiktiven Ereignisse geben kann, diese Frage aber auf anderem Wege beantwortet wird (beispielsweise durch einen zweiten Erzähler). Würden wir unter diesen Umständen trotzdem annehmen, dass in dem fraglichen Text unzuverlässiges Erzählen vorkommt? Diese persistenten Definitionsprobleme müssen bei der Frage, ob unentscheidbares Erzählen tatsächlich in das Unzuverlässigkeitskonzept integriert werden soll, berücksichtigt werden (siehe Kapitel V.3).

2.1.2.3 Fehlende Reichweite der Deutungen

Kommen wir nun zum dritten konkreten Fall, in dem das Fehlen von Informationen als erzählerische Unzuverlässigkeit gewertet wird. Es geht hier um den Fall, der in der Theorie Phelans und Martins als *underinterpreting* bezeichnet wird. Ein Beispiel für einen solchen Fall sind naive Erzähler wie Mark Twains Huckleberry Finn, der häufig Beschreibungen von Situationen liefert, ohne dabei allerdings zugleich ‚das eigentlich Wesentliche' an diesen Situationen zu

---

[109] Nicht ganz konklusiv ist Matthias Brütschs Position zum Verhältnis zwischen Unzuverlässigkeit und Unentscheidbarkeit: Auch er diskutiert Ambiguität (bzw. zerrüttete/destabilisierte Erzähler) – er sieht sie aber anscheinend nur als Mittel, Unzuverlässigkeit zu etablieren. Nicht jede Form von Ambiguität ist für ihn Unzuverlässigkeit (vgl. Brütsch 2015: 229). Vor diesem Hintergrund ist es allerdings überraschend, dass er seinem Aufsatz den Titel *Irony, Retroactivity, and Ambiguity. Three Kinds of „Unreliable Narration" in Literature and Film* gibt. Hier stellt er unentscheidbares Erzählen seinen beiden Grundtypen unzuverlässigen Erzählens zur Seite und suggeriert damit, dass es sich um einen dritten Grundtyp handelt.

erkennen bzw. zu kommunizieren (vgl. Twain 2001). In anderen Worten: Die tatsächliche Bedeutung eines Sachverhalts im innerfiktionalen Kontext wird nicht vermittelt. Dies ist zum einen dann gegeben, wenn an den fraglichen Stellen ganz auf eine Deutung der dargestellten Sachverhalte verzichtet wird.[110] Ein Beispiel hierfür ist die Textstelle, in der Huck Finn das Verhalten der Witwe Douglas im Grunde nur beschreibt (‚Kopfsenken' und ‚Murmeln'), ohne die eigentliche *Handlung*, die unter anderem mit den Motiven der Witwe zu tun hat, zu identifizieren (Beten). Huck beschreibt die Situation folgendermaßen: „When you got to the table you couldn't go right to eating, but you had to wait for the widow to tuck down her head and grumble a little over the victuals" (Twain 2001: 2).[111] Zum anderen sind die Kriterien für das Unzuverlässigkeitsphänomen der fehlenden Deutungsreichweite auch dann gegeben, wenn bestimmte Sachverhalte an den fraglichen Stellen zwar gedeutet werden, das Niveau dieser Deutung aber immer noch unzureichend ist, um die tatsächliche Bedeutung eines Sachverhalts oder einer Handlung zu verstehen. Dies wäre beispielsweise dann der Fall, wenn wir den Ausdruck „grumble" in Hucks

---

110 Aus welchem Grund führe ich hier fehlende Deutungsreichweite (das Pendant zu Phelans und Martins *underinterpreting*) als eigenen Untertyp von unvollständiger Informationsvergabe auf, während ich doch in Kapitel II.1.1 gezeigt habe, dass sich die Berichte und die Interpretationen des Erzählers problemlos unter „Assertionen" subsumieren lassen? Der Grund ist recht einfach: Im Fall sprachlicher faktenbezogener Unzuverlässigkeit, die durch *Inkorrektheit* zustande kommt, ist die Unterscheidung zwischen Berichten und Interpretieren nicht definitorisch relevant: Wir können die beiden (ohnehin nicht immer klar auseinanderzuhaltenden) Varianten problemlos einfangen, indem wir von Assertionen des Erzählers sprechen, die im Hinblick auf die fiktiven Fakten falsch sind. Wie wir dagegen im Falle sprachlicher faktenbezogener Unzuverlässigkeit, die durch *Unvollständigkeit* zustande kommt, gesehen haben, ist die Unvollständigkeit allein nicht ausreichend, um Inadäquatheit anzunehmen. Stattdessen werden in der Forschungsliteratur nur ganz bestimmte Fälle von Unvollständigkeit als erzählerische Unzuverlässigkeit verstanden, so dass es im Rahmen einer hinreichend verständlichen Definition notwendig wird, die fraglichen Fälle disjunktiv aufzulisten. Und einer dieser Fälle besteht nun einmal darin, dass den Deutungen (bzw. Interpretationen) des Erzählers die Reichweite fehlt.

111 Die Rede von ‚fehlender Deutungsreichweite' mag nicht vollständig klar sein – denn wie ich in Kapitel III.3 noch deutlich machen werde, ist es nicht immer eine triviale Aufgabe herauszufinden, an welchen Stellen tatsächlich Deutungen durch den Erzähler involviert sind. Den Fall der ‚fehlenden Deutungsreichweite' könnte man also möglicherweise treffender folgendermaßen charakterisieren: Der Erzähler lässt Informationen über normalerweise nicht unmittelbar wahrnehmbare Sachverhalte aus, so dass ‚das Wesentliche' an der fraglichen Situation nicht kommuniziert wird. Dabei ist aber letztlich nicht relevant, ob eine Deutung des Erzählers notwendig gewesen wäre, um die fragliche Information zu kommunizieren, oder ob der Erzähler dies auch ohne eine Deutung hätte tun können – beispielsweise weil er ein allwissender Erzähler ist (siehe Kapitel IV.1).

Äußerung nicht im Sinne von *murmeln*, sondern als *räsonieren* verstehen. Hier handelt es sich bereits um eine Handlungskategorisierung, die auf Motive Bezug nimmt – und es scheint nicht abwegig, diese Kategorisierung zwar als korrekt zu verstehen, gleichzeitig aber anzunehmen, dass sie für ein adäquates Verstehen des Verhaltens nicht ausreicht.[112]

Typischerweise haben viele Fälle von *underinterpreting* zusätzlich die Eigenschaft, dass sie nur kleine, ‚nebensächliche' Aspekte der Geschichte betreffen. Außerdem werden sie meist nicht explizit aufgelöst, sondern können vom Leser gemeinhin auf Basis des eigenen Weltwissens – gewissermaßen ‚hinter dem Rücken des Erzählers'[113] – identifiziert werden. Dadurch haben diese Fälle unvollständiger Informationsvergabe meist auch kein Täuschungspotenzial. Bei diesen zusätzlichen Eigenschaften handelt es sich aber wieder nur um solche, die häufig im Zusammenhang mit *underinterpreting* auftreten, nicht aber um definitorische Eigenschaften.

Zum Abschluss des Abschnitts zum Unterfall der fehlenden Deutungsreichweite möchte ich noch auf ein praktisches und auf ein theoretisches Problem im Zusammenhang mit diesem Typ von Unzuverlässigkeitsphänomen hinweisen.

In der praktischen Anwendung des Konzepts des *underinterpreting* bzw. der fehlenden Deutungsreichweite sollte unbedingt darauf geachtet werden, dass dieser Kategorie nicht auch Fälle zugeordnet werden, in denen streng genommen nicht das Kriterium der Vollständigkeit, sondern das der Korrektheit verletzt wird. Ein Beispiel für diesen Fehler lässt sich bei Phelan und Martin finden. Ihnen zufolge könne Stevens, dem Erzähler in Kazuo Ishiguros *The Remains of the Day* unzuverlässiges Erzählen diagnostiziert werden, das durch

---

[112] Auch hier scheint es mir zum aktuellen Zeitpunkt nicht möglich, eine wirklich robuste Definition dafür zu liefern, durch welche Form von Deutung ‚das Wesentliche' an einer Situation klargemacht wird. Ein Spezifikationsversuch, der aber möglicherweise zu restriktiv ist, wäre folgender: *Fehlende Deutungsreichweite* (als Fall unzuverlässigen Erzählens) liegt genau dann vor, wenn das Verhalten von Figuren nur äußerlich beschrieben, aber nicht als *Handlung* eines bestimmten Typs identifiziert bzw. kategorisiert wird, wofür es nötig wäre, dem handelnden Subjekt bestimmte Intentionen zuzuschreiben (vgl. hierzu Rescher 1977: 6). Dies ist beispielsweise im zitierten Huckleberry-Finn-Beispiel der Fall, in dem Huck die Handlungsmotive der Witwe nicht in seine Darstellung der Situation einbezieht, so dass ihr Verhalten – das Murmeln über dem Essen – nicht als die Handlung kategorisiert wird, um die es sich eigentlich handelt – nämlich Beten. Huck lässt solch eine Handlungskategorisierung aus.
[113] In Kapitel II.4 werde ich darlegen, inwiefern die häufig als für Unzuverlässigkeit im Allgemeinen als definitorisch relevant aufgefasste Eigenschaft, ‚hinter dem Rücken des Erzählers' stattzufinden, nur für bestimmte Typen unzuverlässigen Erzählens nur bei bestimmten Typen von Unzuverlässigkeitsphänomenen vorkommt.

Unvollständigkeit zustande komme, weil dieser glaube, „in bantering lies the key to human warmth" (Phelan und Martin 1999: 95). Meines Erachtens ist Stevens' Urteil hier allerdings falsch und nicht unvollständig: Es ist schlichtweg inkorrekt, dass Neckereien den Schlüssel zu menschlicher Wärme darstellen. Offensichtlich betont Stevens die Rolle von Neckereien im Zusammenhang mit menschlicher Nähe heillos über und entwickelt dadurch eine *falsche* Vorstellung von dieser Rolle.[114]

Worin könnten nun die Gründe dafür liegen, dass Phelan und Martin diesen Fall als *unvollständiges* Erzählen klassifizieren wollen? Ein Hinweis lässt sich darin finden, dass die Autoren vergleichbare Fälle mithilfe der Formulierung „is moving along the right track but simply does not go far enough" beschreiben (Phelan und Martin 1999: 95). Was können wir nun aus der Erkenntnis machen, dass sich der Stevens-Fall zugleich korrekt dadurch beschreiben lässt, dass wir ihm ein *falsches* Urteil zuschreiben, als auch dadurch, dass er ‚auf dem richtigen Weg ist, aber nicht weit genug geht'? Meines Erachtens weist dies darauf hin, dass wir Fälle inkorrekten Erzählens genauer beschreiben können, indem wir uns fragen, *wie weit* der Erzähler danebenliegt.[115] In Bezug auf Stevens lässt sich also festhalten, dass Stevens in seiner Behauptung über die Natur menschlicher Wärme lange nicht so stark danebenliegt, wie es möglich gewesen wäre – schließlich hätte er auch die vollkommen fehlgeleitete Meinung entwickeln können, dass der Schlüssel zu menschlicher Wärme darin liege, andere Menschen absichtsvoll zu verletzen. Mir erscheint es allerdings ratsam, das Konzept des *underinterpreting* für Fälle zu reservieren, in denen der Erzähler nicht zu einem *falschen* Urteil gelangt (so nahe dieses falsche Urteil auch an der Wahrheit liegen mag), sondern lediglich einen wichtigen Interpretationsschritt auslässt, *ohne* etwas Falsches zu behaupten. Dies entspräche dann auch der Handhabung der Unterscheidung zwischen *mis-* und *underreporting*, wie sie bei Phelan und Martin erfolgt – denn dort zählen nur *fehlende* Informationen als *underreporting*, nicht aber Fälle, in denen der Erzähler mit seinen Behauptungen nur leicht danebenliegt.

Das theoretische Problem im Zusammenhang mit dem Unzuverlässigkeitsphänomen *underinterpreting* bzw. fehlender Deutungsreichweite besteht darin, dass bestimmte Theoretiker einige Fälle, auf die mein bisheriger Bestimmungsvorschlag

---

[114] Der zweite Fehler, der Phelan und Martin an dieser Stelle unterläuft, besteht übrigens darin, dass sie den zitierten Fall als *underevaluating* anstatt als *underinterpreting* einordnen. Dabei handelt es sich hier meines Erachtens auch Phelans und Martins eigenen Prinzipien zufolge um eine Interpretation – und nicht um eine Wertung.

[115] Eine genauere Untersuchung der Möglichkeit einer Graduierung unzuverlässigen Erzählens erfolgt in Kapitel II.5.

zutrifft, nicht als Fälle unzuverlässigen Erzählens verstehen wollen. Ein Beispiel ist hier Phelan, der sein Konzept des *underinterpreting* vom Konzept der *restricted narration*, die nicht notwendigerweise unzuverlässig ist, unterscheiden möchte. Unter „*restricted narration*" versteht Phelan

> narration that records events but does not interpret or evaluate them. Restricted narration is typically reliable but, like unreliable narration, it requires the authorial audience to infer communication from the author beyond what the narrator tells the narratee.
> (Phelan 2005: 29).

An anderer Stelle charakterisiert Phelan *restricted narration* als

> technique marked by an implied author's limiting a narrator to only one function or action of communication – reporting, reading, or regarding – while requiring the authorial audience to make inferences about communication along at least one of the other axes as well. Restricted narration may be either reliable or unreliable. (Phelan 2005: 218)

Problematisch ist an dieser scheinbaren Abgrenzung jedoch, dass Phelans Konzept des *underinterpreting* seiner Beschreibung von *restricted narration* exakt zu entsprechen scheint – es fehlt also die Angabe des relevanten Unterscheidungskriteriums. Denn laut Phelan zeichnen sich alle ‚*under*-Fälle' (das heißt unvollständiges Berichten, Interpretieren und Bewerten) durch die Strategie aus, der der Leser folgen müsse, um die Erzählung richtig zu verstehen: „accept what the narrator says but then supplement the account" (Phelan 2005: 51). Wenn der Leser nun die Ausführungen des Erzählers akzeptieren, aber durch geeignete Interpretationen ergänzen muss, dann scheinen systematisch sowohl die Kriterien für *underinterpreting* als auch die für *restricted narration* gegeben. Solange keine robusten Kriterien für die Unterscheidung zwischen *underinterpreting* (als Unzuverlässigkeitsfall) und zuverlässiger *restricted narration* vorliegen, würde ich vorschlagen, tendenziell alle Fälle, die unter meine rekonstruierte Definition fehlender Deutungsreichweite fallen, als Fälle unzuverlässigen Erzählens zu verstehen.[116]

---

[116] Meines Erachtens gäbe es drei Möglichkeiten, *unreliable underinterpreting* von *reliable restricted narration* zu unterscheiden – allerdings erscheint mir keine dieser Optionen überzeugend.
(1) In seiner Charakterisierung von *underinterpreting* im Speziellen schreibt Phelan, dieser Unzuverlässigkeitsfall liege vor, „when the narrator's lack of knowledge, perceptiveness, or sophistication yields an insufficient interpretation of an event, character, or situation" (Phelan 2005: 52). Die Rede von ‚*insufficient interpretation*' könnte auf folgende Unterscheidung hinweisen: Möglicherweise will Phelan sagen, dass ein Erzähler im Falle von *restricted narration* gar nicht interpretiert, im Falle von *underinterpreting* dagegen zwar interpretiert, dies aber nicht *ausreichend* tut. Weder scheint mir aber diese Lesart naheliegend, noch die fragliche Unterscheidung zweckmäßig zu sein.
(2) Eine andere Möglichkeit, wie die Unterscheidung zwischen *underinterpreting* und *restricted narration* gemeint sein bzw. gefasst werden könnte, ist folgende: Im Falle von *underinterpreting*

2.1.2.4 Zusammenfassung

Fassen wir die bisherigen Ergebnisse zur Unvollständigkeit der narratorialen Assertionen also zusammen: Das Auslassen von Informationen gilt nur dann als Fall unzuverlässigen Erzählens, wenn die fehlenden Informationen *relevant* sind. „Relevanz" kann im Kontext erzählerischer Unzuverlässigkeit auf drei unterschiedliche Arten ausgelegt werden, wodurch sich drei definitionsrelevante Typen unvollständigen sprachlichen faktenbezogenen Erzählens ergeben.

(1) Im Falle von *Täuschung durch Auslassung* sind die fehlenden Informationen deshalb relevant, weil durch ihr Fehlen falsche Überzeugungen über die Fakten der erzählten Welt gerechtfertigt erscheinen.

(2) Im Falle *unentscheidbaren Erzählens* sind sie relevant, weil durch ihr Fehlen Fragen hinsichtlich der erzählten Welt unbeantwortet bleiben, die die Erzählung aufwirft.

(3) Und im Falle *fehlender Deutungsreichweite* sind die ausgelassenen Informationen relevant, weil sie notwendig wären, um ‚das Wesentliche' bzw. die tatsächliche Bedeutung von Sachverhalten zu verstehen.

2.2 Adäquatheitskriterien für die Überzeugungen des Erzählers

Nachdem ich nun ausführlich dargestellt habe, unter welchen Umständen die Assertionen des Erzählers als inadäquat (und der Erzähler mithin als sprachlich

---

bleiben die Interpretationen beim Erzähler *auch auf kognitiver Ebene* aus, während sie im Fall von *restricted narration* lediglich auf der sprachlichen Ebene ausbleiben. In anderen Worten heißt das: Nur solche Erzähler, die aufgrund ihrer eigenen kognitiven oder epistemischen Defizite Objekte in der fiktiven Welt selbst nicht ausreichend interpretieren und diese Interpretationen deswegen nicht in ihre Erzählung inkludieren können, sind *underinterpreters*. Dagegen sind Erzähler, die die Interpretationen zwar selbst durchführen, in ihrer Erzählung jedoch bewusst zurückhalten, *restricted narrators*. Auch diese Lösung scheint mir aber unplausibel bzw. inkonsistent, da Phelan fehlende Intentionalität auf Seiten des Erzählers in anderen Fällen nicht als Grund versteht, den fraglichen Fall aus dem Begriffsumfang erzählerischer Unzuverlässigkeit auszuschließen. Beispielsweise werden Erzähler, die unabsichtlich inkorrekte Berichte (im Sinne Phelans) liefern, ganz selbstverständlich als unzuverlässig kategorisiert.

(3) Eine dritte Möglichkeit, die Unterscheidung zwischen *restricted narration* und *underinterpreting* zu verstehen, wäre anzunehmen, dass *restricted narration* dann vorliegt, wenn die Beschränkung auf eine Erzählerfunktion (zum Beispiel auf Berichten im engeren Sinne) in einem Erzähltext konsequent durchgehalten wird, der Erzähler also *grundsätzlich* nicht interpretiert. *Underinterpreting* würde dagegen nur dann vorliegen, wenn ein Erzähler, der normalerweise – oder zumindest an einigen Stellen – ausreichend interpretiert, dies *in Einzelfällen* unterlässt. Gegen diese Lesart spricht allerdings möglicherweise, dass Phelan deutlich macht, auch *restricted narration* könne in einigen Fällen unzuverlässig sein.

faktenbezogen unzuverlässig) verstanden werden, können wir uns der Frage zuwenden, welche Adäquatheitskriterien für die Überzeugungen des Erzählers angesetzt werden.

Wie oben bereits deutlich geworden ist, ist kognitive faktenbezogene Unzuverlässigkeit bisher nicht bzw. kaum als eigener definitionsrelevanter Typ diskutiert worden. Deswegen lassen sich in der Forschung auch keine detaillierten Überlegungen zur Festlegung der Adäquatheitsbedingungen für narratoriale Überzeugungen finden. Da es im Zusammenhang mit Überzeugungen allerdings wie auch bei Assertionen um Propositionen geht, die die Fakten der erzählten Welt zum Gegenstand haben, erscheint es sinnvoll zu prüfen, ob die Kriterien der Korrektheit und der Unvollständigkeit hier in gleicher Weise operationalisiert werden können wie im Kontext sprachlicher faktenbezogener Unzuverlässigkeit.

Kommen wir zunächst zum Kriterium der *Korrektheit*. Dieses kann hier in aller Kürze abgehandelt werden: Wenn wir von der generellen Vollständigkeit fiktiver Welten ausgehen, dann sind alle Überzeugungen entweder wahr oder falsch – auch wenn wir nicht immer feststellen können, welche dieser Eigenschaften zutrifft. Es ist also durchaus sinnvoll, Überzeugungen dann als inkorrekt zu verstehen, wenn sie in der fiktiven Welt falsch (d. h. unwahr) sind.

Deutlich problematischer ist dagegen die analoge Operationalisierung des Kriteriums der *Unvollständigkeit* zur Beurteilung der Überzeugungen des Erzählers. Denn während es plausibel erscheinen mag, einen Erzähler unzuverlässig zu nennen, der *falsche* Überzeugungen über die fiktive Welt hegt, ist diese Kategorisierung möglicherweise deutlich weniger plausibel, wenn dem Erzähler lediglich relevante Überzeugungen über die fiktive Welt *fehlen*. Wir kommen dementsprechend auch schnell in Bedrängnis, wenn wir versuchen, die drei in Kapitel II.1.1 diskutierten Auslegungen des Relevanzkriteriums auf den Fall kognitiver faktenbezogener Unzuverlässigkeit zu übertragen.

Im Falle von *Täuschung durch Auslassung* könnte eine Übertragung folgendermaßen aussehen: Wenn in der Überzeugungsmenge eines Erzählers über die Fakten der fiktiven Welt bestimmte Überzeugungen fehlen und dies dazu führt, dass auf Basis dieser Überzeugungsmenge falsche Überzeugungen über die fiktive Welt gerechtfertigt erscheinen, dann ist dieser Erzähler kognitiv faktenbezogen unzuverlässig. Insgesamt erscheint dieser Vorschlag aber in mehreren Hinsichten problematisch.[117]

---

[117] Beispielsweise erscheint es geradezu unmöglich zu überblicken, was es bedeutet, dass durch das Fehlen bestimmter Überzeugungen falsche Überzeugungen gerechtfertigt erscheinen. Möglicherweise würde dies auf so gut wie jeden nicht allwissenden Erzähler zutreffen – dadurch würde der Begriffsumfang dieses Untertyps wohl zu groß, um nützlich zu sein. Ein Grund für die Schwierigkeit, ‚Täuschung durch Auslassung' für kognitive faktenbezogene Unzuverlässigkeit

Der Fall des *unentscheidbaren Erzählens* könnte möglicherweise folgendermaßen für kognitive faktenbezogene Unzuverlässigkeit operationalisiert werden: Wenn ein Erzähler aufgrund fehlenden Wissens über die fiktive Welt nicht diejenigen Fragen beantworten kann, die die Erzählung aufwirft, dann ist dieser Erzähler kognitiv faktenbezogen unzuverlässig. Auch in diesem Fall erscheinen Nützlichkeit und terminologische Plausibilität dieses Konzepts allerdings fraglich.

Nur im Fall der *fehlenden Deutungsreichweite* scheint die Übertragung auf kognitive faktenbezogene Unzuverlässigkeit zu wirklich überzeugenden Ergebnissen zu führen. Dies liegt offenbar vor allem daran, dass dieser Fall auch im Zusammenhang mit sprachlicher faktenbezogener Unzuverlässigkeit typischerweise mit fehlenden Überzeugungen des Erzählers einhergeht. Wir können hier also sagen: Wenn einem Erzähler Überzeugungen bestimmter Reichweite fehlen, die ein Verstehen ‚des Wesentlichen' eines Sachverhalts verhindern, dann ist dieser Erzähler kognitiv faktenbezogen unzuverlässig.[118]

2.3 Adäquatheitskriterien für die Wertäußerungen des Erzählers

2.3.1 ‚Korrektheit' der Wertäußerungen

Wie zu Beginn des Kapitels II.2 gezeigt, scheinen Phelan und Martin der Ansicht zu sein, dass die Kriterien der Korrektheit und der Vollständigkeit auch für die Beurteilung der Adäquatheit der narratorialen Wertäußerungen genutzt werden können. Schließlich setzen sie auch für ihr Konzept des *unreliable evaluating* die Unterformen des *mis-* und des *underevaluating* an. Wie ich allerdings schon in Kapitel II.1.3 deutlich gemacht habe, ist es nicht unbedingt sinnvoll bzw. verbreitet, die Adäquatheit von Werturteilen (wie diejenige von Assertionen und Überzeugungen) danach zu bestimmen, inwiefern sie den *Fakten* der fiktiven Welt

---

zu operationalisieren, mag darin liegen, dass dieser Typ im Zusammenhang mit sprachlicher Unzuverlässigkeit typischerweise mit einer Täuschungsabsicht des Erzählers einhergeht. Das bedeutet, dass dem Erzähler die relevanten Überzeugungen dort gar nicht fehlen.

118 Aufgrund der vielen Schwierigkeiten, die hier deutlich geworden sind, ist kognitive faktenbezogene Unzuverlässigkeit (insbesondere im Zusammenhang mit unvollständigem Erzählen) eines der Phänomene, für das in Kapitel V besonders gründlich geprüft werden muss, ob seine Zugehörigkeit zum Unzuverlässigkeitskonzept wirklich sinnvoll begründet werden kann. Dass es hier erst einmal in den Katalog potenziell definitionsrelevanter Phänomene aufgenommen wird, ist aber unabhängig von den Ergebnissen dieser Auswertung sinnvoll. Denn die Tatsache, dass kognitive faktenbezogene Unzuverlässigkeit in vielen Unzuverlässigkeitstheorien implizit eine Rolle zu spielen scheint, kann später einige Standpunkte im Zusammenhang mit den Anwendungsbedingungen des Unzuverlässigkeitskonzept (siehe Kapitel IV) erklären.

entsprechen. Aufgrund dieser Tatsache scheint es nicht unbedingt naheliegend, das Kriterium der Korrektheit zur Beurteilung der narratorialen Wertungen zu verwenden. Zu diesem Schluss kommt beispielsweise auch Ohme:

> Da es sich hierbei [d. h. bei Wertäußerungen] um Meinungsäußerungen handelt und diese Meinungsäußerungen zwangsläufig mehr oder minder subjektiv sind, scheint auch das Kriterium der Korrektheit in diesem Fall nicht zu greifen. Für solche Meinungsäußerungen erscheint vielmehr das Kriterium der Plausibilität angemessen. (Ohme 2015: 220)

Ich bin allerdings der Ansicht, dass eine durchaus sinnvolle Entsprechung bzw. Auslegung des Kriteriums der Korrektheit auch für wertebezogene Unzuverlässigkeit modelliert werden kann. Dies ist dann möglich, wenn wir die Tatsache berücksichtigen, dass für die Definition wertebezogener Unzuverlässigkeit gemeinhin auf das Wertesystem einer bestimmten Bezugsinstanz als Referenzpunkt zurückgegriffen wird. Während ich erst in Kapitel II.3 genauer erläutern werde, welche Bezugsinstanzen in welcher Weise für die Unzuverlässigkeitsdefinition herangezogen werden, können wir eine Bestimmung des Korrektheitskriteriums auch ohne genauere Kenntnis dieser Debatte vornehmen. Die grundlegende Intuition scheint hier nämlich die folgende zu sein: Die sprachlichen Wertungen des Erzählers können genau dann als ‚inkorrekt' erachtet werden, wenn sie mit dem Wertesystem der als relevant erachteten Bezugsinstanz *im Widerstreit stehen* (also: mit diesem inkompatibel sind). Diese Idee scheint den meisten Unzuverlässigkeitstheorien zugrunde zu liegen, in denen sprachliche wertebezogene Unzuverlässigkeit eine Rolle spielt.[119]

Das Kriterium der Vollständigkeit wird dagegen in kaum einer Unzuverlässigkeitstheorie – außer bei Phelan und Martin – zur Beurteilung der narratorialen Wertäußerungen vorgesehen. Wie im folgenden Unterkapitel deutlich wird, stellt sich die Operationalisierung dieses Kriteriums auch wieder als durchaus problematisch heraus.

2.3.2 ‚Vollständigkeit' der Wertäußerungen

Schon im Zusammenhang mit den faktenbezogenen Varianten erzählerischer Unzuverlässigkeit hatte ich darauf hingewiesen, dass einige Theoretiker das Kriterium der Korrektheit als einziges Adäquatheitskriterium für die Assertionen bzw. Überzeugungen des Erzählers ansetzen wollen. Diese Tendenz ist im Zusammenhang mit den wertebezogenen Varianten noch in viel höherem Maße festzustellen. Die Unzuverlässigkeitstheorie Phelans und Martins stellt hier eine

---

[119] Hierunter fallen beispielsweise Booth (1961), Phelan und Martin (1999), Kindt (2008), Lahn und Meister (2013), Margolin (2015) und viele weitere.

Ausnahme dar: Sie sehen auch für *unreliable evaluating* eine *under*-Variante vor. Diese definieren sie folgendermaßen: „[Underevaluating] occurs when a narrator's ethical judgment is moving along the right track but simply does not go far enough" (Phelan und Martin 1999: 96).

Während viele der Theoretiker, die Vollständigkeit nicht als Adäquatheitskriterium für die Wertäußerungen des Erzählers ansetzen, dies tun, ohne ihre Gründe für diese Entscheidung darzulegen, liefert Ohme eine Begründung für diese Entscheidung. Er schreibt:

> Im Hinblick auf die Quantität [der Kommentare und Bewertungen des Erzählers] ist festzustellen, dass es eine derartige Norm [für die Vollständigkeit] nicht geben kann, da es ausschließlich im Ermessen des Erzählers liegt, wie sehr er seinen Bericht mit eigenen Stellungnahmen anreichert.
> (Ohme 2015: 220)

Zwar sollen die Gründe für oder gegen die Aufnahme eines bestimmten Unzuverlässigkeitsphänomens in den Begriffsumfang des Unzuverlässigkeitskonzepts erst in Kapitel V genauer diskutiert werden. An dieser Stelle ist eine genauere Untersuchung der scheinbaren Uneinigkeit zwischen Phelan und Martin und Ohme aber durchaus sinnvoll, weil sie uns zeigt, dass die beiden Parteien offenbar *unterschiedliche* Erzählphänomene unter dem Schlagbegriff „unvollständige Wertung" verstehen. Die hier relevante Unterscheidung ist analog zu derjenigen, die ich oben im Zusammenhang mit *fehlender Deutungsreichweite* (bzw. *underinterpreting*) bereits adressiert habe: Phelan und Martin verwenden das Konzept des *underevaluating* zur Analyse *vorhandener* Wertäußerungen des Erzählers. Eine narratoriale Wertung ist für sie genau dann ein Fall von *underevaluating*, wenn eine vorhandene Wertung des Erzählers ‚in die richtige Richtung, aber nicht weit genug' geht. Auch wenn das Beispiel, das Phelan und Martin für *underevaluating* anführen, eigentlich ein Fall unzuverlässigen ‚Interpretierens' ist, können wir anhand des Beispiels aber leicht einen ‚tatsächlichen' Fall wertebezogener Unzuverlässigkeit finden, den Phelan und Martin als *underevaluating* verstehen müssten. Ein Beispiel wäre Humbert Humbert aus Nabokovs *Lolita*, der spätestens zum Ende der Erzählung hin die Verwerflichkeit seines Verhaltens zwar eingesteht („I have hurt too much too many bodies with my twisted poor hands", Nabokov 1956: 276), sie aber dennoch – so würden wohl die meisten urteilen – deutlich heruntergespielt bzw. zu rechtfertigen versucht („I was a pentapod monster, but I loved you", Nabokov 1956: 286).

Man könnte hier nun insofern sagen, dass Humbert zwar auf dem richtigen Weg sei, aber nicht weit genug gehe, als sein Urteil gewissermaßen auf ‚der richtigen Seite der Bewertungsskala' zu verorten ist. Denn der Erzähler bewertet sein Verhalten hier als in moralischer Hinsicht eher schlecht als gut – und hierin stimmt er offenbar mit den meisten Instanzen überein, deren Wertesystem man als Schablone heranziehen könnte (beispielsweise mit dem impliziten Autor). Allerdings liegt meines Erachtens bei der Kategorisierung dieses Falls als *underevaluating* ein Fehler bzw. eine Inkonsistenz vor. Denn eigentlich handelt es sich bei der Wertung durch den Erzähler um ein moralisches Urteil, das mit den meisten Wertesystemen *inkompatibel* (also ‚inkorrekt') ist: Der Erzähler ist der Meinung, sein Verhalten sei zwar verwerflich, aber *nun auch nicht* so *sehr*. Die meisten relevanten Bezugsinstanzen würden dagegen wohl der Ansicht sein, dass sein Verhalten sehr wohl *sehr* verwerflich ist. Zwar hätte der Erzähler in seiner Wertung noch weiter danebenliegen können (beispielsweise wenn er die Ansicht geäußert hätte, nichts an seinem Verhalten sei falsch gewesen),[120] aber ‚inkorrekt' (im oben dargelegten Verständnis) ist sie dennoch. Grund hierfür ist, dass Humbert sich auf das Maß der Verwerflichkeit seiner Handlung festlegt – und dieses Maß ist (in Relation zum Referenzwertesystem) falsch.[121]

Während Phelans und Martins Konzept des *underevaluating* also offensichtlich auf vorhandene Wertungen des Erzählers angewandt wird, hat Ohme ein anderes Konzept unvollständigen Bewertens im Blick. Für ihn scheint es sich dabei um ein Konzept zu handeln, das sich auf *fehlende* Wertungen des Erzählers bezieht – nur Erzähler, die (relevante) Wertungen *weglassen*, würden als unvollständig wertende Erzähler (und damit als unzuverlässig) gelten.

Ohmes Auslegung des Unvollständigkeitskonzepts (bzw. des *under*-Konzepts) ist also analog zu derjenigen, die Phelan und Martin für *underreporting* vorsehen – denn auch hier geht es um das *Fehlen* narratorialer Äußerungen. Phelan und Martin dagegen scheinen unterschiedliche Auslegungen des Kriteriums der Unvollständigkeit anzusetzen – je nachdem, ob sie es für *unreliable reporting* einerseits oder für *unreliable interpreting* bzw. für *unreliable evaluating* andererseits operationalisieren. Nur Ohmes eigene Auslegung des *underevaluating*-Konzepts

---

120 Solche Fragen der Graduierung der Unzuverlässigkeit werden in Kapitel II.5 genauer untersucht.
121 Zwar können solche Fälle, wie Phelan und Martin sie anvisieren müssten (also vorhandene Wertungen, die nicht weit genug gehen, aber dennoch nicht inkorrekt sind) theoretisch tatsächlich vorkommen – de facto wird dies aber äußerst selten der Fall sein. Wenn Humbert beispielsweise die Meinung geäußert hätte, dass sein Verhalten *eher schlecht als gut* gewesen sei, dann ist diese Aussage in Relation zum Referenzwertesystem offenbar nicht inkorrekt. Denn Humbert legt sich mit dieser Aussage wahrscheinlich nicht auf ein konkretes Maß fest, sondern nur auf eine Tendenz. Ganz klar ist allerdings auch dieses Beispiel nicht, weil es möglich ist, dass der Erzähler durch seine Zurückhaltung, was das Maß angeht, zu verstehen geben will, dass die bewertete Handlung tatsächlich nur *in geringem Maße* als schlecht zu bewerten ist.

ist dementsprechend von der Kritik getroffen, dass es keinen sinnvollen Maßstab dafür gebe, wie viele Wertungen ein Erzähler zu äußern habe.[122]

Wie überzeugend dieses Argument gegen Ohmes Auslegung des Unvollständigkeitskriteriums im Zusammenhang mit wertebezogener Unzuverlässigkeit tatsächlich ist, muss allerdings noch genauer geprüft werden. Denn auch im Falle faktenbezogener Unzuverlässigkeit war es keine triviale Aufgabe, das Unvollständigkeitskriterium sinnvoll zu operationalisieren bzw. festzulegen, unter welchen Umständen Informationen als *relevant* verstanden werden können. Dennoch ließ sich dort letztlich eine sinnvolle Bestimmung bzw. Rekonstruktion finden. Darüber hinaus scheint es auch tatsächlich einige konkrete literarische Fälle zu geben, in denen es intuitiv naheliegt, einen Erzähler vornehmlich aufgrund *fehlender* Wertungsäußerungen als unzuverlässig zu kategorisieren. Als Beispiel ließe sich hier Bret Easton Ellis' Roman *Less Than Zero* nennen. Hier erzählt der homodiegetische und personale Erzähler, der Teenager Clay, über weite Strecken von extremen Zuständen, die ihn oder seine Freunde direkt betreffen (zum Beispiel von Drogenmissbrauch, exzessivem Sexleben oder dysfunktionalen Familien) – und dies meist ohne diese auch nur im Geringsten zu bewerten (vgl. Ellis 2011).

Ein weiterer möglicher Fall von erzählerischer Unzuverlässigkeit, die durch das Fehlen von Wertungen zustande kommt, ist Albert Camus *L'étranger* (vgl. Camus 2013). Der Erzähler Meursault scheint ‚zu wenig' zu fühlen bzw. zu werten: Als er zusammen mit seiner Freundin Marie hört, wie sein Nachbar Raymond nebenan eine Frau misshandelt, zeigt Meursault keinerlei Reaktion.[123] Außerdem wird es Meursault von seinen Mitmenschen immer wieder zum Vorwurf gemacht, dass dieser durch den Tod seiner Mutter zu wenig bewegt ist – und schließlich, dass er keine Reue dafür zu empfinden scheint, einen Araber umgebracht zu haben, mit dem sein Nachbar in einen Streit verwickelt war.

Obwohl *Less Than Zero* und *L'étranger* also oberflächlich betrachtet mögliche Fälle von Erzählungen mit ‚fehlenden Wertungen' darstellen, ist bei dieser Klassifikation Vorsicht geboten: Wie genau hängen fehlende emotionale Reaktionen der Erzähler mit dem ‚Fehlen von Wertungen' zusammen? Würden wir die Erzähler

---

[122] Eine analoge Sichtweise findet sich bei Fludernik. Auch sie macht deutlich, dass es für „ideologische Verfremdung" (Fludernik 2005: 44), so es sich nicht um eine konträre Sichtweise handele, keinen Maßstab gebe. Bestimmte Wertungen unausgesprochen zu lassen, kann ihrer Ansicht nach nicht als unzuverlässiges Erzählen bezeichnet werden (vgl. Fludernik 2005: 44).
[123] „La femme criait toujours et Raymond frappait toujours. Marie m'a dit que c'était terrible et je n'ai rien répondu" (Camus 2013: 196).

aufgrund fehlender Wertungen auf der sprachlichen oder auf der kognitiven Ebene als unzuverlässig kategorisieren?[124]

Um eine sinnvolle Konzeption ‚unvollständiger' (d. h.: fehlender) Wertungen im Zusammenhang mit Unzuverlässigkeit zu entwickeln, müssten wir wissen, *warum* wir konkret in Fällen wie diesen Unzuverlässigkeit annehmen würden. Anzunehmen ist, dass es hier irgendwelche zusätzlichen Eigenschaften der erzählerischen Vermittlung im Allgemeinen oder der ausgelassenen Wertungen im Speziellen sind, die für dieses Urteil verantwortlich sind.[125]

---

124 Mindestens im Zusammenhang mit *L'étranger* gibt es noch eine weitere Schwierigkeit. Hier fällt nämlich die potenzielle Einschätzung einiger Leser, dass Meursault ‚zu wenig' fühlt oder wertet, mit der des Autors auseinander. Wie Camus in *Le mythe de sisyphe* deutlich macht, könnte Meursault nicht unter Rückgriff auf derartige Kategorien beurteilt werden (vgl. Camus 1953). Die Frage, ob Meursault in dieser Hinsicht als unzuverlässiger Erzähler eingeordnet werden kann, variiert hier also in besonderem Maße je nachdem, welche Bezugsinstanz angenommen wird (siehe hierzu auch Kapitel II.3).

125 Eine Möglichkeit, der ich hier aufgrund ihrer Nachteile aber nicht weiter nachgehen möchte, besteht darin, dass fehlende Wertungen des Erzählers uns nur in Kombination mit bestimmten anderen Erzählereigenschaften als Unzuverlässigkeit erscheinen. Während es bei einem nichtpersonalen Erzähler eventuell vollkommen legitim erscheint, dass dieser keine Werturteile äußert, könnte es sein, dass wir bei personalen Erzählern andere Maßstäbe ansetzen. Möglicherweise liegt der Einschätzung, dass Clay in *Less Than Zero* aufgrund fehlender Wertungen unzuverlässig sei, die Auffassung zugrunde, solch ein stark in die Handlung involvierter Erzähler *müsse* doch gewisse wertende Meinungen über die Ereignisse entwickeln, von denen er berichtet. Und die Tatsache, dass er keinerlei derartige Meinungen *äußert*, verstehen wir als Indikator dafür, dass er keine solchen Meinungen *hat*. Möglicherweise kann in diesem Sinne auch Kindts etwas abstrakter Hinweis verstanden werden, dass die „Kooperativität eines *Erzählers* [...] nur vor dem Hintergrund seiner *epischen Situation* sowie der *individuellen Ausrichtung* und des *konkreten Stands* seines narrativen Aktes zu bestimmen" sei (Kindt 2008: 66).

Diese hier skizzierte Möglichkeit, nur bestimmte Erzählertypen (z. B. homodiegetische und personale Erzähler) aufgrund fehlender Wertäußerungen als unzuverlässig zu charakterisieren, hat aber bestimmte Nachteile. Zum einen würde es das Konzept des unzuverlässigen Erzählens noch deutlich komplizierter machen, wenn wir bei unterschiedlichen Erzählertypen unterschiedliche Maßstäbe für deren Zuverlässigkeit ansetzen müssten. Zum anderen scheinen in meiner hypothetischen Argumentationsskizze einige Dinge durcheinanderzugehen. Denn der Einschätzung, dass ein Erzähler durch fehlende Wertäußerungen unzuverlässig ist, liegen zwei Annahmen zugrunde: zum einen die Annahme, dass ein personaler Erzähler, der keine evaluativen Meinungen *äußert*, diese auch nicht *hat*; und zum anderen die Annahme, dass ein personaler, homodiegetischer Erzähler bestimmte Meinungen haben *sollte*. Durch diese Annahmen werden nun offensichtlich die beiden anderen Varianten wertebezogener Unzuverlässigkeit ins Spiel gebracht: kognitive und aktionale wertebezogene Unzuverlässigkeit. Was im Rahmen dieser Auslegungsvariante von Interesse ist, sind also anscheinend gar nicht die sprachlichen Wertungen selbst. Stattdessen werden diese nur als Indikator für die beiden anderen wertebezogenen Unzuverlässigkeitsvarianten verstanden.

Am vielversprechendsten erscheint mir hier die Möglichkeit, auch an dieser Stelle auf das Werte- bzw. Normensystem der als relevant erachteten Bezugsinstanz zurückzugreifen. Hier wäre folgende Bestimmung denkbar: Ein Erzähler ist genau dann als unzuverlässig aufgrund fehlender Wertungsäußerungen zu verstehen, wenn er *relevante* Wertungen auslässt, d. h. Wertungen, von denen die jeweils gewählte Bezugsinstanz der Ansicht ist, dass sie so wichtig sind, dass sie nicht ausgelassen werden dürften.[126]

2.4 Adäquatheitskriterien für die Wertungshaltungen des Erzählers

Nachdem wir uns nun die Kriterien zur adäquaten Erfüllung der sprachlichen Wertungsfunktion des Erzählers angesehen haben, soll im vorliegenden Unterkapitel die Frage im Fokus stehen, inwieweit die Kriterien der Korrektheit und Vollständigkeit auch für die kognitive Variante wertebezogener Unzuverlässigkeit operationalisiert werden können. Es geht hier also um die evaluativen Meinungen des Erzählers – unabhängig davon, ob er diese Meinungen auch explizit äußert oder nicht. Da dieses Unzuverlässigkeitsphänomen in den meisten Theorien aber höchstens implizit mitschwingt, nicht aber explizit reflektiert wird, werden auch die Adäquatheitskriterien für die Wertungshaltungen des Erzählers nicht gesondert diskutiert. Es erscheint deswegen an dieser Stelle wieder sinnvoll zu überprüfen, ob sich die Operationalisierung der Kriterien der ‚Korrektheit' und der ‚Vollständigkeit', wie ich sie für sprachliche wertebezogene Unzuverlässigkeit (re-)konstruiert habe, auch auf die kognitive Variante übertragen lässt.

Kommen wir zunächst zum Kriterium der ‚*Korrektheit*'. Hier scheint es unproblematisch, dieses Kriterium in der gleichen Weise heranzuziehen, wie wir es im Kontext der sprachlichen Variante tun. Wir können uns also fragen: Stehen die Wertungshaltungen des Erzählers im Widerstreit mit dem Wertesystem der als relevant erachteten Bezugsinstanz? Ist dies der Fall, dann können die Werte des Erzählers als ‚inkorrekt' (vor dem Hintergrund der relevanten Schablone) verstanden und der Erzähler mithin als kognitiv wertebezogen unzuverlässig eingeordnet werden.

---

[126] Überträgt man diese Idee auf die Rede von den ‚Werten des Werks', dann könnte man auch sagen: Wertungen, deren Relevanz im Text (implizit) kommuniziert wird.
  Dieser Fall ist nicht identisch mit dem eines Erzählers, der bestimmte Normen und Wertungen nicht äußert, die im Referenz-Wertesystem aber enthalten sind. Denn es ist immer möglich, dass die Bezugsinstanz bestimmte Wertungen entweder für nicht relevant genug hält, sie kommunizieren zu müssen, oder sie es aus anderen Gründen nicht für notwendig erachtet, dass der Erzähler diese im Rahmen der fraglichen Erzählung äußern müsste.

Beim Kriterium der ‚*Vollständigkeit*' stehen wir erst einmal vor denselben Problemen wie im Fall sprachlicher wertebezogener Unzuverlässigkeit: Wir müssen die Phelan und Martin- und die Ohme-Lesart von ‚Unvollständigkeit' auseinanderhalten. In Bezug auf Phelans und Martins Lesart bedeutet dies vor allem, dass wir bei der Kategorisierung konkreter Fälle kognitiver wertebezogener Unzuverlässigkeit darauf achten, nicht fälschlicherweise Fälle ‚inkorrekter' moralischer Meinungen als *underevaluating* zu verstehen. Wenn sich der Erzähler im Rahmen seiner moralischen Meinungen auf einen bestimmten Grad festlegt („mein Verhalten war nur ein wenig schlecht"), dann ist seine Meinung ‚inkorrekt' in Relation zum gewählten Bezugswertesystem, wenn dort ein abweichender Grad zu verzeichnen ist („sein Verhalten war *sehr* schlecht").

Das Konzept des *underevaluating* (bzw. der unvollständigen Wertungen) auf der kognitiven Ebene sollte dagegen auch hier, der Ohme-Lesart entsprechend, auf *fehlende* Wertungen beschränkt werden. Und auch mein Vorschlag zur genaueren Bestimmung bzw. Einschränkung dieses Konzept kann eventuell übernommen werden:[127] Auch hier können wir auf die ‚Meta-Wertungen' der als relevant verstandenen Bezugsinstanz zurückgreifen. Fehlende evaluative Meinungen von Erzählern sind nur dann als Fall unzuverlässigen Erzählens zu verstehen, wenn die Bezugsinstanz diese Meinungen für so wichtig hält, dass sie nicht fehlen dürfen.

2.5 Adäquatheitskriterien für die werteexemplifizierenden Handlungen des Erzählers

Nachdem wir uns nun die Erfolgskriterien angesehen haben, die im Kontext der sprachlichen und der kognitiven Variante wertebezogener Unzuverlässigkeit eine Rolle spielen, können wir uns dem dritten Typ wertebezogener Unzuverlässigkeit zuwenden: aktionaler Unzuverlässigkeit. Wie ich in Abschnitt 2.1.5 dargelegt habe, betrifft diese Unzuverlässigkeitsvariante Handlungen des Erzählers, durch die er bestimmte Werte exemplifiziert. Um festzustellen, wann in diesem Zusammenhang eine ‚Inadäquatheit' vorliegt, ist es wieder sinnvoll, auf ein konkretes Wertesystem einer als relevant erachteten Bezugsinstanz zurückzugreifen. Obwohl aktionale wertebezogene Unzuverlässigkeit in vielen Unzuverlässigkeitsdefinitionen explizit

---

[127] Um diesen Vorschlag allerdings überhaupt für potenziell plausibel halten zu können, muss unbedingt beachtet werden, dass kognitive Unzuverlässigkeit im Zusammenhang mit einem bestimmten Erzählertyp – nämlich nicht-personalen Erzählern – aus konzeptuellen Gründen *nicht vorkommen kann*, da die Kognitionen dieser Erzähler nicht Teil der Erzählung sind (siehe Kapitel IV.1.1).

vorkommt, wird sie als Unterkonzept unzuverlässigen Erzählens nie ausdrücklich zum Thema gemacht. Deswegen liegen auch keinerlei genauere Überlegungen hinsichtlich der passenden Auslegung der Adäquatheitskriterien vor. Prüfen wir deshalb ein weiteres Mal, ob sich auch hier die Kriterien der ‚Korrektheit' und der ‚Vollständigkeit' operationalisieren lassen.

Wie sieht es mit dem Kriterium der ‚*Korrektheit*' aus? Hier scheint es mir eine durchaus sinnvolle Entscheidung zu sein, das Verhalten von Erzählern danach zu beurteilen, ob sie dadurch Werte exemplifizieren, die *im Widerstreit* mit dem Bezugswertesystem stehen, d. h. in Bezug auf dieses ‚inkorrekt' sind. Ein Erzähler, der seinen Adressaten aus nichtigen Gründen bewusst anlügt, könnte so einen Fall darstellen – gesetzt den Fall, dass im fraglichen Bezugswertesystem die moralische Meinung enthalten ist, dass man nicht aus nichtigen Gründen lügen soll.

Problematischer ist wieder einmal die Frage, ob auch ‚*Unvollständigkeit*' ein sinnvolles Kriterium zur Beurteilung werteexemplifizierender Handlungen von Erzählern sein kann. Eine mögliche, aber nicht vollständig überzeugende Option wäre es, in diesem Zusammenhang immer dann von ‚Unvollständigkeit' zu besprechen, wenn der Erzähler bestimmte Handlungen *unterlässt*, durch die die Werte des Referenzwertesystems exemplifiziert werden würden.[128]

2.6 Zusammenfassung

Zusammenfassend lässt sich im Hinblick auf die Adäquatheitskriterien für die in Kapitel 2.1 herausgearbeiteten Erzählertätigkeiten also Folgendes festhalten: Theoretisch lassen sich die beiden Kriterien der Korrektheit und der Vollständigkeit für alle fünf Tätigkeiten ansetzen. Dabei ist allerdings zu beachten, dass die Referenzschablone für die faktenbezogenen Varianten die Fakten der erzählten

---

[128] Wie sinnvoll diese Bestimmung ist, ist allerdings fraglich. Denn es ließe sich problemlos davon sprechen, dass der Erzähler in solchen Fällen durch Nicht-Handeln Werte exemplifiziert, die *in Diskrepanz* zum fraglichen Referenzwertesystem stehen. ‚Unvollständigkeit' im Zusammenhang mit aktionaler wertebezogener Unzuverlässigkeit lässt sich also womöglich letztlich auf ‚Inkorrektheit' reduzieren.

Zu bemerken ist außerdem, dass wir auch hier der Phelan-und-Martin-Lesart des *underevaluating*-Konzepts entsprechend die werteexemplifizierenden Handlungen des Erzählers danach beurteilen können, *wie stark* diese Werte mit dem Referenzwertesystem in Diskrepanz stehen. Dies ist jedoch auch hier kein echter Fall von Unvollständigkeit, sondern ist als Fall unterschiedlicher Grade von Unzuverlässigkeit (siehe Kapitel II.5) zu verstehen.

Welt darstellen, für die wertebezogenen Varianten dagegen das Wertesystem einer als relevant verstandenen Bezugsinstanz. Unter Berücksichtigung dieser Tatsache lässt sich das Kriterium der Korrektheit jeweils recht einfach bestimmen: Eine Assertion bzw. Überzeugung ist genau dann korrekt, wenn sie nicht in Widerspruch bzw. Diskrepanz zu den Fakten der erzählten Welt steht; eine Wertäußerung, Wertungshaltung bzw. eine werteexemplifizierende Handlung ist genau dann ‚inkorrekt', wenn sie in Widerspruch bzw. Diskrepanz zum Referenzwertesystem steht.

Deutlich problematischer ist dagegen das Kriterium der Unvollständigkeit. In Bezug auf die Frage, was genau im Zusammenhang mit den einzelnen Erzählertätigkeiten als ‚Unvollständigkeit' verstanden werden kann bzw. unter welchen Umständen fehlende Informationen als relevant verstanden werden können, sind mir nur teilweise robuste bzw. plausible (rekonstruierte) Vorschläge gelungen.

Dennoch können wir sagen, dass wir dem Ziel einer exakten Formulierung der Definitionsvorschläge für „unzuverlässiges Erzählen" einen ganzen Schritt nähergekommen sind. Zugleich zeigt sich aber auch, wie extrem komplex und heterogen der Phänomenbereich ist. Denn selbst wenn wir die genaueren Überlegungen zur Bestimmung des Relevanzkriteriums aus der Definition herauslassen, haben sich nun schon zehn definitionsrelevante Typen ergeben (siehe Abb. 3, S. 96).

Unzuverlässiges Erzählen liegt genau dann vor, wenn
(1) die Behauptungen des Erzählers in Relation zu den Fakten der fiktiven Welt
   a. inkorrekt sind oder
   b. relevante Informationen fehlen; oder
(2) die Überzeugungen des Erzählers in Relation zu den Fakten der fiktiven Welt
   a. inkorrekt sind oder
   b. relevante Überzeugungen fehlen; oder
(3) die Wertäußerungen des Erzählers in Relation zum ausgewählten Referenzwertesystem
   a. ‚inkorrekt' oder
   b. ‚unvollständig'; oder
(4) die Werturteile des Erzählers in Relation zum ausgewählten Referenzwertesystem
   a. ‚inkorrekt' oder
   b. ‚unvollständig' sind; oder

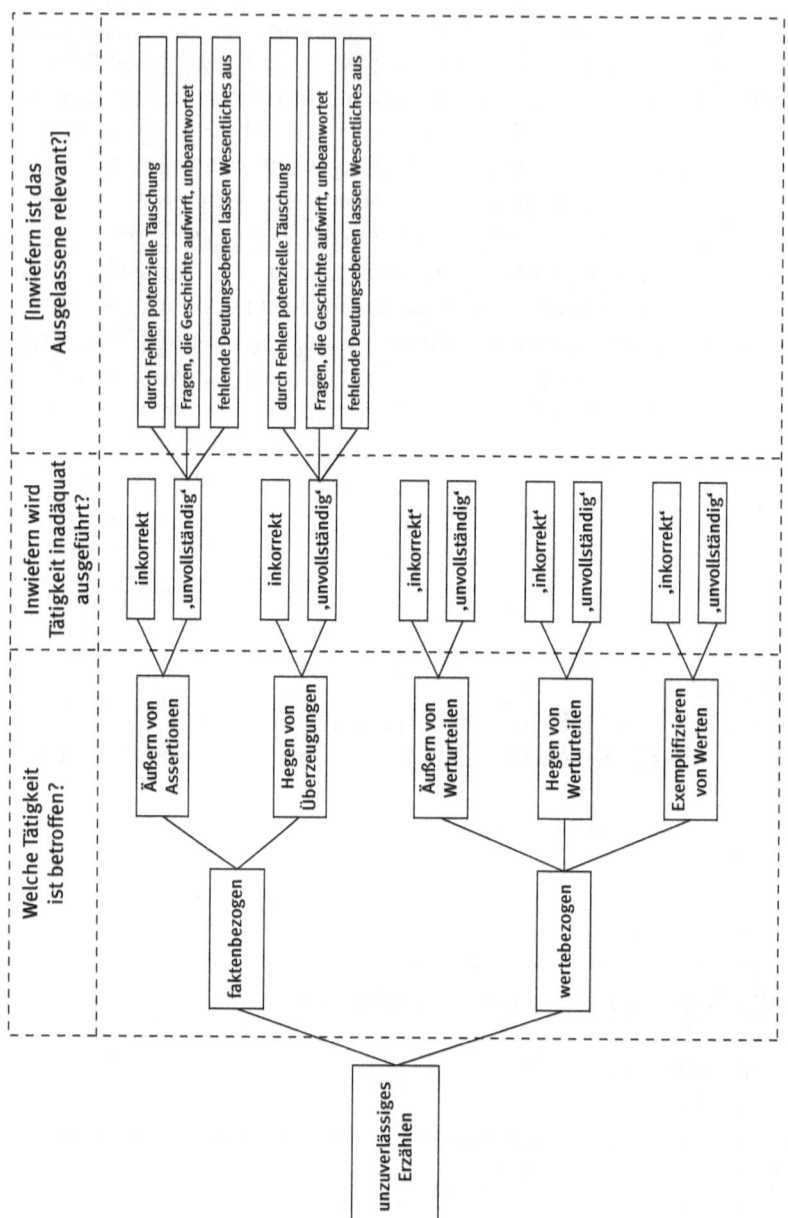

Abb. 3: Tätigkeiten, Adäquatheitskriterien und die entsprechenden Typen.

(5) die werteexemplifizierenden Handlungen des Erzählers in Relation zum ausgewählten Referenzwertesystem
   a. ‚inkorrekt' oder
   b. ‚unvollständig' sind.[129]

Ob ein derart komplexes und heterogenes narratologisches Konzept sinnvoll sein kann, wird in Kapitel V diskutiert.

Wie aus der folgenden Übersichtstabelle (siehe Abb. 4, S. 98) deutlich wird, beschäftigen sich insgesamt nur wenige Theoretiker mit der Frage, ob auch unvollständiges Erzählen einen Unzuverlässigkeitsfall darstellt – dies gilt insbesondere für die wertebezogenen Varianten.[130] Andererseits gibt es einflussreiche und gut durchdachte Theorien (z. B. Phelans und Martins bzw. Kindts), die sich dezidiert für die Inklusion unvollständigen Erzählens aussprechen.

Kommen wir nun nach der Erzählertätigkeit und den Adäquatheitskriterien zu einem dritten Parameter, der im Zusammenhang mit unzuverlässigem Erzählen definitorische Relevanz hat: den Bezugsinstanzen.

3 Bezugsinstanzen: Inwiefern unzuverlässiges Erzählen an Interpretationstheorien gekoppelt ist

Wie wir bereits in den Kapiteln II.1 und II.2 festgestellt haben, erfordert die Definition einiger Typen unzuverlässigen Erzählens die Festlegung einer Bezugsinstanz: In allen Varianten wertebezogener Unzuverlässigkeit muss festgelegt werden, in Relation zu welchem (oder wessen) Wertesystem die Wertäußerungen, Wertungshaltungen oder durch Handlungen des Erzählers exemplifizierten Werte evaluiert werden sollen. Welche Bezugsinstanz hier gewählt wird, ergibt sich meistens aus den spezifischen Postulaten einer bestimmten interpretationstheoretischen Schule.

---

[129] Würde im Rahmen der Definition zusätzlich noch auf die drei unterschiedlichen Möglichkeiten eingegangen werden, das Relevanzkriterium im Zusammenhang mit den auf Unvollständigkeit basierenden faktenbezogenen Unzuverlässigkeitsvarianten auszulegen, dann müsste man unter 1b) und 2b) zusätzlich jeweils eine entsprechende untergeordnete dreigliedrige Disjunktion einschieben.

[130] In den Fällen, in denen in Theorien zwar thematisiert wird, welche Handlungen des Erzählers von der Unzuverlässigkeit betroffen sind, aber nicht, welches Kriterium für Inadäquatheit angesetzt wird (z. B. bei Yacobi und Nünning), gehe ich davon aus, dass mindestens ‚Inkorrektheit' (als naheliegenderer und einfacherer Fall) angenommen wird.

	Tätigkeit									
	faktenbezogen				wertebezogen					
	sprachliche		kognitive		sprachliche		kognitive		aktionale	
	‚inkorrekt'	‚unvollständig'	‚inkorrekt'	‚unvollständig'	‚inkorrekt'	‚unvollständig'	‚inkorrekt'	‚unvollständig'	‚inkorrekt'	‚unvollständig'
Booth 1961					✓		(✓)		✓	
Chatman 1978	✓	–			(✓)		✓			
Yacobi 1981; 2001	✓			(✓)	(✓)		(✓)			
Rimmon-Kenan 1983	✓	(✓)			✓	(✓)				
Wall 1994	✓				✓				✓	
Currie 1995	✓									
Nünning 1998; 1999	(✓)		(✓)		(✓)		(✓)			
Martinez/ Scheffel 1999	✓	(✓)			(✓)					
Phelan/ Martin 1999	✓	✓	(✓)	(✓)	✓	(✓)	(✓)	(✓)	(✓)	(✓)
Zerweck 2001	✓				✓		(✓)			
Heyd 2006	✓	✓			(✓)	(✓)				
Hansen 2007	✓				✓					
Kindt 2008	✓	✓			✓				✓	
Margolin 2015	✓	✓			✓					

Abb. 4: Forschungsüberblick Adäquatheitskriterien (Exzerpt).

Bei der Frage nach der im Zusammenhang mit Unzuverlässigkeit relevanten Bezugsinstanz handelt es sich wohl um einen der meistdiskutierten Aspekte im Rahmen von Unzuverlässigkeitsdebatten.[131] Insgesamt spielen hier drei theoretische Strömungen eine Rolle, die im Folgenden für eine erste Orientierung knapp und in chronologischer Reihenfolge vorgestellt werden sollen: der rhetorische Ansatz, der den impliziten Autor als Bezugsinstanz wählt, der kognitivistische Ansatz, der auf den Leser Bezug nimmt, und der intentionalistische Ansatz, der den realen Autor für die Definition unzuverlässigen Erzählens heranzieht.[132]

Dem rhetorischen Ansatz zufolge ist die für unzuverlässiges Erzählen relevante Bezugsinstanz der *implizite Autor*. Dieser Ansatz wird nicht nur von Wayne Booth vertreten, der den Begriff des unzuverlässigen Erzählers 1961 in die narratologische Debatte eingeführt hat, sondern in seiner Nachfolge auch von zahlreichen weiteren Theoretikern, unter ihnen Chatman (1978; 1990) und Phelan (1999; 2005; 2007; 2011). Eine Grundidee dabei, überhaupt von einem ‚impliziten' Autor zu sprechen anstatt vom realen Autor, ist offenbar folgende: Als (professionelle) Leser literarischer Werke arbeiten wir häufig mit Thesen darüber, mit welcher Absicht im Text bestimmte Stilmittel eingesetzt wurden oder, allgemeiner, warum bestimmte kreative Entscheidungen getroffen worden sind. Allerdings ist es möglich, dass auf Basis des fraglichen Textes bestimmte gestalterische Intentionen nahegelegt werden, die aber nicht den tatsächlichen Intentionen des Autors des Textes entsprechen. Im Rahmen der rhetorischen Literaturtheorie wird nun gemeinhin die These vertreten, dass für die Bedeutung eines literarischen Textes eben nicht die tatsächlichen Intentionen des realen Autors relevant sind, sondern stattdessen die hypothetischen Intentionen, die durch den Text selbst nahegelegt werden. Der implizite Autor ist also ein Konstrukt, das es uns erlaubt, im Rahmen unserer Interpretationen

---

131 Ausführlichere theoretische Überlegungen zu unzuverlässigem Erzählen, in denen der Aspekt der Bezugsinstanzen kaum oder gar nicht adressiert wird, sind die absolute Ausnahme. Margolins Aufsatz (vgl. Margolin 2015) gehört zu diesen Ausnahmen – und auch Ohme lässt das Problem der Bezugsinstanz fast vollkommen außen vor (vgl. Ohme 2015).
132 Kindts ‚offener' Ansatz, in dem er unzuverlässiges Erzählen zunächst unter Rekurs auf Aspekte der Werkbedeutung definiert, kann dabei nicht als Ansatz verstanden werden, der einen *vierten* möglichen Bezugspunkt (neben implizitem Autor, realem Autor und realem Leser) propagiert. Stattdessen macht Kindt mit dieser Definitionsvariante vor allem den theoretischen Punkt, dass die Definition unzuverlässigen Erzählens immer von Bedeutungstheorien (und mit ihnen normalerweise von Bezugsinstanzen) abhängig ist. Kindts offenen Ansatz diskutiere ich noch einmal genauer in Kapitel II.3.2.2, wenn ich seinen intentionalistischen Ansatz vorstelle, der auf ersterem aufbaut. Insgesamt finden sich systematischere und ausführlichere Untersuchungen der einzelnen Strömungen bzw. Bezugsinstanzen in Kapitel II.3.2.

von einem Handlungssubjekt zu sprechen, das den Text verfasst hat, ohne dass diese Aussagen durch Erkenntnisse über die tatsächlichen Wirkungsabsichten des realen Autors falsifiziert werden können. Auf diese Weise versuchen Booth und seine Anhänger, zwei scheinbar inkompatible Tendenzen bzw. Intuitionen zusammenzubringen, die sich in der literaturwissenschaftlichen Praxis abzeichnen: die Tendenz, im Rahmen von Interpretationen auf ein gestaltendes Subjekt Bezug zu nehmen, und die Tendenz, den literarischen Text als autonom in dem Sinne anzusehen, dass die Heranziehung extratextueller Informationen für sein Verständnis nicht notwendig ist (vgl. Kindt und Müller 2006: 42–56).

Der implizite Autor ist im Rahmen des rhetorischen Ansatzes also ein zentrales Element, das im Zusammenhang mit allen möglichen Fragen nach der Bedeutung eines literarischen Textes oder einzelner Textelemente herangezogen wird. Aus diesem Grund wird er von Booth und anderen rhetorischen Literaturwissenschaftlern auch im Rahmen der Definition erzählerischer Unzuverlässigkeit als Bezugsinstanz gewählt. Unzuverlässiges Erzählen liegt diesen Theoretikern zufolge also beispielsweise immer dann vor, wenn der Erzähler bestimmte Wertungen äußert, sich dabei aber zugleich unbewusst als derartig unreflektierte, von Stereotypen geprägte Person entblößt, dass wir annehmen müssen, der implizite Autor wollte nahelegen, dass wir die Wertungen des Erzählers kritisch betrachten sollten.[133]

Der rhetorische Ansatz ist jedoch seit seinen Anfängen scharfer Kritik ausgesetzt. Viele Theoretiker halten das Konzept des impliziten Autors im Allgemeinen für zu vage oder für irrelevant im Zusammenhang mit erzählerischer Unzuverlässigkeit. Der wohl am häufigsten vertretene Alternativansatz, der in direkter Auseinandersetzung mit dem rhetorischen entwickelt worden ist, ist der kognitivistische Ansatz.[134] Zu seinen bekanntesten Verfechtern im Zusammenhang mit unzuverlässigem Erzählen gehören Tamar Yacobi, Ansgar Nünning und Bruno Zerweck. Dem Kognitivismus zufolge muss beachtet werden, dass die Bedeutung eines literarischen Textes *für einen bestimmten Leser* immer von dessen (u. a. historisch und kulturell bestimmtem) Vorwissen und Erfahrungshorizont abhängig ist.[135] Mit ersten Anfängen in den 1980er und mit

---

133 Dies lässt sich beispielsweise schön bei Schnitzlers *Leutnant Gustl* feststellen (vgl. Schnitzler 1961). Bei Gustl handelt es sich allerdings nicht um einen Erzähler, sondern um eine Reflektorfigur. Siehe hierzu auch Kapitel IV.1.3.
134 Zur kognitivistischen Narratologie vgl. Zerweck (2002); Herman (2013).
135 Immer wenn ich im Folgenden über ‚den Leser' als Bezugspunkt spreche, meine ich damit den realen Leser, der im Rahmen von kognitivistischen bzw. konstruktivistischen Ansätzen im Fokus steht. Ansätze, die den ‚idealen Leser' (oder die *authorial audience*) als Bezugspunkt setzen, verstehe ich als Varianten autorzentrierter Ansätze (siehe hierzu auch Kapitel II.3.3).

besonderer Vehemenz in den 1990er Jahren operationalisieren kognitivistische Literaturwissenschaftler diese Leserzentrierung auch für die Definition unzuverlässigen Erzählens. Ob ein Leser einen Erzähler als unzuverlässig wahrnehme, hänge nämlich in vielen Fällen davon ab, ob die Werte des Erzählers mit denen des Lesers im Einklang stünden. Da verschiedene Leser über unterschiedliches Kontextwissen und unterschiedliche Meinungen verfügen können, könne es leicht vorkommen, dass ein und derselbe Erzähler für den einen Leser unzuverlässig ist, für einen anderen jedoch nicht. Kognitivistisch orientierten Theoretikern zufolge ist dies eine besondere Stärke des leserzentrierten Ansatzes, da er die Realität der literaturwissenschaftlichen Interpretationspraxis abzubilden vermöge: Schließlich kommt es tatsächlich nicht selten vor, dass Literaturwissenschaftler sich darüber uneinig sind, ob ein bestimmter Erzähler unzuverlässig ist oder nicht. Gerade diese Leserrelativität ist jedoch zugleich auch der wichtigste Grund für Kritik am kognitivistischen Zugang zu erzählerischer Unzuverlässigkeit. Denn für viele Theoretiker gilt *unzuverlässiges Erzählen* als narratologische Analysekategorie, die einer möglichst genauen Textbeschreibung dienen soll (vgl. bspw. Ohme 2015: 213). Diese Funktion würde jedoch untergraben, wenn die Zuschreibung von Unzuverlässigkeit letztlich nichts anderes wäre als eine rein subjektive Interpretationsstrategie des individuellen Lesers.

Eine dritte Möglichkeit, die Bezugsinstanz für unzuverlässiges Erzählen festzulegen, die ab Ende der 1990er, besonders aber in den 2000er bzw. 2010er Jahren an Relevanz gewinnt, scheint sich dem rhetorischen Ansatz wieder stärker anzunähern. Die Anhänger des intentionalistischen Ansatzes sind der Ansicht, dass für die Bedeutung eines literarischen Textes tatsächlich die Intentionen des gestaltenden Subjekts maßgeblich sind – allerdings sei es unnötig und verunklarend, eine hypothetische Instanz wie den impliziten Autor anzunehmen (vgl. Kindt und Müller 2011; siehe auch Kapitel II.3.2.2). Stattdessen sollte der *reale Autor* als Bezugsinstanz verstanden werden, deren Intentionen die Textbedeutung bestimmen. Die Grundidee liegt hier darin, literarische Texte als schriftliche Äußerungen zu verstehen, die in kommunikativer Absicht verfasst worden sind. Verfechter des intentionalistischen Ansatzes gehen davon aus, dass literarische Kommunikation den gleichen Regeln folgt wie Alltagskommunikation, in der sich die Bedeutung einer Äußerung in hohem Maße durch die Intentionen des Sprechers bestimmt. Deswegen sollte auch im Kontext unzuverlässigen Erzählens der Autor die relevante Bezugsinstanz sein. Unzuverlässiges Erzählen könnte diesen Annahmen zufolge beispielsweise dann vorliegen, wenn die Werte des Erzählers diejenigen des Autors nicht adäquat wiedergeben.

Der autorzentrierte Ansatz hat nun einige Vorteile gegenüber den beiden bereits vorgestellten. So macht es die Bezugnahme auf den realen Autor zum Beispiel möglich, eine ohne unklare Konstrukte auskommende narratologische

Kategorie zu entwickeln, die zudem fixe (Text-)Merkmale beschreibt. Ein eventuell problematischer Aspekt dieses Ansatzes besteht allerdings darin, dass er die teilweise stark in der literaturwissenschaftlichen Fachtradition verankerte Auffassung vom literarischen Werk als autonom untergräbt.[136] Denn in intentionalistischen Ansätzen werden häufig konsequenterweise auch textexterne Quellen zur Feststellung auktorialer Intentionen für zulässig befunden.[137]

Die drei bisher erst in aller Kürze vorgestellten Ansätze in der Bezugsinstanz-Frage werden von einzelnen Theoretikern häufig in unterschiedlichen Varianten vertreten, die jeweils spezifische Vor- und Nachteile aufweisen. Bevor ich jedoch die wichtigsten dieser Varianten etwas detaillierter vorstelle, ist für eine bessere Analyse und Evaluation der Theorien ein Zwischenschritt notwendig. Denn tatsächlich werden die genannten Bezugsinstanzen in den Unzuverlässigkeitsdebatten teilweise zur Klärung *ganz unterschiedlicher Fragen* herangezogen. Meines Erachtens lassen sich mindestens *drei* verschiedene Fragen unterscheiden, deren Antworten (potenziell) Bezugsinstanzen erfordern. Anders ausgedrückt könnte man auch sagen: Die Bezugsinstanzen können mindestens drei verschiedene Rollen in Unzuverlässigkeitstheorien einnehmen. Diese verschiedenen Rollen sind bisher in der Debatte allerdings nicht hinreichend auseinandergehalten worden. Das ist aber nicht unproblematisch – denn wir benötigen diese Differenzierung,

---

[136] Vgl. zu dieser Auffassung Jannidis (2003).
[137] Die Frage, unter Bezugnahme auf welche Instanz unzuverlässiges Erzählen definiert werden sollte, kann nun tatsächlich in vielen Fällen Auswirkungen auf den Begriffsumfang unzuverlässigen Erzählens haben. Dies lässt sich leicht an einem oft zitierten Beispiel demonstrieren: an Vladimir Nabokovs *Lolita*. Hier fällt der Erzähler Humbert Humbert vor allem dadurch auf, dass er es offenbar nicht als allzu problematisch ansieht, ein sexuelles Verhältnis zu einer Zwölfjährigen zu unterhalten (vgl. Nabokov 1956). Wenn wir nun davon ausgehen, dass unzuverlässiges Erzählen unter Bezugnahme auf den realen Autor des Werks definiert werden sollte, dann liegen hier wohl ziemlich eindeutig alle drei Varianten wertebezogener Unzuverlässigkeit vor: Die vom Erzähler geäußerten Wertungen, seine tatsächliche Wertungshaltung und seine Handlungen stehen im Konflikt mit dem Wertesystem des Autors. Wenn wir unzuverlässiges Erzählen dagegen unter Bezugnahme auf den einzelnen Leser definieren, wie beispielsweise Nünning es vorsieht, dann können wir nicht in allen denkbaren Fällen davon sprechen, dass in *Lolita* erzählerische Unzuverlässigkeit vorliegt. Denn, wie Nünning selbst anmerkt, würde ein pädophiler Leser nicht unbedingt eine Diskrepanz zwischen seinen eigenen Werten und denen Humberts feststellen können (vgl. Nünning 1998: 25). Und es sind viele weitere Fälle denkbar, in denen die Unzuverlässigkeitsdiagnosen je nach gewählter Bezugsinstanz variieren können, beispielsweise dann, wenn die im Text nahegelegten Autorintentionen nicht mit den tatsächlichen Autorintentionen übereinstimmen. Es ist also eine durchaus relevante Frage mit praktischen Konsequenzen, welche Bezugsinstanz für die Definition gewählt wird.

um die jeweils entworfenen Unzuverlässigkeitsdefinitionen überhaupt richtig zu verstehen.

Das folgende Unterkapitel (II.3.1) ist deswegen der Differenzierung der unterschiedlichen Rollen gewidmet, die Bezugsinstanzen im Rahmen von Unzuverlässigkeitstheorien einnehmen können. Im Anschluss daran wird es dann einfacher sein, die einzelnen konkreten Definitionsvorschläge im Hinblick auf die jeweils integrierten Bezugsinstanzen zu analysieren (II.2.2). Abschließend werde ich Möglichkeiten diskutieren, einen Umgang mit dem Bezugsinstanzenpluralismus zu finden (II.2.3).

3.1 Die verschiedenen Rollen der Bezugsinstanzen in Theorien unzuverlässigen Erzählens

3.1.1 Bezugsinstanz als Werteschablone

Die erste Rolle, die Bezugsinstanzen im Rahmen von Unzuverlässigkeitstheorien einnehmen können, betrifft ausschließlich die wertebezogenen Varianten unzuverlässigen Erzählens. Wie in den vorangegangenen Kapiteln deutlich geworden ist, wird wertebezogene Unzuverlässigkeit unter Rekurs auf ein Referenzwertesystem definiert: Ein Erzähler ist genau dann wertebezogen unzuverlässig, wenn seine Wertäußerungen, seine Wertungshaltungen oder seine Handlungen einem bestimmten Wertesystem entgegenstehen. Die von mir rekonstruierten Definitionen dieser wertebezogenen Varianten waren also bisher *unvollständig*, da sie eine Variable enthalten, die durch eine konkrete Instanz ersetzt werden muss. Die Bezugsinstanz (bzw. deren Wertesystem) dient hier also als Abgleichspunkt zur Feststellung von wertebezogenen Abweichungen des Erzählers (,Inkorrektheit' und ,Unvollständigkeit'). Diese Funktion der Bezugsinstanzen scheint es auch gewesen zu sein, auf die Nünning mit der Frage „Unreliable, compared to what?" erstmals explizit verwiesen hat (vgl. Nünning 1998: 20; Nünning 1999).

Warum diese erste Rolle der Bezugsinstanz ausschließlich die wertebezogenen, nicht aber die faktenbezogenen Varianten von Unzuverlässigkeit betrifft, sollte eigentlich schon in den Kapiteln II.1 und II.2 deutlich geworden sein. Während im Fall faktenbezogener Unzuverlässigkeit Einigkeit darüber zu herrschen scheint, dass die Abgleichsfolie für die faktenbezogenen Behauptungen und Überzeugungen des Erzählers die Fakten der fiktiven Welt sind (– und lediglich darüber debattiert wird, wie sich diese Fakten im Zweifelsfall *konstituieren*, siehe Kapitel II.3.1.2), sind verschiedene Theoretiker grundsätzlich unterschiedlicher Ansicht darüber, gegen welches Wertesystem das Erzählerverhalten abgeglichen werden soll.[138]

---

[138] Für meine unterschiedliche Behandlung werte- und faktenbezogener Fälle in diesem Kontext sprechen auch Formulierungen wie die folgende, die bei Dan Shen zu finden ist:

> In terms of the narrator's unreliable reporting of story elements, it is truly a clash that occurs between story and discourse; but as regards the narrator's mis- or underinterpretation and evaluation of events and characters, it is rather between the narrator's explicit discourse and the author's implicit discourse that the clash can be found.   (Shen 2013: Paragraph 7)

Eine ähnliche Stoßrichtung lässt sich auch bei Rimmon-Kenan feststellen, die nur im Zusammenhang mit wertebezogenen Unzuverlässigkeitsvarianten den impliziten Autor ins Spiel bringt (vgl. Rimmon-Kenan 1983: 101). Dasselbe gilt für Cohn, die nur im Falle diskordanten Erzählens auf eine Diskrepanz zwischen Erzähler und Autor Bezug nimmt (vgl. Cohn 2000: 307).

Allerdings wird diese Auffassung von unterschiedlichen Seiten angegriffen. So ist Kindt offenbar der Ansicht, dass auch allen wertebezogenen Unzuverlässigkeitsvarianten dieselbe Definition zugrunde liegt – der Erzähler stehe den ‚Werten des Werks' entgegen – und lediglich Uneinigkeit darüber herrsche, wie sich die Werte des Werks konstituieren (vgl. Kindt 2008: 53). Dies ist aber so nicht richtig. Denn wie wir in Kapitel II.3.2.3 sehen werden, wählen viele Kognitivisten die Werte des Lesers als Abgleichsfolie im Zusammenhang mit wertebezogenen Unzuverlässigkeitsvarianten – und dies *ohne* dabei die Werte des Lesers als ‚Werte des Werks' zu verstehen. (Eine Ausnahme stellt möglicherweise Zerweck dar, der von „the values and norms of a text as constructed by the reader" spricht, Zerweck 2001: 155.)

Andersherum scheinen andere Theoretiker nahezulegen, dass auch die Definition faktenbezogener Unzuverlässigkeitsvarianten einem ähnlich grundlegenden Dissens unterliegt wie die Definition wertebezogener Unzuverlässigkeit. Zu nennen sind hier einerseits Phelan und Martin, deren Definition faktenbezogener Unzuverlässigkeit gar keinen Bezug auf fiktive Fakten nimmt, stattdessen aber auf die Bezugsinstanz des impliziten Autors („the narrator's reporting [...] [is] not in accord with the implied author's" (Phelan 2005: 219). Und auch Nünning scheint nahelegen zu wollen, dass die fiktiven Fakten nicht in jeder Unzuverlässigkeitstheorie als Abgleichsfolie im Zusammenhang mit faktenbezogener Unzuverlässigkeit fungieren. Ihm zufolge zeige sich in letzterer Annahme stattdessen eine unzulässige Verabsolutierung der epistemologischen und ontologischen Position des Realismus, d. h. der Auffassung, dass es eine objektive Realität gebe, die prinzipiell objektiv darstellbar ist (vgl. Nünning 1998: 19–20).

Ich bin allerdings der Ansicht, dass bei Phelan und Martin bzw. bei Nünning eine Verwechslung zwischen der *Definition* faktenbezogener Unzuverlässigkeit und den *Methoden der Feststellung oder Zuschreibung* dieser Unzuverlässigkeitsvariante besteht. Sowohl Phelan als auch Nünning sprechen weiterhin im Zusammenhang mit unzuverlässigen Erzählern von *falschen* Erzählerberichten – und in der Tat ist es genau diese Eigenschaft bzw. Tätigkeit des faktisch falschen Berichtens, das beispielsweise Leser solchen Erzählern zuschreiben, die sie als unzuverlässig verstehen. Was Phelan und Martin bzw. Nünning meines Erachtens ausdrücken wollen, ist die Tatsache, dass es unterschiedliche Theorien darüber gibt, wie solche ‚Falschaussagen' identifiziert werden können und sollten. Phelan ist der Ansicht, dass dies unter Rekurs auf die indirekte Botschaft des impliziten Autors erfolgen sollte, während Nünning berücksichtigen möchte, dass individuelle Leser Fragen nach der fiktiven Wahrheit unter Rekurs auf individuelle Erfahrungshorizonte, Werte und Haltungen beantworten. Hierbei handelt

Es lassen sich also drei wichtige Eigenschaften dieser ersten Rolle von Bezugsinstanzen festhalten: Die Bezugsinstanz in dieser Rolle ist nur im Zusammenhang mit den *wertebezogenen Unzuverlässigkeitsvarianten* relevant, sie kommt dort bereits im Rahmen der *Definition* zum Tragen und die Wahl einer Bezugsinstanz ist hier *obligatorisch*, da die Definition andernfalls unvollständig wäre.

Eine weitere interessante Frage ist nun, in welchem Verhältnis die Wahl einer Bezugsinstanz in diesem ersten Fall mit der Festlegung auf eine Interpretationstheorie zusammenhängt. Diese Frage liegt deshalb nahe, weil die im Kontext von Unzuverlässigkeit diskutierten Bezugsinstanzen (d. h. der implizite Autor, der reale Autor und der Leser) jeweils auch im Rahmen wichtiger Interpretationstheorien relevant sind.

Interpretationstheorien stellen Thesen darüber auf, wie sich ‚Bedeutung' in literarischen Texten konstituiert und auf welchem Wege wir Zugang zu solcher Bedeutung erlangen können (vgl. Danneberg 1999).[139] Welche Art von ‚Bedeutung' literarischer Texte es im Einzelnen ist, zu der wir mittels Interpretationen Zugang erlangen können, ist eine ebenso grundlegende wie unzureichend diskutierte Frage in der Literaturtheorie. Meines Erachtens gehören zu den wichtigsten Bedeutungsaspekten, auf die Interpretationen zielen, nicht-triviale Fragen nach der Beschaffenheit der fiktiven Welt sowie Fragen nach *der* ‚Werkbedeutung' (d. h. nach der allgemeinen, ‚tieferliegenden' Botschaft des gesamten Textes) – diese beiden Aspekte werden in den Kapiteln II.3.1.2 und II.3.1.3 genauer adressiert. Gehen wir von diesen Annahmen aus, dann scheint die Wahl einer Bezugsinstanz als ‚Wertefolie' zumindest keine *unmittelbare* Kopplung an Interpretationstheorien aufzuweisen – denn die Frage, mit wessen Werten wir die Äußerungen, Haltungen oder Handlungen des Erzählers abgleichen wollen, scheint in erster Linie eine Interessenfrage zu sein, die von Fragen danach, wie sich ‚die Bedeutung' von Werken konstituiert, zumindest potenziell unabhängig ist. De facto werden Theoretiker aber häufig die Wahl der Bezugsinstanz auch in diesem ersten Fall davon abhängig machen, welche Interpretationstheorie sie für die richtige halten – denn eine

---

es sich also um eine *zweite* Rolle, die Bezugsinstanzen im Rahmen von Unzuverlässigkeitstheorien einnehmen können – diese Rolle thematisiere ich in Kapitel II.3.1.2.

Was dagegen Kindts Entscheidung, von den ‚Werten des Werks' zu sprechen, anbelangt, so bin denke ich, dass dies tatsächlich eine *sinnvolle* Weise ist, das Konzept der wertebezogenen Unzuverlässigkeit zu bestimmen – einen entsprechenden Vorschlag mache ich auch am Ende von Kapitel II.3.3 bzw. in Kapitel V.3. Allerdings ist diese Konzeption, wie gesagt, nicht geeignet, um damit die bestehenden Unzuverlässigkeitsdefinitionen abzubilden. Aus diesem Grund ist es sinnvoll, die in 2.3.1.1 beschriebene Rolle von Bezugsinstanzen zunächst gesondert zu modellieren.

139 Genaueres zu den Konzepten *Interpretation* und *Interpretativität* findet sich in Kapitel IV.2.

Instanz, die im Zusammenhang mit Bedeutungsaspekten literarischer Werke für maßgeblich gehalten wird, wird wohl auch generell als interessant eingestuft werden.

Wenn Theoretiker dagegen im Zusammenhang mit wertebezogener Unzuverlässigkeit ‚die Werte des Werks' als Abgleichsfolie festsetzen, dann ist die Wahl einer Bezugsinstanz bereits im Rahmen dieser ersten Rolle an eine Interpretationstheorie gekoppelt – denn was die ‚Werte des Werks' sind, ist wohl als Teil der allgemeinen Werkbedeutung, d. h. der tieferen Botschaft des Werks zu verstehen.[140]

3.1.2 Bezugsinstanz bei Feststellung der Fakten

Die zweite Rolle, die Bezugsinstanzen im Zusammenhang mit unzuverlässigem Erzählen einnehmen können, betrifft potenziell alle Unzuverlässigkeitstypen, in besonderem Maße jedoch die faktenbezogenen Varianten. Hier wird die Bezugsinstanz allerdings nicht bereits im Zusammenhang mit der Definition, wohl aber im Rahmen der Feststellung bzw. der Diagnose erzählerischer Unzuverlässigkeit relevant. Denn um beispielsweise die Frage beantworten zu können, ob ein Erzähler die erzählte Welt im Rahmen seiner Behauptungen adäquat abbildet, ist es in der Regel notwendig, herauszufinden, wie diese Welt beschaffen ist, d. h. was in ihr wahr ist.

In vielen Fällen scheint die Frage, was in der erzählten Welt wahr ist, allerdings gar keine interpretativen Bemühungen zu erfordern – stattdessen können wir allein aufgrund der konventionellen Bedeutung des sprachlichen Materials der Erzählung gewissermaßen ‚automatisch' verstehen, welche Ereignisse in der fiktiven Welt stattfinden und welche Eigenschaften die Gegenstände dieser Welt besitzen.[141] Während es also in vielen Fällen unproblematisch zu sein scheint, herauszufinden, was in der fiktiven Welt eines Textes wahr ist, ist dies bei weitem nicht immer der Fall. An solchen problematischeren Stellen wird deutlich, dass unterschiedliche Theoretiker unterschiedliche Auffassungen darüber vertreten, wie sich fiktive Fakten konstituieren. Wie sollten wir beispielsweise verfahren, wenn über bestimmte Aspekte der erzählten Welt nicht ausreichend oder widersprüchliche Informationen im Text vorliegen? Bedeutet dies dann, dass wir keine Aussagen darüber machen können, ob eine bestimmte Proposition in der fiktiven Welt wahr ist oder nicht? Oder dürfen in solchen Fällen textexterne

---

140 Siehe hierzu auch Winkos Überlegungen, die ich in Kapitel IV.2.2.2 vorstelle.
141 Auf die Annahme, dass das sprachliche Material eines Textes im Zusammenhang mit Interpretationen unbedingt ernst genommen werden sollte, gehe ich in den Kapiteln II.3.3 und IV.2 noch einmal ein.

Informationen bzw. Meinungen herangezogen werden, um herauszufinden, welche Variante möglicher fiktiver Ereignisse am wahrscheinlichsten ist?[142]

Spätestens in solchen problematischeren Fällen werden Interpretationstheorien notwendig, die festlegen, wie Bedeutungsaspekte literarischer Texte – zu denen auch Fragen nach der fiktiven Welt gehören[143] – (re-)konstruiert werden sollten. Hier werden nun die Bezugsinstanzen relevant: Im Rahmen von Unzuverlässigkeitstheorien sind nämlich einige Theoretiker der Ansicht, dass (zumindest problematische) Fragen nach fiktiven Fakten unter Rekurs auf den impliziten Autor des Textes bzw. das textuelle Material selbst beantwortet werden sollten. Andere Theoretiker glauben dagegen, dass die Intentionen des realen Autors oder die Interpretationen des Lesers eine tragende Rolle spielen.[144] Wie genau sich die einzelnen Forscher hier die Zusammenhänge zwischen den Bezugsinstanzen und den fiktiven Fakten vorstellen, wird in Kapitel II.3.2 genauer diskutiert.[145]

Wie ich bereits angemerkt habe, werden Bezugsinstanzen in dieser zweiten Hinsicht – also im Zusammenhang mit der Feststellung fiktiver Fakten – in besonderem Maße bei faktenbezogenen Unzuverlässigkeitsvarianten relevant, da die erzählte Welt die Folie darstellt, gegen die die Behauptungen und Überzeugungen des Erzählers abgeglichen werden. Aber Fakten der erzählten Welt spielen noch eine weitere, weniger offensichtliche Rolle im Zusammenhang mit unzuverlässigem Erzählen. So ist es beispielsweise für die Diagnose sprachlicher Unzuverlässigkeitsvarianten notwendig festzustellen, was ein Erzähler äußert,

---

142 Ein anderes Beispiel, an dem sich die literaturtheoretischen Geister scheiden, sind Fälle, in denen das textuelle Material zwar bestimmte fiktive Fakten nahelegt, wir aber davon ausgehen können, dass es sich um einen Fehler des Autors handelt. Sollten wir in solchen Fällen die Absichten des Autors als maßgeblicher für die Konstitution fiktiver Fakten verstehen als das textuelle Material?
143 Folde bezeichnet diese Sorte von Interpretationen, die auf die Feststellung fiktiver Fakten gerichtet sind, als gehaltangebend (*content-specifying*, vgl. Folde 2015: 366).
144 Grundlegendere und möglicherweise weniger strittige Komponenten von Interpretationstheorien, die für die Bestimmung fiktiver Fakten notwendig sind (beispielsweise das *reality principle* und das *mutual belief principle*), werden in Kapitel IV.2 adressiert.
145 Eigentlich sind Interpretationstheorien nicht darauf festgelegt, eine der drei im Kontext dieser Arbeit angeführten Bezugsinstanzen zu wählen. So kann beispielsweise auch die Bezugnahme auf abstraktere Größen wie Theorien (zum Beispiel die psychoanalytische oder die feministische) im Rahmen von Interpretationstheorien als maßgeblich für die Identifikation von Bedeutungsaspekten in literarischen Texten ausgezeichnet werden. Es wäre deswegen theoretisch möglich, dass derartige Bezugspunkte auch im Rahmen von Unzuverlässigkeitstheorien relevant werden (vgl. Kindt 2008: 44; 57 für entsprechende Anmerkungen). Allerdings ist dies de facto in einschlägigen Unzuverlässigkeitstheorien nicht der Fall, weshalb diese Möglichkeit im Folgenden nicht weiter berücksichtigt wird.

für kognitive Varianten, was ein Erzähler denkt, und für aktionale, was er tut. Bei all diesen Dingen handelt es sich ebenfalls um Fakten der erzählten Welt.

Während die Feststellung, was ein Erzähler äußert, meistens trivial sein wird, da der Erzähltext selbst schließlich als Dokumentation seiner Äußerungen verstanden werden muss,[146] erfordert die Feststellung insbesondere der Gedanken des Erzählers oft Interpretation. Auch an diesen Stellen können die Bezugsinstanzen also in der zweiten hier vorgestellten Rolle relevant werden.

Wie wir gesehen haben, kann die Bezugsinstanz in dieser zweiten Rolle im Zusammenhang mit allen Unzuverlässigkeitsvarianten relevant werden. Allerdings scheinen die verschiedenen Typen in unterschiedlichem Maße betroffen – denn der Grad der ‚Betroffenheit' hängt zum einen davon ab, ob fiktive Fakten an einer oder an zwei Stellen der fraglichen Typendefinitionen eine Rolle spielen, und zum anderen davon, wie wahrscheinlich es ist, dass die Feststellung fiktiver Fakten nicht-trivial ist. Durch diese Faktoren erfordert die Diagnose kognitiver faktenbezogener Unzuverlässigkeit wohl am häufigsten die Wahl einer Bezugsinstanz in dieser zweiten Rolle (denn fiktive Fakten spielen an zwei Stellen eine Rolle und die Identifikation der Gedanken des Erzählers ist besonders oft nicht-trivial). Sprachliche wertebezogene Unzuverlässigkeit ist dagegen am seltensten betroffen (denn fiktive Fakten spielen nur an einer Stelle eine Rolle und die Identifikation der Äußerungen des Erzählers ist oft trivial).

Weitere Unterschiede zur ersten Rolle der Bezugsinstanz (d. h. der als Werteschablone) bestehen, wie deutlich geworden ist, darin, dass die Wahl der Bezugsinstanz nicht bereits im Rahmen der Definition, sondern erst im Zusammenhang mit der *Diagnose* unzuverlässigen Erzählens stattfindet. Außerdem ist die Wahl einer Bezugsinstanz nicht immer obligatorisch, sondern nur in Fällen, in denen die Identifikation fiktiver Fakten nicht-trivial bzw. strittig ist. Außerdem erfordert die Wahl einer Bezugsinstanz in diesem zweiten Fall die Festlegung auf eine Interpretationstheorie, da es hier um Aspekte der Bedeutung des Textes geht, während ich im ersten Fall dafür argumentiert habe, dass das nicht der Fall ist.

3.1.3 Bezugsinstanz bei Feststellung der Werkbedeutung

Wie wir gesehen haben, wird die Bezugsinstanz im ersten und im zweiten Fall dafür herangezogen, die in den Kapiteln II.1 und II.2 beschriebenen erzählerischen ‚Fehlfunktionen' abschließend zu definieren oder zu diagnostizieren. Im Rahmen der dritten möglichen Rolle, die einer Bezugsinstanz im Zusammenhang mit

---

[146] Dies gilt allerdings nicht uneingeschränkt für intradiegetische Erzähler (siehe Kapitel IV.1.2).

Unzuverlässigkeit zukommen kann, geht ihr Einfluss hierüber hinaus. Denn in diesem dritten Fall wird die Bezugsinstanz herangezogen, *um den Begriffsumfang unzuverlässigen Erzählens weiter einzuschränken*. Die Idee scheint hier bei einigen Theoretikern zu sein, dass unzuverlässiges Erzählen nicht dann schon automatisch vorliegt, wenn der Erzähler eine der relevanten Tätigkeiten inadäquat ausführt, also beispielsweise inkorrekte Assertionen über die Fakten der erzählten Welt äußert. Stattdessen müssten *zusätzliche Bedingungen* erfüllt sein, damit die Diagnose ‚unzuverlässiges Erzählen' getroffen werden kann. Unzuverlässiges Erzählen liegt diesen Ansätzen zufolge nur dann vor, wenn dem fraglichen Erzählerverhalten *eine Funktion im Zusammenhang mit der zentralen, tieferliegenden Botschaft des Textes*, d. h. mit der ‚Werkbedeutung' zukommt.[147] Kann einer inadäquat ausgeführten Erzählertätigkeit dagegen keine zentrale Rolle im Zusammenhang mit der Werkbedeutung zugewiesen werden, so liege kein unzuverlässiges Erzählen vor.

Ein Beispiel eines Ansatzes, in dem dieser Aspekt besonders deutlich herausgestellt wird, ist Renate Hofs. Sie schreibt:

> Die Feststellung, daß jemand nicht die Wahrheit sagt[,] [...] besagt allein noch nicht viel für die Frage seiner Glaubwürdigkeit oder Unglaubwürdigkeit. [...] Für die Bestimmung von *unreliability* folgt daraus, daß eine Definition der Unglaubwürdigkeit eines Erzählers nicht nur eine Funktionsbestimmung enthalten muß, sondern daß gerade diese Funktion, die Frage nach der zugrundeliegenden Intention die wesentliche Bestimmung ist. Unglaubwürdigkeit ist keine Eigenschaft von Äußerungen, sondern eine mögliche Funktion von Äußerungen. (Hof 1984: 53)

Auch Unzuverlässigkeitstheorien, in denen betont wird, dass unzuverlässiges Erzählen notwendigerweise Teil der *Kompositionsstrategie* des Werks sein muss, sind in diesem Sinne zu verstehen. Hierzu gehören beispielsweise Kindts Theorie:

> N ist genau dann *mimetisch unzuverlässig*, wenn es als Teil der Kompositionsstrategie$_W$ zu verstehen ist, dass Ns Äußerungen im Hinblick auf die fiktive Welt$_W$ nicht ausschließlich korrekte oder nicht alle relevanten Informationen enthalten. (Kindt 2008: 53)

sowie Zipfels:

> [U]nreliable narration in fictional texts is defined as a compositional strategy of the work. Therefore, in order to qualify a fictional narration as unreliable, it is not enough to interpret

---

[147] Interpretationen, die auf die Identifikation der ‚Werkbedeutung' zielen, lassen sich mit Foldes Terminologie am ehesten als *gehaltüberschreitend* (*content-transcending*) bezeichnen (vgl. Folde 2015: 366).

the narrator as unreliable, but it also requires seeing this as part of the compositional strategy of the work. (Zipfel 2011: 120)

Ebenfalls in diesem Sinne lassen sich Unzuverlässigkeitstheorien verstehen, in denen Unzuverlässigkeit primär als *Effekt* oder *Wirkung* auf den Leser definiert wird. Hier ist beispielsweise Matthias Brütschs Theorie zu nennen (vgl. Brütsch 2011), aber auch zahlreiche kognitivistische Theorien (z. B. Nünning 1998; Nünning 1999; Zerweck 2001 etc.).[148] Im Rahmen der letztgenannten Ansätze kommt es zudem häufig vor, dass nicht nur ganz allgemein gefordert wird, unzuverlässiges Erzählen müsse eine Funktion übernehmen oder einen Effekt haben. Stattdessen geht es um die Übernahme einer ganz *bestimmten* Funktion, die als konstitutiv für unzuverlässiges Erzählen verstanden wird. Beispielsweise lässt sich Zerweck so lesen, dass unzuverlässiges Erzählen generell die Funktion erfüllt bzw. erfüllen muss, den Zweifel am epistemischen Realismus zu illustrieren (vgl. Zerweck 2001: 163).[149]

Gemeinhin werden in den fraglichen Unzuverlässigkeitstheorien keine Gründe dafür angegeben, warum eine derartige Einschränkung für den Begriffsumfang unzuverlässigen Erzählens angenommen werden sollte. Die zugrunde liegende Intuition scheint aber zu sein, dass wir keinen narratologischen Terminus benötigen, der zufällige bzw. irrelevante oder bedeutungslose Texteigenschaften bezeichnet.[150]

Zur Beantwortung der Fragen, was unter ‚Werkbedeutung' zu verstehen ist bzw. wie sich diese bestimmt, wird es nun wieder notwendig, eine Interpretationstheorie zu wählen, die – im Zusammenhang mit Unzuverlässigkeit üblicherweise unter Rekurs auf eine der drei Bezugsinstanzen – hier genauere Vorgaben anbietet. Auch hier sind die drei relevanten Optionen wieder die folgenden: Die Werkbedeutung konstituiert sich allein durch das textuelle Material/den impliziten Autor, durch die semantischen Intentionen bzw. die Kompositionsstrategie des realen Autors oder durch die Interpretation des Lesers bzw. die Wirkung auf denselben.

Bezüglich dieser dritten Rolle der Bezugsinstanz lassen sich also die folgenden Eigenschaften festhalten: Es sind potenziell alle Typen unzuverlässigen Erzählens betroffen, da es für jeden dieser Typen möglich ist zu fordern, dass die fragliche Erzählereigenschaft eine Funktion im Rahmen der Gesamtbotschaft

---

[148] Für die Frage danach, *welcher* Bezugspunkt in dieser Hinsicht als relevant erachtet wird, muss beachtet werden, ob die tatsächliche Wirkung auf den Leser oder die vom Autor beabsichtigte Wirkung („ein spezifisch literarisches Phänomen mit einer kalkulierten ästhetischen Wirkung", Ohme 2015: 126) maßgeblich ist. Genaueres Hinzu findet sich in Kapitel II.3.3.
[149] Mehr zu den möglichen Funktionen unzuverlässigen Erzählens findet sich in Kapitel VI.
[150] Die Frage, inwiefern so eine Einschränkung sinnvoll ist – und, allgemeiner, welche Kriterien narratologische Kategorien erfüllen sollten –, wird erst in Kapitel V adressiert.

des Textes einnimmt, um als Unzuverlässigkeit zu gelten. Darüber hinaus wird die Bezugsinstanz hier, wie schon bei der ersten, oben beschriebenen Rolle („Werteschablone'), bereits im Kontext der Definition relevant. Allerdings ist eine Bezugnahme auf Bezugsinstanzen in dieser dritten Variante kein obligatorischer Bestandteil der Unzuverlässigkeitsdefinition – denn es ist eine ebenso legitime Entscheidung, unzuverlässiges Erzählen nicht als Phänomen zu verstehen, dem notwendigerweise eine Rolle im Zusammenhang mit der Werkbedeutung zukommt. In diesem Fall wird es dementsprechend auch nicht notwendig, sich auf eine bestimmte Theorie der Werkbedeutung festzulegen.

Ebenso wie im zweiten Fall, in dem die Bezugsinstanz im Zusammenhang mit der Feststellung der Fakten der erzählten Welt herangezogen wird, ist es auch hier evidenterweise so, dass die Wahl der Bezugsinstanz mit der Festlegung auf eine Interpretationstheorie einhergeht. Deswegen sollte es eigentlich nicht vorkommen, dass ein Theoretiker eine bestimmte Bezugsinstanz wählt, um Fragen nach fiktiven Fakten zu klären, und eine andere, um Fragen nach ‚der Werkbedeutung' zu beantworten. Schließlich liegt beiden Fragen die allgemeinere Frage zugrunde, wie sich Bedeutung in literarischen Texten konstituiert. Wie allerdings deutlich geworden sein sollte, ist es durchaus möglich, im zweiten Fall eine bestimmte Bezugsinstanz zu wählen, im dritten Fall aber *gar keine*.[151]

3.1.4 Zusammenfassung

Nach diesen Darlegungen sollte deutlich geworden sein, dass die Frage, in welcher Rolle genau eine Bezugsinstanz im Zusammenhang mit unzuverlässigem Erzählen als relevant erachtet wird, wichtig ist, um herauszufinden, welchen Begriffsumfang die einzelnen Theoretiker im Visier haben. Bezugsinstanzen können (1) im Zusammenhang mit wertebezogenen Unzuverlässigkeitsvarianten als Werteschablone definitorisch relevant werden, (2) im Kontext der Feststellung, was in der fiktiven Welt wahr ist, eine Rolle spielen oder (3) zur Bestimmung der allgemeinen Werkbedeutung herangezogen werden, wobei es zugleich als notwendig erachtet wird, dass unzuverlässiges Erzählen eine Funktion im Zusammenhang mit dieser Werkbedeutung übernimmt.[152]

---

[151] In einigen konkreten Fällen kann es für die Entwicklung der plausibelsten Hypothese über die fiktiven Tatsachen allerdings notwendig sein, eine Hypothese über die allgemeine Werkbedeutung aufzustellen (vgl. hierzu u. a. Lahn und Meister 2013: 186) – nämlich wenn der Text in Bezug auf die für Unzuverlässigkeit relevanten Fragen offen bzw. unbestimmt ist. Diese Problematik wird in Kapitel 4.2 genauer adressiert.

[152] Schließlich scheint es noch eine vierte Rolle zu geben, die Bezugsinstanzen im Rahmen von Unzuverlässigkeitstheorien einnehmen können, die ich aber nicht in meine Systematik aufnehmen will: Bisher war immer klar, dass es sich bei erzählerischer Unzuverlässigkeit im

Aufgrund der Tatsache, dass im Kontext vieler konkret vertretener Varianten des rhetorischen, des kognitivistischen und des intentionalistischen Ansatzes nicht immer deutlich wird, in welcher Hinsicht die jeweilige Bezugsinstanz als relevant erachtet wird, erscheint es nicht sinnvoll, den Forschungsüberblick nach dieser Systematik zu organisieren: Viele Beiträge können in das hier vorgestellte System nicht eindeutig eingeordnet werden. Deswegen ist der Forschungsüberblick lediglich den drei Strömungen bzw. Bezugsinstanzen entsprechend aufgeteilt. Im Gegensatz zu meinen einführenden Ausführungen zu Beginn von Kapitel II.3 ist die Reihenfolge, in der die Bezugsinstanzen im Folgenden verhandelt werden, nicht durchgängig chronologisch organisiert. Stattdessen werde ich nach der genaueren Untersuchung rhetorischer Ansätze, die auf den impliziten Autor bzw. den Text Bezug nehmen, zunächst mit dem intentionalistischen Ansatz fortfahren, im Rahmen dessen der reale Autor als maßgeblich erachtet wird. Dies erscheint mir sinn-

---

Kern um eine *Erzählereigenschaft* (bzw. eine Eigenschaft der erzählerischen Vermittlung) handelt – auch wenn diese Erzählereigenschaft womöglich nur unter Rekurs auf bestimmte Bezugsinstanzen festgestellt werden kann oder wenn teilweise eine zusätzliche Bedingung gefordert wird, nämlich dass diese Erzählereigenschaft eine bestimmte Funktion übernimmt. Einige Theoretiker scheinen nun allerdings vorschlagen zu wollen, dass wir Unzuverlässigkeit nicht mehr als Erzählereigenschaft verstehen sollten, sondern als eine ganz andere Art von Phänomen – nämlich letztlich einfach *als Eigenschaft der fraglichen Bezugsinstanz*. Im Rahmen konkret vertretener Unzuverlässigkeitstheorien tritt diese Art von Vorschlag nur im Zusammenhang mit kognitivistischen (also leserzentrierten) Ansätzen auf. Die Idee scheint hier zu sein, unzuverlässiges Erzählen nicht als Erzählereigenschaft sondern als *Interpretationsstrategie von Lesern* zu verstehen. Die Frage, ob einem Erzähler tatsächlich die relevanten Eigenschaften zukommen, spielt im Rahmen solcher Ansätze keine Rolle. Wichtig ist lediglich, ob der Leser annimmt, der Erzähler hätte diese Eigenschaften.

Wird die Bezugsinstanz in dieser vierten Variante im Rahmen erzählerischer Unzuverlässigkeit herangezogen, dann wird damit die Kategorie erzählerischer Unzuverlässigkeit einer vollkommen grundlegenden Veränderung unterzogen. Zwar ist die genaue Definition der fraglichen Erzählereigenschaften hier immer noch von großer Relevanz, da wir ja wissen möchten, *die Zuschreibung welcher Erzählereigenschaften* durch den Leser als Unzuverlässigkeit gelten soll – dennoch hat sich das Phänomen, das durch den Terminus „unzuverlässiges Erzählen" bezeichnet wird, geändert. Während die Wahl des Lesers in den Fällen zwei und drei bedeutet, dass im Groben davon ausgegangen wird, dass dem Erzähler – gewissermaßen mittels der ‚bedeutungsgenerierenden Macht' des Lesers – die fraglichen Erzählereigenschaften zukommen, ist dies im vierten Fall nicht so. Die Wahl des Lesers geht hier nicht notwendigerweise mit der Festlegung auf eine Theorie der Bedeutungsgenerierung einher – es wird schlichtweg nicht nach der Werkbedeutung gefragt, sondern stattdessen nach Interpretationsprozessen des Lesers. Da mir dieser Vorschlag geradezu absurd erscheint, nehme ich ihn hier nicht mit in meine Systematik auf. Genauer diskutiert wird er aber noch einmal in Kapitel II.3.3.3.

voll, da die Theoretiker beider Strömungen miteinander mehr grundlegende Intuitionen teilen als mit Vertretern der kognitivistischen Schule. Außerdem lassen sich rhetorische und intentionalistische Unzuverlässigkeitstheorien letztlich sogar (in Ansätzen) zusammenführen. Kapitel II.3.2 schließt mit einer detaillierten Darstellung kognitivistischer Ansätze, die nach eigenem Verständnis eine radikale Neubestimmung der Kategorie des unzuverlässigen Erzählens in Angriff nehmen. Resümierende Überlegungen zum Umgang mit dem ‚Bezugsinstanzenpluralismus' erfolgen in Kapitel II.3.3.

3.2 Drei Bezugsinstanzen: impliziter Autor, realer Autor und Leser

3.2.1 Der implizite Autor als Bezugsinstanz

Wie die erste allgemeine Definition des unzuverlässigen Erzählers, so stammt auch der erste Vorschlag zur Bestimmung des Bezugspunktes von Wayne C. Booth. Seine Definition lautet: „For a lack of better terms, I have called a narrator *reliable* when he speaks for or acts in accordance with the norms of the work (which is to say the implied author's norms), *unreliable* when he does not" (Booth 1961: 158–159). Wie aus der Definition ersichtlich wird, hält Booth im Zusammenhang mit erzählerischer Unzuverlässigkeit eine Instanz für maßgeblich, die er selbst zuvor in die literaturwissenschaftliche Debatte eingeführt hat: den impliziten Autor. Booth versteht darunter, grob gesprochen, das Abbild des realen Autors im literarischen Text. Die Einführung dieser Instanz ist für Booth offenbar ein Mittel, um auktoriale Intentionen für die literaturwissenschaftliche Textinterpretation zu operationalisieren, ohne dabei textexterne Informationen als Datengrundlage zulassen zu müssen. Denn die Intentionen des impliziten Autors lassen sich für Booth *per definitionem* allein auf Basis des jeweiligen Textes feststellen. Dadurch wird auch erzählerische Unzuverlässigkeit bei Booth zu einem textinternen Phänomen.

In welcher der drei von mir oben unterschiedenen Hinsichten spielt der implizite Autor bei Booth eine Rolle als Bezugsinstanz im Zusammenhang mit unzuverlässigem Erzählen? Aus seiner Unzuverlässigkeitsdefinition geht erst einmal nur klar hervor, dass die Normen des impliziten Autors als Folie zur Bewertung der narratorialen Wertäußerungen und Handlungen dienen sollen (Rolle als Werteschablone). Allerdings spielt der implizite Autor im Rahmen von Booths theoretischem Zugang zu Literatur insgesamt eine zentrale Rolle, was die Interpretation von Texten anbelangt. Es lässt sich deswegen vermuten, dass diese Instanz für Booth bei unzuverlässigem Erzählen zumindest auch im Zusammenhang mit der zweiten Bezugsinstanzfrage (Bezugsinstanz zur Feststellung der fiktiven Fakten) relevant sein könnte. Obwohl Booth mehrfach von einem bestimmten „effect" spricht (vgl. z. B. Booth 1961: 300–309), den unzuverlässiges Erzählen normalerweise auf den Leser hat – und obwohl man von so einem Effekt wohl sagen könnte, das er einen Aspekt der Werkbedeutung darstellt – bin ich eher der Ansicht, dass Aspekte der Werkbedeutung (dritte Bezugsinstanzfrage) im Zusammenhang mit unzuverlässigem Erzählen keine *definitorische* Relevanz für Booth haben. Aufgrund der nur recht vagen Aussagen zu diesen Fragen in *The Rhetoric of Fiction* können hierüber keine klaren oder detaillierteren Aussagen getroffen werden.

In Booths Folge fand das Konzept des impliziten Autors bei vielen Theoretikern Anklang. Insbesondere im Kontext von Unzuverlässigkeitstheorien wurde Booths auf den impliziten Autor als Bezugsinstanz referierende Definition oft zunächst nahezu unverändert übernommen.[153] Auf der anderen Seite war das Konzept des impliziten Autors auch von Beginn an sehr grundlegender Kritik ausgesetzt. Eine systematische Zusammenstellung der Vorwürfe findet sich in Tom Kindts und Hans-Harald Müllers Monografie *The Implied Author. Concept and Controversy*. Dort weisen die Autoren beispielsweise auf die elementare Unklarheit des Konzepts hin – so gebe Booth in *The Rhetoric of Fiction* unterschiedliche Definitionen des impliziten Autors an, die nicht miteinander kompatibel seien (vgl. Kindt und Müller 2006: 51). Booth charakterisiert die Instanz mal autorzentriert als „implied version of [the author] ‚himself'" (Booth 1961: 70), mal leserzentriert („his reader will inevitably construct a picture of the official scribe who writes in this manner" [Booth 1961: 71]) und mal textzentriert als „the very special effects proper to the work as a whole" (Booth 1961: 73).[154] Und auch alle Versuche, das Konzept durch eine spezifischere Festlegung zu präzisieren, können es laut Kindt und Müller nicht retten. So skizzieren die Autoren sechs Wege, die Verfechter des impliziten Autors zwecks einer genaueren Bestimmung eingeschlagen haben. Alle dieser Versuche hätten nun entweder so kontraintuitive Implikationen hinsichtlich adäquater Literaturinterpretationen, dass sie verworfen werden müssten, oder sie machten das Konzept

---

[153] Zu nennen sind hier beispielsweise Chatman (1978: 149), Riggan (1981: 5), Rimmon-Kenan (1983: 100–101) und Phelan und Martin (1999: 94).

[154] Mir persönlich scheint es allerdings am wahrscheinlichsten, dass Booth mit dem impliziten Autor tatsächlich ein sehr textzentriertes Phänomen schaffen wollte, in dessen Rahmen auktoriale Intentionen maximal eine untergeordnete Rolle spielen. Hierfür sprechen beispielsweise Textstellen wie die folgende: „The whole question of the difference between artists who consciously calculate and artists who simply express themselves with no thought of affecting a reader is an important one, but it must be kept separate from the question of whether an author's work, regardless of its source, communicates itself" (Booth 1961: Preface).

des impliziten Autors obsolet, weil man in den fraglichen Fällen genauso gut vom realen Autor sprechen könne (vgl. Kindt und Müller 2011).

Ich kann im Rahmen der vorliegenden Arbeit nicht auf alle Details dieser komplexen Debatte eingehen, die sehr viel grundlegenderer Natur ist als die Debatte um unzuverlässiges Erzählen – schließlich verhandelt sie die theoretischen und methodischen Grundlagen literaturwissenschaftlicher Interpretation im Allgemeinen. Deswegen werde ich mich im Folgenden auf zwei Versuche zur Präzision des ‚impliziter Autor'-Konzepts konzentrieren, die von direkt an der Unzuverlässigkeitsdebatte partizipierenden Theoretikern entwickelt worden sind. Dies ist zum einen Chatman, der eine eher textzentrierte Variante des impliziten Autors vorsieht, und zum anderen Phelan, dessen Bestimmung des Konzepts eine zunehmend autorzentrierte ist. Bevor ich allerdings mit der Vorstellung und Analyse dieser beiden Ansätze beginne, möchte ich kurz – basierend auf Kindts und Müllers Arbeit – zwei theoretisch sinnvolle Möglichkeiten, den impliziten Autor zu rekonzeptualisieren, in Reinform vorstellen: ihn als ‚den Text' zu verstehen einerseits und ihn als ‚textkompatible Intention' aufzufassen andererseits. Diese Vorarbeit hilft später dabei zu zeigen, dass auch Chatmans und Phelans Versuche, den impliziten Autor zu bestimmen, nicht maximal eindeutig sind, da sie zwischen den unterschiedlichen Optionen hin- und herspringen.

Eine Option, den impliziten Autor zu einem klar umrissenen Konzept zu machen, besteht darin, ihn schlicht mit ‚dem Text' (bzw. dem sprachlichen Material desselben) gleichzusetzen. Zentral für diesen Ansatz ist zum einen, dass für die Interpretation eines Textes keine extratextuellen Informationen herangezogen werden sollen, und zum anderen, dass wir uns im Rahmen von Interpretationen *nicht* nach den kommunikativen Absichten fragen, die der Verfasser des Textes gehabt haben könnte. Die Frage, mit der wir die Interpretation angehen, ist stattdessen lediglich: Welche Lesart des Textes ist – gegeben das sprachliche Material des Textes – die wahrscheinlichste Lesart?

Wenn der implizite Autor in dieser textuellen, nicht-intentionalistischen Form als Bezugspunkt für unzuverlässiges Erzählen verstanden wird, so hat dies – jeweils einzeln ausbuchstabiert für die drei oben vorgestellten Rollen der Bezugsinstanz – folgende konkrete Konsequenzen. Als Schablone zur Beurteilung der wertebezogenen Zuverlässigkeit des Erzählers (Rolle 1) dienen die Wertungen, die im Text implizit enthalten sind. Dies kann auf unterschiedliche Weise realisiert sein, beispielsweise dadurch, dass der Erzähler, der bestimmte Werte vertritt, dabei extrem unreflektiert wirkt. Zur Identifikation der fiktiven Fakten (Rolle 2) schauen wir ebenfalls allein auf das sprachliche Material und versuchen, die überzeugendste mit diesem Material kompatible Variante zu identifizieren. Wird davon ausgegangen, dass die fraglichen Erzählereigenschaften eine Funktion im Zusammenhang mit der Werkbedeutung einnehmen müssen und dass der implizite Autor in dieser textzentrierten Konzeptualisierung für die Werkbedeutung maßgeblich ist (Rolle 3), dann wird untersucht, welche tieferliegende Bedeutung aufgrund des Textes als wahrscheinlichste erscheint.[155]

Kindt und Müller sind nun der Ansicht, dass diese Rekonzeptualisierung des impliziten Autors zu permissiv ist. Denn wenn die Bedeutung eines Textes allein unter Rekurs auf das sprachliche Material des Textes und dessen konventionelle Bedeutung[156] identifiziert werden soll, dann seien häufig sehr viele (potenziell widersprüchliche) Interpretationen desselben Textes möglich. Dies widerspreche allerdings der bei vielen Theoretikern nachzuweisenden Ansicht, dass es in der Regel nur *einen* impliziten Autor pro Text gebe – mit dem sprachlichen Material kompatibel seien dagegen immer zahlreiche Lesarten des Textes. Diese Konzeptualisierungsvariante könne also nicht als adäquate Rekonstruktion aller wichtigen Intuitionen hinsichtlich des impliziten Autors gelten (vgl. Kindt und Müller 2011: 70).

Dies allein scheint mir aber kein gutes Argument zu sein. Denn manchmal kann es im Rahmen der Spezifikation eines unklaren Konzepts durchaus sinnvoll sein, von einigen Intuitionen abzuweichen, beispielsweise wenn sich diese nicht als plausibel erweisen. Und im hier vorliegenden Fall scheint es mir in der Tat *keine* plausible Annahme zu sein, dass immer nur eine einzelne und unzweideutige Lesart eines literarischen Textes angemessen sein soll – dies scheint mir, im

---

[155] Hier stellt sich die Frage, inwieweit es sinnvoll ist, von einer ‚Werkbedeutung' zu sprechen, wenn man dabei allein auf das textuelle Material des Textes zurückgreifen darf und nicht auf (vermutete) auktoriale Intentionen. Schließlich scheint ‚die Werkbedeutung' immer eine uneigentliche, übertragene Bedeutung zu sein – z. B. ein Verweis auf abstrakte Ideen oder allgemeine, das Leben betreffende Botschaften. Wie soll man sinnvoll davon sprechen, dass ein Text für so eine allgemeine Idee steht, wenn man damit nicht meint, dass der Autor diese Idee mithilfe des Textes ausdrücken wollte? Ein tendenziell sinnvoller Ansatz schiene mir hier folgender zu sein: Ein Text drückt genau dann einen bestimmten allgemeinen Sachverhalt oder eine Idee aus, wenn es genügend inhaltliche und/oder strukturelle Ähnlichkeiten zwischen diesen allgemeinen Ideen bzw. Sachverhalten und den konkreten im Text behandelten Themen gibt. Solche Fälle lassen sich auch folgendermaßen beschreiben: Der Text lässt sich *zwanglos* beispielsweise als Allegorie auf etwas anderes oder als allgemeinere Botschaft lesen.

[156] Kindt und Müller unterscheiden hier weiter zwischen zwei Varianten: Es könne entweder um das Bedeutungspotenzial des sprachlichen Material des Textes im Allgemeinen gehen oder – etwas restriktiver – um das Bedeutungspotenzial des sprachlichen Materials des Textes zu der Zeit, in der der Text verfasst wurde (vgl. Kindt und Müller 2011: 69–70). Da mir diese Unterscheidung im Zusammenhang mit Unzuverlässigkeitstheorien nicht vordergründig relevant erscheint, werde ich hier auf sie verzichten.

Gegenteil, der in der Literaturwissenschaft recht etablierten Annahme zu widersprechen, dass literarische Texte in der Regel mehrdeutig sind.[157] Darüber hinaus bin ich der Ansicht, dass die Vielfältigkeit möglicher Lesarten bei alleinigem Rückgriff auf die konventionelle Bedeutung des sprachlichen Materials von Kindt und Müller überbetont wird. Schließlich stehen einzelne Äußerungen in literarischen Werken immer in einem komplexen intratextuellen Äußerungskontext, der bestimmte Lesarten ausschließt oder zumindest unwahrscheinlich macht. Wird jeweils der gesamte Text herangezogen, so wird das Bedeutungspotenzial des sprachlichen Materials erheblich eingeschränkt – dies gilt insbesondere im Zusammenhang mit Fragen nach den Fakten der erzählten Welt. Was dagegen ein so komplexes Konzept wie die allgemeine ‚Werkbedeutung' anbelangt, so wird es ohne Rekurs auf eine potenzielle ‚Kompositionsstrategie' des Verfassers wohl tatsächlich deutlich mehr Lesarten geben, als wenn mögliche Intentionen des Autors mit einbezogen werden.

Kommen wir nun zu einer zweiten sinnvollen Möglichkeit, das Konzept des impliziten Autors zu schärfen, die im Rahmen von Unzuverlässigkeitstheorien nutzbar gemacht werden kann. Diese Option entsteht, wenn man bei der Interpretation von Texten auch nach den (semantischen) Intentionen fragt, die der Verfasser des Textes womöglich gehabt haben könnte. Dies kann theoretisch auf dreierlei Weise geschehen: (1) Wir könnten uns *allein auf Basis des textuellen Materials* fragen, welche Intentionen der Verfasser wohl gehabt haben könnte. (2) Wir könnten uns unter Hinzuziehung des Textes und textexterner Quellen fragen, welche Intentionen der Verfasser des Textes wohl gehabt haben könnte, und fordern, *dass diese möglichen Intentionen mit dem Text kompatibel sind*. (3) Oder wir können uns unter Hinzuziehung aller möglicher Quellen fragen, welche Intentionen der Verfasser des Textes hatte, *ohne zu fragen, ob diese Intentionen mit dem textuellen Material kompatibel sind*.

Nun sind die erste und die letzte dieser Optionen zu unplausibel, um sie weiterhin als sinnvolle Möglichkeiten ernst zu nehmen. Die erste Variante ist meines Erachtens nicht praktisch umsetzbar: Sobald wir uns nach wahrscheinlichen Autorintentionen fragen, werden automatisch bestimmte allgemein verfügbare Informationen, die wir über den Autor oder dessen Werke haben, mit in unsere Überlegungen einfließen.[158] Die dritte Option fällt dagegen weg, weil

---

[157] Darüber hinaus kann es auch möglich sein, dass ein (impliziter) Autor mehrere Lesarten intendiert hat.

[158] Einen ähnlichen Punkt macht beispielsweise auch Chatman in Auseinandersetzung mit dem von Booth eingeführten Konzept des *carreer author*: Selbst wenn wir uns vornehmen, ein Werk ohne Bezugnahme auf dessen Autor zu deuten, so fließt automatisch bestimmtes allgemeines Wissen über den Autor des Werks in unsere Interpretation ein, sobald wir dessen Namen lesen (vgl. Chatman 1990: 88–89).

sie der grundlegenden Intuition entgegensteht, die überhaupt dazu geführt hat, dass einige Theoretiker von einem impliziten anstatt vom realen Autor sprechen: Es ist unplausibel, dass die tatsächlichen Intentionen realer Autoren auch dann konstitutiv für die Textbedeutung sind, wenn Autoren diese Intentionen im Text nicht umsetzen konnten.[159] Übrig bleibt also nur die zweite Variante: Wir können uns auf Basis des Textes und weiterer Informationen fragen, welche Absichten der Autor vermutlich hatte, die mit dem sprachlichen Material kompatibel sind.[160]

Im Rahmen dieser stärker autorzentrierten Rekonzeptualisierung des impliziten Autors, in die auch Intentionen mit einbezogen werden, ergeben sich folgende Konsequenzen für die drei Rollen, die Bezugsinstanzen im Rahmen von Unzuverlässigkeitstheorien einnehmen können. Wir können uns fragen, welche Werte der Autor im Werk aller Wahrscheinlichkeit nach indirekt kommunizieren *wollte*, wie er die fiktiven Fakten gestalten *wollte* und ob er den fraglichen Erzählereigenschaften eine Funktion im Rahmen der allgemeinen Botschaft des Textes verleihen *wollte*.

Kindt und Müller zufolge handelt es sich bei dieser Variante um eine potenziell robuste Rekonzeptualisierung des impliziten Autors, die zentrale Intuitionen der Debatte um den impliziten Autor einfängt. Allerdings sind sie zugleich der Ansicht, dass es bei der autorzentrierten Rekonstruktion des impliziten Autors nicht notwendig ist, weiterhin vom *impliziten* Autor zu sprechen. Stattdessen sei es sinnvoller, auf den *realen* Autor Bezug zu nehmen. Wie Kindt und Müller deutlich machen, ist diese Entscheidung vereinbar damit, nicht erfolgreich umgesetzte Intentionen aus der Werkbedeutung auszuschließen – entsprechende intentionalistische Theorien (beispielsweise der hypothetische oder der moderate starke Intentionalismus) existieren bereits. Dieser Kritikpunkt am Konzept des impliziten Autors soll an dieser Stelle allerdings nicht weiter diskutiert werden – er wird aber in den Kapiteln II.3.2.2 und II.3.3 noch einmal aufgegriffen.

Nach diesen theoretischen Vorüberlegungen können wir uns nun der Analyse zweier konkreter Ansätze zuwenden, im Rahmen derer der implizite Autor als Bezugsinstanz für unzuverlässiges Erzählen operationalisiert wird: Chatmans

---

159 Zwar scheint es durchaus einige Intentionalisten zu geben, die derart extreme Theorie der Werkbedeutung vertreten (vgl. z. B. Stock 2017). Aber erstens können wir in diesem Fall unter keinen Umständen mehr von den Intentionen des *impliziten* Autors sprechen – und zweitens halte ich es nicht für nötig, hier auf Theorien einzugehen, die eine derart geringe Chance haben, auf Akzeptanz bei Literaturwissenschaftlern zu stoßen.
160 Kindt und Müller unterscheiden zwei Varianten dieses Falls, die sich darin unterscheiden, welches textexterne Material im Einzelnen erlaubt ist.

und Phelans Ansatz. Um diese Ansätze angemessen zu verstehen, müssen wir uns zwei Fragen stellen: Welche Modellierungsvariante des impliziten Autors wird gewählt? Und in welcher der drei oben diskutierten Rollen wird der implizite Autor als Bezugsinstanz für relevant erachtet?

Chatman modelliert den impliziten Autor als festen Bestandteil des narrativen Kommunikationssystems.[161] Welches Bild Chatman vom impliziten Autor im Einzelnen hat, ist etwas schwierig festzustellen, da sich auch im Rahmen seiner Präsisierungsbemühungen Hinweise ganz unterschiedlicher Art finden. Im Grunde scheint Chatman eine sehr textzentrierte Variante des impliziten Autors vorzusehen, wie sich in Formulierungen wie: „The text itself is the implied author" (Chatman 1990: 81) zeigt. Außerdem geht Chatman äußerst vorsichtig mit dem Konzept auktorialer Intentionen um. Er ersetzt den Ausdruck ‚intention' durch die Rede von ‚intent': „I use ‚intent,' rather than ‚intention,' to refer to a work's ‚whole' or ‚overall' meaning, including its connotations, implications, unspoken messages" (Chatman 1990: 74). Ganz klar wird deswegen nicht, welche Rolle die Frage nach (vermuteten) Autorintentionen im Rahmen von Chatmans Theorie hat. Einige andere Anmerkungen sprechen nämlich doch dafür, dass (auf vornehmlich textueller Basis rekonstruierbare) Intentionen im Zusammenhang mit dem impliziten Autor eine Rolle spielen: „It is a sense of purpose reconstructable from the text that we read" (Chatman 1990: 86). An wieder anderen Stellen macht Chatman jedoch deutlich, dass auch textexterne Informationen herangezogen werden können:

> Of course, we may bring in other information [to reconstruct the implied author], other contexts (in the root sense of the morpheme: texts around or associated with the text). Among such contexts is what we remember of other works by the real author.
> (Chatman 1990: 84)

Den Eindruck der Unentschiedenheit stützt Chatman selbst durch explizite Kommentare wie folgenden: „[M]y position lies halfway between that of poststructuralists, who would deny the existence of *any* agent – who would acknowledge only our encounter with *écriture* – and that of Booth, who has spoken of the

---

[161] Ihm zufolge stehen sich auf der extratextuellen Ebene realer Autor und realer Leser als Sender und Empfänger gegenüber, auf der intratextuellen Ebene dagegen zum einen der implizite Autor und der implizite Leser, zum anderen Erzähler und fiktiver Adressat (*narratee*). Dabei sind laut Chatman auf der intratextuellen Ebene jedoch nur der implizite Autor und der implizite Leser obligatorische Instanzen, Erzähler und fiktiver Adressat dagegen optional (vgl. Chatman 1978: 151). Obwohl der implizite Autor für Chatman also nicht-verzichtbarer Teil des Kommunikationssystems ist, kann der implizite Autor selbst keine Äußerungen tätigen: „Unlike the narrator, the implied author can *tell* us nothing. He, or better, *it* has no voice, no direct means of communicating. It instructs us silently, through the design of the whole, with all the voices, by all the means it has chosen to let us learn" (Chatman 1978: 148).

implied author as ‚friend and guide.'" (Chatman 1990: 86). Meines Erachtens geht die Tendenz jedoch mehr als bei Phelan, dessen Ansatz ich in Kürze genauer vorstellen werde, in Richtung eines *textzentrierten* Ansatzes, in dessen Rahmen auktoriale Intentionen keine zentrale Rolle spielen.

Durch diese Unklarheit in Chatmans Theorie ist letztlich nicht definitiv entscheidbar, in welchen der drei Hinsichten er den impliziten Autor als Bezugsinstanz für erzählerische Unzuverlässigkeit für relevant hält. Aus seiner Definition unzuverlässigen Erzählens lässt sich lediglich erkennen, dass für ihn die erste Hinsicht wichtig ist, die den impliziten Autor als Werteschablone im Kontext wertebezogener Unzuverlässigkeitsvarianten vorsieht: „What makes a narrator unreliable is that his values diverge strikingly from that of the implied author's" (Chatman 1978: 149).[162] Ob darüber hinaus noch hinzukommen muss, dass so eine erkennbare Wertdiskrepanz intendiert ist oder sogar eine wichtige Funktion im Zusammenhang mit der offenbar intendierten ‚overall meaning' übernehmen muss, bleibt aber ebenso unklar wie die Frage, wie laut Chatman problematische Fragen hinsichtlich der Fakten der fiktiven Welt beantwortet werden sollten.[163]

Neben Chatman nimmt auch James Phelan in seiner Definition unzuverlässigen Erzählens prominent auf den impliziten Autor Bezug. Während Phelans

---

[162] Interessant scheint zunächst die Tatsache zu sein, dass Chatman an anderer Stelle unvermittelt den impliziten *Leser* als Bezugspunkt für Unzuverlässigkeit bestimmt: „In ‚unreliable narration' the narrator's account is at odds with the implied readers surmises about the stories real intentions" (Chatman 1978: 233). Sollte deswegen zunächst der Eindruck entstehen, dass Chatman die rhetorische mit einer leserzentrierten bzw. kognitivistischen (siehe Kapitel II.3.2.3) Konzeptualisierung erzählerischer Unzuverlässigkeit vermischt, so lässt sich diese Befürchtung leicht ausräumen. Denn im Rahmen von Chatmans Kommunikationsmodell ist es offenbar *unmöglich*, dass die Haltungen des impliziten Autors und des impliziten Lesers auseinanderfallen. Komplementär zum impliziten Autor ist der implizite Leser „the audience presupposed by the narrative itself" (Chatman 1978: 150). Das bedeutet letztlich: Die im literarischen Werk implizit vermittelte Wertestruktur ist zugleich dem impliziten Autor und dem impliziten Leser zuzuschreiben. Für das Phänomen erzählerischer Unzuverlässigkeit scheinen nun bei Chatman impliziter Autor und impliziter Leser gleichermaßen wichtig zu sein, denn er beschreibt das Phänomen als „secret communication" zwischen den beiden Instanzen (vgl. Chatman 1978: 233). Ich werde dieses Phänomen in Kapitel II.3.3 genauer diskutieren.

[163] Die Tatsache, dass Chatman an einigen Stellen unzuverlässiges Erzählen als „effect" bezeichnet (z. B. Chatman 1978: 235), scheint auf den ersten Blick nahezulegen, dass der Leser bzw. Rezipient und/oder die Werkbedeutung eine definitorische Rolle für unzuverlässiges Erzählen hat. Dies klingt jedoch ansonsten in seiner Theorie *nicht* durch. Ich halte es deswegen für am wahrscheinlichsten, dass diese Ausdrucksweise nicht buchstäblich zu verstehen ist, sondern Chatman lediglich von einem Effekt spricht, den unzuverlässiges Erzählen de facto *häufig* auf den Rezipienten hat.

und Martins Aufsatz von 1999 noch keine nähere Auseinandersetzung mit dem impliziten Autor enthält, widmet Phelan diesem Konzept später mehr Aufmerksamkeit. In der Monografie *Living to Tell about It* definiert er es als „streamlined version of the real author, an actual or purported subset of the real author's capacities, traits, attitudes, beliefs, values, and other properties that play an active role in the construction of a particular text" (Phelan 2005: 45). Phelan entscheidet sich somit scheinbar für eine eher autorzentrierte als für eine textzentrierte Definition des impliziten Autors. Hierfür spricht auch Phelans Anmerkung, dass es in vielen Fällen gar nicht nötig sei, zwischen realem und implizitem Autor zu differenzieren. Da es aber Fälle gebe, in denen reale Autoren einen impliziten Autor konstruieren oder produzieren, der sich in einigen Eigenschaften von ihnen unterscheidet, sollte der implizite Autor – gewissermaßen als Vorsichtsmaßnahme, um Fehlschlüsse zu vermeiden – in das literarische Kommunikationsmodell integriert werden (vgl. Phelan 2005: 45–46).

Die Einschätzung, dass Phelan sich für eine autorzentrierte Rekonstruktion des impliziten Autors entscheidet, scheint allerdings dadurch geschwächt zu werden, dass Phelan zunächst Intentionen dezidiert *keine* entscheidende Rolle einräumt. In *Living to Tell about It* greift er nämlich explizit die Frage auf, ob es für die Interpretation literarischer Texte notwendig ist, zwischen vom impliziten Autor intentional und nicht-intentional angebrachten Textmerkmalen zu unterscheiden. So schreibt Phelan:

> My conception of the implied author also leaves room for authorial intentions (as realized in textual phenomena) as an important component of interpretation, but it does not make authorial intention either the sole or the dominant determiner of a text's meaning.
>
> (Phelan 2005: 47)

Weiter schreibt er: „[A structural] whole is originally designed, *whether consciously, intuitively, or in some combination of the two*, by the implied author" (Phelan 2005: 48, meine Hervorhebung). Die Intentionalität von Textmerkmalen scheint also kein notwendiges Kriterium für ihre Bedeutsamkeit im Rahmen von Interpretationen zu sein.

Welche Rolle spielt der implizite Autor für Phelan nun im Kontext unzuverlässigen Erzählens? Auch hier scheint der implizite Autor wenigstens schon einmal als Werteschablone (Rolle 1) betrachtet zu werden. Dies zeigt sich in Formulierungen wie: „[Unreliable narration is] [n]arration in which the narrator's [...] evaluating [is] not in accordance with the implied author's" (Phelan 2005: 219). Auch im Zusammenhang mit der Feststellung der Fakten der erzählten Welt hält Phelan offenbar den impliziten Autor für relevant. Schließlich werden die faktenbezogenen Unzuverlässigkeitsvarianten von ihm gar nicht direkt unter Rekurs auf die fiktiven Fakten definiert, sondern gleich unter Rekurs auf die Fakten, die vom impliziten Autor kommuniziert werden („the narrator's reporting [...] [is] not in accordance with the implied author's" (Phelan 2005: 219). Dafür, dass unzuverlässiges Erzählen nur dann vorliegt, wenn das fragliche Erzählerverhalten eine Rolle im Zusammenhang mit der allgemeinen Werkbedeutung übernimmt, gibt es in Phelans frühen Texten zu unzuverlässigem Erzählen keine Nachweise. Insgesamt entsteht also zunächst der Eindruck, dass die *Intentionen* des impliziten Autors im Zusammenhang mit Unzuverlässigkeit für Phelan keine Rolle spielen.[164]

Interessanterweise scheint sich Phelans Haltung diesbezüglich in späteren Arbeiten aber deutlich zu ändern (vgl. Phelan 2011). Nicht nur werden Intentionen im Zusammenhang mit seiner Modellierung des impliziten Autors im Allgemeinen immer wichtiger – er überträgt diese Überlegungen sogar explizit auf das Konzept erzählerischer Unzuverlässigkeit. Sein neuer Vorschlag lautet, nur dann von unzuverlässigem Erzählen zu sprechen, wenn eine identifizierbare erzählerische Fehlfunktion (Phelan spricht hier von der ‚*off-kilter quality*' eines Textes) *intentional* vom impliziten Autor im Text angebracht wird und als Teil der allgemeinen Kommunikationsstrategie – des „larger system of intentionality" (Phelan 2011: 130) – verstanden werden kann. Ist die ‚Fehlfunktion' des Erzählers dagegen auf einen Fehler des Autors zurückzuführen, sollten wir nicht von *unreliable*, sondern stattdessen von *deficient narration* sprechen. Hier wird der implizite Autor also auch als Bezugsinstanz in der dritten oben beschriebenen Variante relevant.

Was Phelan allerdings nicht zu bemerken scheint, ist, dass er in seiner Argumentation die Bezugnahme auf Intentionalität letztlich doch gar nicht benötigt. Denn seine zentrale These ist im Grunde einfach folgende: Wenn der Erzähler ein Urteil fällt, das dem Leser zwar merkwürdig erscheint, aber mit dem indirekt vermittelten Urteil des impliziten Autors übereinstimmt, dann liegt keine Unzuverlässigkeit vor (vgl. Phelan 2011: 133). Dies ist allerdings schon durch Phelans ursprüngliche Definition unzuverlässigen Erzählens garantiert, in der er unzuverlässiges Erzählen als Diskrepanz zwischen

---

[164] Diese Relativierung der Wichtigkeit der Autorintention scheint jedoch zumindest für einen konkreten Typ unzuverlässigen Erzählens zurückgenommen zu werden, nämlich für den Fall des *underreporting* (siehe Kapitel II.2.1.2). So macht Phelan deutlich: „Not all underreporting [...] constitutes unreliability, and it is worth distinguishing unreliable narration from reliable *elliptic narration*, that is, telling that leaves a gap that the narrator and the implied author expect their respective audiences to be able to fill" (Phelan 2005: 52). Hier wird es offenbar von den Intentionen des impliziten Autors abhängig gemacht, ob Unzuverlässigkeit vorliegt – das tut sie nämlich anscheinend nur dann, wenn der implizite Autor durch das Auslassen von Informationen eine Täuschung des Lesers beabsichtigt.

den Berichten, Interpretationen und Wertungen des Erzählers und denen des impliziten Autors definiert. Legen wir diese Definition zugrunde, dann liegt also gar nicht die für Unzuverlässigkeit als relevant erachtete Texteigenschaft vor, wenn der Erzähler ‚merkwürdige' Einschätzungen vornimmt, die aber mit denen des impliziten Autors übereinstimmen. Die Frage nach auktorialen Intentionen wird dadurch obsolet. An dieser Stelle wird deutlich, wie die fehlende Differenzierung zwischen den unterschiedlichen Rollen, die Bezugsinstanzen im Zusammenhang mit Unzuverlässigkeit spielen können, verschleiert, worum es den fraglichen Theoretikern wirklich geht. Denn in diesem Fall werden offenbar die Rolle des impliziten Autors als Werteschablone (Rolle 1) und seine Rolle im Zusammenhang mit der ‚allgemeinen Werkbedeutung' (Rolle 3) durcheinandergebracht. Insgesamt wird daran, dass Phelan in seinen exemplarischen Analysen eines *deficient narration*-Falls auf Wissen über den realen Autor zurückgreift,[165] deutlich, dass Phelans Konzept des impliziten Autors sich in seinen

---

165 Insbesondere an dieser Stelle erscheint mir Phelans Argumentation äußerst schwach. In dem von ihm diskutierten Beispiel handelt es sich um einen nicht-fiktionalen Text, in dem die Erzählerin an einer Stelle zu einer Einschätzung kommt, der die implizite Autorin zuzustimmen scheint. Diese Einschätzung sei aber nicht mit dem „system of intentionality" in Einklang zu bringen, das die implizite Autorin bis zu dieser Stelle in dem Text etabliert habe (vgl. Phelan 2011: 129). Phelan behauptet, dass wir diesen Fall als erzählerische Unzuverlässigkeit klassifizieren würden, wenn es sich um einen fiktionalen Text handeln würde: „If the narration were fictional, the clause [that expresses the implausible belief of the narrator] would have all the marks of an unreliable narration that was part of the larger system of intentionality" (Phelan 2011: 130). Diese Lesart sei aber dadurch, dass es sich tatsächlich um einen nicht-fiktionalen Text handele, nicht aufrechtzuerhalten, da eine ‚ontologische Kontinuität' zwischen Erzählerin und impliziter Autorin vorliege (vgl. Phelan 2011: 131). Deswegen sei es nicht plausibel, dass die implizite Autorin an dieser Stelle das Urteil der Erzählerin untergraben wolle bzw. dass sie intendiert habe, dass das Urteil der Erzählerin merkwürdig erscheine.

Solange man das Konzept des impliziten Autors ernst nimmt, scheint es mir allerdings äußerst unplausibel, fiktionale und nicht-fiktionale Texte in der vorgeschlagenen Weise unterschiedlich zu behandeln. Insgesamt ist unklar, wie Phelan zu der Einschätzung kommen kann, dass die implizite Autorin dem fragwürdigen Urteil der Erzählerin zustimmt, wenn dieses Urteil nicht in das ‚larger system of intentionality' passt, das doch bisher immer mit der impliziten Autorin gleichgesetzt wurde. Als letzter unplausibler Argumentationsschritt kommt schließlich noch hinzu, dass Phelan seine Ergebnisse, die doch gerade auf einer bereits wenig überzeugenden Ungleichbehandlung des impliziten Autors im Zusammenhang mit fiktionalen und nicht-fiktionalen Texten basiert, nun auch noch auf fiktionale Texte übertragen will (vgl. Phelan 2011: 133). Dies ist besonders vor dem Hintergrund unplausibel, dass Phelan vorher argumentiert hatte, dass wir den Beispielfall natürlicherweise als von der impliziten Autorin intendiert verstehen würden, wenn es sich um einen fiktionalen Text gehandelt hätte.

späteren Arbeiten immer weiter in Richtung der autorzentrierten, intentionalistischen Auslegung des impliziten Autors bewegt.[166]

---

[166] Neben den beiden ausführlich dargestellten Theorien kommt der implizite Autor noch in weiteren Definitionen und Theorien unzuverlässigen Erzählens zum Einsatz. Da diese keine ausführlichen Überlegungen zur genauen Ausgestaltung des impliziten Autors enthalten, sollen sie hier lediglich kurz genannt werden. Im Rahmen von Rimmon-Kenans Definition erzählerischer Unzuverlässigkeit dient der implizite Autor als Werteschablone (Rolle 1). Rimmon-Kenan betont zudem den Punkt, auf den auch Phelan in seinen jüngeren Arbeiten mit Vehemenz verweist – dass es für Unzuverlässigkeit keine Rolle spielt, wie merkwürdig die Werte des Erzähler dem Leser erscheinen:

> A narrator's moral values are considered questionable if they do not tally with those of the implied author of the given work. If the implied author does share the narrator's values then the latter is reliable in this respect, no matter how objectionable his views may seem to some readers.   (Rimmon-Kenan 1983: 101)

Obwohl auch der Leser in Rimmon-Kenans Definition vorkommt, scheint mir dieser keine definitorische Relevanz zu besitzen. Dadurch, dass die Autorin auf (gute) Gründe verweist, die beim Leser den Verdacht hervorrufen, bleibt ihr Ansatz meines Erachtens textzentriert.

Bei Wall wird der implizite Autor in der ersten und in der dritten Rolle relevant: Sie definiert unzuverlässiges Erzählen als „distance between the ‚norms and values' of the author and those articulated by the narrator's words or behavior" (Wall 1994: 18) und merkt darüber hinaus an, dass die „verbal habits and diegetic inconsistencies [...] must problematize, complicate, or undermine our understanding of the central issues of the work as a whole" (Wall 1994: 39).

Auch in Curries Definition erzählerischer Unzuverlässigkeit spielt der implizite Autor als Bezugspunkt eine zentrale Rolle. Currie schreibt hierzu: „[S]he [i. e., the implied author] creates something which she intends will be taken as evidence of her intentions, and she intends that superficial evidence will suggest that her intention was X, whereas a better, more reflective grasp of the evidence will suggest that her intention was Y" (Currie 1995: 22). An dieser Definition sind mehrere Dinge auffällig: Zum einen steht bei Currie ganz klar die dritte Hinsicht, in der Bezugsinstanzen relevant werden können, im Zentrum: Es geht vor allem um die vom impliziten Autor intendierte Funktion und Wirkung. Gleichzeitig schreibt Currie aber auch, dass die Intentionen des impliziten Autors bestimmen, was in der fiktiven Welt wahr ist (vgl. Currie 1995: 20). Der implizite Autor scheint deswegen auch in der zweiten Rolle relevant zu sein. Zweitens wird deutlich, dass Currie in seiner Definition gar keinen Bezug auf einen Erzähler nimmt. Dies resultiert aus Curries Überzeugung, dass nicht jede Erzählung (insbesondere nicht jede filmische Erzählung) einen Erzähler besitzt, Unzuverlässigkeit aber dennoch möglich ist. Drittens ist schließlich noch auffällig, dass Curries Definition einen recht engen Begriffsumfang stipuliert, da er nur nicht-aufgelöste Fälle von ‚Unzuverlässigkeit' integrieren will (siehe hierzu auch Kapitel II.4).

Schließlich fungiert der implizite Autor auch noch bei Shen als Bezugsinstanz (vgl. Shen 2013).

Nachdem ich nun einige Ansätze, die den impliziten Autor als Bezugsinstanz wählen, vorgestellt habe, sollen im nächsten Kapitel Theorien vorgestellt werden, die stattdessen den *realen* Autor für einen angemessenen Bezugspunkt halten.

3.2.2 Der reale Autor als Bezugsinstanz

Wie im vorangegangenen Kapitel deutlich geworden ist, kann der implizite Autor offenbar deshalb ein attraktives Konzept sein, weil mit seiner Hilfe die Intentionen ‚des Verfassers' integriert werden können, ohne zugleich annehmen zu müssen, dass auch solche Intentionen des Autors die Bedeutung des Textes (oder Aspekte derselben) bestimmen, die nicht erfolgreich umgesetzt worden sind. Allerdings sind viele Theoretiker der Ansicht, dass sich letztere unplausible Annahme auch dann vermeiden lasse, wenn man vom realen Autor spreche, anstatt auf das notorisch unklare Konzept des impliziten Autors Bezug zu nehmen. Theorien, in denen solch ein Projekt verfolgt wird, sind beispielsweise der hypothetische und der moderate starke Intentionalismus. Hierbei handelt es sich jeweils um allgemeine Interpretationstheorien, die Hypothesen darüber aufstellen, was unter ‚der Bedeutung' eines literarischen Werks zu verstehen ist und auf welchem Wege sich diese Bedeutung bestimmen lasse. So konstituiert sich ‚die Bedeutung' eines literarischen Werks dem hypothetischen Intentionalismus zufolge durch die semantischen Intentionen, von denen wir auf Basis des Textes am wahrscheinlichsten annehmen können, dass der reale Autor sie hatte. Dem moderaten starken Intentionalismus zufolge wird die Werkbedeutung dagegen nicht durch die hypothetischen, sondern die tatsächlichen Intentionen des realen Autor bestimmt – allerdings wird hier eine Reihe komplizierter Einschränkungen in die Definition von „Werkbedeutung" integriert, die kontraintuitive Konsequenzen verhindern sollen (vgl. Stecker 2006).

Literaturtheoretiker, die im Rahmen von Interpretationstheorien dezidiert den realen Autor als relevante Bezugsinstanz wählen, gehen in der Regel davon aus, dass literarische Texte in erster Linie als kommunikative Äußerungen realer Autoren zu verstehen sind, weshalb sich die Bedeutung dieser Texte auf ähnliche Weise konstituiere wie die Bedeutung mündlicher und schriftlicher Äußerungen in alltäglichen Kommunikationssituationen (vgl. z. B. Heyd 2011: 4). Diese starke Orientierung an linguistischen und analytisch-sprachphilosophischen Theorien scheint bei vielen klassischer literaturwissenschaftlich orientierten Forschern die Befürchtung zu wecken, dass Verfechter des Intentionalismus nicht den Besonderheiten literarischer Texte gerecht werden können. Diese Befürchtung ist allerdings nur teilweise gerechtfertigt. Denn de facto sind viele Intentionalisten, wie oben deutlich geworden ist, der Ansicht, dass nur erfolgreich umgesetzte

Intentionen die Werkbedeutung bestimmen. Das bedeutet zum einen, dass der Text selbst die wichtigste Quelle zur Rekonstruktion auktorialer Intentionen ist. Zum anderen müssen die semantischen Intentionen immer mit dem sprachlichen Material des Textes kompatibel sein, um für Bedeutungsaspekte des Textes relevant zu werden. Da extreme intentionalistische Theorien, die diese Einschränkungen nicht für sinnvoll halten, zum einen meines Wissens nicht im Zusammenhang mit Unzuverlässigkeitstheorien vertreten werden und mir zum anderen allzu unplausibel erscheinen, werden sie im weiteren Verlauf dieser Arbeit nicht weiter thematisiert.

Wenn man sich anschaut, in welcher Form die Bezugnahme auf den realen Autor im Kontext von Unzuverlässigkeitstheorien stattfindet, dann lässt sich als allgemeine Tendenz feststellen, dass der Autor selten explizit als Bezugsinstanz im Sinne einer Werteschablone (Rolle 1) herangezogen wird. Dies hat wohl unter anderem auch damit zu tun, dass sich diejenigen Theoretiker, die explizit mit dem realen Autor arbeiten, häufig in ihren Theorien auf faktenbezogene Unzuverlässigkeitsvarianten konzentrieren und wertebezogene nur kursorisch oder gar nicht behandeln. Durch den Fokus auf Intentionen und Kommunikationsstrategien scheint es stattdessen tendenziell die dritte Hinsicht zu sein, in der der reale Autor als Bezugspunkt herangezogen wird. Ob diese allgemeine tentative Einschätzung einer genaueren Prüfung standhält, soll im Folgenden anhand der wichtigsten Unzuverlässigkeitstheorien untersucht werden, die auf den realen Autor Bezug nehmen: Martínez' und Scheffels, Heyds und Kindts Theorie.

Einen frühen Vorschlag, Unzuverlässigkeit unter Referenz auf den realen Autor eines Werks verständlich zu machen, liefern Martínez und Scheffel. Interessant ist hierbei allerdings, dass ihre allgemeine Definition unzuverlässigen Erzählens erst einmal ohne Referenz auf den Autor auskommt. Ihr Definiens lautet nämlich: „Behauptungen über die erzählte Welt, die als zweifelhaft oder falsch aufzufassen sind" (Martínez/Scheffel 1999: 192). Den Autor bringen Martínez und Scheffel erst dann ins Spiel, wenn es um eine genauere Erklärung des fraglichen Erzählphänomens geht: Im Falle unzuverlässigen Erzählens kommuniziere der Erzähler eines fiktionalen Textes eine explizite Botschaft, der reale Autor dagegen eine implizite, die der vom Erzähler geäußerten widerspricht (vgl. Martínez und Scheffel 1999: 101). Dabei ist die Intentionalität der implizit vermittelten Botschaft offenbar eine notwendige Voraussetzung für das Vorliegen von Unzuverlässigkeit:

> Für [...] Inkonsistenzen, die durch ein Versehen des Autors, korrupte Manuskripte, fehlerhafte Textüberlieferung oder eigenmächtige Entscheidungen eines Editors entstanden sind, gilt, daß sie dem intentionalen Gebilde des literarischen Werkes nicht als funktionale Bestandteile zugerechnet werden können. Insofern gehören sie nicht mehr in den Bereich einer – und sei es ironischen – Kommunikation zwischen Autor und Leser und

sind deshalb auch keine Fälle von unzuverlässigem Erzählen. Sie sind zwar textgenetisch erklärbar, aber nicht textstrukturell interpretierbar. (Martínez und Scheffel 1999: 106)

Diese Theorie lässt allerdings meines Erachtens mindestens zwei Fragen offen. Zum einen ist unklar, aus welchem Grund Martínez und Scheffel nichtintentionale Fälle ‚textueller Inkonsistenzen' aus dem Begriffsumfang unzuverlässigen Erzählens ausklammern wollen. Sind sie der Ansicht, dass im Fall textueller Inkonsistenzen, die durch Fehler des Autors zustande kommen, der Erzähler in Wirklichkeit *gar nichts Falsches über die fiktive Welt erzählt* und die in der Definition genannten Bedingungen für Unzuverlässigkeit also nicht erfüllt sind? Das würde auf eine radikal intentionalistische Theorie im Zusammenhang mit den fiktiven Fakten hinweisen, da auktoriale Intentionen hier als relevanter angesehen werden als das sprachliche Material des Textes. Oder denken Martínez und Scheffel stattdessen, dass der Erzähler in solchen Fällen zwar tatsächlich falsche Behauptungen aufstellt, diese falschen Behauptungen aber Teil der allgemeinen auktorialen Kommunikationsstrategie sein müssen, damit wir von Unzuverlässigkeit sprechen können?[167] Sollte Letzteres der Fall sein, müssten Martínez und Scheffel dies als zusätzliche notwendige Bedingung in ihre Definition unzuverlässigen Erzählens integrieren. Von der Antwort auf diese Frage ist auch abhängig, ob Martínez und Scheffel den realen Autor als Bezugsinstanz in der zweiten Rolle (Autorität über fiktive Fakten) oder in der dritten Rolle (konstitutiv für allgemeine ‚Werkbedeutung') heranziehen wollen.[168]

---

[167] Der Hinweis, dass im Fall von Fehlern den fraglichen Textmerkmalen keine kommunikative Absicht zugeschrieben werden könne, löst dieses Problem nicht. Denn fraglich bleibt weiterhin, ob die fehlende kommunikative Absicht zur Folge hat, dass die Textmerkmale schlicht als dem Text/Werk *nicht zugehörig* betrachtet werden sollen (– was die Auffassung zur Folge hätte, dass der Erzähler keinen Fehler macht –), oder ob sie zwar als Teil des Textes/Werks verstanden werden, aber keine Unzuverlässigkeit darstellen.

[168] Sehr viele Unzuverlässigkeitstheoretiker scheinen der Ansicht zu sein, dass Autorenfehler nicht als Unzuverlässigkeit zu verstehen sind, aber die Gründe sind in der Regel genauso unklar wie bei Martínez und Scheffel. Mir erscheint diese Annahme allerdings keinesfalls selbstverständlich. Im Falle anderer narratologischer Kategorien wird oft wie selbstverständlich angenommen, dass sie der Identifikation und Beschreibung von Textmerkmalen dienen – über deren Intentionalität, Relevanz und Wirkung wird normalerweise erst in einem späteren Interpretationsschritt entschieden. Auf dieses interessante Problem gehe ich in Kapitel V genauer ein.

Eine Ausnahme stellt übrigens Dan Shen dar, die in ihrem Handbucheintrag zu ‚Unreliability' schreibt:

> In literary narratives, narratorial unreliability is usually encoded by the author as a rhetorical device. Only occasionally is this due to the author's own slips or failings in contrast to non-literary narratives, where narratorial unreliability is more often a result of the author's own limitations. (Shen 2013: Paragraph 2).

Die zweite Frage, die Martínez' und Scheffels Theorie offen lässt, ist die Rolle der erwähnten ‚doppelten Kommunikation', bei der der Erzähler eine explizite Nachricht kommuniziere, der Autor dagegen eine implizite, die ersterer widerspricht. Denn dies ist offenbar nur eine von vielen Möglichkeiten, das allgemeine narrative Phänomen umzusetzen, dass ein Erzähler etwas Falsches über die fiktive Welt behauptet. Eine andere Variante wäre beispielsweise ‚aufgelöste Unzuverlässigkeit' (siehe Kapitel II.4), bei der die falsche Behauptung des Erzählers explizit thematisiert (d. h. z. B. enttarnt oder sogar korrigiert) wird. Solche Fälle kommen offensichtlich ohne eine implizit kommunizierte Nachricht des Autors aus. Die Frage ist nun, ob Martínez und Scheffel hier eine weitere notwendige Bedingung für unzuverlässiges Erzählen einführen wollen, die – streng genommen – in ihre Definition integriert werden müsste und den Begriffsumfang unzuverlässigen Erzählens signifikant einschränkt, oder ob die genannte Doppelkommunikation lediglich eine fakultative, aber de facto häufig vorzufindende Eigenschaft unzuverlässigen Erzählens ist. Ist letzteres der Fall, so spielt der Autor letztlich in gar keiner der von mir unterschiedenen drei Hinsichten eine Rolle als Bezugsinstanz.

Während die Rolle des Autors als Bezugspunkt für unzuverlässiges Erzählen bei Martínez und Scheffel nur kursorisch ausgearbeitet ist, widmet Heyd der Beschreibung dieser Instanz im Rahmen unzuverlässigen Erzählens mehr Aufmerksamkeit (vgl. Heyd 2006; Heyd 2011). Auch für sie spielt bei unzuverlässigem Erzählen eine bestimmte Art von auktorialer ‚Doppelkommunikation' eine wichtige Rolle. Für Heyd liegt in narrativen literarischen Texten generell eine doppelte Senderschaft vor: Jede Äußerung kann auf der extratextuellen Ebene dem realen Autor und auf der intratextuellen Ebene dem fiktiven Erzähler zugeordnet werden, genauer: „An author *mentions* a discourse that someone could have made in a fictional (that is, possible) world. At the same time, the narrative utterance is *used* by the narrator on the fictional level" (Heyd 2006: 222). Wenn solche *echoic utterances* nun mit einer *distanzierenden Haltung des Autors* einhergehen, dann liegt Heyd zufolge erzählerische Unzuverlässigkeit vor: „[Unreliable narratives] are echoic utterances with a distancing attitude" (Heyd 2006: 223).[169]

Heyd zufolge ist dieser Ansatz jedoch noch besser operationalisierbar, wenn man sich klarmache, welche Bedingungen auf der Ebene des Erzählers gegeben sein müssen, damit Unzuverlässigkeit vorliegt. Hier bringt Heyd die linguistisch-pragmatische Theorie von Paul Herbert Grice ins Spiel.[170] Grice geht

---

[169] Das Konzept der *echoic utterance* geht zurück auf Sperber und Wilson (1981).
[170] Siehe hierzu auch Kapitel II.2.

davon aus, dass Kommunikation gemeinhin rational und kooperativ erfolgt. Er formuliert in diesem Kontext vier Konversationsmaximen, an die sich Sprecher halten müssen, um ihre Intentionen kommunikativ umzusetzen: die Maximen der *Quantität*,[171] der *Qualität*,[172] der *Relation*[173] und der *Modalität*.[174] Da Heyd davon ausgeht, dass auch literarische Werke Äußerungen mit kommunikativer Absicht sind, ist die Grice'sche Theorie auch auf Literatur anwendbar. Unter Rekurs auf diese Theorie kann man nun die beiden Bedingungen formulieren, die auf Erzählerebene gegeben sein müssen, damit Unzuverlässigkeit vorliegt. Zum einen müsse der Erzähler gegen die von Grice formulierte Qualitätsmaxime oder gegen die Maxime der Quantität verstoßen: „[U]tterances become unreliable when they contain statements that are less than truthful (quality) or when salient information is omitted at crucial points in the structure of the narrative (quantity)" (Heyd 2011: 6).[175] Zum anderen dürfe der Erzähler dabei nicht die Absicht haben, eine Implikatur auszulösen. Im Kontext der Grice'schen Theorie bezeichnet eine Implikatur eine im Rahmen einer Äußerung implizit mitgeteilte Nachricht. Dass solch eine implizite Nachricht vorliegt, gibt der Sprecher durch einen *offenen* und *deutlichen* Verstoß gegen die Konversationsmaximen zu verstehen. Der Rezipient, der dem Sprecher generelle Kooperation unterstellt, nimmt einen solchen offenen Verstoß zum Anlass, nach der impliziten Bedeutung des Gesagten zu fragen. Im Falle erzählerischer Unzuverlässigkeit verstoße der Erzähler dagegen im Stillen – das bedeutet: vom Leser zunächst unbemerkt – gegen das Kooperationsprinzip. Eine weitere mögliche Definition für Unzuverlässigkeit sei dementsprechend folgende: „A narrator is unreliable if he violates the CP [i. e., the cooperation principle] without intending an implicature" (Heyd 2006: 225). Durch diese Bestimmung wird es Heyd zufolge möglich, zwischen Unzuverlässigkeit und Ironie zu unterscheiden: Während im Fall von Ironie eine Implikatur ausgelöst werde, sei dies bei unzuverlässigem Erzählen gerade nicht der Fall. Heyd schließt damit Fälle ‚offener Unzuverlässigkeit' aus ihrem Begriffsbereich aus und beschränkt das Konzept auf Fälle, in denen der Rezipient (potenziell) temporär durch die Aussagen des Erzählers getäuscht wird (siehe Kapitel II.4):

---

171 „1. Make your contribution as informative as is required. 2. Do not make your contribution more informative than is required" (Grice 1989: 26).
172 „Try to make your contribution one that is true", d. h. „1. Do not say what you believe to be false. 2. Do not say that for which you lack adequate evidence" (Grice 1989: 26).
173 „Be relevant" (Grice 1989: 26).
174 „Be perspicuous", d. h. „1. Avoid obscurity of expression. 2. Avoid ambiguity. 3. Be brief (avoid unnecessary prolixity). 4. Be orderly" (Grice 1989: 26).
175 Durch Heyds Bezugnahme auf die Kriterien der Qualität und Quantität wird außerdem deutlich, dass auch sie davon ausgeht, dass die Erfolgskriterien für die Behauptungen des Erzählers über die fiktive Welt ‚Korrektheit' und ‚Vollständigkeit' sind (siehe Kapitel II.2).

„[T]he recipients take the narrative utterances at face value until they stumble across the pattern of maxim violations, inconsistencies and deceptive statements" (Heyd 2011: 7).

Auch an Heyds Ansatz gibt es einige problematische Aspekte. Der wohl gravierendste, der einige Ähnlichkeit zu den Problemen bei Martínez und Scheffel aufweist, besteht darin, dass auch hier die definitorische Rolle des Autors nicht ganz klar wird. Denn obwohl Heyd Unzuverlässigkeit zunächst unter Referenz auf eine distanzierende Haltung des Autors definiert, scheint der Autor in ihrem Ansatz *letztlich* keine wichtige Rolle zu spielen: Ihr später geäußerter Definitionsvorschlag (– der Erzähler verstößt gegen das Kooperationsprinzip, ohne die Absicht, eine Implikatur auszulösen –) bleibt textintern und kommt ohne externe Bezugsinstanz in Form des realen Autors aus. Offen bleibt also, ob die distanzierende Haltung des Autors stillschweigend weiterhin als notwendige Bedingung für Unzuverlässigkeit betrachtet wird oder ob es sich hier wieder nur um eine häufige, letztlich aber nicht-notwendige Eigenschaft unzuverlässigen Erzählens handelt. Dadurch lässt sich auch hier nur schwer die Frage beantworten, *in welcher Rolle* der Autor als Bezugsinstanz herangezogen wird. Da Heyd sich vornehmlich auf die faktenbezogenen Varianten unzuverlässigen Erzählens zu konzentrieren scheint, ist die Rolle des Autors als Werteschablone bei ihr wohl nicht vordergründig. Stattdessen wird er eher dadurch relevant, dass er beispielsweise aufgrund von Inkonsistenzen kommuniziert, dass die Fakten der erzählten Welt anders sind als vom Erzähler behauptet. Da die Bezugnahme auf den Autor hier aber weder im Zusammenhang mit der Definition noch mit der Feststellung von Unzuverlässigkeit notwendig erscheint, ist seine Relevanz auch in diesem Zusammenhang unklar. Wenn die distanzierende Haltung tatsächlich eine notwendige Bedingung ist, dann tendiert seine Funktion am ehesten zu Hinsicht 3: Der Autor setzt die erzählerische Dysfunktion offensichtlich bewusst und mit einer bestimmten Kommunikationsabsicht ein. Wenn sich unzuverlässiges Erzählen Heyd zufolge dagegen auch allein unter Rekurs auf das Verhalten des Erzählers definieren lässt, dann spielt der Autor letztlich gar keine definitorische Rolle.[176]

---

[176] Weitere Probleme von Heyds Theorie haben nicht direkt etwas mit der genauen Rolle zu tun, die der Autor im Rahmen dieser Theorie spielt, sondern mit möglicherweise kontraintuitiven Konsequenzen ihrer Theorie. Eines dieser Probleme besteht darin, dass im Rahmen der Grice'schen Theorie nur solche Äußerungen als Missachtung des Kooperationsprinzips zu werten sind, in denen *absichtlich* gegen eine der Konversationsmaximen verstoßen wird (vgl. Heyd 2006: 232). Problematisch daran ist nun Folgendes: Die Intentionalität, um die es an dieser Stelle offenbar geht, ist die des Erzählers. Wenn wir Grice ernstnehmen, können wir also nur dann davon sprechen, dass ein Erzähler gegen die Maximen der Qualität oder Quantität

Auch Kindt zieht den realen Autor als Bezugsinstanz im Zusammenhang mit unzuverlässigem Erzählen heran. Bevor Kindt allerdings seine intentionalistische Operationalisierung der Unzuverlässigkeitsdefinition vorstellt, macht er eine wichtige metatheoretische Feststellung in Bezug auf die Definition erzählerischer Unzuverlässigkeit: Er ist der Ansicht, dass die Festlegung des Bezugspunktes unzuverlässigen Erzählens nicht bereits im Rahmen der allgemeinen Definition des Konzepts stattfinden sollte. Der Grund bestehe darin, dass der jeweils gewählte Bezugspunkt immer untrennbar mit einer bestimmten Auffassung darüber verknüpft sei, auf welche Weise literarische Werke *interpretiert* werden sollen.[177] Die genaueren Zusammenhänge ergeben sich aus Kindts Definitionen axiologischer und mimetischer Unzuverlässigkeit.[178] Axiologische Unzuverlässigkeit mache eine „Werkinterpretation unter dem Wertaspekt" notwendig (Kindt 2008: 56), und für die Zuschreibung mimetischer Unzuverlässigkeit müsse zuerst bestimmt werden, „was in einer fiktiven Welt wahr und bedeutsam ist [...] [und] welche Kompositionsstrategie dem analysierten Werk zugrunde liegt" (Kindt 2008: 58). Beides sei

---

verstößt, wenn er seinen Beitrag *absichtsvoll* qualitativ oder quantitativ inadäquat gestaltet. Heyd möchte aber, in Anknüpfung an die bisherige Verwendung des Terminus „unzuverlässiges Erzählen", auch solche Fälle als Unzuverlässigkeit verstehen, in denen der Erzähler unbeabsichtigt inkorrekte oder unvollständige Beiträge liefert. Dies lässt vermuten, dass die Grice'sche Theorie nicht den optimalen Rahmen für eine Bestimmung erzählerischer Unzuverlässigkeit darstellt. Ein weiteres potenzielles Problem, das hier jedoch nur sehr kurz angerissen werden soll, besteht darin, dass Heyds Ansatz offenbar auch wertebezogene Unzuverlässigkeit inkludieren soll (vgl. Heyd 2006: 230), sie aber nicht weiter thematisiert, wie Verstöße gegen die Maximen der Qualität und Quantität in diesem Fall aussehen sollen. Außerdem ist es im Zusammenhang mit Werten nicht unbedingt sinnvoll, von einem ‚stillschweigenden Verstoß' gegen die Maximen zu sprechen (siehe auch Kapitel II.4).
177 Vorüberlegungen hierzu finden sich bereits in einem früher verfassten Aufsatz Kindts (vgl. Kindt 2003).
178 Kindts Definitionen lauten:

Explikat UE_{ax}: Der Erzähler in einem literarischen Werk W ist genau dann *axiologisch zuverlässig*, wenn er in seinen Äußerungen ausdrücklich für die Werte$_W$ eintritt oder in Übereinstimmung mit ihnen handelt; er ist genau dann *axiologisch unzuverlässig*, wenn dies nicht der Fall ist.

Explikat UE_{mim}: Der Erzähler N in einem literarischen Werk W ist genau dann *mimetisch zuverlässig*, wenn es als Teil der Kompositionsstrategie$_W$ zu verstehen ist, dass Ns Äußerungen im Hinblick auf die fiktive Welt$_W$ ausschließlich korrekte und alle relevanten Informationen enthalten; N ist genau dann *mimetisch unzuverlässig*, wenn es als Teil der Kompositionsstrategie$_W$ zu verstehen ist, dass Ns Äußerungen im Hinblick auf die fiktive Welt$_W$ nicht ausschließlich korrekte und alle relevanten Informationen enthalten.

(Kindt 2008: 53)

nur mithilfe einer Interpretationstheorie möglich. Dadurch verliere die Definition erzählerischer Unzuverlässigkeit eine Eigenschaft, die den etablierten Definitionen der meisten anderen narratologischen Konzepte zukäme: „die Eigenschaft interpretationstheoretischer Neutralität" (Kindt 2008: 43).

Kindt nutzt diesen Ausdruck, um damit auf die Eigenschaft zu verweisen, dass die fraglichen narratologischen Definitionen bzw. die jeweiligen Konzepte im Rahmen ganz verschiedener interpretationstheoretischer Ansätze genutzt werden können, ohne dass sie in Konflikt mit deren Grundannahmen gerieten. Kindt zufolge ist also seine erste Definitionsversion gewissermaßen eine ‚offene Formel': Als Bezugspunkt wird hier lediglich ‚das literarische Werk' genannt. Dadurch sei die Definition in dieser Form zwar einerseits noch nicht an eine bestimmte Interpretationstheorie gebunden, andererseits sei sie so aber auch nicht operationalisierbar. Je nach interpretationstheoretischem Ansatz, in dessen Rahmen das Konzept erzählerischer Unzuverlässigkeit genutzt werden soll, wird diese Variable unterschiedlich bestimmt und die Kategorie unzuverlässigen Erzählens somit unterschiedlich operationalisiert. Eine wichtige Konsequenz dieses Ansatzes besteht darin, dass sich „nicht prinzipiell, sondern nur relativ zu einer Interpretationstheorie angeben [lässt], ob ein Erzähler als ‚zuverlässig' oder ‚unzuverlässig' einzustufen ist" (Kindt 2008: 46).[179]

Aus Kindts ausführlichen Anmerkungen – zusammen mit der Tatsache, dass er selbst die intentionalistische Theorie für die Operationalisierung wählt – wird klar, dass er wohl am ehesten den realen Autor als Werteschablone hinzuziehen würde (Rolle 1)[180] und dass auch die Frage nach den Fakten der fiktiven Welt unter Rekurs auf den realen Autor beantwortet werden sollte (Rolle 2). Obwohl Kindt der Ansicht ist, dass diese im ersten Schritt formulierte Definition noch nicht an eine bestimmte Interpretationstheorie gekoppelt ist, findet sich in seiner ‚offenen' Definition mimetischer Unzuverlässigkeit bereits der Hinweis auf eine *Kompositionsstrategie* (Rolle 3) als notwendiges Kriterium unzuverlässigen Erzählens. Kindt will damit ausschließen, dass Fehler des Autors als Fälle unzuverlässigen Erzählens verstanden werden (vgl. Kindt 2008: 50–51). Hiermit legt Kindt

---

179 Wie ich schon an früherer Stelle deutlich gemacht habe, deckt allerdings auch Kindts ‚offene Formel' nicht alle bisherigen Definitionsvorschläge ab – denn Kognitivisten geht es in den meisten Fällen gar nicht um ‚die Werte des Werks', sondern um die Werte des Lesers.
180 Ganz klar ist dies allerdings nicht, da Kindt die Operationalisierung de facto nur für mimetische Unzuverlässigkeit vornimmt.

sich allerdings schon verfrüht auf eine Interpretationstheorie fest, die an auktoriale Intentionen gekoppelt ist.[181]

Im zweiten Schritt, in dem Kindt seine ‚offene' Definition unter Hinzuziehung einer intentionalistischen Theorie[182] operationalisiert, treten weitere Details darüber hervor, in welcher Form der reale Autor (insbesondere in der dritten Rolle) im Zusammenhang mit Unzuverlässigkeit relevant wird. Für eine genauere Bestimmung des Phänomens mimetischer Unzuverlässigkeit macht auch Kindt sich das Grice'sche Kooperationsprinzip zunutze. Kindts erste notwendige Bedingung für mimetische Unzuverlässigkeit besteht nun in einem Verstoß des Erzählers gegen die Konversationsmaximen.[183] Erzählerische Unzuverlässigkeit könne als *flagranter Verstoß*, d. h. als eine Art der Ausbeutung dieser Konversationsmaximen verstanden werden, die folgendem Muster folgt: „[D]ie Maximen rationaler Konversation und das Prinzip kommunikativer Kooperation [werden] auf der Ebene des Erzählers bzw. der Erzählung missachtet [...], [bleiben] auf der Ebene des Werkes aber in Kraft" (Kindt 2008: 65). Kindts operationalisierter Definition zufolge ist die Relevanz des Autors im Zusammenhang mit Unzuverlässigkeit also ganz klar: Die Aufrechterhaltung des Kooperationsprinzips durch den Autor ist eine notwendige Bedingung für unzuverlässiges Erzählen.[184]

---

181 Auch hier stellt sich wieder die Frage, die ich im Zusammenhang mit Martínez' und Scheffels Unzuverlässigkeitstheorie schon angesprochen habe. Sollen Fehler des Autors aus dem Unzuverlässigkeitsbegriff ausgeschlossen werden, weil die fraglichen Theoretiker davon ausgehen, dass durch Fehler keine fiktiven Fakten geschaffen werden („Der Erzähler erzählt gar nichts Falsches")? Oder liegt es daran, dass es nicht Teil der Kompositionsstrategie sein kann, wenn es nicht intendiert ist („Der Erzähler erzählt etwas Falsches, aber das spielt keine Rolle, weil es nicht Teil der Werkbedeutung ist")?

182 Die Intentionalismusvariante, die Kindt heranzieht, bezeichnet er als *textorientierten Intentionalismus*, der eine Spielart des *actual intentionalism* darstellt (vgl. Kindt 2008: 22–25). Das bedeutet: Relevant für die Textinterpretation sind die semantischen Intentionen des realen Autors, die mit dem produzierten Text kompatibel sind. Für die Feststellung dieser Intentionen ist der literarische Text zwar das wichtigste Material – der Textinterpret darf aber auch auf verschiedene Arten texterner Quellen zurückgreifen.

183 Wie ich in Kapitel II.2 angemerkt habe, ist nicht ganz klar, ob hier ein Verstoß gegen alle vier Maximen gleichermaßen relevant ist oder ob die Maximen der Relation und des Modus lediglich als Indikatoren verstanden werden müssen.

184 Auch in Kindts Definition gibt es problematische Aspekte. Einer dieser Aspekte ist die schon angesprochene Tatsache, dass Kindts ‚neutrale' Definitionen an einigen Stellen in Diskrepanz zu seiner operationalisierten Definition steht und so beispielsweise nicht ganz deutlich wird, welche Rolle ein Verstoß des Erzählers gegen die Maximen des Modus und der Relevanz bei Kindt spielen. Außerdem wird auch durch Kindts praktische Anwendung seiner Theorie im Rahmen der Interpretation von Ernst Weiß-Romanen nicht vollkommen deutlich, was es konkret *bedeutet*, dass ein Autor das Kooperationsprinzip aufrechterhält, während der

Autorzentrierte Ansätze wie die drei vorgestellten haben immer noch mit starken Widerständen gegen die Einbeziehung auktorialer Intentionen in die Literaturinterpretation zu kämpfen. Die Kritik kommt hierbei aus ganz unterschiedlichen Richtungen. Eine der Seiten haben wir bereits kennen gelernt: Eine wichtige Überzeugung von einigen rhetorischen Literaturwissenschaftlern, insbesondere aber von (Post-)Strukturalisten besteht darin, dass der literarische Text autonom sei und sich seine Bedeutung eben ohne Rekurs auf Intentionen bestimmen lässt. Eine ganz andere Stoßrichtung, die die Relevanz auktorialer Intentionen ebenfalls anzweifelt, lässt sich dagegen bei Kognitivisten bzw. Konstruktivisten feststellen, die davon ausgehen, dass die Bedeutung literarischer Texte (und mit ihr auch das Konzept erzählerischer Unzuverlässigkeit) gar keine fixe Größe ist, die es zu entdecken gilt, sondern dass sie sich immer relational zum einzelnen Leser bestimmt.[185] Das folgende Kapitel ist der Vorstellung und Analyse solcher kognitivistischer Ansätze gewidmet, die den realen Leser als im Kontext erzählerischer Unzuverlässigkeit relevante Bezugsinstanz verstehen.[186]

Erzähler gegen es verstößt. Darüber hinaus gibt es in Kindts Ansatz zwei weitere potenzielle Probleme, die schon in Heyds Ansatz deutlich geworden sind: Zum einen wird dadurch, dass Kindt axiologische Unzuverlässigkeit nicht operationalisiert, nicht deutlich, ob auch die Operationalisierung dieses Konzepts im Rahmen des intentionalistischen Ansatzes plausibel wäre. Zum anderen sind unter Bezugnahme auf das Kooperationsprinzip streng genommen nur solche Fälle inbegriffen, in denen der Erzähler absichtlich das Kooperationsprinzip verstößt – dies scheint aber nicht Kindts Absicht zu entsprechen.

185 Heyds Einschätzung, dass sich ihr Ansatz besonders dadurch auszeichne, dass er nicht an eine bestimmte literaturwissenschaftliche Strömung angekoppelt sei (vgl. Heyd 2006: 3), ist deswegen kritisch zu betrachten. Diese Einschätzung lässt sich überhaupt nur dann ansatzweise nachvollziehen, wenn man davon ausgeht, dass der Autor letztlich doch keine entscheidende Rolle in ihrem Ansatz spielt: Sollte eine pragmatische Analyse allein der *Erzähler*äußerungen ausreichen, um Unzuverlässigkeit festzustellen, dann mag ihr Ansatz in der Tat neutral gegenüber einigen literaturwissenschaftlichen Strömungen sein. Extreme intentionalistische oder kognitivistische Positionen würden aber selbst die Zulässigkeit oder Adäquatheit rein textinterner Untersuchungen anzweifeln.

186 Weitere Theorien, in denen der reale Autor als Bezugsinstanz fungiert, sind beispielsweise die folgenden:

Hof spricht vermehrt von doppelter Kommunikation (vgl. Hof 1984: 36) und der vom Autor intendierten Funktion (vgl. Hof 1984: 53). Da sie sich auf faktenbezogene Unzuverlässigkeit zu beschränken scheint, spielt der Autor also in Hinsicht 2 eine Rolle – und in Hinsicht 3. Nicht ganz klar ist mir allerdings, wie sich damit ihre vermehrten Hinweise auf die Relevanz der Leserrolle vereinbaren lassen (vgl. Hof 1984: 54; 65–67; 77); denn letztlich scheinen mir beide Herangehensweisen kaum kompatibel zu sein (siehe hierzu auch Kapitel II.3.3).

Bei Lahn und Meister ist der reale Autor am ehesten in Rolle 3 relevant: „Erzählerische Unzuverlässigkeit ist [...] als Strategie bzw. als ein ästhetisches Mittel des Autors anzusehen,

3.2.3 Der reale Leser als Bezugsinstanz

Einen nach eigenem Verständnis deutlich neuartigen Vorschlag zur Bestimmung der im Rahmen erzählerischer Unzuverlässigkeit relevanten Bezugsinstanz liefern die Anhänger einer Strömung, die sich als Kognitivismus oder Konstruktivismus bezeichnen lässt. Die allgemeine literaturtheoretische Annahme, von der Kognitivisten ausgehen, scheint darin zu bestehen, dass sich für literarische Texte keine fixe Bedeutung bestimmen lässt, die allein durch das textuelle Material oder durch auktoriale Intentionen konstituiert wird. Stattdessen werde Bedeutung immer erst im Kontext der *Rezeption* von Texten konstruiert. Dabei würde der einzelne Leser immer eigenes Vorwissen und Erfahrungshorizonte heranziehen, die in weiten Teilen kulturell und historisch bestimmt sind. Diese Annahme wird systematisch im Rahmen der so genannten *frame theory* modelliert, die eine wichtige Bezugstheorie für die kognitivistisch orientierte Literaturwissenschaft darstellt (vgl. z. B. Stockwell 2002). Durch diese individuellen ‚Bezugsrahmen', die der einzelne Leser bei Bedeutungszuschreibungen an Texte heranzieht, kommen teilweise ganz unterschiedliche Lesarten von Texten zustande. Eine besondere Rolle kommt dabei der so genannten *naturalization* zu: Unverständliche Aspekte eines Textes werden vom Leser auf ein etabliertes kulturelles Modell zurückgeführt, wodurch sie verständlich werden (vgl. Culler 1975: 137–138).

Nachdem Booths Definition erzählerischer Unzuverlässigkeit viele Jahre lang (insbesondere im Hinblick auf den vom ihm gewählten Bezugspunkt, den impliziten Autor) nahezu unverändert übernommen und genutzt worden ist, lassen sich in den 1980er Jahren bereits vereinzelt und ab Ende der 1990er Jahre vermehrt Versuche nachweisen, auch das Konzept erzählerischer Unzuverlässigkeit im Rahmen der kognitivistischen Theorie neu zu modellieren. Das zentrale Anliegen dieser Vorhaben besteht darin, die Rolle des Lesers bei der Zuschreibung erzählerischer Unzuverlässigkeit in den Fokus zu rücken und zu konzeptualisieren. Besonders kompliziert wird die Rekonstruktion dieser Ansätze allerdings dadurch, dass sich in den fraglichen Texten fast nie explizite Überlegungen zur *Definition* unzuverlässigen Erzählens finden. Außerdem – und dies ist teilweise als Folge aus diesem ersten Problem zu verstehen – wird die genaue Natur der Leserrolle nicht ganz klar. Bevor ich also die drei wichtigsten kognitivistischen Ansätze etwas detaillierter vorstelle, werde

---

das – etwa zum Zweck der literarischen Ironie – bewusst eingesetzt wird" (Lahn und Meister 2013: 183). Inwiefern der Autor auch in weiteren Hinsichten eine Rolle spielt, wird nicht vollkommen klar.

ich zunächst kurz auf drei grundsätzliche Möglichkeiten, die Stoßrichtung leserzentrierter Ansätze zu verstehen, eingehen.

Wie gleich noch deutlicher werden wird, betonen kognitivistische Unzuverlässigkeitstheoretiker oft, das unzuverlässiges Erzählen kein fixes textuelles Merkmal darstelle, sondern stattdessen eine Interpretationsstrategie von Lesern, die dazu dient, textuelle Diskrepanzen verständlich zu machen. Allerdings finden sich für diese These meist keine Begründungen im Rahmen kognitivistischer Unzuverlässigkeitstheorien.[187] Es liegt deswegen die Vermutung nahe, dass sich diese kognitivistische Annahme nicht speziell auf unzuverlässiges Erzählen bezieht, sondern ganz allgemein auf alle semantischen Aspekte von Texten.[188]

Diese grundsätzliche Überzeugung scheint zugleich oft als Legitimation zu dienen, sich mit Fragen nach der Definition unzuverlässigen Erzählen oder nach den fraglichen textuellen Diskrepanzen, die einer Naturalisierung bedürfen, nicht genauer auseinanderzusetzen. Dies ist allerdings problematisch. Denn selbst wenn es sich bei der Zuschreibung erzählerischer Unzuverlässigkeit um eine Interpretationsstrategie handeln sollte, müssen wir doch wissen, *was genau* dem Text bzw. dem Erzähler im Rahmen einer solchen Strategie durch den Leser zugeschrieben wird. Hier sind Fragen nach den definitorisch relevanten Verhaltensweisen des Erzählers also ebenso wichtig wie im Kontext nicht-leserzentrierter Ansätze.[189]

Durch den Mangel an Hinweisen zur Definition unzuverlässigen Erzählens lässt sich in kognitivistischen Ansätzen auch oft besonders schwer feststellen, welche der oben definierten drei Rollen der Leser einnehmen soll: Werteschablone oder Bezugsinstanz zur Feststellung der fiktiven Fakten oder der Werkbedeutung.

Darüber hinaus ist die genaue Stoßrichtung kognitivistischer Ansätze oft unklar. Folgen wir ganz allgemeinen Annahmen kognitivistischer Literaturwissenschaftler, scheint der Grundgedanke folgender zu sein: Ob ein Leser einem Text oder einem Erzähler de facto unzuverlässiges Erzählen zuschreibt,

---

[187] Dies ist beispielsweise bei Kindt anders, der explizit deutlich macht, welche Elemente in der Definition unzuverlässigen Erzählens seiner Ansicht nach dafür sorgen, dass Unzuverlässigkeit ein grundlegend interpretatives Phänomen ist (siehe Kapitel II.3.2.2).

[188] Dies scheint mir so allerdings nicht plausibel zu sein – Genaueres hierzu findet sich in den Kapiteln II.3.3 und IV.2.

[189] Besonders deutlich wird das beschriebene Manko an Stellen wie der folgenden: „[P]erspectival integration [i. e., reading a narrator as unreliable] attributes [discourse oddities] to the lapses of the mediator" (Sternberg und Yacobi 2015: 451). Die Frage, die hier demonstrativ offen gelassen wird, ist doch aber: lapses from what?

hängt nicht allein von Textmerkmalen ab, sondern (auch) von persönlichen Annahmen, Werten, Vorwissen etc. des Lesers. Was aus diesem Grundgedanken nun folgt, ist allerdings fraglich. Im Folgenden möchte ich drei mögliche Lesarten vorstellen, von denen meines Erachtens die erste die (inhaltlich) plausibelste ist, die dritte dagegen die unplausibelste.

(1) Leserinterpretation entscheidet in Zweifelsfällen: Der Leser darf an den Stellen, an denen das Textmaterial nicht konklusiv genug ist, um klare Unzuverlässigkeitsdiagnosen zu stellen, legitimerweise über die Interpretation des Textes entscheiden. Dies kann beispielsweise Fälle betreffen, in denen das sprachliche Material des Textes keine eindeutigen Angaben über die Fakten der erzählten Welt zulässt oder (so sie denn als relevant erachtet wird) die allgemeine (tieferliegende) Werkbedeutung unklar ist. Durch seine Interpretationen generiert der Leser eine von mehreren legitimen fiktiven Welten des Textes bzw. Werkbedeutungen.

(2) Leserinterpretation als alternatives Untersuchungsobjekt: Leser fällen ihre Interpretationsentscheidungen in manchen Fällen de facto auch unabhängig vom Textmaterial. Ohne Angaben darüber machen zu wollen, ob es sich hierbei um legitime Lesarten handelt oder nicht, wird die Entscheidung getroffen, im Rahmen kognitivistischer Analysen nicht mehr den literarischen Text selbst, sondern stattdessen den Leser bzw. dessen Textverständnis zum Untersuchungsgegenstand zu machen. Diese Entscheidung würde allerdings keine kognitivistische Neudefinition unzuverlässigen Erzählens erfordern. „Unzuverlässiges Erzählen" wäre weiterhin beispielsweise definiert als ‚Erzähler, der falsche Assertionen über die fiktiven Fakten macht' – untersucht werden würde aber nicht, ob der Erzähler dies tatsächlich tut, sondern ob der Leser denkt, dass er dies tut.

(3) Leserinterpretation ist immer autoritativ: Der Leser darf überall frei über die Interpretation von Texten entscheiden, auch wenn dies mit dem Textmaterial in Diskrepanz steht. Wenn ein Leser, aus welchen Gründen auch immer, annimmt, dass der Erzähler eines Textes unzuverlässig ist (also beispielsweise falsche Assertionen äußert), dann generiert der Leser durch diese Lesart eine Textvariante, in der dies zutrifft. In anderen Worten: Wenn ein Leser der Ansicht ist, dass unzuverlässiges Erzählen vorliegt, dann liegt unzuverlässiges Erzählen dadurch auch tatsächlich (in einer legitimen Textvariante) vor.

Ich werde im Folgenden drei konkrete kognitivistische Unzuverlässigkeitstheorien untersuchen. Dabei weise ich jeweils auch darauf hin, inwiefern sich in den Theorien Indikatoren für die drei eben beschriebenen Stoßrichtungen finden. In Kapitel II.3.3 werde ich dann einen Vorschlag dazu machen, welche dieser

Varianten wir aufgrund mangelnder Plausibilität von der weiteren Untersuchung ausschließen sollten.

Der erste ausgearbeitete Vorschlag zur kognitivistischen Rekonzeptualisierung unzuverlässigen Erzählens stammt von Tamar Yacobi (vgl. Yacobi 1981).[190] Wie im Rahmen vieler weiterer kognitivistischer Ansätze fällt auch bei ihr auf, dass sie nur recht vage Aussagen über die im Zusammenhang mit erzählerischer Unzuverlässigkeit relevanten Erzählereigenschaften macht – es gibt beispielsweise kaum Überlegungen dazu, welche Erzählertätigkeiten von Unzuverlässigkeit betroffen sein können und welche Kriterien für die adäquate Erfüllung dieser Funktionen angesetzt werden. Ähnlich kursorisch fällt die Rede über textuelle Grundlagen unzuverlässigen Erzählens aus. Yacobi spricht in diesen beiden Hinsichten lediglich von „textual tensions, above all on the level of fictive reality" bzw. von „referential difficulties, incongruities or (self-)contradictions", die sich in literarischen Texten feststellen lassen (Yacobi 1981: 113–114).

Unzuverlässiges Erzählen ist für Yacobi offenbar keine Texteigenschaft, sondern stattdessen eine *Interpretationsstrategie*, die Leser anwenden, um mit textuellen Unstimmigkeiten ‚zurechtzukommen'. In anderen Worten: Leser können solche textuellen Unstimmigkeiten naturalisieren, indem sie annehmen, diese Merkwürdigkeiten seien der idiosykratischen Perspektive des Erzählers geschuldet:

> [The perspectival basis of] the technique of unreliability [...] enables us to define it as an *inference* that explains and eliminates tensions, incongruities, contradictions and other infelicities the work may show by attributing them to a source of transmission.
> (Yacobi 1981: 119, meine Hervorhebung)[191]

Diese These ist bei Yacobi in einen größeren Theoriekontext eingebettet. Denn die Anwendung dessen, was sie das „perspectival principle" (Yacobi 1981: 118) nennt, sei nur eine von fünf Möglichkeiten, mithilfe derer der Leser mit textuellen Unstimmigkeiten umgehen könne. Unzuverlässigkeit liege nur dann vor, wenn der Leser Inkongruenzen unter Zuhilfenahme des *perspectival principle* auflöse. Die übrigen vier Strategien sind das *genetic principle*, das *generic principle*, das *existential principle* und das *functional principle*, im Rahmen derer textuelle Inkongruenzen jeweils unter Bezugnahme auf den Produktionsprozess (z. B. auf Fehler des Autors), auf Genrekonventionen, auf die Eigenheiten

---

190 Ihren Ansatz präsentiert Yacobi auch in weiteren Artikeln (vgl. Yacobi 2001; Yacobi 2005; Sternberg und Yacobi 2015). Auf den Artikel, den Yacobi zusammen mit Sternberg geschrieben hat, gehe ich in Kapitel II.3.3 noch genauer ein.
191 Sternberg und Yacobi bezeichnen Unzuverlässigkeit an anderer Stelle auch als *Hypothese* (vgl. Sternberg und Yacobi 2015: 402).

der fiktiven Welt des Textes oder auf die durch das Werk zu vermittelnde Botschaft erklärt werden.[192]

Ein ganz grundlegendes Problem stellt sich nun aber bei der Rekonstruktion von Yacobis Ansatz. Wie ich deutlich gemacht habe, scheint diesem die Annahme zugrunde zu liegen, dass unzuverlässiges Erzählen nicht (rein) objektiv festgestellt werden kann und dass neben der Zuschreibung von Unzuverlässigkeit andere Interpretationsstrategien zur Verfügung stehen, um textuelle Diskrepanzen zu naturalisieren. Dabei wird aber nie ganz deutlich, ob Yacobi davon ausgeht, dass die Wahl einer der fünf Strategien in jedem Fall vollkommen der Willkür des Lesers überlassen ist oder ob es aufgrund des textuellen Materials manchmal deutlich plausibler ist, eine Strategie einer anderen vorzuziehen. Bei Yacobi finden sich sowohl für die eine als auch für die andere Auffassung Hinweise. So schreibt sie einerseits:

> Whenever he comes up against referential difficulties, incongruities or (self-)contradictions of these kinds, whether external or internal, the reader has at his disposal a wide

---

[192] Obwohl Yacobi deutlich macht, dass diese Prinzipien auch in Kombination zur Anwendung kommen können („we have then a set of five comprehensive and *variously combinable* principles of resolution", Yacobi 1981: 119, meine Hervorhebung), geht sie dennoch davon aus, dass unzuverlässiges Erzählen nur dann vorliegt, wenn der Leser davon ausgeht, dass der Autor die textuellen Diskrepanzen absichtsvoll im Text untergebracht hat. Dies zeigt sich beispielsweise hier: „To construct an hypothesis as to the unreliability of the narrator is then necessarily to assume the existence of an implied (and by definition reliable) author who manipulates his creature for his own purposes" (Yacobi 1981: 123).

Auf diesen interessanten Fall, dass auch im Rahmen kognitivistischer Theorien auktoriale Intentionen in mittelbarer Form eine Rolle spielen, werde ich in Kapitel II.3.3 noch einmal zurückkommen.

Sehr ähnliche Hinweise lassen sich auch bei Monika Fludernik und Dorrit Cohn finden: Auch Fludernik scheint der Ansicht zu sein, dass vom Leser unterstellte Intentionalität ein notwendiges Merkmal erzählerischer Unzuverlässigkeit ist:

> [O]nly in fictional narratives do we have true cases of unreliability. It is only in fiction that we assume that the narrator's contradictions have an ulterior purpose, that of alerting us to the author's intentions. Since we cannot check out the author's intentions, this thesis will remain an assumption on the part of the reader. [...] We are led not simply to *disagree* with what the narrator says (i. e. notice a difference in norms) but to see this disagreement as strategically planned by the author. (Fludernik 1999: 100)

Cohn macht deutlich, dass diskordantes Erzählen mit definiert sei durch „the reader's sense that the *author* intends his or her work to be understood differently from the way the *narrator* understands it" (Cohn 2000: 307). Dies sei dann der Fall, wenn die Wertungen des Erzählers mit der Geschichte konfligieren (vgl. Cohn 2000: 307; 308), was im Grunde nichts anderes heißt, als dass der Leser auf Basis der fiktiven Fakten andere Wertungen vornimmt als der Erzähler.

> variety of reconciling and integrating measures. In the last analysis, this variety falls under five distinct principles: (1) the genetic; (2) the generic; (3) the existential; (4) the functional; (5) the perspectival. (Yacobi 1981: 113–114)

Die gleiche Stoßrichtung lässt sich auch an weiteren Stellen finden:

> From the reader's viewpoint [...] the alternative integrating lines are always available. This versatility explains and legitimizes interpretive disagreements within a common theoretical frame, even a common single mechanism, disabling anything like a fixed correspondence between trigger and mechanism. (Yacobi 2001: 224)

Auf der anderen Seite finden sich aber auch Hinweise darauf, dass Yacobi nicht in jedem Fall die Anwendung der fünf Strategien für gleichermaßen adäquat hält. So sei es die Aufgabe des Lesers

> [to] marshal all the available (external and internal) evidence in order to determine which – or what combination – of the five alternative hypotheses forms the most suitable instrument of reconciliation. (Yacobi 1981: 121)[193]

Die Stoßrichtung in Yacobis Ansatz lässt sich also nicht festmachen. Es ist unklar, ob sie der Ansicht ist, dass der Leser jede Entscheidung legitimerweise treffen kann oder ob es auch illegitime Interpretationsentscheidungen gibt bzw. ob Yacobi hierüber keine Aussage treffen möchte. Dementsprechend bleibt auch unklar, ob Yacobi lediglich eine epistemische Aussage über Unzuverlässigkeit machen möchte (nämlich dass sie sich auf Basis des Textmaterials nicht immer eindeutig feststellen lässt), ob sie den Leser als alternatives Untersuchungsobjekt vorschlagen will oder ob sie dem Leser eine autoritative Rolle bei der Generierung textueller Bedeutung zuschreibt. Sollte Letzteres der Fall sein, so dient der Leser hier als Bezugsinstanz zur Feststellung der Fakten der erzählten Welt und der Werkbedeutung (Rollen 2 und 3).[194] Dass Yacobi den Leser auch als

---

193 Eine Autorin, deren Auffassung hinsichtlich des Ausmaßes der Leserrolle ähnlich unklar ist wie Yacobis, ist Cohn. Sie beschreibt zwar recht genau, welche Voraussetzungen für diskordantes Erzählen gegeben sein müssen: Es müssen sprachliche Wertungen des Erzählers vorliegen und diese Wertungen müssen mit der erzählten Geschichte konfligieren (vgl. Cohn 2000: 307–308). Danach macht Cohn jedoch folgende rätselhafte Anmerkung: „It is essential to realize, however, that the conditions mentioned above, though both necessary and sufficient for diagnosing discordant narration, do not *enforce* such a diagnosis" (Cohn 2000: 308) – der Leser könne die textuellen Befunde auch den Wertungen des Autors zuschreiben. Rätselhaft ist nun, ob Cohn denkt, dass diskordantes Erzählen nur dann *vorliegt*, wenn der Leser es erkennt, oder ob es unter den oben genannten Bedingungen zwar vorliegt, es aber weiterhin möglich ist, dass der Leser es nicht erkennt.
194 Das lässt sich daran erkennen, dass der Leser dann die Wahl hätte, textuelle Diskrepanzen entweder den Eigenheiten der Welt (*existential principle*) oder eben der inadäquaten

Werteschablone versteht (Rolle 1), ist unwahrscheinlich, da sich ihre Theorie auf faktenbezogene Unzuverlässigkeitsvarianten zu konzentrieren scheint („textual tensions, above all on the level of fictive reality", Yacobi 1981: 114).

Fast zwanzig Jahre nach Yacobis Entwürfen einer kognitivistischen Unzuverlässigkeitstheorie greift Nünning diese Idee auf und entwickelt sie weiter. Ein Aspekt, den Nünning dieser Theorie hinzufügt, ist eine ausführliche Kritik des bisher vorherrschenden rhetorischen Ansatzes, die seinem Ansatz zusätzliche Überzeugungskraft verleihen soll. Hier nennt Nünning zum einen theoretische und praktische Probleme des Konzepts des impliziten Autors: Es handele sich um eine „notorisch vage und unklare Kategorie" (Nünning 1998: 10) und es bleibe offen, wie die vom impliziten Autor vertretenen Normen überhaupt identifiziert werden können (vgl. Nünning 1998: 15). Zum anderen – und hierin liegt Nünnings größter Kritikpunkt an rhetorischen Ansätzen – könne mit dem impliziten Autor als einzigem, fixem Bezugspunkt nicht die Tatsache erklärt werden, dass „die Unzuverlässigkeitsurteile professioneller Literaturkritiker in bezug [sic] auf ein und denselben Text oft enorm divergieren" (Nünning 1998: 16). Dies lasse darauf schließen, dass Unzuverlässigkeit tatsächlich, d. h. in der Praxis, auf Grundlage eines anderen, variablen Bezugspunktes bestimmt wird (vgl. Nünning 1998: 20): Unter der Hand würde nicht der implizite Autor als Abgleichsinstanz herangezogen, sondern die jeweils *individuellen* Normalitätsstandards des Rezipienten. Diese werden aber meistens nicht als solche erkannt und werden fälschlicherweise als objektive Standards verstanden.[195] Deswegen basieren laut Nünning die vorherrschenden Theorien erzählerischer Unzuverlässigkeit implizit auf einem als fix betrachteten moralischen Normalitätsbegriff und auf der epistemologischen Position des Realismus: auf der Auffassung, es gebe jeweils nur eine wahre Version bestimmter Geschehnisse, die prinzipiell objektiv darstellbar ist (vgl. Nünning 1998: 20–21).

Aus diesen Gründen, die also die theoretische Wohlgeformtheit, die literaturwissenschaftliche Praxis und die Zulässigkeit der den bisherigen Ansätzen zugrundeliegenden Annahmen betreffen, schlägt Nünning die folgende Neukonzeptualisierung erzählerischer Unzuverlässigkeit vor. Im Gegensatz zu rhetorischen Vorschlägen will Nünning den Bezugspunkt für Unzuverlässigkeit

---

Darstellung durch den Erzähler zuzuschreiben (*perspectival principle*). Außerdem entscheidet der Leser darüber, ob die Diskrepanzen als vom impliziten Autor intentional oder als unabsichtlich produziert aufzufassen sind (*genetic principle*). Beide Leserentscheidungen scheinen als notwendig für das Vorliegen erzählerischer Unzuverlässigkeit erachtet zu werden.

195 Interessanterweise gibt es von rhetorischer Seite einen analogen Vorwurf – nämlich dass Kognitivisten (insbesondere Yacobi) in konkreten Unzuverlässigkeitsanalysen unter der Hand den rhetorischen Ansatz anwenden (vgl. Shen 2013: Paragraph 19–21).

nicht intra-, sondern extratextuell verorten, da es sich bei Unzuverlässigkeit um ein „relationales bzw. interaktionales" Konzept handele (Nünning 1998: 23). Unzuverlässigkeit sei demnach als „Diskrepanz zwischen den Wertvorstellungen und Absichten des Erzählers und den Normen und dem Wissensstand des realen [...] Lesers" zu verstehen (Nünning 1998: 17). Hier wird also deutlich, dass Nünning den Leser in erster Linie als Bezugspunkt in der ersten Rolle versteht, also als Folie, die zur Evaluation der Wertungen des Erzählers genutzt wird.[196] Durch derartige Ausführungen, die bei Yacobi fehlen, schafft Nünning eine argumentative Grundlage für die Behauptung, dass Unzuverlässigkeit ein Phänomen ist, dessen Zuschreibung leserabhängig ist.

Während der bisher vorgestellte Teil von Nünnings Theorie insofern über Yacobis Ansatz hinausgeht, als Nünning mehr Argumente für den leserzentrierten Ansatz anführt und die Rolle des Lesers als Werteschablone hervorhebt, sind andere Aspekte seiner Theorie Yacobis sehr ähnlich. Denn auch Nünning beschäftigt sich ausführlich mit den kognitiven Prozessen, die ein Leser bei der Zuschreibung erzählerischer Unzuverlässigkeit vollzieht. So sei der unzuverlässige Erzähler „als eine Projektion des Lesers zu verstehen [...], der Widersprüche innerhalb des Textes und zwischen dem [sic] fiktiven Welt des Textes und seinem eigenen Wirklichkeitsmodell [...] auflöst" (Nünning 1998: 5), indem er die Diskrepanzen auf Eigenheiten des Sprechers zurückführt (vgl. Nünning 1998: 19). Entsprechend könne die Feststellung eines unzuverlässigen Erzählers „historisch, kulturell und letztlich sogar individuell stark variieren" (Nünning 1998: 25). Bei Nünning wird also klar: *Weil* unzuverlässiges Erzählen in seiner Theorie *definiert ist* als Diskrepanz zwischen den Werten und Auffassungen des Erzählers und denen des Lesers, ist Unzuverlässigkeit ein Phänomen, dessen Zuschreibung von Leser zu Leser variiert.

Auch wenn Nünning nicht explizit die Frage adressiert, unter welchen Bedingungen die Zuschreibung erzählerischer Unzuverlässigkeit adäquat ist, scheinen die genauen Umstände dieser Zuschreibung bei ihm doch insgesamt eine viel größere Rolle zu spielen als bei Yacobi. Dies ist beispielsweise dadurch

---

196 Ob Nünning den Leser auch als maßgeblich im Rahmen der Konstruktion fiktiver Fakten versteht, bleibt weitgehend unklar, da Nünning – obwohl er dies als wichtiges Desiderat der Unzuverlässigkeitsforschung nennt (vgl. Nünning 1998: 11–13) – in seiner eigenen Theorie nicht ausreichend zwischen fakten- und wertebezogener Unzuverlässigkeit differenziert. Problematisch daran erscheint mir vor allem, dass viele Aspekte seiner Theorie für wertebezogene Unzuverlässigkeit ausführlicher ausbuchstabiert und potenziell sinnvoll sind – so vor allem der zentrale Vorschlag, den Leser als Bezugspunkt in der ersten Hinsicht heranzuziehen –, die Rolle des Lesers im Zusammenhang mit faktenbezogener Unzuverlässigkeit dagegen noch unklar ist und entsprechende Thesen tendenziell unplausibel erscheinen.

bedingt, dass Nünning sehr differenziert die textuellen Merkmale und kontextuellen Bezugsrahmen (die Nünning in *real world frames* und *literary frames* aufteilt) identifiziert und systematisiert, die bei der Zuschreibung erzählerischer Unzuverlässigkeit eine Rolle spielen (siehe auch Kapitel II.6). Zusammen mit seiner Definition unzuverlässigen Erzählens als Diskrepanz zwischen den Werten und Haltungen des Erzählers und denen des Lesers ergibt sich daraus, dass die Zuschreibung erzählerischer Unzuverlässigkeit „durch benennbare textuelle Signale und kontextuelle Bezugsrahmen gesteuert" wird (Nünning 1998: 33) und damit regelgeleitet, wenn nicht sogar (leserrelativ) potenziell vollständig prognostizierbar ist.

Obwohl in Nünnings Unzuverlässigkeitstheorie also einiges klarer ist als bei Yacobi, gibt es auch hier wichtige Kritikpunkte. Dies gilt insbesondere für die Gründe, die er als Rechtfertigung des kognitivistischen Ansatzes gegenüber dem rhetorischen anführt. Während seine Kritik am Konzept des impliziten Autors nicht unbegründet ist, ist in Kapitel II.3.2.2 deutlich geworden, dass dieser Kritik auch auf ganz anderem Wege begegnet werden kann – nämlich durch die Wahl des realen Autors als Bezugsinstanz für unzuverlässiges Erzählen. Noch problematischer erscheint mir allerdings Nünnings zweite Rechtfertigung. Die Tatsache, dass professionelle Literaturwissenschaftler in ihren Unzuverlässigkeitszuschreibungen auseinanderliegen, kann auch anders erklärt werden als dadurch, dass diese Wissenschaftler unbemerkt ihre eigenen Werte als Folie zur Evaluation der erzählerischen Zuverlässigkeit einsetzen. Eine Möglichkeit wäre zum Beispiel, dass die Wissenschaftler von unterschiedlichen Definitionen erzählerischer Unzuverlässigkeit ausgehen, deren Unterschiede aber nichts mit der gewählten Bezugsinstanz zu tun haben. So kann beispielsweise ein Literaturwissenschaftler unter wertebezogener Unzuverlässigkeit ausschließlich problematische Wert*äußerungen* des Erzählers verstehen, während ein anderer nur moralisch problematisches *Verhalten* darunter fallen lässt. Ein anderer Grund für auseinanderliegende Unzuverlässigkeitsurteile kann in der Mehrdeutigkeit literarischer Texte liegen (siehe Kapitel IV.2). Aber selbst *wenn* Nünning recht damit haben sollte, dass unterschiedliche Urteile dadurch zustande kommen, dass Forscher unwillkürlich die eigenen Werte als Abgleichsfolie nutzen, scheint es mir äußerst fragwürdig, die Definition einer narratologischen Kategorie ohne weitere Rechtfertigung an diese unreflektierte und möglicherweise verfehlte Praxis anzupassen.

Eine weitere kognitivistische Theorie wird von Bruno Zerweck vorgestellt (vgl. Zerweck 1998; Zerweck 2001). Zerweck orientiert sich an den Ansätzen Nünnings und Yacobis – er setzt den Fokus aber noch mehr als seine Vorgänger darauf, dass die Frage, ob ein konkreter Leser unzuverlässiges Erzählen zuschreibt oder nicht, von historischen und kulturellen Faktoren abhängig ist.[197]

Ganz besonders auffällig sind bei Zerweck zwei Aspekte, die schon in den Vorgängertheorien bemerkbar waren: Zum einen verwechselt Zerweck offenbar Fragen danach, wie unzuverlässiges Erzählen in der Praxis zugeschrieben wird, mit Fragen danach, wie es definiert werden *sollte*. Dies wird in Formulierungen wie der folgenden deutlich: „Ansgar Nünning *has shown* [...] that the existence of an implied author *is* neither a necessary nor a sufficient requirement of unreliable narration" (Zerweck 2001: 151, meine Hervorhebung). Zerweck ist sich hier offensichtlich nicht der Tatsache bewusst, dass es sich bei Definitionen narratologischer Konzepte in erster Linie um Stipulationen handelt – man kann deswegen nicht mit Verweisen auf die Anwendungspraxis definitorische Fragen klären. Gezeigt werden kann höchstens, dass die Bezeichnung „unzuverlässiges Erzählen" *de facto* angewandt wird, ohne dass dabei der implizite Autor eine Rolle spielt.

Zum anderen ist bei Zerweck unklar, welche Rolle der Leser in seiner Unzuverlässigkeitstheorie spielt. So legen einige Formulierungen fast zwingend nahe, dass Zerweck der Ansicht ist, es gebe tatsächlich ein recht objektiv beschreibbares Textphänomen, das als erzählerische Unzuverlässigkeit bezeichnet werden kann. Ob dieses objektive Textphänomen von einem Leser allerdings als erzählerische Unzuverlässigkeit verstanden und kategorisiert wird, sei von historischen und kulturellen Faktoren abhängig:

> It is misleading to assume that certain texts that obviously and without any doubt seem to confront readers with unreliable narrators must always and in any given culture be interpreted as unreliable. (Zerweck 2001: 157–158)

An anderer Stelle spricht Zerweck von der „unreliability *of narrative texts*" (Zerweck 2001: 155, meine Hervorhebung), was wiederum dafür spricht, dass von Zerweck textuelle Eigenschaften als Unzuverlässigkeit bezeichnet werden, er sich aber in seinen Studien damit auseinandersetzen will, ob tatsächlich vorliegende Unzuverlässigkeit auch als solche verstanden wird. Ebenfalls

---

197 Eine ‚praktische Demonstration' dieser These liefert Vera Nünning: Sie zeigt anhand der historisch variierenden Rezeption von Goldsmiths Roman *The Vicar of Wakefield*, dass ‚Unzuverlässigkeitsdiagnosen' von kulturell bestimmten Werten abhängig ist (vgl. V. Nünning 1998; V. Nünning 2004). Meines Erachtens kommen die von Nünning aufgezeigten Divergenzen allerdings zu einem nicht unerheblichen Anteil dadurch zustande, dass sie (bzw. die von ihr zitierten Kritiker) mit einem unscharfen Unzuverlässigkeitskonzept arbeiten, das eine moralische Bewertung der Erzählerfigur beinhaltet (vgl. bspw. V. Nünning 1998: 278–279).

für diese Lesart spricht, dass er an einer Stelle betont, es sei lediglich der *Effekt* erzählerischer Unzuverlässigkeit, der historisch und kulturell variabel sei (vgl. Zerweck 2001: 157). Wenn wir diese Textstellen ernst nehmen, dann nimmt Zerweck keinesfalls eine Neudefinition unzuverlässigen Erzählens vor, sondern verschiebt lediglich den Fokus seines Interesses auf die Untersuchung historisch und kulturell variabler Leserreaktionen.

Gegen diese Lesart, dass Zerweck unzuverlässiges Erzählen selbst letztlich als textuelles Phänomen versteht, spricht aber, dass Zerweck erzählerische Unzuverlässigkeit an anderer Stelle (nach Nünning) als „projection by the reader" (Zerweck 2001: 151) und als *„effect* of interpretive strategies" (Zerweck 2001: 155) bezeichnet. Diese beiden Stellen legen eher nahe, dass Zerweck unzuverlässiges Erzählen entweder *als* Interpretationsstrategie versteht oder dass er sogar davon ausgeht, Leser könnten durch ihre Interpretationen Texteigenschaften bzw. -bedeutungen generieren. Auf diese Weise würde der Leser für Zerweck dann bei der Feststellung fiktiver Fakten (Rolle 2) als Bezugsinstanz dienen.[198]

Weitere Faktoren, die Zerwecks Theorie verunklaren, sind Anmerkungen, die gewissermaßen *en passant* nahelegen, dass die im Zusammenhang mit Unzuverlässigkeit relevanten Erzählereigenschaften „the central issue of the novel" sein müssen (Zerweck 2001: 159). Konkreter bedeutet das: Sie müssen die Funktion haben, bestimmte epistemologische Annahmen in Zweifel zu ziehen, um als Unzuverlässigkeit zu gelten – nämlich unter anderem die Annahme, dass „objective knowledge and representation of reality" möglich seien (Zerweck 2001: 160). Sollte es sich hierbei Zerweck zufolge tatsächlich um notwendige Bedingungen für unzuverlässiges Erzählen handeln, würde der Leser auch als Bezugsinstanz in der dritten Rolle (Feststellung der Werkbedeutung) dienen.[199]

Wie wir gesehen haben, ziehen sich bestimmte grundlegend problematische Aspekte durch alle wichtigen kognitivistischen Unzuverlässigkeitstheorien: Aus der Beobachtung, dass Unzuverlässigkeitsdiagnosen von Leser zu

---

198 Darüber hinaus kommt der Leser möglicherweise auch als Werteschablone (Rolle 1) zum Einsatz – und dies in ganz spezieller Weise: Zerweck spricht nämlich sogar von „values and norms *of a text* as constructed by the reader" (Zerweck 2001: 155, meine Hervorhebung). Dies könnte nahelegen, dass er davon ausgeht, dass der Leser die Werte des Werks ‚bestimmen kann'.
199 Weitere kognitivistische Theorien, in denen der Leser als Bezugspunkt verstanden wird, sind beispielsweise Allrath (1998), Jahn (1998) und Fludernik (1999). Genauere Feststellungen zur Rolle des Lesers als Bezugspunkt lassen sich hier allerdings nicht treffen.

Leser variieren, werden normative Vorschläge für die Definition des Unzuverlässigkeitskonzepts abgeleitet. *Was genau* da allerdings abgeleitet wird, bleibt unklar: Sollen wir keine Fragen nach der Adäquatheit von Unzuverlässigkeitsdiagnosen stellen? Soll erzählerische Unzuverlässigkeit der Beschreibung von Interpretationsstrategien dienen? Sollen wir annehmen, dass individuelle Interpretationen die Bedeutung literarischer Texte generieren?

Opponenten des kognitivistischen Ansatzes verneinen gemeinhin alle diese Fragen. Ein oft genannter Kritikpunkt an den leserzentrierten Ansätzen lautet, dass diese die Variabilität der Unzuverlässigkeitszuschreibungen überbetonen (vgl. bspw. Heyd 2006: 240).[200] Außerdem sei es, selbst wenn sich die Zuschreibungen in einigen Fällen unterscheiden, sinnvoller, sich auf die Gemeinsamkeiten zu konzentrieren und diese zu begründen (vgl. Phelan 2005: 48) – mit anderen Worten: sich auf die *textuellen* Merkmale erzählerischer Unzuverlässigkeit zu fokussieren. Noch schärfere Kritik formuliert Ohme, der die Ansicht äußert, ein derart relationales Konzept sei im Rahmen der Narratologie, die der möglichst genauen Textbeschreibung diene, gänzlich unbrauchbar (vgl. Ohme 2015: 213–218).

3.3 Zum Umgang mit dem Bezugsinstanzen-Pluralismus

In den vorangegangenen Kapiteln habe ich die wichtigsten Theorien, die den impliziten Autor, den realen Autor oder den Leser als relevante Bezugsinstanz im Zusammenhang mit unzuverlässigem Erzählen verstehen, vorgestellt. Hier stellt sich nun die Frage, wie wir mit diesem Bezugsinstanzenpluralismus umgehen sollten. Ich möchte diesbezüglich zwei Optionen vorstellen. Die erste besteht in dem Versuch, die unterschiedlichen Ansätze zu integrieren. Diesen Versuch haben schon mehrere Theoretiker unternommen – wie ich gleich jedoch zeigen werde, führt er meines Erachtens bisher nicht zu sinnvollen Ergebnissen. Die zweite Option, die ich im Anschluss daran diskutiere, besteht darin, die unterschiedlichen Einsetzungen der Bezugsinstanzen (nach dem Vorbild der Kapitel II.1 und II.2) vorerst als verschiedene *Typen* unzuverlässigen Erzählens zu verstehen. Damit dies allerdings zu einigermaßen handhabbaren Ergebnissen führt, sind zuvor einige ‚Aufräumarbeiten' notwendig.

---

200 Das ihrem Ansatz zugrundeliegende Kooperationsprinzip sei dagegen leserunabhängig gültig: „[C]ooperation is such a strong cognitive pattern that its violation remains relatively stable across time and space" (Heyd 2006: 240).

Kommen wir zunächst zur Möglichkeit der Integration der Bezugsinstanzen. Einige Theoretiker sind offenbar der Ansicht, dass sich die Unzuverlässigkeitstheorien, die von unterschiedlichen Bezugsinstanzen ausgehen, eigentlich doch näher sind, als zuvor angenommen wurde. Die hier zugrundeliegende Beobachtung, auf die beispielsweise Greta Olson verweist, besteht darin, dass sich zumindest in Booths wie auch in Nünnings Ansatz eine Referenz auf alle drei Bezugsinstanzen nachweisen lässt:

> Both models have a tripartite structure that consists of (1) a reader who recognizes a dichotomy between (2) the personalized narrator's perceptions and expressions and (3) those of the implied author (or the textual signals). (Olson 2003: 93)

Olsons Ansicht nach spielen in den Ansätzen also die Interpretationen des Lesers, die textuell nachweisbaren Äußerungen und Meinungen des Erzählers sowie die (ebenfalls textuell nachweisbaren) Haltungen des impliziten Autors eine Rolle im Zusammenhang mit Unzuverlässigkeit. Tendenziell lässt sich also festhalten: Der Leser wird am ehesten in Rolle 3 als Bezugspunkt verstanden und das textuelle Material/der implizite Autor in Rolle 2. Rolle 1 wird dagegen ausgefüllt vom Autor bzw. wiederum von den textuellen Signalen – hier ist Olsons Position nicht vollkommen klar.

Nünning greift die Idee, dass in beiden Ansätzen alle drei Bezugsinstanzen eine Rolle spielen, in mehreren Aufsätzen auf (vgl. Nünning 2005; 2008), reformuliert diese jedoch leicht:

> [A]scriptions of unreliability involve a tripartite structure that consists of an authorial agency, textual phenomena (including a personalized narrator and signals of unreliability), and reader response. (Nünning 2005: 91)

In anderen Worten: Das (absichtsvolle?) Handeln von Autoren, textuelle Signale und die Reaktionen und Interpretationen des Lesers sind allesamt relevant im Zusammenhang mit unzuverlässigem Erzählen. In dieser Formulierung geht Nünning aber beispielsweise gar nicht darauf ein, wer als Bezugspunkt in der ersten Rolle zu verstehen ist – er scheint stattdessen deutlich zu machen, dass hauptsächlich im Zusammenhang mit der dritten Rolle sowohl Autor als auch Leser wichtig sind, um den textuellen Merkmalen die für erzählerische Unzuverlässigkeit relevante Bedeutsamkeit zu verleihen.

Ein weiterer Versuch, unterschiedliche Bezugsinstanzen in der Unzuverlässigkeitstheorie zusammenzuführen, findet sich in Sternbergs und Yacobis 170-seitigem Aufsatz, in dem die Autoren Yacobis konstruktivistischen Ansatz klarifizieren bzw. modifizieren. Dabei scheinen Sternberg und Yacobi an einigen Stellen zu insistieren, dass der konstruktivistische Ansatz den rhetorischen Ansatz bereits inkorporiere:

> The constructivist model subsumes the „rhetorical"-communicational: it accommodates both an implied and an actual author/reader encounter – with an authorized reconstruction of (un)reliability, or reliability judgment, to suit – as well as a one-sided readerly construction at will.
> (Sternberg und Yacobi 2015: 442)

Der konstruktivistische Ansatz sei also umfassender – und jeder Theoretiker, der eine Synthese der beiden Ansätze vorschlage, übersehe, dass der konstruktivistische allein bereits alles abdecke. In anderen Worten: Der konstruktivistische Ansatz umfasse sowohl die vollkommen freie Konstruktion erzählerischer Unzuverlässigkeit durch den realen Leser als auch die zielgerichtete, regelgeleitete *Re*konstruktion (textlich indizierter) autor-intendierter Unzuverlässigkeit des Erzählers. Insgesamt inkorporiere das dem konstruktivistischen Ansatz zugrundeliegende Kommunikationsmodell nämlich den realen und den impliziten Autor und Leser sowie sämtliche fiktive Mediatoren in einer Erzählung (z. B. Erzähler und Reflektor).[201]

Dabei sei die rekonstruktive Facette des Ansatzes sogar die sinnvollere: Unzuverlässigkeitshypothesen seien *optimalerweise* „discourse *re*construction, which we [i. e., Sternberg and Yacobi] have ourselves always favored and advocated" (Sternberg und Yacobi 2015: 444).

Diese Behauptung erscheint aus mehreren Gründen problematisch:

(1) Zumindest in Yacobis frühen Texten (vgl. z. B. Yacobi 1981) ist von der angeblichen rekonstruktiven Facette des konstruktivistischen Modells nicht die Rede. Es ist also fragwürdig zu behaupten, dass die Integration dieser Facette keine Modifikation des ursprünglichen Modells darstellt, sondern schon immer ein Teil desselben war.

(2) An früherer Stelle schreiben die Autoren, rhetorische und konstruktivistische Unzuverlässigkeitsdefinitionen seien „not ‚complementary' [...], or given to ‚synthesis' [...], or linked by ‚a certain degree of overlap', but mutually incompatible" (Sternberg und Yacobi 2015: 335).

(3) Sternberg und Yacobi polemisieren aufs Schärfste gegen das Konzept des impliziten Autors bei Booth. Dann nehmen sie dieses Konzept aber offensichtlich selbst in ihr Kommunikationsmodell auf, ohne jedoch eine genaue Bestimmung vorzunehmen. Sie merken lediglich an, dass der implizite Autor nicht mit dem Erzähler vermischt werden dürfe (vgl. Sternberg und Yacobi 2015: 337–350).

---

[201] Shen dagegen ist – andersherum – der Ansicht, dass alle Elemente in Nünnings synthetischem Ansatz eigentlich aus der *rhetorischen* Theorie stammen – Kognitivisten würden ihres Erachtens ganz andere Sorten von Fragen stellen (vgl. Shen 2013: Paragraph 23).

(4) Ähnlich scharf wird Nünning dafür kritisiert, dass er sich nicht zwischen einer freien, leserzentrierten Unzuverlässigkeitstheorie und einem Ansatz entscheiden kann, der auch textuelle Komponenten ernstnimmt (vgl. Sternberg und Yacobi 2015: 458–485). Mit ihrer Subsumption sowohl freier Leserkonstruktion als auch regelgeleiteter, textbasierter Rekonstruktion auktorialer Intentionen tun Sternberg und Yacobi allerdings dasselbe.
(5) Sollten Sternberg und Yacobi es tatsächlich ernst meinen, dass freie Konstruktion und regelgeleitete Rekonstruktion (auktorialer Intentionen) gleichermaßen Teil des Unzuverlässigkeitskonzepts sein sollen, dann ist es sehr wenig hilfreich, dass sie in ihren Überlegungen zu Unzuverlässigkeit kommentarlos zwischen beiden Varianten hin- und herspringen.[202]

Die drei genannten Theorien (Olsons, Nünnings und Sternbergs und Yacobis), die sich als *synthetische Ansätze* bezeichnen ließen, zeigen in der Tat Tendenzen auf, die sich in zahlreichen früheren Unzuverlässigkeitstheorien wiederfinden lassen.[203] Ein Problem, das keiner der Autoren in seinem ganzen Ausmaß zu sehen scheint, besteht allerdings darin, dass in allen früheren Theorien, die

---

[202] Während die Autoren meist auf die rein leserseitig-konstruktive Variante fokussieren, heißt es dann beispielsweise an einer Stelle plötzlich kommentarlos: „Nabokov is probably alluding here, behind V's [i. e., the narrator's] back, to the opening passage of Gogol's *Overcoat* [...]. Both the allusion itself and V's blindness to it compound his unreliability as narrator, polarizing with the author's expertise" (Sternberg und Yacobi 2015: 412). Für ein unsystematisches Durcheinandergehen zwischen den beiden Varianten spricht auch, dass die Autoren manchmal davon sprechen, dass Leser der zugeschriebenen Unzuverlässigkeit eine (auktorial intendierte) Funktion unterstellen müssen (vgl. Sternberg und Yacobi 2015: 435) – manchmal schreiben sie, dass das nicht der Fall sei muss (vgl. Sternberg und Yacobi 2015: 407–408).
[203] So setzt beispielsweise Riggan zwar wie Booth den impliziten Autor als Bezugspunkt, bringt allerdings gleichzeitig den Blick auf den Leser ins Spiel: „[T]he norms propounded and exemplified by the narrator through his words and actions are at variance with those norms held by the implied author of the work *and expected by him to be comprehended and largely shared by the readers of the work*" (Riggan 1981: 5, meine Hervorhebung). Eine ähnliche Formulierung findet sich auch bei Phelan und Martin, wenn sie schreiben, die Darstellung des Erzählers „deviates from the account the authorial audience infers the implied author would offer" (Phelan und Martin 1999: 94). Andersherum spielt bei Yacobi, die einen leserzentrierten Ansatz vertritt, weiterhin der implizite Autor eine Rolle. Dieser müsse als kohärenzstiftende Instanz verstanden werden, von der die inadäquate Sichtweise des Erzählers unterschieden werden kann:

> [Unreliable narration involves a] hypothesis, which substitutes another participant for the narrator as the agency responsible for [...] existential coherence. I refer of course to the hypothetical construct of the implied author, distinguished from the historical figure of the real author by his reconstitutive mode of existence and his variability from one work to another.
> (Yacobi 1981: 121).

auf mehr als eine Bezugsinstanz Bezug nehmen, nur *einer* der Instanzen die eigentlich entscheidende Rolle im Zusammenhang mit Unzuverlässigkeit zukommt.[204] So ist beispielsweise in rhetorischen oder intentionalistischen Ansätzen der Autor die autoritative Instanz (auch wenn dieser bspw. eine bestimmte Wirkung auf den Leser erzielen *wollte*), in kognitivistischen Ansätzen dagegen der Leser (auch wenn dieser z. B. *annimmt*, dass der implizite Autor die fraglichen Texteigenschaften intentional produziert hat).[205] Ob die Leserschaft die auktoriale Absicht nun *tatsächlich* erkennt bzw. ob der Autor *tatsächlich* die Absichten hatte, die ihm der Leser zuschreibt, ist in den jeweiligen Ansätzen letztlich nicht relevant.

Möchte man auf robuste Weise mehr als eine Bezugsinstanz in die Unzulässigkeitstheorie integrieren, bleiben deswegen letztlich nur zwei Möglichkeiten:

(1) Es wird festgesetzt, dass unzuverlässiges Erzählen nur dann vorliegt, wenn die relevanten Werte, Absichten und Interpretationen bei allen Bezugsinstanzen korrelieren. Das hieße also: Es ist für unzuverlässiges Erzählen notwendig, dass die Wertungen des Erzählers mit den im Text implizit kommunizierten Werten, mit den Werten des Autor *und* mit den Werten des Lesers in Diskrepanz stehen bzw. dass die vom Erzähler kommunizierten Fakten mit den durch den Text nahegelegten fiktiven Fakten, den vom Autor intendierten Fakten und den Fakten, die der Leser annimmt, konfligieren – und schließlich: dass die relevante Erzählereigenschaft eine Funktion im Rahmen derjenigen Werkbedeutung übernimmt, die zugleich durch den Text nahegelegt, vom Autor intendiert und vom Leser angenommen wird. Dies würde tatsächlich eine einheitliche Theorie darstellen, in der alle Bezugspunkte eine gleichermaßen wichtige Rolle spielen. Diese Theorie wird allerdings aus Sicht der meisten Theoretiker zu eng sein.

(2) Es wird festgesetzt, dass unzuverlässiges Erzählen bereits dann vorliegt, wenn es unter Rekurs auf *mindestens eine* der Bezugsinstanzen festgestellt

---

[204] Olson merkt dies zwar an, scheint dieser Tatsache aber keine größere Relevanz beizumessen (vgl. Olson 2003: 99).

[205] So ist denn beispielsweise bei Phelan und Martin die auktoriale Leserschaft „[t]he hypothetical, ideal audience for whom the implied author constructs the text and who understands it perfectly" (Phelan 2005: 213), d. h. der ideale Leser aus Sicht des impliziten Autors. Andersherum ist bei Yacobi letztlich der implizite Autor anscheinend lediglich ein *reader construct*: „To construct a hypothesis as to the unreliability of the narrator it is then necessarily to assume the existence of an implied (and by definition reliable) author who manipulates his creature for his own purposes" (Yacobi 1981: 123).

werden kann. Diese Variante scheinen Sternberg und Yacobi an einigen Stellen zu favorisieren. Eine solche Lösung kann aber nur dann nützlich sein, wenn sie systematisch umgesetzt wird. Diese Option möchte ich im Folgenden untersuchen.

Eine sinnvolle Möglichkeit des Umgangs mit dem Bezugsinstanzenpluralismus besteht darin, hier so vorzugehen, wie ich es schon in den Kapiteln II.1 und II.2 (zumindest vorerst) getan habe – nämlich die verschiedenen Definitionsvorschläge einfach als unterschiedliche *Typen* unzuverlässigen Erzählens zu verstehen. Und in der Tat gibt es auch hier mindestens zwei Vorschläge, die sich in diesem Sinne deuten lassen. Einer dieser Vorschläge ist der *offene Ansatz* Kindts, den ich schon an früherer Stelle besprochen habe (siehe Kapitel II.3.2.2): Kindt definiert Unzuverlässigkeit (zunächst) als offene Formel, die mithilfe eines Interpretationsansatzes vervollständigt werden muss – daraus ergeben sich dann unterschiedliche Varianten von Unzuverlässigkeit, die gewissermaßen nebeneinander existieren. Neben Kindts offenem Ansatz lässt sich im vorliegenden Zusammenhang auch die Theorie Per Krogh Hansens anführen, die als *hybrider Ansatz* bezeichnet werden kann (vgl. Hansen 2005; Hansen 2007). Hansen ist der Ansicht, dass die Bezugsinstanz für unzuverlässiges Erzählen im Kontext verschiedener Unzuverlässigkeitstypen ein unterschiedlicher ist. So schlägt Hansen die Unterscheidung von vier Typen erzählerischer Unzuverlässigkeit vor: intranarratoriale, internarratoriale, intertextuelle und extratextuelle Unzuverlässigkeit. *Intranarratoriale* Unzuverlässigkeit ist durch Signale innerhalb der Äußerungen des unzuverlässigen Erzählers feststellbar – und *internarratoriale* durch Diskrepanzen zwischen den Äußerungen unterschiedlicher Erzähler (vgl. Hansen 2007: 241–242). Somit ist der implizite Autor bzw. der Text hier der relevante Bezugspunkt. Zwei weitere Typen von Unzuverlässigkeit sind dagegen auf extratextuelle Informationen und Annahmen angewiesen: *Intertextuelle* Unzuverlässigkeit basiert auf Genreerwartungen bzw. auf dem Wissen um die Verknüpfung zwischen bestimmten Figurentypen und erzählerischer Unzuverlässigkeit (vgl. Hansen 2007: 242). Und im Zusammenhang mit *extratextueller* Unzuverlässigkeit werden schließlich auch nicht-textuelle kontextuelle Faktoren notwendig. Dies gilt beispielsweise für Fälle wertebezogener Unzuverlässigkeit, die von den Werturteilen von Lesern abhängig sein kann (dann sind diese Faktoren variabel), aber auch für relativ stabiles Weltwissen, das für das Erkennen einiger Fälle faktenbezogener Unzuverlässigkeit notwendig ist (vgl. Hansen 2007: 242–244). Mindestens im Falle extratextueller Unzuverlässigkeit scheint es also auch der Leser zu sein, der als Bezugspunkt fungiert.

Die beiden vorgestellten Ansätze sind in ihrer konkreten Form allerdings nicht vollkommen überzeugend, da sie nicht differenziert genug sind. So fehlt beispielsweise bei Hansen eine robuste Definition unzuverlässigen Erzählens. Ohne diese lässt sich letztlich nicht feststellen, ob (und, wenn ja, inwiefern) sich die von ihm vorgestellten Typen definitorisch unterscheiden – oder ob ihnen allen dieselbe Definition unzuverlässigen Erzählens zugrunde liegt und die unterschiedlichen Bezugspunkte nur im Rahmen der Feststellung der Unzuverlässigkeit relevant werden.[206] Auch müssten in Hansens Ansatz die drei Rollen, in denen Bezugsinstanzen im Rahmen von Unzuverlässigkeitstheorien vorkommen können, explizit auseinandergehalten werden. Und schließlich erscheinen mir – trotz meines eigentlich analytisch-rekonstruktiven Vorgehens im gesamten Kapitel II – sowohl Kindts als auch Hansens Ansatz tendenziell zu permissiv. Meines Erachtens ist es sinnvoll, einige besonders unplausible Ansätze zu Bezugspunkten und Interpretationstheorien von vornherein zu ‚disqualifizieren' und aus der weiteren Bestandsaufnahme auszuschließen.[207]

Aufgrund dieser Überlegungen möchte ich folgende vier Vorschläge machen.

(1) Zunächst einmal sollten generell nur solche Interpretationstheorien als potenziell plausibel erachtet werden, die das textuelle Material ernst nehmen, also interpretationsleitend zum Einsatz kommen lassen. Das bedeutet: Eine Theorie, die die semantischen Intentionen des Autors *unabhängig vom sprachlichen Material des Textes* als bedeutungsgenerierend betrachtet (beispielsweise indem diese Intentionen *allein* die Fakten der fiktiven Welt oder die allgemeine ‚Werkbedeutung' bestimmen), wird hier als zu unplausibel disqualifiziert. Dasselbe gilt für eine Theorie, die die Interpretationen des

---

[206] Im Zusammenhang mit faktenbezogenen Unzuverlässigkeitsvarianten scheint mir beispielsweise allen von Hansen vorgestellten Unzuverlässigkeitstypen tendenziell die gleiche Definition zugrunde zu liegen: Es geht um eine Diskrepanz zwischen den Äußerungen des Erzählers und den Fakten der erzählten Welt. Dass so eine Diskrepanz vorliegt, lässt sich allerdings beispielsweise im Falle intranarratorialer Unzuverlässigkeit textintern feststellen, im Falle extratextueller Unzuverlässigkeit nur unter Hinzuziehung kontextueller Faktoren. Bei wertebezogener Unzuverlässigkeit dagegen scheint dies weniger klar: Liegt beispielsweise intranarratorialer wertebezogener Unzuverlässigkeit die gleiche Definition zugrunde wie extratextueller wertebezogener Unzuverlässigkeit?

[207] Kindt argumentiert, dass sein Ansatz keinen illegitimen Relativismus zur Folge habe: So seien beispielsweise die Werte von Lesern nur dann im Zusammenhang mit erzählerischer Unzuverlässigkeit relevant, wenn eine Interpretationstheorie vertreten werde, der zufolge diese Leserwerte die Werte des Werks bestimmen (vgl. Kindt 2008: 57). Wie dieses Beispiel zeigt, lässt Kindts Theorie aber dennoch Raum für die Operationalisierung des Unzuverlässigkeitskonzepts im Rahmen ausgesprochen unplausibler Interpretationstheorien.

Lesers unabhängig vom sprachlichen Material des Textes als bedeutungsgenerierend betrachtet. Wann immer Aussagen über Bedeutungsaspekte eines Werks gemacht werden, können Autorintentionen oder Leserinterpretationen immer nur dann sinnvollerweise als bedeutungsgenerierend verstanden werden, wenn dies mit dem Textmaterial kompatibel ist.[208]

(2) In Kapitel II.3.1.1 hatte ich deutlich gemacht, dass die Wahl einer Bezugsinstanz als Werteschablone nicht notwendigerweise eine Entscheidung für eine Interpretationstheorie erfordert, weil es Theoretikern hier nicht unbedingt um die ‚Werte des Werks' zu gehen scheint. Allerdings erscheint es mir im Rahmen literaturwissenschaftlicher Analysen eigentlich die einzig *sinnvolle* Entscheidung zu sein, die ‚Werte des Werks' als Abgleichpunkt für wertebezogene Unzuverlässigkeit zu verstehen. Schließlich soll es im Rahmen der Literaturwissenschaft vornehmlich um Texte gehen – die Relevanz eines narratologischen Konzepts, das der Analyse einer Relation zwischen textuellen Eigenschaften und potenziell *rein* textexternen Eigenschaften dient (d. h. der Relation zwischen den Wertungen des Erzählers und denen des Autors oder Lesers), erschließt sich mir nicht. Folgt man diesem Ansatz, so greift auch in diesem Fall das, was ich unter (1) geschrieben habe: Auch im Rahmen der Bestimmung der Werte des Werks sollte das sprachliche Material des Textes ernst genommen werden – die Werte des Autors oder des Lesers sind also maximal dann relevant, wenn sie mit dem Textmaterial kompatibel sind. Da das Textmaterial im Hinblick auf die Werte des Werks allerdings deutlich häufiger unbestimmt oder ambig sein wird als im Falle fiktiver Fakten, können diese textexternen Bezugspunkte im Fall wertebezogener Unzuverlässigkeit wohl häufiger und in größerem Maße herangezogen werden.

(3) Die Idee, die in manchen kognitivistischen Theorien anklingt, unzuverlässiges Erzählen nicht an Texten selbst zu untersuchen, sondern stattdessen den Leser bzw. seine Interpretationen zu analysieren, scheint mir eine arbiträre Setzung zu sein, für die es keine guten Gründe gibt und die außerdem keinen Niederschlag in der Unzuverlässigkeitsdefinition finden müsste. Auch sie wird deswegen im Weiteren nicht mehr berücksichtigt.

(4) Die Rede vom impliziten Autor ist aufgrund der unterschiedlichen Möglichkeiten, dieses Konzept zu verstehen, zu unklar. Stattdessen würde ich vorschlagen, in den Fällen, in denen allein der Text (ohne Rückgriff auf

---

208 Busch macht einen ähnlichen Vorschlag – allerdings nur für die Kombination Text – Leser. Ihr zufolge muss der Bezugspunkt immer so weit, wie es möglich ist, textintern rekonstruiert werden (vgl. Busch 1998: 52–54). Wenn dies nicht ausreicht, kann der Rezipient textexterne *frames* hinzuziehen (vgl. Busch 1998: 55).

potenzielle Intentionen) als Bezugspunkt dient, schlicht vom *Text* als Bezugsinstanz zu sprechen. Wenn dagegen die textkompatiblen Intentionen des Autors eine Rolle spielen, sollte vom *Autor* gesprochen werden. Unter ‚autorzentrierte Ansätze' fallen diesem Vorschlag entsprechend sowohl rhetorische Ansätze, die mit einer autorzentrierten Schärfung des ‚impliziter Autor'-Konzepts arbeiten, als auch intentionalistische Ansätze, die das sprachliche Textmaterial ernstnehmen.

Wenn wir diesen Vorschlägen folgen, dann ergibt sich daraus folgendes Bild (siehe Abb. 5, S. 155[209]): Für alle wertebezogenen Unzuverlässigkeitsvarianten muss festgelegt werden, ob die im Text vermittelten Werte, die Werte des Autors oder die Werte des Lesers als Schablone dienen sollen, um die Zuverlässigkeit des Erzählers zu bewerten (bzw. unter Rekurs auf welche Bezugsinstanz sich die Werte des Werks bestimmen). Für alle fakten- und wertebezogenen Varianten muss festgelegt werden, über welche Bezugsinstanz sich die Fakten der erzählten Welt in den Fällen festlegen, in denen das Textmaterial nicht konklusiv ist: über den Text (dann sind viele Fragen unentscheidbar), über den Autor oder über den Leser (dann gibt es mehrere, leserabhängig gültige Antworten). Schließlich muss für alle fakten- und wertebezogenen Varianten entschieden werden, *ob* unzuverlässiges Erzählen notwendigerweise eine Funktion im Zusammenhang mit der allgemeinen Werkbedeutung übernehmen muss. Wenn diese Frage bejaht wird, muss entschieden werden, ob sich die allgemeine Werkbedeutung allein über das Textmaterial bestimmt oder ob die textkompatiblen Autorintentionen bzw. die textkompatiblen Leserinterpretationen für die allgemeine Werkbedeutung konstitutiv sind.

Würde man nun davon ausgehen, dass diese Entscheidungen alle frei kombinierbar sind, dann folgte daraus, dass sich zwölf ‚Bezugsinstanzentypen' für alle faktenbezogenen Unzuverlässigkeitsvarianten ergeben – und sogar 36 für alle wertebezogenen Varianten. Allerdings wäre es eher wenig überzeugend, unterschiedliche Bezugsinstanzen für Werteschablone, fiktive Fakten und Werkbedeutung einzusetzen. Deswegen scheint es letztlich doch nur sechs sinnvolle ‚Bezugsinstanzentypen' für alle fakten- und wertebezogenen Varianten zu geben: Man kann entweder annehmen, dass Text, Autor oder Leser jeweils in allen drei Rollen relevant ist – dies wird in der Tabelle auf S. 156 durch die Spalten 1 bis 3 repräsentiert (siehe Abb. 6, S. 156), die jeweils einen sinnvollen

---

209 Das Grundgerüst dieser Grafik stellt einen Ausschnitt von Abb. 3 dar (S. 96). Aus Gründen der Übersichtlichkeit sind hier die weiteren Hierarchieebenen in der Darstellung weggelassen worden. Was in dieser Grafik für fakten- und wertebezogene Unzuverlässigkeit im Allgemeinen angegeben ist, gilt aber jeweils für alle Subkategorien fakten- und wertebezogener Unzuverlässigkeit.

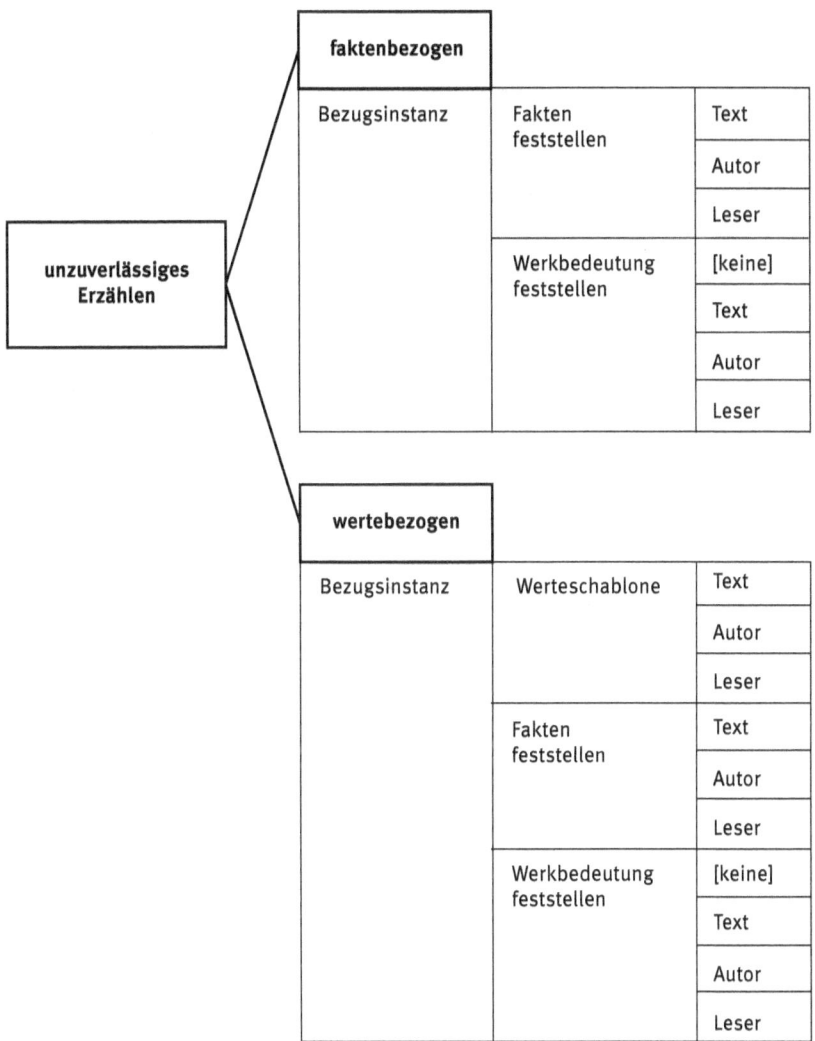

Abb. 5: Bezugsinstanzentypen.

Bezugsinstanzentyp darstellen. So wird beispielsweise in Spalte 1 der Tabelle in jedem möglichen Fall der Text als Bezugspunkt gewählt. Die ebenfalls sinnvollen Bezugsinstanzentypen 4 bis 6 kommen durch die Annahme zustande, dass Text, Autor oder Leser je nur in den ersten beiden Rollen relevant ist, die Werkbedeutung im Zusammenhang mit unzuverlässigem Erzählen aber keine Rolle spielt (siehe Abb. 6). Spalte 4 bei wertebezogener Unzuverlässigkeit zeigt beispielsweise, dass der Text als Bezugsinstanz in der Funktion als

Werteschablone und für die Feststellung der fiktiven Fakten gewählt wird. Für die dritte mögliche Rolle, die Bezugsinstanzen im Zusammenhang mit Unzuverlässigkeit annehmen können (also für die Bestimmung der ‚Werkbedeutung'), wird in Spalte 4 dagegen angenommen, dass *keine* Bezugsinstanz gewählt werden muss, weil die ‚Werkbedeutung' keine zusätzlich einschränkende Rolle bei der Unzuverlässigkeitsdefinition einnehmen soll.

Ich möchte es hier bei diesen Überlegungen belassen – stärker regulierende Vorschläge zur Bezugsinstanzenfrage werden erst in Kapitel V vorgestellt.

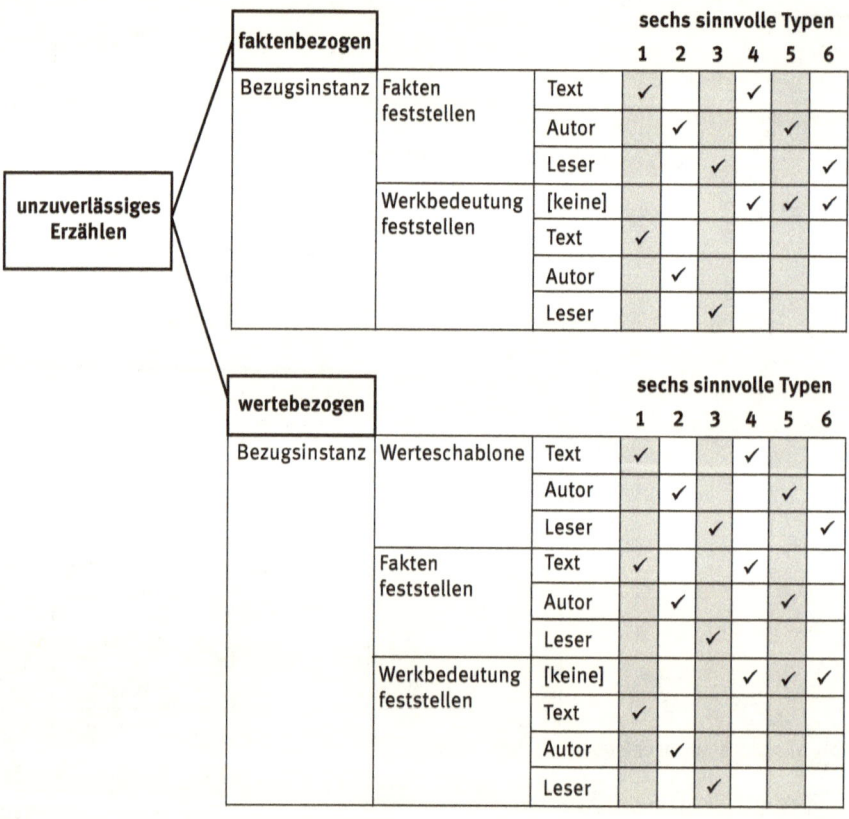

Abb. 6: Sechs sinnvolle Bezugsinstanzentypen.

Die folgende Tabelle fasst den Forschungsüberblick hinsichtlich der Bezugsinstanzfrage zusammen (siehe Abb. 7, S. 157). Dabei ist allerdings zu beachten, dass insbesondere die feinere Bestimmung, welche Rolle die Bezugsinstanz in der Unzuverlässigkeitstheorie einnimmt, oft Interpretationssache ist, da sich hierüber nur äußerst selten explizite Angaben finden.

| | Bezugspunkt |||||||||
| | Text ||| Autor ||| Leser |||
	Werteschablone	fiktive Fakten	Werkbedeutung	Werteschablone	fiktive Fakten	Werkbedeutung	Werteschablone	fiktive Fakten	Werkbedeutung
Booth 1961	✓	(✓)							
Chatman 1978	✓	✓							
Yacobi 1981; 2001								(✓)	(✓)
Rimmon-Kenan 1983	✓								
Wall 1994	✓		✓						
Currie 1995						✓			
Nünning 1998; 1999							(✓)		
Martinez/Scheffel 1999				(✓)	(✓)				
Phelan/Martin 1999				✓	✓				
Zerweck 2001							✓	✓	✓
Heyd 2006					(✓)				
Hansen 2007	(✓)	(✓)					(✓)	(✓)	
Kindt 2008				✓	✓	✓			
Margolin 2015	(✓)	(✓)							

Abb. 7: Forschungsüberblick Bezugsinstanzen (Exzerpt).

4 ‚Mildernde Umstände'? Offenheit, Auflösung und Korrektur

Im vorangegangenen Kapitel habe ich deutlich gemacht, dass im Rahmen einiger Unzuverlässigkeitstheorien *zusätzliche* Bedingungen angegeben werden, die vorliegen müssen, damit die Unzuverlässigkeitskategorie angewandt werden darf. Es handelte sich hier um die Annahme, dass unzuverlässiges Erzählen nur dann gegeben ist, wenn das fragliche Erzählerverhalten (z. B. das Äußern inkorrekter Assertionen) eine Funktion im Rahmen der Werkbedeutung einnimmt. Durch solche zusätzlichen Bedingungen wird der Begriffsumfang unzuverlässigen Erzählens weiter eingeschränkt.

Die folgenden beiden Unterkapitel sind der Analyse von Definitionsparametern gewidmet, die eine ähnliche Stoßrichtung verfolgen. Im vorliegenden Kapitel geht es dabei erst einmal um bestimmte strukturelle Phänomene, die den Ansichten einiger Theoretiker zufolge eine erzählerische Fehlfunktionen offenbar abmildern, relativieren oder beheben können. Diese ‚mildernden Umstände' werden dann anscheinend zum Anlass genommen, den fraglichen Erzähler nicht als unzuverlässig zu bezeichnen, obwohl der Erzähler eine der in den vorangegangenen Kapiteln identifizierten Tätigkeiten inadäquat ausführt. Obwohl die meisten Theorien, in denen solche Annahmen nachzuweisen sind, keine Argumente für diese anführen, ist anzunehmen, dass es hier hauptsächlich sprachliche Intuitionen sind, die zu einem solchen Eingrenzungsvorschlag führen. Die Idee scheint zu sein, dass es (unserem Alltagsverständnis von „Unzuverlässigkeit" folgend) nicht gerechtfertigt erscheint, einen Erzähler mit solch einer pejorativen Bezeichnung zu versehen, wenn die fraglichen ‚mildernden Umstände' vorliegen.

Aber wie genau können solche ‚mildernden Umstände' aussehen? Einige Theoretiker scheinen der Ansicht zu sein, dass ein Erzähler nur dann als unzuverlässig zu bezeichnen ist, wenn sein Fehlverhalten geeignet ist, den Leser zu täuschen.[210] Andersherum bedeutet das: Wenn von Beginn an offenliegt, dass der Erzähler das fragliche Verhalten an den Tag legt oder legen könnte, dann ist eine Täuschung des Lesers unwahrscheinlich.[211]

---

[210] Bisher war diese Bedingung nur im Zusammenhang mit unvollständigen Assertionen bzw. Überzeugungen des Erzählers diskutiert worden (siehe Kapitel II.2.1.2 und II.2.2.2). Hier wird dieses Moment nun aber auf eine allgemeinere Ebene gehoben.
[211] Als Beispiele für solche Theorien könnten beispielsweise Heyds (2006; 2011) und Fluderniks (2005) verstanden werden, da beide von einem für unzuverlässiges Erzählen notwendigen ‚Überraschungseffekt' sprechen bzw. diesen beschreiben. So schreibt beispielsweise Heyd „[T]he recipients take the narrative utterances at face value until they stumble across the pattern of maxim violations, inconsistencies and deceptive statements. Unreliable narratives thus ‚quietly and unostentatiously violate a maxim'" (Heyd 2011: 7).

Eine weitere nachzuweisende Intuition besteht darin, dass unzuverlässiges Erzählen nur dann vorliegt, wenn eine indirekte Kommunikation bzw. ein geheimes Einverständnis zwischen Autor und Leser hinter dem Rücken des Erzählers besteht.[212] Da die relevanten erzählerischen Fehlfunktionen aber auch vorkommen können, wenn eine solche indirekte Kommunikation nicht vorliegt (nämlich unter anderem dann, wenn die Fehlfunktion im Nachhinein explizit enttarnt wird) heißt das im Umkehrschluss, dass es eventuell weitere Möglichkeiten gibt, eine vorliegende Fehlfunktion zu relativieren – nämlich beispielsweise dadurch, dass der Erzähler sein eigenes Fehlverhalten im Nachhinein erkennt, aufdeckt und/oder korrigiert. Diese Fälle dürften dann also nicht als unzuverlässiges Erzählen verstanden werden.

Die beiden Vorschläge scheinen nun in mindestens einer Hinsicht gegenläufig zu sein: Einmal soll Unzuverlässigkeit auf solche Fälle reduziert werden, in denen der Leser potenziell ‚hinters Licht geführt wird'; im anderen Fall ist es gerade das ‚Eingeweihtsein' des Lesers, d. h. seine Komplizenschaft mit dem Autor, die als notwendige Bedingung für Unzuverlässigkeit verstanden wird.[213] Ziel dieses Kapitels ist es, die strukturellen Texteigenschaften zu

---

212 Vgl. für diese Position bspw. Booth, der zwar nicht in seiner Unzuverlässigkeitsdefinition selbst, wohl aber im Rahmen der weiteren Diskussion dieses Phänomens mehrfach von einer „secret communion" zwischen Autor und Leser „behind the narrator's back" spricht (Booth 1961: 159 und 300–309). Auch Chatman vertritt diese Position, indem er unter anderem deutlich macht, dass der Erzähler „the butt of unreliable narration" sei (Chatman 1978: 233). Ähnliche Formulierungen lassen sich auch bei Rimmon-Kenan finden („butt of the irony", Rimmon-Kenan 1983: 102).

213 Brütsch unterscheidet diese Varianten unzuverlässigen Erzählens, die beide Teil seiner Unzuverlässigkeitstheorie sind, deswegen auch primär anhand ihrer Wirkung auf den Leser. Er bezeichnet diese Varianten als filmwissenschaftlichen und literaturwissenschaftlichen Prototyp (vgl. Brütsch 2011). Diese Prototypen zeichnen sich bei ihm zwar durch ganze Merkmalslisten aus – die jeweils wichtigsten Merkmale haben aber eben mit der durch die strukturelle Gestaltung ermöglichte Wirkung auf den Leser zu tun. So hebt Brütsch als besonders relevant die Fragen hervor, „ob der Rezipient das unzuverlässige Erzählen [...] zeitgleich oder erst im Nachhinein erkennt und ob ihm diese Erkenntnis explizit oder nur implizit vermittelt wird" (Brütsch 2011: 4–5). Das zeitgleiche Erkennen und die implizite Vermittlung seien dabei tendenziell typisch für literaturwissenschaftliche Fälle unzuverlässigen Erzählens, ein späteres Erkennen und explizite Vermittlung dagegen für filmwissenschaftliche Fälle. Später bezeichnet Brütsch diese Typen als *irony* bzw. *retroactivity* (vgl. Brütsch 2015).
Eine ähnliche Modellierung – allerdings ohne die Zuordnung zu Literatur- oder Filmwissenschaft – findet sich auch bei Vogt. Auch bei ihm scheinen die hier thematisierten strukturellen Aspekte der Vermittlung und damit potenziell verbundene Effekte auf den Leser die ausschlaggebenden Kriterien zweier seiner Grundtypen unzuverlässigen Erzählens zu sein: Im Falle von *ironic unreliable narration* liege dramatische Ironie auf Kosten des Erzählers/Reflektors vor (vgl. Vogt 2015: 132), bei *alterated-unreliable narration* werde dagegen der Leser getäuscht und

identifizieren, die dieser bisher eher tentativ formulierten Unterscheidung zugrunde liegen, um so auch den relevanten Intuitionen im Zusammenhang mit Eingrenzungsvorschlägen des Unzuverlässigkeitskonzepts näherzukommen. Meines Erachtens sind hier zwei Unterscheidungen relevant, die oft nicht hinreichend auseinandergehalten werden – die zwischen täuschender und offener Unzuverlässigkeit und die zwischen aufgelöster und nicht-aufgelöster Unzuverlässigkeit. Diese Unterscheidungen werde ich zunächst möglichst robust modellieren, um im Anschluss genauer auf die möglichen Gründe einzugehen, die einer diesen Differenzierungen folgenden Einschränkung des Begriffsumfangs zugrunde liegen können. Abschließend werde ich kurz diskutieren, ob sich die Unterscheidungen *täuschende vs. offene* und *aufgelöste vs. nicht-aufgelöste Unzuverlässigkeit* gleichermaßen auf fakten- und auf wertebezogene Unzuverlässigkeitsvarianten anwenden lassen. Kommen wir nun zunächst zur Differenzierung zwischen täuschender und offener Unzuverlässigkeit.

4.1 Täuschende vs. offene Unzuverlässigkeit

Ein ausführlicher Vorschlag zur robusten Differenzierung zwischen täuschender und offener Unzuverlässigkeit stammt von Köppe und Kindt (vgl. Köppe und Kindt 2014: 237–250). Allerdings hat diese Unterscheidung im Rahmen ihrer Unzuverlässigkeitstheorie keine definitorische Relevanz für den Begriffsumfang, sondern eine *heuristische* Funktion: Die Autoren wollen beide Varianten in das Unzuverlässigkeitskonzept integrieren und die Bezeichnungen „täuschendes unzuverlässiges Erzählen" und „offen unzuverlässiges Erzählen" lediglich für eine genauere Klassifikation von Unzuverlässigkeitsfällen operationalisieren. Köppes

---

die Unzuverlässigkeit typischerweise im Rahmen eines *final plot twist* enthüllt (vgl. Vogt 2015: 133).

Brütschs und Vogts Ansätze weisen allerdings eine Reihe identischer Probleme auf: (1) Beide scheinen diesen beiden Grundtypen einen dritten zur Seite zu stellen (jeweils eine Variante unentscheidbaren Erzählens, siehe Kapitel II.2.2.2), der nicht zur Unterscheidungssystematik der anderen beiden Typen zu passen scheint. (2) Die beiden hier relevanten Grundtypen konstituieren sich jeweils durch eine Reihe zusätzlicher Merkmale, die aber gar nicht notwendigerweise mit den bisher genannten Merkmalen einhergehen. Brütschs und Vogts Grundtypen stellen also sogenannte *package deals* dar, die für die Analyse von Unzuverlässigkeitsphänomenen zu ungenau sind. (3) Selbst hinter dem definitorisch zentralen Kriterium des ‚Effekts' bzw. der ‚Wirkung' auf den Leser scheinen sich zwei verschiedene strukturelle Merkmale zu verbergen, die zwecks besserer Analyseflexibilität auseinandergehalten werden sollten. Um welche es sich handelt, wird im weiteren Verlauf des Kapitels deutlich. Weitere Kritik an Vogts Typologie findet sich in Jacke (2019).

und Kindts Einschätzung nach handelt es sich hierbei um theoretisch exklusive Typen, d. h. dass ein Fall unzuverlässigen Erzählens nicht zugleich täuschend und offen sein kann.[214]

Köppes und Kindts Definition für täuschendes unzuverlässiges Erzählen lautet: „Ein Erzähltext ist genau dann täuschend (unzuverlässig) erzählt, wenn der Text seinen Lesern (vorübergehend) gute Gründe für falsche Annahmen über fiktive Tatsachen gibt" (Köppe und Kindt 2014: 239).[215] Offen unzuverlässiges Erzählen wird von Köppe und Kindt dagegen folgendermaßen definiert: „Ein Erzähltext ist genau dann offen unzuverlässig erzählt, wenn der Text in offensichtlicher Weise falsche Angaben über fiktive Tatsachen enthält" (Köppe und Kindt 2014: 246).[216]

Folgt man dieser Definition, dann lässt sich tatsächlich argumentieren, dass täuschende und offene Unzuverlässigkeit theoretisch komplementäre Konzepte sind: Wenn die Angaben im Text (*von vornherein*, so sollte man hinzufügen) offensichtlich falsch sind, dann hat der Leser keinen guten Grund, diese falschen Angaben für wahr zu halten. Die Tatsache, dass einzelne Leser dennoch getäuscht werden können (beispielsweise wenn sie nicht aufmerksam genug lesen) spielt hier keine Rolle, solange die Leser keine guten (textuellen) Gründe für ihre falschen Annahmen über die fiktiven Tatsachen haben.[217]

Möglicherweise problematisch ist allerdings eine Diskrepanz zwischen Köppes und Kindts Definition offener Unzuverlässigkeit und den Beispielfällen, die sie hierfür anführen. Diese Fälle funktionieren alle nach demselben Muster: In den jeweils zitierten Passagen wird deutlich, dass es sich bei den fraglichen Erzählern nicht um besonders ‚vertrauenswürdige' Figuren handelt. Denn die angeführten

---

214 Sowohl die Unterscheidung zwischen definitionsrelevanten und (rein) heuristischen Typen als auch das Kriterium der Exklusivität werden in Kapitel III ausführlicher diskutiert.
215 Zu dieser Definition sind einige Dinge anzumerken. Zum einen ist täuschende Unzuverlässigkeit bei Köppe und Kindt ein Unterfall faktenbezogener Unzuverlässigkeit. Zum anderen können darunter sowohl Fälle inkorrekter als auch Fälle unvollständiger Informationsvergabe fallen. Schließlich ist noch interessant, dass die Definition ohne Bezugnahme auf die *tatsächliche* Wirkung auf den Leser auskommt: Es geht nicht darum, ob Leser tatsächlich zeitweilig über die fiktiven Fakten getäuscht werden, sondern ob der Text gute Gründe dafür liefert, zeitweilig falsche Annahmen über diese fiktiven Fakten zu treffen.
216 Auch diese Variante ist also ein Unterfall faktenbezogener Unzuverlässigkeit.
217 Interessant ist hier allerdings, dass es in einigen der von Köppe und Kindt angeführten Beispielfälle nicht um offensichtlich falsche, sondern stattdessen um offensichtlich *unvollständige* Angaben über die fiktive Welt geht (so beispielsweise im Beispiel aus Ernst Weiß' *Die Feuerprobe*, vgl. Köppe und Kindt 2014: 245). Wenn Köppe und Kindt also der Ansicht sind, dass auch Fälle unvollständiger Informationsvergabe offen unzuverlässiges Erzählen exemplifizieren können, dann müssten sie dies in ihre Definition integrieren, d. h. dort nicht nur auf falsche Informationen verweisen.

Erzähler gestehen offen große Wissenslücken oder Gedächtnisprobleme ein oder geben sich als Patienten einer Psychiatrie zu erkennen. Der Leser hat also offenbar gute Gründe, den Aussagen des Erzählers skeptisch zu begegnen. In anderen Worten: Er kann begründet annehmen, dass der Erzähler (zukünftig) falsche Angaben machen oder wichtige Informationen auslassen *könnte*. Eine Täuschung des Lesers ist deswegen nicht wahrscheinlich. Was die zitierten Beispielfälle allerdings (noch) *nicht* zeigen, ist, dass im Text in offensichtlicher Weise falsche (oder unvollständige) Angaben gemacht werden.[218] Nehmen wir allerdings Köppes und Kindts Definition für offene Unzuverlässigkeit ernst, dann ist es nicht hinreichend, einen Grund zu haben, den Angaben des Erzählers mit Skepsis zu begegnen – zusätzlich muss der Erzähler auch *tatsächlich* an irgendeiner Stelle falsche (oder unvollständige) Angaben machen. Wenn diese Kombination gegeben ist (d. h. ein nicht vertrauenswürdiger Erzähler macht falsche Angaben), dann könnte man tatsächlich davon sprechen, dass der Text in offensichtlicher Weise falsche Angaben enthält.[219]

Oft lässt sich nicht definitiv feststellen, ob bestimmte Unzuverlässigkeitstheoretiker offene ‚Unzuverlässigkeit' tatsächlich aus dem Unzuverlässigkeitskonzept ausschließen wollen. Ein möglicher Hinweis auf eine derartige Entscheidung scheint mir die Rede von einem ‚detective framework' zu sein, das in manchen Theorien als notwendig für Unzuverlässigkeit verstanden wird. Diese Formulierung lässt sich beispielsweise bei Zerweck finden (vgl. Zerweck 2001: 157). Zerweck macht darüber hinaus auch explizit deutlich, dass Erzähler nicht als unzuverlässig zu verstehen sind, wenn sie nicht versuchen, den Leser zu täuschen bzw. ihre wahre Natur zu verstecken (vgl. Zerweck 2001: 157). Auch Currie ist der Ansicht, dass ein „deeper level of reflection" notwendig ist, damit Unzuverlässigkeit vorliegt (Currie 1995: 23). Seines Erachtens handelt es sich nicht um Unzuverlässigkeit, wenn „errors and misjudgements are too

---

218 Auch Sternberg und Yacobi weisen darauf hin, dass explizite Behauptungen der Unzuverlässigkeit eines Erzählers noch geprüft werden müssen, bevor eine Zuschreibung sinnvoll ist: „[A]n explicit allegation of (un)reliability can be refuted, or at least challenged, by some other participant or somewhere later along the reading process, with the emergence of new information" (Sternberg und Yacobi 2015: 417).
219 Eine weitere interessante Frage, der ich hier aber nicht weiter nachgehen werde, ist, ob es auch andere Möglichkeiten gibt, offene Unzuverlässigkeit umzusetzen, als durch frühzeitige Etablierung eines nicht-vertrauenswürdigen Erzählers. Ist es beispielsweise möglich, einen eigentlich vertrauenswürdig erscheinenden Erzähler ad hoc in offensichtlicher Weise etwas Falsches erzählen zu lassen?

obvious" (Currie 2004: 135). Für Fludernik ist ein ‚Aha-Erlebnis' notwendig für unzuverlässiges Erzählen (vgl. Fludernik 2005: 40; 41; 55).[220]

Allerdings weisen die meisten dieser Formulierungen nicht *eindeutig* darauf hin, dass die fraglichen Theoretiker offene Unzuverlässigkeit ausschließen wollen. Denn wie ich deutlich gemacht habe, sollte offene Unzuverlässigkeit vor allem dadurch definiert sein, dass von vornherein der *Verdacht* besteht, der Erzähler könnte unzuverlässig sein, so dass eine Täuschung des Lesers unwahrscheinlich erscheint. Ob der Erzähler aber letztlich tatsächlich eine der relevanten Fehlfunktionen an den Tag legt, muss meist durch genaue Analyse oder Interpretation (durch ‚deeper reflection') herausgefunden werden. Deswegen besteht die Möglichkeit, dass einige der zitierten Theoretiker nicht offene, sondern stattdessen lediglich aufgelöste Unzuverlässigkeit ausschließen wollen (siehe Kapitel II.4.2).

Neben den Theoretikern, die offene Unzuverlässigkeit womöglich aus dem Unzuverlässigkeitskonzept ausschließen wollen, gibt es auch solche, die explizit für eine Aufnahme sowohl offener als auch täuschender Unzuverlässigkeit in das Konzept des unzuverlässigen Erzählens plädieren. Dies ist nicht nur bei Köppe und Kindt der Fall, sondern auch beispielsweise bei Olson:

> At the one end of the spectrum, untrustworthy narrators contradict themselves immediately or announce outright that they are insane. At the other end, readers are required to do more ‚detective' work to determine whether a narrator is trustworthy or not.
>
> (Olson 2003: 104)

Ich gehe darüber hinaus davon aus, dass zahlreiche weitere Theoretiker beide Formen als Unzuverlässigkeit verstehen wollen – teilweise aber ohne sich explizit dazu zu positionieren.

Welche Gründe könnten der Entscheidung zugrunde liegen, offene ‚Unzuverlässigkeit' aus dem Begriffsumfang unzuverlässigen Erzählens auszuschließen? Ein einigermaßen naheliegender Grund, der teilweise auch zur Rechtfertigung anderer definitorischer Entscheidungen angeführt wird, sind sprachliche Intuitionen bezüglich des Terminus „unzuverlässig". Konkret könnte die Intuition darin bestehen, dass es unangebracht erscheint, von Unzuverlässigkeit zu sprechen, wenn

---

[220] Auch Wall scheint einen Unterfall offener Unzuverlässigkeit ausschließen zu wollen – oder diesen doch zumindest als ‚weniger' unzuverlässig einzuordnen. Sie fragt: „Are narrators who admit their unreliability still unreliable? [...] What bearing does it have on our perception of unreliability if the narrator provides the means for correcting his or her unreliability – consciously or unconsciously?" (Wall 1994: 21). Ihre Antwort auf diese Frage lautet: „[W]e tend to find them more ‚reliable'" (Wall 1994: 22).

das fragliche Erzählerverhalten nicht *darauf ausgelegt* ist, irreführend zu wirken bzw. ‚einen Schaden anzurichten'.

Sollte dies tatsächlich die zugrundeliegende Intuition sein, dann stellt sich allerdings eine interessante Frage: Was oder wer ist es eigentlich genau, der im Falle offener Unzuverlässigkeit durch einen offenen Umgang mit der Möglichkeit einer erzählerischen Fehlfunktion dafür sorgt, dass das Erzählerverhalten nicht auf Täuschung ausgerichtet ist?

Dies muss nicht immer der Erzähler selbst sein. Zwar *kann* offene Unzuverlässigkeit dadurch zustande kommen, dass ein Erzähler selbst explizit seine mangelnde Vertrauenswürdigkeit kommuniziert, aber das ist nicht notwendigerweise der Fall. Offene Unzuverlässigkeit kann beispielsweise auch dadurch realisiert sein, dass der Erzähler *unfreiwillig* Zweifel an seiner Vertrauenswürdigkeit weckt, oder sogar durch verräterische Titel (z. B. Thomas Manns *Bekenntnisse des Hochstaplers Felix Krull*, vgl. Mann 2012), also durch paratextuelle Elemente, die in der Regel nicht sinnvollerweise als Äußerungen des Erzählers betrachtet werden können. Auf den ersten Blick erscheint nur die erste dieser Varianten einen terminologischen Grund zu liefern, einen Erzähler trotz Vorliegen einer Fehlfunktion nicht als unzuverlässig zu bezeichnen: Schließlich kommuniziert der Erzähler von Beginn an, dass ihm nicht zu trauen ist, er warnt uns vor. Man könnte vielleicht sogar sagen: Er enthebt sich selbst seiner Funktion, uns beispielsweise einen adäquaten Bericht über die fiktiven Tatsachen zu liefern.[221] All dies ist nicht gegeben, wenn die Offenheit zum Beispiel durch unfreiwillige Selbstentblößung des Erzählers oder durch paratextuelle Signale zustande kommt.

Welche sprachlichen Intuitionen könnten einen Theoretiker also dennoch dazu bewegen, nicht nur diesen Spezialfall offener Unzuverlässigkeit, sondern *alle* offenen Formen aus dem Begriffsumfang ausschließen zu wollen? Möglicherweise spielt hier die Tatsache eine Rolle, dass manche Theorien unzuverlässigen Erzählens den Fokus nicht auf Erzähler*figuren* setzen, sondern stattdessen auf ‚die Erzählung' als solche. Dies ist beispielsweise auch bei Köppe und Kindt der Fall, die davon ausgehen, dass nicht jede fiktionale Erzählung einen (fiktiven) Erzähler hat (vgl. Köppe und Stühring 2011), unzuverlässiges Erzählen aber auch in Erzählun-

---

[221] Allerdings kann auch unter diesen Bedingungen eigentlich der Grund für die sprachliche Intuition, dass solche Erzähler nicht unzuverlässig sind, nicht darin bestehen, dass der Erzähler keine Täuschungsabsicht hat – denn auch in einigen Fällen täuschender Unzuverlässigkeit hat der Erzähler selbst gar keine Absicht zu täuschen. Stattdessen kann die in der Erzählung angelegte Täuschung nämlich gerade so funktionieren, dass die Geschehnisse zunächst aus der verzerrten Perspektive eines selbst fehlgeleiteten Erzählers präsentiert werden.

gen ohne Erzähler vorkommen kann (vgl. Köppe und Kindt 2011).[222] Wenn man von vornherein nicht den Erzähler, sondern ‚die Erzählung' als Subjekt der Unzuverlässigkeit betrachtet, dann könnte es also möglicherweise sinnvoll sein, alle Fälle offener Unzuverlässigkeit aus dem Begriffsumfang unzuverlässigen Erzählens auszuschließen und nicht nur diejenigen, in denen der Erzähler selbst durch offenen Umgang mit seinen potenziellen Schwächen eine Täuschung verhindert: In der Erzählung selbst ist keine Täuschung angelegt.[223]

Wie oben bereits angemerkt, ist es allerdings auch möglich, dass hinter der Entscheidung, das Konzept erzählerischer Unzuverlässigkeit auf Fälle täuschenden Erzählens zu beschränken, gar keine sprachlichen Intuitionen stehen, die etwas mit der Idee zu tun haben, das Subjekt unzuverlässigen Erzählens lege in irgendeiner Weise ausgleichende Verhaltensweisen oder Merkmale an den Tag. Stattdessen kann der Grund beispielsweise auch einfach darin bestehen, dass täuschende Unzuverlässigkeit (potenziell) eine besonders interessante Wirkung auf den Leser hat. Für Theoretiker, die vor allem empirische Rezeptionsforschung betreiben oder in anderer Weise an Leserreaktionen interessiert sind – wie beispielsweise Kognitivisten –, kann es also durchaus sinnvoll sein, unzuverlässiges Erzählen auf solche narrativen Phänomene mit extremen Effekten zu beschränken.[224] Ein ähnlicher Grund steht auch hinter Curries Ausschluss offener ‚Unzuverlässigkeit'. Für ihn ist in dem Fall, in dem der Leser (potenziell) getäuscht

---

222 Der Fall ‚erzählerloser' Erzählungen und die Relevanz dieses Themas im Kontext von Unzuverlässigkeitstheorien werden in Kapitel IV.1.1 genauer diskutiert.

223 Diese Beschreibung ist auch in Petterssons Unzuverlässigkeitstyp der *expositional unreliability* zu finden: „[T]he deceptions are less due to the deluded narrators than to the organization of the exposition" (Pettersson 2015: 116).

Man könnte aus dieser Erkenntnis nun den Schluss ziehen, dass die bisher weitgehend synonym verwendeten Begriffe „unzuverlässiges Erzählen" und „unzuverlässiger Erzähler" eigentlich unterschiedliche Phänomene bezeichnen und man sie deshalb besser auseinanderhalten sollte. Ein entsprechender Vorschlag findet sich beispielsweise bei Margolin – siehe für eine Zusammenfassung seines Vorschlags Kapitel II.6).

Eine sinnvolle Option, der ich hier allerdings auch nicht weiter nachgehen werde, könnte darin bestehen, die Frage, wodurch die ‚Offenheit' im Falle offen unzuverlässigen Erzählens zustande kommt, zur Grundlage einer heuristischen Typologie zu machen. Fälle offener Unzuverlässigkeit könnten also weiter danach unterschieden werden, ob der Erzähler selbst bewusst oder unbewusst Zweifel an seinen Aussagen weckt oder ob diese Zweifel durch einen zweiten Erzähler oder durch paratextuelle Signale zustande kommen.

224 Vollkommen überzeugend wäre aber auch diese Argumentationsvariante selbst aus kognitivistischer Perspektive nicht. Denn auch offene Unzuverlässigkeit kann interessante Effekte auf den Leser haben – beispielsweise kann sie dazu beitragen, Sympathie oder Antipathie gegenüber dem Erzähler zu bewirken (vgl. Phelan 2007; siehe auch Kapitel III.3).

wird, *das Werk selbst* unzuverlässig – und nur diesen Fall hält er für interessant genug, um ihn mithilfe der Unzuverlässigkeitskategorie zu fassen:

> Unreliable works make up an interesting category; they raise important questions about our access to works, and about the way our presuppositions can mislead us in dealing with them. From the point of view of narrative theory, unreliable narrators are most interesting when they result in unreliable works. [...] [N]arrators who are *obviously* unreliable don't make for unreliable works. (Currie 2004: 138)

Meines Erachtens überwiegen die Gründe für eine Inklusion offener Unzuverlässigkeit diejenigen für ihren Ausschluss. Eine abschließende Bewertung und Begründung des Vorschlags, ‚offene Unzuverlässigkeit' aus dem Unzuverlässigkeitskonzept auszuschließen, erfolgt allerdings erst in Kapitel V.

Abschließend können wir uns der Frage widmen, auf welche Typen unzuverlässigen Erzählens sich die Unterscheidung zwischen täuschender und offener Unzuverlässigkeit überhaupt sinnvoll anwenden lässt. Diese Frage ist deswegen relevant, weil sie uns mögliche Konsequenzen einer solchen engeren Auslegung des Unzuverlässigkeitskonzepts anzeigt: Wenn es beispielsweise bestimmte Unzuverlässigkeitstypen gibt, die gar nicht in der offenen Variante vorkommen können, dann würden diese gegebenenfalls ‚automatisch' mit aus dem Begriffsumfang ausgeschlossen werden.

Bei Köppe und Kindt werden täuschende und offene Unzuverlässigkeit als Fälle faktenbezogener Unzuverlässigkeit definiert: Es geht im Grunde darum, ob der Text in (von vornherein) offensichtlicher oder in (zunächst) nicht-offensichtlicher Weise falsche Angaben über die fiktiven Tatsachen enthält.[225]

Auch mir scheint es eher nicht sinnvoll zu sein, von täuschender wertebezogener Unzuverlässigkeit zu sprechen. Denn da wertebezogene Unzuverlässigkeit als Diskrepanz zwischen den Wertungen oder Handlungen des Erzählers und dem Wertesystem einer Bezugsinstanz definiert ist, müsste das bedeuten, dass täuschende wertebezogene Unzuverlässigkeit dann vorliegt, wenn der Text zunächst gute Gründe dafür liefert, falsche Annahmen über das Wertesystem der fraglichen Bezugsinstanz (bzw. der Werte des Werks) zu treffen. Dies scheint aber erstens keine nützliche Kategorie zu sein – schließlich ist es keine Konvention, die Wertungshaltungen des Erzählers als Grundlage zu nehmen,

---

[225] Später scheinen die Autoren jedoch ihre Meinung zu ändern: Aus ihrer Übersichtstabelle geht hervor, dass wertebezogene Unzuverlässigkeit variabel sei, d. h. in offener oder verdeckter Form auftreten kann. Es scheint mir hier aber vielsagend zu sein, dass Köppe und Kindt ihre Terminologie kommentarlos ändern und nun von verdeckter statt von täuschender Unzuverlässigkeit sprechen. Meines Erachtens spricht dies dafür, dass zumindest die Bezeichnung „täuschende Unzuverlässigkeit" im Zusammenhang mit wertebezogener Unzuverlässigkeit nicht sinnvoll ist.

um von ihnen auf das Wertesystem bestimmter Bezugsinstanzen (oder die Werte des Werks) zu schließen. Zweitens ist es wohl de facto in den allermeisten Fällen so, dass wertebezogene Unzuverlässigkeit von Beginn an offen liegt bzw. dass von Anfang an klar ist, dass den Wertungen des Erzählers mit Skepsis zu begegnen ist.[226] Wenn täuschende Unzuverlässigkeit im Zusammenhang mit den wertebezogenen Varianten also nicht vorkommen kann, wäre die naheliegendste Konsequenz, dass Theoretiker, die das Unzuverlässigkeitskonzept auf täuschende Unzuverlässigkeit beschränken wollen, die wertebezogenen Varianten aus dem Begriffsumfang ausschließen müssten.[227] Soll dies nicht geschehen, ist besonderer Argumentationsaufwand notwendig.

4.2 Aufgelöste vs. nicht-aufgelöste Unzuverlässigkeit

Wie wir gesehen haben, betrifft die Unterscheidung zwischen täuschender und offener Unzuverlässigkeit letztlich vor allem die Frage, ob eine nachweisbare Fehlfunktion des Erzählers auf Basis textueller Signale *erwartbar* ist (bzw. war) oder nicht. Die Unterscheidung zwischen aufgelöster und nicht-aufgelöster Unzuverlässigkeit (– die leicht mit der ersten Unterscheidung vermischt oder verwechselt wird –) betrifft dagegen die Frage, auf welche Weise sich die Fehlfunktion des Erzählers letztlich *diagnostizieren* lässt. Denn auch wenn es aufgrund der mangelnden Vertrauenswürdigkeit eines Erzählers erwartbar ist, dass dieser tatsächlich eine der relevanten Fehlfunktionen an den Tag legt bzw. legen wird, kann diese Fehlfunktion *selbst* immer noch auf unterschiedliche Weise offenbart werden.

Aufgelöste Unzuverlässigkeit liegt dann vor, wenn eine „eindeutige Entlarvung" der relevanten erzählerischen Fehlfunktion nachzuweisen ist (Lahn und Meister 2013: 185). Im Falle nicht-aufgelöster Unzuverlässigkeit wird dagegen nicht vollkommen explizit gemacht, dass der Erzähler tatsächlich das für Unzuverlässigkeit relevante Verhalten an den Tag legt. Stattdessen gibt es im Text

---

226 Und selbst in Fällen, in denen das nicht so ist, hat der Leser vornehmlich erst einmal nur einen Grund, sich bezüglich der *vom Erzähler vertretenen* Werte zu täuschen – nicht bezüglich der Werte der relevanten Bezugsinstanz. Hierbei handelt es sich allerdings um eine Form von faktenbezogener Unzuverlässigkeit, die sich auf innerpsychische Fakten bezieht – nämlich auf die tatsächlichen moralischen oder ästhetischen Meinungen des Erzählers.
227 Tatsächlich lässt sich beispielsweise bei Heyd, die Unzuverlässigkeit offenbar auf täuschende Fälle beschränken will, feststellen, dass ihre gesamte Theorie vollkommen auf faktenbezogene Unzuverlässigkeit ausgelegt ist (vgl. Heyd 2006; Heyd 2011).

lediglich (unsichere) Hinweise darauf, dass eine Fehlfunktion vorliegt, die im Rahmen oft komplexer Interpretationen evaluiert werden müssen.[228]

Ein Beispiel, das gut klarmachen kann, warum die Unterscheidung zwischen täuschender und offener Unzuverlässigkeit die Unterscheidung zwischen aufgelöster und nicht-aufgelöster Unzuverlässigkeit nicht obsolet macht, ist Max Frischs *Stiller* (vgl. Frisch 1976a). Der Erzähler in *Stiller* ist von vornherein als nicht vertrauenswürdiger Erzähler gekennzeichnet: Er spricht offen darüber, dass ihm vorgeworfen wird, sich für jemand anders auszugeben, als er wirklich ist.[229] Sollte hier also Unzuverlässigkeit vorliegen, dann wird es sich nicht um die täuschende Variante handeln, denn der Leser hat gute Gründe, dem Erzähler gegenüber von Beginn an skeptisch zu sein. Am Ende der Erzählung wird schließlich durch einen zweiten Erzähler, den Staatsanwalt, ganz eindeutig aufgelöst, dass es sich bei dem ersten Erzähler tatsächlich um einen unzuverlässigen Erzähler gehandelt hat (vgl. Frisch 1976a: 730–780) – nämlich um Anatol Ludwig Stiller, der persistent behauptet hat, *nicht* Stiller zu sein.

In Kapitel II.4.1 hatte ich deutlich gemacht, dass viele der Formulierungen, die ich als Hinweise auf den Ausschluss offener ‚Unzuverlässigkeit' verstanden habe, möglicherweise auch (oder sogar ausschließlich) als Plädoyer für den Ausschluss aufgelöster ‚Unzuverlässigkeit' zu verstehen sind.

Darüber hinaus gibt es aber auch einen Komplex von Formulierungen, die eindeutiger und spezifischer darauf hindeuten, dass nur nicht-aufgelöste Unzuverlässigkeit unter das Konzept unzuverlässigen Erzählens fallen soll. Gemeint sind hier Charakterisierungen unzuverlässigen Erzählens als ‚secret communication' bzw. ‚communion' oder ‚collusion behind the narrator's back' bzw. der Hinweis auf die Notwendigkeit, ‚zwischen den Zeilen zu lesen', um unzuverlässiges Erzählen zu erkennen. Die gleiche Stoßrichtung drückt Nünning noch deutlicher und weniger bildhaft aus, wenn er schreibt, dass im Fall von Unzuverlässigkeit die Erschließung einer *implizit kommunizierten Variante* notwendig sei (vgl. Nünning 1998: 19). Da viele Theoretiker die Wirkung, die durch so eine indirekt kommunizierte Nachricht ‚hinter dem Rücken des Erzählers' zustande kommt, als *(dramatische) Ironie* bezeichnen, lässt sich auch der Verweis auf ebendiese Ironie als Plädoyer für ein Ausschließen aufgelöster Unzuverlässigkeit lesen.

---

[228] Lahn und Meister, deren Definition der Unterscheidung zwischen aufgelöster und nicht-aufgelöster Unzuverlässigkeit ich hier übernommen habe, wollen allerdings selbst keine Einschränkung des Begriffsumfangs auf Basis dieser Unterscheidung vornehmen.

[229] „[S]ie halten mich für einen verschollenen Bürger ihres Städtchens!" (Vgl. Frisch 1976a: 361).

Das Vorliegen dieser Art von indirekter Kommunikation zwischen Text bzw. Autor und Leser wird in zahlreichen Theorien als (notwendiges) Merkmal unzuverlässigen Erzählens genannt, so beispielsweise bei Booth (1961: 307), Chatman (1978: 233), Rimmon-Kenan (1983: 102), Heyd (2011: 10) und vielen weiteren.

Da sich aufgelöste Unzuverlässigkeit gerade dadurch auszeichnet, dass die Fehlfunktion des Erzählers *explizit* kommuniziert wird, lassen sich alle Verweise auf eine notwendige implizite Kommunikation also als Plädoyer für den Ausschluss aufgelöster ‚Unzuverlässigkeit' verstehen.

Es gibt aber auch viele Unzuverlässigkeitstheoretiker, die für die Integration beider Varianten (aufgelöst und nicht-aufgelöst) in das Konzept erzählerischer Unzuverlässigkeit plädieren. Hierzu gehören beispielsweise Hansen (2007: 141–142), Lahn und Meister (2013: 185), Brütsch (2011; 2015) und Vogt (2015; 2018).

Worin könnten die Gründe bestehen, auf Basis der *aufgelöst vs. nicht-aufgelöst*-Unterscheidung eine Einschränkung des Begriffsumfangs unzuverlässigen Erzählens vorzunehmen? Zum einen könnte eine sprachliche Intuition darin bestehen, dass Erzähler, die die eigene Fehlfunktion im Rahmen einer Auflösung selbst korrigieren, diese Fehlfunktion gewissermaßen ‚ausgleichen'. So könnte man sagen, dass ein Erzähler, der frühere falsche Angaben korrigiert (beispielsweise weil er sich entscheidet, eine Lüge aufzudecken, oder weil er einen eigenen Irrtum begreift) oder der fehlende Informationen nachreicht, *unterm Strich* nicht unzuverlässig ist. Wenn man den Text als ganzen betrachtet, ist die Fehlfunktion also aufgelöst, korrigiert, ausgeglichen.

Interessant ist aber auch hier wieder, dass nicht jede Korrektur durch den Erzähler selbst erfolgen muss. Denkbar ist beispielsweise auch, dass ein zweiter Erzähler die Fehlfunktion des ersten auflöst, wie es beispielsweise in dem oben angeführten *Stiller*-Beispiel der Fall ist. In diesem Fall greift die sprachliche Intuition nicht, dass der Erzähler letztlich nicht unzuverlässig ist, weil er seine Fehlfunktion selbst korrigiert. Allerdings scheint es aber auch hier wieder möglich zu sein, den Fokus stattdessen auf ‚die Erzählung' zu richten: Im Text wird die fehlerhafte oder unvollständige Informationsvergabe am Ende korrigiert, weswegen ist möglicherweise sinnvoll ist, *die Erzählung* nicht als unzuverlässig zu kategorisieren.

Es gibt hier aber noch ein anderes Problem: Meines Erachtens geht eine *Auflösung* der Unzuverlässigkeit nicht unbedingt mit einer *Korrektur* der Fehlfunktion einher. Der oben angeführten Definition zufolge ist es hinreichend für Aufgelöstheit, wenn der Erzähler explizit beispielsweise fehlerhafter oder unvollständiger Behauptungen überführt wird. Das heißt jedoch noch nicht automatisch, dass die Fehler des Erzählers im Rahmen dieser Auflösung auch *korrigiert* werden müssen. Zum Beispiel kann es sein, dass weiterhin offen bleibt, welche Variante der fiktiven Ereignisse tatsächlich stimmt – klar werden muss lediglich, dass die Variante des Erzählers nicht die richtige ist.[230] Solche Fälle von Auflösung ohne Korrektur können meines Erachtens unter Rekurs auf sprachliche Intuitionen nicht sinnvoll aus dem Begriffsumfang erzählerischer Unzuverlässigkeit ausgeschlossen werden.

Es scheint aber mindestens noch eine andere Motivation für eine sehr ähnliche Beschränkung des Umfangs des Unzuverlässigkeitskonzepts zu geben. Wie oben angemerkt, lässt sich in vielen Unzuverlässigkeitstheorien der Hinweis darauf finden, dass unzuverlässiges Erzählen immer mit einer indirekten, ‚geheimen' Kommunikation zwischen Text und Autor und Leser einhergehe. Das würde zugleich bedeuten: Fälle aufgelöster Unzuverlässigkeit, die ohne solch eine indirekte Kommunikation auskommen, fallen aus dem Begriffsumfang heraus. Welche Intuition liegt nun dieser Stoßrichtung zugrunde? Auch hier lassen sich keine klaren Antworten finden. Anzunehmen ist allerdings, dass sich hier ein individuelles Forschungsinteresse an indirekter literarischer Kommunikation in der Unzuverlässigkeitsdefinition manifestiert. Dieses Interesse ist beispielsweise ein zentraler Aspekt der rhetorischen Literaturtheorie – und damit auch der Untersuchungen von Forschern wie Booth. Es ist also möglich, dass Booth mit dem unzuverlässigen Erzähler einfach eine narratologische Kategorie einführen wollte, die genau auf dieses Interesse zugeschnitten ist.

Abschließend möchte ich noch auf eine interessante Eigenschaft der Unterscheidung zwischen aufgelöster und nicht-aufgelöster Unzuverlässigkeit in der bisherigen Form hinweisen, die im Zusammenhang mit Einschränkungsvorschlägen relevant sein könnte: Während eine explizite Entlarvung des unzuverlässigen Erzählers definitionsgemäß im Falle nicht-aufgelöster Unzuverlässigkeit nicht vorkommen kann, können implizite, indirekte Hinweise im Zusammenhang mit aufgelöster Unzuverlässigkeit (dann normalerweise *vor* der Auflösung) durchaus vorkommen. Wenn bestimmte Theoretiker unzuverlässiges Erzählen also auf solche Fälle beschränken wollen, in denen indirekte Kommunikation zwischen (implizitem) Autor und Leser stattfindet, dann bedeutet dies auch hier nicht, dass *alle* Fälle aufgelöster Unzuverlässigkeit ausgeschlossen werden,

---

230 Auch die hier angesprochenen Unterscheidungen könnten theoretisch im Rahmen einer heuristischen Typologie unzuverlässigen Erzählens operationalisiert werden. Beispielsweise könnte man für alle Fälle aufgelöster Unzuverlässigkeit angeben, wodurch die Auflösung zustande gekommen ist und ob sie mit einer Korrektur einhergeht.

sondern nur diejenigen, die vollkommen ohne solche indirekten Hinweise auf Unzuverlässigkeit auskommen.[231]

Genau wie schon im Zusammenhang mit der Unterscheidung zwischen täuschender und offener Unzuverlässigkeit können wir uns auch hier fragen, ob sich die aufgelöst/unaufgelöst-Unterscheidung auf alle Typen unzuverlässigen Erzählens anwenden lässt. Offensichtlich ist zunächst wieder, dass die Unterscheidung auf faktenbezogene Unzuverlässigkeit angewandt werden kann: Es kann explizit offengelegt werden, dass ein Erzähler falsche Informationen über die fiktiven Fakten vermittelt hat oder wichtige Informationen ausgelassen hat, oder es kann dies im Text nur angedeutet werden.

Wie sieht es aber mit wertebezogener Unzuverlässigkeit aus? Zwar ist hier durchaus denkbar, dass ein Erzähler seine eigene Fehlfunktion ‚korrigiert', indem er beispielsweise seine problematische Wertungshaltung im Laufe der Erzählung ändert, so dass sie schließlich mit dem Wertesystem der fraglichen Bezugsinstanz übereinstimmt. Dies allerdings als ‚Auflösung' zu bezeichnen, kommt mir wenig angemessen vor, da diese Korrektur nichts mit der Art und Weise zu tun hat, wie die Fehlfunktion diagnostiziert werden kann. Wertebezogene Unzuverlässigkeit wird also offenbar in der Regel – vielleicht sogar immer – implizit kommuniziert. Ob auch bestimmte Formen wertebezogener Unzuverlässigkeit aus dem Begriffsumfang unzuverlässigen Erzählens auf Basis der hier diskutierten Unterscheidung herausfallen könnten, hängt also davon ab, welche sprachliche Intuition der allgemeinen Entscheidung zugrunde liegt: Wenn die Korrektur der Fehlfunktion durch den Erzähler selbst ausschlaggebend ist, dann kann es Fälle wertebezogener Fehlfunktionen geben, die möglicherweise nicht als unzuverlässig gewertet werden. Wenn dagegen das Vorliegen einer geheimen Kommunikation zwischen Autor und Leser als notwendig für Unzuverlässigkeit erachtet wird, gehören wohl alle wertebezogenen Fälle in den Begriffsumfang.[232]

---

231 Man könnte diese Bemerkung zum Anlass nehmen, um im Rahmen einer heuristischen Typologie Fälle aufgelöster Unzuverlässigkeit weiter danach zu differenzieren, ob zusätzlich zur Auflösung auch eine indirekte Kommunikation zwischen Leser und Autor nachzuweisen ist.
232 Zum Abschluss dieses Kapitels über ‚mildernde Umstände', aufgrund derer Erzähler trotz einer der relevanten Fehlfunktionen möglicherweise von einigen Theoretikern nicht als unzuverlässig bezeichnet werden, erscheint mir allerdings noch ein Hinweis notwendig. Wie schon im Zusammenhang mit anderen Definitionsparametern angemerkt, ist es auch hier möglich, dass nicht alle der fraglichen Theoretiker tatsächlich Modifikationen des Begriffsumfangs vornehmen wollen. Stattdessen ist es ebenso denkbar, dass sie lediglich auf de facto *häufig* im Zusammenhang mit Unzuverlässigkeit vorkommende Eigenschaften oder Effekte verweisen

4.3 Zusammenfassung

Insgesamt ergibt die Anwendung der beiden in Kapitel II.4 diskutierten Unterscheidungen auf das Unzuverlässigkeitskonzept also folgendes Bild (siehe Abb. 8):

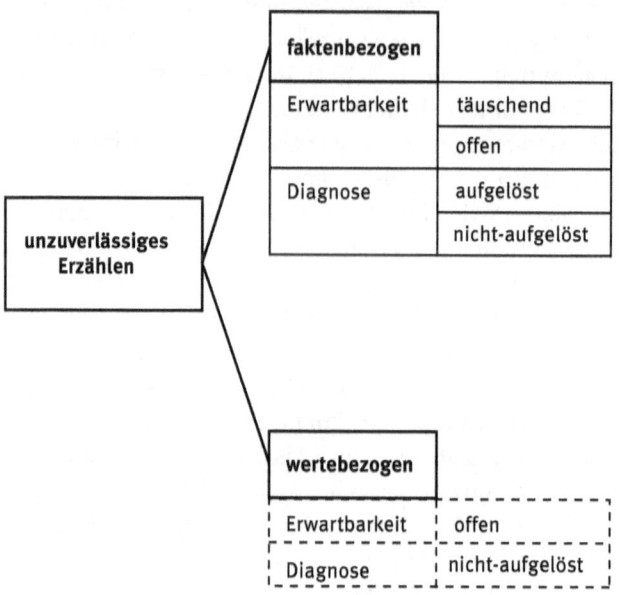

Abb. 8: Täuschende und offene, aufgelöste und nicht-aufgelöste Unzuverlässigkeit.

Die Frage, ob ein Fall unzuverlässiges Erzählen täuschend oder offen ist (d. h. ob die Unzuverlässigkeit erwartbar war oder nicht), lässt sich nur sinnvoll im Zusammenhang mit faktenbezogenen Unzuverlässigkeitsvarianten stellen. Wertebezogene Varianten scheinen dagegen tendenziell offen zu sein. Ähnlich verhält es sich mit der Frage, ob die Unzuverlässigkeit aufgelöst oder nicht-aufgelöst ist (d. h. auf welche Weise sie diagnostiziert werden kann): Auch diese Frage kann nur sinnvoll für faktenbezogene Fälle gestellt werden. Wertebezogene Unzuverlässigkeit ist dagegen tendenziell nicht-aufgelöst – wenn man diese Bezeichnung hier überhaupt anwenden möchte.

---

wollen. Da die Möglichkeit der definitorischen Relevanz jedoch gegeben ist, scheinen mir die vorangegangenen Überlegungen durchaus angebracht.

Wenn Theoretiker aufgrund der hier thematisierten Unterscheidungen den Begriffsumfang unzuverlässigen Erzählens einschränken wollen, so zeigt dies also möglicherweise auch an, ob der Fokus der jeweiligen Unzuverlässigkeitstheorie eher auf fakten- oder auf wertebezogener Unzuverlässigkeit liegt.

Der zusammengefasste Forschungsüberblick ergibt folgendes Bild (siehe Abb. 9, S. 174).

Hierbei ist zu beachten, dass immer dann, wenn die Aspekte der Erwartbarkeit und Diagnose in den Theorien nicht adressiert werden, am ehesten davon auszugehen ist, dass hier alle möglichen Fälle in das Unzuverlässigkeitskonzept integriert werden sollen.

5 Nur ‚ein bisschen' unzuverlässig? Die Rolle des Grads

In diesem Kapitel soll eine weitere Option vorgestellt werden, den Begriffsumfang unzuverlässigen Erzählens weiter einzuschränken. Auch hier ist also die Idee: Nicht jede der in den Kapiteln II.1 bis II.3 diskutierten Fehlfunktionen stellt schon automatisch einen Fall unzuverlässigen Erzählens dar, sondern es müssen zusätzliche Bedingungen gegeben sein. Während den in Kapitel II.4 diskutierten Einschränkungsvorschlägen wohl am ehesten die Intuition zugrunde liegt, dass Erzähler ‚ausgleichendes Verhalten' zeigen können, mit dem sie eine Fehlfunktion relativieren können, geht es hier um eine andere Idee. Diese scheint darin zu bestehen, dass Erzähler, deren Fehlfunktion ‚nicht allzu gravierend' ist, nicht als unzuverlässig bezeichnet werden sollten. In anderen Worten: Ein Erzähler ist erst dann unzuverlässig, wenn seine Fehlfunktion einen bestimmten kritischen Grad übersteigt.

In den seltensten Fällen wird diese Intuition jedoch explizit diskutiert – oft scheint sie dagegen Theorien implizit zugrunde zu liegen und zeigt sich in einzelnen Nebenbemerkungen. In wieder anderen Fällen spielen Fragen des Grads der Unzuverlässigkeit zwar keine Rolle im Rahmen der Definition und wirken sich deswegen nicht auf den Begriffsumfang unzuverlässigen Erzählens aus, sie dienen aber als Mittel zur Subklassifikation konkreter Unzuverlässigkeitstypen. Beide dieser Ideen scheinen beispielsweise bei Uri Margolin eine Rolle zu spielen, wenn er über die wichtigsten Desiderate im Zusammenhang mit unzuverlässigem Erzählen schreibt:

> The real task is to formulate criteria by which reliability [...] could be measured, procedures for evaluating [the] degree of fulfillment in individual cases and, most elusively, the minimal degree of satisfaction of the criteria in each case which would still justify a reliability stamp of approval. (Margolin 2014: 40)

| | mildernde Umstände | | | |
| | Erwartbarkeit | | Diagnose | |
	täuschend	offen	aufgelöst	nicht-aufgelöst
Booth 1961	–	✓	–	✓
Chatman 1978	–	✓	–	✓
Yacobi 1981; 2001				
Rimmon-Kenan 1983	–	✓	–	✓
Wall 1994	(✓)	✓	(✓)	✓
Currie 1995	✓	–	–	✓
Nünning 1998; 1999				✓
Martinez/ Scheffel 1999			(–)	✓
Phelan/ Martin 1999		✓		✓
Zerweck 2001	✓	–	–	✓
Heyd 2006	✓	(–)		
Hansen 2007			✓	✓
Kindt 2008	✓	✓	✓	✓
Margolin 2015				

Abb. 9: Forschungsüberblick mildernde Umstände (Exzerpt).

Während Margolin in seinem Artikel zwar einige wichtige theoretische Thesen über unzuverlässiges Erzählen auf der Makroebene entwickelt und sich darüber hinaus auch einigen Detailproblemen zuwendet, analysiert er das Problem der Graduierung von Unzuverlässigkeit nicht weiter systematisch.

Dass Unzuverlässigkeit in verschiedenen Graden vorliegen kann, wird auch in zahlreichend weiteren Theorien angesprochen, so beispielsweise bei Lanser (1981: 171) und bei Nünning, der schreibt, es handle beim unzuverlässigen Erzählen nicht „um eine binäre Opposition, sondern um eine graduelle Skalierung" (Nünning 1998: 13).[233]

Eine der wenigen Theorien, in denen sich genauere Hinweise darauf finden lassen, welche Faktoren den Grad unzuverlässigen Erzählens im Einzelnen bestimmen, ist die von Köppe und Kindt (vgl. Köppe und Kindt 2011). Ihres Erachtens sind relevante Fragen in diesem Kontext, ob Erzähler „considerably mistaken" seien (Köppe und Kindt 2011: 87), „how important such a detail [affected by unreliability] really is" (Köppe und Kindt 2011: 87) und ob Erzähler „repeatedly err" (Köppe und Kindt 2011: 86). Abstrakter formuliert lassen sich hieraus drei Faktoren ableiten: das Maß, die Relevanz und die Häufigkeit.[234] Im Folgenden sollen diese drei Faktoren genauer untersucht werden – ebenso wie die theoretischen und praktischen Probleme, die die Bestimmung des Grads konkreter Unzuverlässigkeitsfälle mit sich bringt.[235]

---

[233] Wenn Theoretiker die Möglichkeit der Graduierung unzuverlässigen Erzählens ansprechen, *ohne* dabei zugleich darauf hinzuweisen, dass niedrigstufige Vorkommnisse aus dem Unzuverlässigkeitskonzept ausgeschlossen werden sollen, verstehe ich dies als Indikator dafür, dass so ein Einschränkungsvorschlag nicht vorgesehen ist.

[234] Während die Faktoren des Maßes und der Häufigkeit für Köppe und Kindt offenbar kein Grund sind, das Unzuverlässigkeitskonzept einzuschränken, scheint das beim Faktor der Relevanz (dessen Bestimmung von der Interpretation des Textes abhängig sei) anders auszusehen. Köppes und Kindts Ansatz lässt sich nämlich so lesen, dass Unzuverlässigkeit nur dann vorliegt, wenn es sich um ein wichtiges Detail handelt. Darüber hinaus gehen Köppe und Kindt davon aus, dass eine Graduierung des Unzuverlässigkeitskonzepts nur dann möglich ist, wenn das Konzept nicht zur Klassifikation von Texttypen verwendet wird (vgl. Köppe und Kindt 2011: 87–89).

[235] Es gibt Arbeiten zum unzuverlässigen Erzählen, die nahelegen, dass möglicherweise weitere Faktoren den Grad von Unzuverlässigkeit bestimmen könnten. So entwickelt Currie beispielsweise die sehr eng an seine eigene Unzuverlässigkeitstheorie (siehe Kapitel II.3.2.2) gekoppelte Vorstellung, dass starke Unzuverlässigkeit dann vorliege, wenn es zunächst scheint, als sei etwas wahr in der fiktiven Welt, wir dann aber herausfinden, dass es unwahr ist. Schwache Unzuverlässigkeit liege vor, wenn wir zunächst denken, dass etwas wahr sei, dann aber merken, dass unklar ist, ob es wahr ist (vgl. Currie 2004: 151–152).

Ein universeller ausgerichteter Vorschlag hinsichtlich weiterer Faktoren, die den Grad von Unzuverlässigkeit bestimmen, findet sich bei Sternberg und Yacobi. Diese nennen *„magnitude,*

5.1 Das Maß

Schauen wir uns zunächst das Kriterium des Maßes an. Erzähler können in ihren Äußerungen, Meinungen oder Handlungen *unterschiedlich stark* von der Folie abweichen, die wir zur Beurteilung der Zuverlässigkeit von Erzählern heranziehen – also von den fiktiven Fakten oder dem Wertesystem der gewählten Bezugsinstanz. Beispielsweise ist denkbar, dass ein Erzähler nur in sehr geringem Maße in seinen moralischen Bewertungen von denen des fraglichen Bezugspunkts abweicht oder dass seine Behauptungen gar nicht so weit von der fiktiven Wahrheit entfernt sind.

So lässt sich beispielsweise bereits bei Booth ein Verweis auf das Maß unzuverlässigen Erzählens finden: „Unreliable narrators [...] differ markedly depending on how far and in what direction they depart from their authors norms" (Booth 1961: 159). Bei Booth scheint dieses Maß allerdings keinen Effekt auf den Begriffsumfang zu haben, sondern lediglich eine genauere Beschreibung konkreter Unzuverlässigkeitsfälle zu ermöglichen.[236]

Andere Theoretiker scheinen es dagegen nicht passend finden, Erzähler, deren Fehlfunktionalität ein gewisses Maß unterschreitet, gleich als „unzuverlässig" zu bezeichnen. Sie möchten diese Bezeichnung stattdessen beispielsweise Erzählern vorbehalten, deren moralische Urteile denen des fraglichen Bezugspunktes diametral entgegengesetzt erscheinen oder die ‚das Gegenteil' dessen, was in der fiktiven Welt der Fall ist, behaupten. Eine ähnliche Auffassung lässt sich beispielsweise in einem späteren als dem oben zitierten Beitrag von Köppe und Kindt vermuten. Im Rahmen ihrer Unzuverlässigkeitstheorie nehmen die Autoren Bezug auf die häufig diskutierte Frage, ob nicht jeder homodiegetische Erzähler automatisch unzuverlässig sei, weil er – wie reale Menschen auch – Erinnerungslücken hat oder ihn seine Erinnerung täuschen kann. Die Autoren verneinen diese Frage jedoch – ihres Erachtens ist es sinnvoller, den Standard der *absoluten* Zuverlässigkeit aufzugeben (vgl. Kindt und Köppe 2014: 248). Daraus würde folgen, dass man Erzähler erst dann als unzuverlässig

---

namely, the size of the discourse segment found troublesome" (Sternberg und Yacobi 2015: 416). Dieser Faktor ließe sich möglicherweise in das Kriterium der Häufigkeit integrieren, da beide leicht messbar sind.

236 Weitere Theorien, in denen das Maß der Unzuverlässigkeit thematisiert wird, ohne dass dies Auswirkungen auf den Begriffsumfang hat, sind Yacobis, die auf die Möglichkeit einer „graded range of distance" bei Unzuverlässigkeit hinweist (Yacobi 1981: 126), ebenso wie Rimmon-Kenans (vgl. Rimmon-Kenan 1983: 100). Auch Wall macht deutlich, dass einige Verhaltensweisen des Erzählers „lessen[] the critically ironic distance between implied author and narrator" (Wall 1994: 37).

bezeichnen soll, wenn das Maß ihrer Fehlfunktion über normal-menschliche Erinnerungslücken und -fehler hinausgeht.[237] Bei Zipfel lässt sich eine noch deutlichere Aussage hierzu finden:

> A narration is labelled as unreliable only when the differences between NAW [i. e., the narrator's ‚actual world'] and TAW [i. e., the textual actual world] are more than ‚natural', i. e. when the information provided by NAW is significantly deficient in terms of correctness or relevance. (Zipfel 2011: 122)

In der Theorie Phelans und Martins spielt das Kriterium des Maßes ebenfalls eine Rolle – hier allerdings wieder ohne dass es für die Einschränkung des Begriffsumfangs herangezogen wird. Phelans und Martins Unterscheidung zwischen *mis-* und *underevaluating* ist (in den meisten Fällen) nämlich eher als eine Frage des Maßes der fraglichen Fehlfunktion zu verstehen denn als Unterscheidung zwischen ‚inkorrektem' und ‚unvollständigem' Bewerten.[238] Denn mit den Konzepten *mis-* und *underevaluating* differenzieren Phelan und Martin zwischen Fällen, in denen die moralischen Urteile des Erzählers denen der fraglichen Bezugsinstanz diametral entgegengesetzt sind, und solchen, in denen sie zwar verschieden, aber nicht vollkommen gegensätzlich sind (vgl. Abb. 10). Diese Unterscheidung mithilfe der Bezeichnungen *mis-* und *under-* abzubilden, erscheint vor diesem Hintergrund also unpassend.

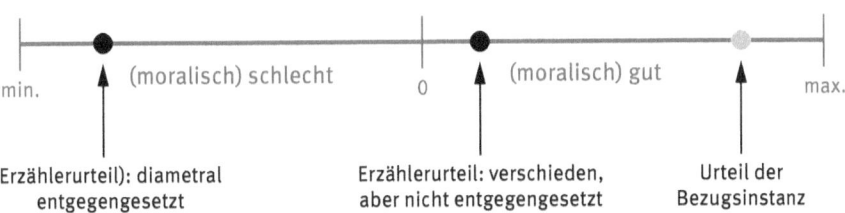

Abb. 10: Phelans und Martins *‚mis-'* und *‚underevaluating'*.

---

237 Meines Erachtens ist es allerdings gar nicht unbedingt notwendig, den Grad der Fehlfunktion definitorisch relevant werden zu lassen, um nicht annehmen zu müssen, dass jeder homodiegetische Erzähler automatisch unzuverlässig ist. Schließlich macht nicht jeder homodiegetische Erzähler echte *Fehler* (im Sinne inkorrekter Assertionen bzw. Überzeugungen) – und Erinnerungslücken sind, wie in Kapitel II.2.1.2 herausgearbeitet wurde, ohnehin nicht immer als Fehlfunktion zu verstehen, sondern nur dann, wenn sie eine der drei zusätzlichen Bedingungen erfüllen. Ich werde dieses Problem in Kapitel IV.1 noch einmal aufgreifen, in dem es um potenzielle notwendige Verknüpfungen zwischen Erzählertypen und Unzuverlässigkeitsdiagnosen geht.
238 Möglicherweise gilt dasselbe darüber hinaus auch für ihre Unterscheidung zwischen *mis-* und *underinterpreting*.

Obwohl Phelan und Martin auch für faktenbezogene Unzuverlässigkeit eine Unterscheidung zwischen *mis-* und *under-*Fällen annehmen, lässt sich diese hier kaum als Unterscheidung verstehen, die in gleicher Weise auf das Maß der Fehlfunktion Bezug nimmt (siehe Kapitel II.2.1). Allerdings ließe sich diese Unterscheidung meines Erachtens auch auf faktenbezogene Unzuverlässigkeitsfälle fruchtbar anwenden. Nehmen wir beispielsweise an, ein Erzähler behauptet, er sei Zeuge eines Mordes geworden, der unter einer Eiche stattfand. Nehmen wir weiter an, dass der Mord, den der Erzähler beobachtet hat, in Wahrheit allerdings nicht unter einer Eiche, sondern unter einer Buche stattfand. Der Erzähler hätte in diesem Fall etwas Falsches berichtet, beispielsweise weil er sich aufgrund mangelnden botanischen Wissens hinsichtlich der Gattung des Baums geirrt hat. Es würde also, Phelans und Martins Theorie folgend, *misreporting* vorliegen. Allerdings scheint der Fehler des Erzählers zunächst einmal nicht maximal gravierend zu sein: Er hätte beispielsweise auch berichten können, dass sich der fragliche Mord auf einem Marktplatz – oder gar: überhaupt nicht – ereignet hat; zum Beispiel weil der Erzähler unter schwerwiegenden Wahrnehmungsstörungen leidet. Dagegen können wir hinsichtlich des Falls, dass der Erzähler von einer Eiche statt von einer Buche berichtet, guten Gewissens behaupten, er befinde sich in seinem Bericht auf dem richtigen Weg, komme aber dennoch nicht nah genug an die Wahrheit heran. Während wir also in Kapitel II.2.3.2 festgestellt haben, dass sich Phelans und Martins *under*-Konzept, das sie für *unreliable reporting* ansetzen, nur schwierig auf wertebezogene Unzuverlässigkeit übertragen lässt, scheint eine umgekehrte Übertragung des *under*-Konzepts für *unreliable evaluating* auf faktenbezogene Unzuverlässigkeit letztlich weniger problematisch zu sein.[239]

5.2 Die Relevanz

Sollte das Kriterium des Maßes tatsächlich genutzt werden, um einige, wenig gravierende Fälle narratorialer Fehlfunktionen aus dem Begriffsumfang

---

[239] Übrigens lässt sich auch für faktenbezogene Unzuverlässigkeit der Fall, dass der Erzähler zwar ‚auf dem richtigen Weg' ist, aber ‚nicht weit genug geht', in inkorrekte und unvollständige Unterfälle aufteilen – und auch hier ist besondere Vorsicht geboten, um diese Fälle nicht zu verwechseln. So stellt unser obiges Beispiel, in dem der Erzähler eine Buche fälschlicherweise als eine Eiche bezeichnet, einen Fall inkorrekten Berichtens dar. Ein Fall unvollständigen Berichtens, auf den diese Beschreibung passt, könnte dagegen vorliegen, wenn der Erzähler von dem fraglichen Mord nur berichtet, dass dieser unter einem Baum stattfand, ohne allerdings die Gattung des Baums zu nennen. In diesem Fall würde der Erzähler keine inkorrekten Informationen liefern, sondern lediglich Informationen auslassen, die möglicherweise für die Geschichte relevant sind.

erzählerischer Unzuverlässigkeit auszuschließen, dann wäre die dieser Entscheidung zugrunde liegende Intuition wohl, dass der Erzähler *zu wenig danebenliegt*, um als unzuverlässig gelten zu können. Neben dem Kriterium des Maßes lässt sich auch das Kriterium der Relevanz zur Bestimmung des Grads einer erzählerischen Fehlfunktion ansetzen. Beispielsweise ist vorstellbar, dass ein Erzähler sich lediglich im Hinblick auf ein Detail irrt, das für die Geschichte nahezu keinerlei Relevanz hat. Vielleicht erscheint es uns dann unplausibel, solche Erzähler „unzuverlässig" zu nennen. Stattdessen könnte es uns plausibler erscheinen, nur solche Erzähler als unzuverlässig zu bezeichnen, deren Fehlfunktion einen Aspekt der Geschichte bzw. des Werks betrifft, der sehr zentral ist. Die Intuition bestünde hier darin, dass Erzähler in einigen Fällen *in zu unwichtigen Angelegenheiten* danebenliegen, um rechtmäßig als unzuverlässig bezeichnet zu werden. Der Erzähler in Christian Krachts *Faserland* hält zum Beispiel Walther von der Vogelweide und Bernard von Clairvaux für mittelalterliche Maler (vgl. Kracht 1995: 71). Würden sich seine Irrtümer auf solche Nebensächlichkeiten beschränken, könnte es uns unangemessen vorkommen, ihn als unzuverlässigen Erzähler zu kategorisieren.

Ein entsprechender Vorschlag lässt sich beispielsweise bei Wall finden: „[W]e tend to find them [i. e., narrators] more ‚reliable' [...] if the implied author does not indicate that this human unreliability compromises the story in some central and significant way" (Wall 1994: 22). Ganz klar wird allerdings auch bei Wall wieder nicht, ob Erzähler, deren Fehlfunktionen irrelevante Aspekte der Geschichte betreffen, gar nicht als unzuverlässig kategorisiert werden sollen oder ob eine Klassifikation als ‚nur wenig unzuverlässig' angemessen ist.

Zu klären wäre nun noch, wie sich das Kriterium der ‚Relevanz' konkret verstehen lässt. In Kapitel II.2.1.2 waren im Zusammenhang mit *underreporting* drei Möglichkeiten diskutiert worden, das Relevanzkriterium auszulegen: (1) Eine Täuschung des Lesers wird wahrscheinlich gemacht. (2) Es sind Fragen betroffen, die die Erzählung selbst aufwirft. (3) Es sind Reichweiten der Deutung betroffen, die ‚das Wesentliche' an einer Situation herausstellen. Diese unterschiedlichen Auslegungsmöglichkeiten könnten nun auch auf die Frage nach der Relevanz einer erzählerischen Fehlfunktion im Allgemeinen übertragen werden. Für einen weiteren möglichen Faktor, der diese Relevanz beeinflusst, ließe sich möglicherweise an die Werkbedeutungsdebatte aus Kapitel II.3 anknüpfen. So könnte man beispielsweise argumentieren, dass eine Fehlfunktion dann relevant ist, wenn sie eine Funktion im Rahmen der Werkbedeutung einnimmt, und nicht relevant, wenn sie dies nicht tut.

Insgesamt scheint es mir allerdings sinnvoll, eine differenziertere Graduierung der Relevanz vorzunehmen und den einzelnen die Relevanz bestimmenden

Faktoren Werte zuzuweisen, die später ‚verrechnet' werden. Auf dieses Vorgehen werde ich am Ende dieses Kapitels noch einmal zurückkommen.

5.3 Die Häufigkeit

Ein letztes Kriterium, das im Kontext der Bestimmung des Grades einer narratorialen Fehlfunktionalität interessant sein kann, ist die Häufigkeit, mit der einzelne Vorkommnisse einer Fehlfunktion im Gesamttext auftreten. Möglicherweise halten wir es nicht für sinnvoll, einen Erzähler bereits dann als „unzuverlässig" zu kategorisieren, wenn er nur an einer Stelle einmal einen Fehler macht, wohl aber dann, wenn er an mehreren Stellen Fehler macht. Die zugrundeliegende Intuition wäre hier also, dass manche Erzähler *zu selten* danebenliegen, um als unzuverlässig zu gelten.

Einfließen in das Kriterium der Häufigkeit könnte zudem auch der Umfang der Textstellen, in denen der Erzähler danebenliegt. Beide Faktoren lassen sich gut numerisch bestimmen. Die Bezeichnung „Häufigkeit" eignet sich aber besser als der Terminus „Umfang", um diesen Faktor vom oben beschriebenen Kriterium des Maßes abzugrenzen.

5.4 Zur Operationalisierung der Graduierung

Nachdem die einzelnen Kriterien, nach denen sich der ‚Grad' einer erzählerischen Dysfunktionalität bemessen könnte, nun kurz angesprochen worden sind, sind noch einige interessante Fragen offen. Eine dieser Fragen betrifft die Argumente, die für diesen Einschränkungsvorschlag angeführt werden bzw. angeführt werden könnten. Neben der naheliegenden Idee, dass es auch hier sprachliche Intuitionen bezüglich der alltagssprachlichen Verwendung des Terminus „unzuverlässig" sein könnten, die dem Vorschlag zugrunde liegen, findet sich bei Köppe und Kindt noch eine andere Begründung. Sie sind der Ansicht, dass die Kategorie *unzuverlässiges Erzählen* keinen heuristischen Nutzen mehr hätte, wenn wir jeden Erzähler als unzuverlässig bezeichnen würden, der vom Standard der *absoluten Zuverlässigkeit* abweicht, da „der Begriff ‚unzuverlässiges Erzählen' hierdurch seine Distinktionskraft einbüßen' würde (Köppe und Kindt 2014: 248–249). Hierbei scheint es sich grundsätzlich um ein durchaus wichtiges Argument zu handeln, das in Kapitel V noch einmal genauer untersucht werden wird.

Im Rahmen leserzentrierter Theorien besteht ein möglicher Grund darin, dass bei vielen Lesern im Falle niedrigstufiger ‚Unzuverlässigkeit' gar keine

Irritation hervorgerufen wird. Dieser Grund klingt beispielsweise bei Wall durch. Sie schreibt, dass im Zusammenhang mit Unzuverlässigkeit „the amount of inconsistency and bias a given reader considers acceptable and unproblematic" berücksichtigt werden müsse – und sie fürchtet gleichzeitig, dass „perhaps no theory will ever resolve this issue" (Wall 1994: 94).

Ein weiterer möglicher Grund scheint auch hier darin zu bestehen, dass nur solche Textphänomene unter den Terminus „unzuverlässiges Erzählen" fallen sollen, die im Zusammenhang mit ‚der Werkbedeutung' des fraglichen Textes interessant sind. Bei sehr geringfügigen Fällen von ‚Unzuverlässigkeit' scheint dies allerdings unwahrscheinlich. Die Idee könnte dementsprechend darin bestehen, ‚unwichtigen Ballast' aus dem Unzuverlässigkeitskonzept auszuschließen.

Weitere wichtige Fragen betreffen theoretische und praktische Probleme bei der Bestimmung des Grades erzählerischer Unzuverlässigkeit. Eine erste Frage betrifft hier die ‚Messbarkeit' der einzelnen Faktoren. Während sich die Häufigkeit des Auftretens einer erzählerischen Fehlfunktion noch möglicherweise schlicht zählen lässt, sind die anderen Werte deutlich schwieriger zu messen – denn wie könnten wir Maß und Relevanz graduieren? Die Antwort auf diese Frage ist wohl zum einen von der konkreten Interpretation eines literarischen Textes abhängig, zum anderen lässt sie sich selbst im Zusammenhang mit einer konkreten Interpretationstheorie bzw. konkreten Interpretation oft nur tentativ beantworten.

Die nächste Frage wäre, ob bereits das Unterschreiten eines kritischen Wertes bei *einem* der drei Faktoren hinreichend ist, damit die Fehlfunktion des Erzählers nicht als Unzuverlässigkeit eingestuft wird, oder ob es notwendig ist, dass der *Gesamtgrad* zu gering ist. Sollte es notwendig sein, die unterschiedlichen Faktoren miteinander zu verrechnen, dann muss außerdem geklärt werden, ob alle drei Faktoren gleich schwer wiegen sollen und, wenn nicht, zu welchen prozentualen Anteilen sie jeweils in die Rechnung einfließen sollen. Wenn die Graduierung erzählerischer Unzuverlässigkeit tatsächlich nicht nur einer genaueren Differenzierung einzelner Unzuverlässigkeitsfälle dienen soll, sondern darüber hinaus für eine Einschränkung des Begriffsumfangs genutzt wird, muss zusätzlich festgelegt werden, an welcher Stelle auf einer möglichen Skala der Punkt liegen soll, der ‚zuverlässiges' von unzuverlässigem Erzählen unterscheidet.

Sollte eine Lösung für das Messungsproblem gefunden werden, ergäbe sich also folgendes Bild (siehe Abb. 11, S. 182[240]): Für jeden der drei Faktoren, die den Grad der Unzuverlässigkeit ausmachen, müsste ein Wert bestimmt werden.

---

240 Auch Abbildung 11 stellt einen Ausschnitt von Abbildung 3 dar (S. 96). Um eine bessere Übersichtlichkeit zu gewährleisten, und weil die Graduierung für alle Untertypen unzuverlässigen Erzählens möglich ist, sind die zusätzlichen Hierarchieebenen hier aber weggelassen worden.

Diese Werte müssten dann gegebenenfalls verrechnet werden. Soll niedrigstufige ‚Unzuverlässigkeit' aus dem Begriffsumfang unzuverlässigen Erzählens ausgeschlossen werden, dann muss festgelegt werden, welcher Gesamtgrad hier die relevante Grenze darstellt.

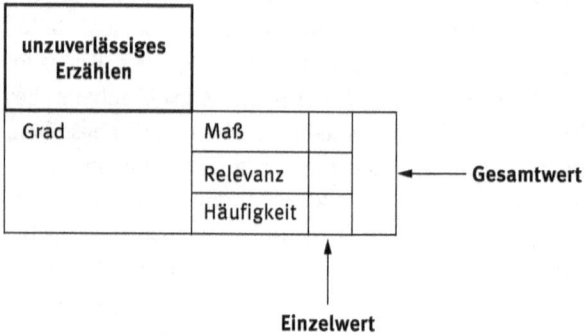

Abb. 11: Graduierung unzuverlässigen Erzählens.

All die genannten theoretischen und praktischen Probleme scheinen allerdings erst einmal dagegenzusprechen, eine Graduierung erzählerischer Unzuverlässigkeit vorzunehmen. Andererseits gibt es auch mindestens zwei Gründe, die geeignet sind, ein vorschnelles Aufgeben dieser Idee zu überdenken. Einen dieser Gründe haben wir bereits kennengelernt: Wenn eine Berücksichtigung des Grades tatsächlich notwendig sein sollte, um den heuristischen Nutzen der Kategorie unzuverlässigen Erzählens zu bewahren, dann sollten wir einen praktikablen Weg finden, genau dies zu tun. Zum anderen hat die Graduierung (literatur-)wissenschaftlicher Kategorien deshalb einen besonderen Reiz, weil sie eine besonders genaue, differenzierte und dadurch aussagekräftige Beschreibung des Gegenstandsbereichs ermöglicht – und damit dem Facettenreichtum literarischer Texte womöglich eher angemessen ist als ein binäres Beschreibungsinstrumentarium.[241] Eine abschließende Evaluation dieser Argumente findet in Kapitel V statt. Die folgende Tabelle zeigt, im Rahmen welcher Unzuverlässigkeitstheorien niedrigstufige ‚Unzuverlässigkeit' aus dem Unzuverlässigkeitskonzept ausgeschlossen wird (siehe Abb. 12, S. 183).

---

[241] Genau genommen ist das Kategorieninventar zur Beschreibung von Unzuverlässigkeitsphänomenen allerdings auch ohne eine Operationalisierung der Graduierung nicht binär – denn es gibt durch die zahlreichen Unterkategorien viele Möglichkeiten, sehr differenzierte Unzuverlässigkeitsdiagnosen zu stellen, die weit über die Entscheidung, ob ein Erzähler oder Erzähltext *insgesamt* zuverlässig oder unzuverlässig ist, hinausgehen.

	Grad	
	niedrigstufig	hochstufig
Booth 1961	✓	✓
Chatman 1978		
Yacobi 1981; 2001	✓	✓
Rimmon-Kenan 1983	✓	✓
Wall 1994	(–)	✓
Currie 1995		
Nünning 1998; 1999	✓	✓
Martinez/Scheffel 1999		
Phelan/Martin 1999		
Zerweck 2001		
Heyd 2006	✓	✓
Hansen 2007		
Kindt 2008	✓	
Margolin 2015	(–)	✓

Abb. 12: Forschungsüberblick Grad (Exzerpt).

6 Nur verdächtig oder bereits überführt? Zur Realisiertheit der Fehlfunktion

In den beiden vorangegangenen Kapiteln, und teilweise auch schon in Kapitel II.3, wurden Bedingungen diskutiert, die möglicherweise *zusätzlich* zu einer der in den Kapiteln II.1 und II.2 identifizierten Erzählertätigkeiten vorliegen müssen, damit wir von unzuverlässigem Erzählen sprechen können. Sollte sich einer dieser Einschränkungsvorschläge oder sogar eine Kombination aus mehreren als sinnvoll herausstellen, dann würde das also bedeuten, dass der Begriffsumfang des Ausdrucks „unzuverlässiges Erzählen" *weniger* narrative Phänomene umfasst, als wenn wir ihn mit den diskutierten inadäquat ausgeführten Tätigkeiten aus II.1 und II.2 gleichsetzen würden.

6.1 Bestätigungs- vs. Wahrscheinlichkeitsansatz

In diesem Kapitel werde ich nun einen Vorschlag diskutieren, der tendenziell für eine *Vergrößerung* des Begriffsumfangs sorgen würde – die Bedingungen für das Vorliegen unzuverlässigen Erzählens würden hier also gelockert. Die zugrundeliegende Idee besteht hier offenbar darin, dass ein Erzähler nicht erst dann als unzuverlässig bezeichnet werden sollte, wenn er tatsächlich einer der fraglichen Fehlfunktionen überführt werden kann, sondern bereits dann, wenn wir aufgrund seines Verhaltens oder seiner Umstände *erwarten können*, dass er eine dieser Fehlfunktionen an den Tag legt bzw. legen könnte. Man könnte diese beiden Varianten mithilfe der Bezeichnungen „Bestätigungs-" und „Wahrscheinlichkeitstheorie unzuverlässigen Erzählens" unterscheiden.[242]

Stellen wir uns beispielsweise einen Erzähler vor, dessen Bericht wild zwischen Handlungssträngen hin- und herspringt, der von Dingen erzählt, deren Relevanz sich nicht erschließt, und dem insgesamt nur schwer zu folgen ist. Ist es sinnvoll, einen solchen Erzähler bereits aufgrund dieser Merkmale als

---

[242] Ich gehe hier generell davon aus, dass im Rahmen von Wahrscheinlichkeitstheorien unzuverlässigen Erzählens der Begriffsumfang lediglich erweitert wird: Es ist nicht notwendig, dass eine der Fehlfunktionen tatsächlich realisiert ist, sondern es ist bereits hinreichend, wenn das Vorkommen einer Fehlfunktion aufgrund der Persönlichkeit des Erzählers, seiner Situation oder ganz allgemein aufgrund seines Verhaltens wahrscheinlich ist. Interessant ist nun allerdings die Frage, ob wir sinnervollerweise in jedem Fall, in dem wir tatsächlich eine Fehlfunktion feststellen können, allein dadurch schon davon sprechen können, dass das (weitere) Vorkommen solcher Fehlfunktionen *wahrscheinlich* ist. Wenn wir diese Frage bejahen, dann umfassen Wahrscheinlichkeitsansätze tatsächlich alle Fälle, die im Rahmen von Bestätigungsansätzen als Unzuverlässigkeit eingestuft werden. Sollte es allerdings so sein, dass es bestimmte Fälle gibt, die im Rahmen von Bestätigungstheorien als Unzuverlässigkeit zählen, nicht aber im Rahmen von Wahrscheinlichkeitstheorien, dann ist das Verhältnis zwischen diesen Ansätzen diffiziler. Denn dann müssten wir uns fragen, welche Fälle genau dies sind bzw. welche Bedingungen gegeben sein müssen, damit wir davon sprechen können, dass ein Auftreten wahrscheinlich ist.

unzuverlässig zu bezeichnen – auch wenn wir noch gar nicht wissen, ob seine Behauptungen oder Überzeugungen über die fiktive Welt inhaltlich inadäquat sind oder seine Äußerungen, Meinungen oder Handlungen das als relevant erachtete Wertesystem inadäquat widerspiegeln?

Wenn wir die herkömmliche, alltagssprachliche Bedeutung des Worts „unzuverlässig" zugrunde legen, scheint eine derartige Entscheidung nicht abwegig. „Unzuverlässig" lässt sich offenbar als Synonym zu „nicht vertrauenswürdig" verwenden – und es scheint gerechtfertigt, einer Person nicht zu vertrauen, wenn wir aufgrund ihres Charakters, ihrer Umstände oder Fähigkeiten Grund zur Annahme haben, dass sie dazu *neigt*, bestimmte Arten ‚unerwünschten Verhaltens' an den Tag zu legen, z. B. inkorrekte Behauptungen aufzustellen. Einem Erzähler, dessen Erzählbericht ungeordnet ist, können wir beispielsweise leicht mangelnde Fokussiertheit, emotionale Involviertheit oder gar geistige Verwirrung diagnostizieren – dies alles sind Eigenschaften oder Umstände, die die Wahrscheinlichkeit steigern, dass der Erzähler eine der fünf in den Kapitel II.1 und II.2 genannten Fehlfunktionen zeigt.[243]

Das Bild, das sich hier ergibt, ist also folgendes: Wir können uns grundsätzlich entscheiden, ob unzuverlässiges Erzählen erst dann vorliegt, wenn eine der relevanten Fehlfunktionen tatsächlich realisiert ist, oder bereits dann, wenn sie nur wahrscheinlich ist (siehe Abb. 13[244]).

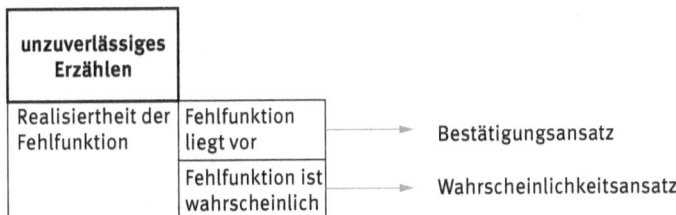

Abb. 13: Bestätigungs- und Wahrscheinlichkeitsansatz unzuverlässigen Erzählens.

---

[243] Leserzentrierte Theorien sind übrigens nicht automatisch Wahrscheinlichkeitsansätze. Die relevante Frage ist hier, *was genau* Leser laut einem konkreten leserzentrierten Ansatz zuschreiben müssen, damit wir von Unzuverlässigkeit sprechen können. Bei Yacobi beispielsweise scheint es sich hier um die Zuschreibung *tatsächlicher* Dysfunktionen zu handeln, also ist es kein Wahrscheinlichkeitsansatz (vgl. Yacobi 1981).

[244] Auch hier handelt es sich um einen Ausschnitt von Abbildung 3 (S. 96) – die Frage, ob eine Fehlfunktion vorliegt oder nur wahrscheinlich ist, können wir uns in Bezug auf alle fünf Grundtypen (bzw. alle Typen der weiteren Hierarchieebenen) stellen.

Insgesamt scheint es sich bei der Entscheidung, ob eine Bestätigungs- oder eine Wahrscheinlichkeitstheorie unzuverlässigen Erzählens vertreten wird, also um eine sehr grundlegende zu handeln. Der Grund, warum ich die Diskussion dieser Unterscheidung dennoch ans Ende des Abschnitts zur Definitionsrekonstruktion stelle, liegt darin, dass auch für ein Verstehen der Wahrscheinlichkeitsansätze eine genaue Analyse desjenigen Erzählerverhaltens notwendig ist, das aufgrund der fraglichen Indikatoren als wahrscheinlich erachtet wird. Der Aufbau des gesamten zweiten Kapitels folgt also der Idee, dass wir uns zunächst anschauen, welche Erzählertätigkeiten tendenziell im Zusammenhang mit Bestätigungstheorien als relevant erachtet werden. Jetzt im letzten Schritt geht es darum, einen Schritt zurückzutreten und zu untersuchen, wie eine Unzuverlässigkeitstheorie aussehen würde, die nicht verlangt, dass dieses Erzählerverhalten tatsächlich realisiert ist, sondern lediglich, dass es erwartbar ist.

Der Rest dieses Unterkapitels soll der Untersuchung der Fragen dienen, in welchen Unzuverlässigkeitstheorien der Wahrscheinlichkeitsansatz vertreten wird, welche Gründe dafür jeweils angegeben werden und was bei der Operationalisierung dieses Ansatzes beachtet werden muss.

Bei dem Versuch herauszufinden, in Rahmen welcher Theorien kein Bestätigungs-, sondern ein Wahrscheinlichkeitsansatz unzuverlässigen Erzählens vertreten wird, stellt sich ein altbekanntes Problem. Die fraglichen Theoretiker machen selten explizit deutlich, welche narrativen Phänomene sie als unzuverlässiges Erzählen bezeichnen wollen und welche Phänomene sie lediglich als Indikatoren betrachten, die darauf hindeuten, dass das eigentlich als relevant erachtete Phänomen vorliegt. Auf die Schwierigkeit zu entscheiden, welcher der beiden Ansätze im Rahmen konkreter Unzuverlässigkeitstheorien jeweils vertreten wird, weisen auch Sternberg und Yacobi hin. Sie diagnostizieren vielen Theorien „a shift between a negative judgment of reliability [...] and a mere suspicion of unreliability [...], between ‚X is and X might be unreliable'" (Sternberg und Yacobi 2015: 334).

Auch wenn die Informationslage im Rahmen vieler Theorien nicht ganz eindeutig ist, lässt sich annehmen, dass Ansätze, in denen ein besonderes Interesse am Erzähler als Figur erkennbar ist, eine stärkere Nähe zum Wahrscheinlichkeitsansatz aufweisen. Damit geht oft ein Fokus auf Fragen der Figurenanalyse – wie beispielsweise nach Handlungsmotiven, Psychogrammen oder Subjektivität – einher. Die Typen unzuverlässigen Erzählens, auf die besonderer Wert gelegt wird, sind tendenziell kognitive und aktionale Varianten, da diese viel mit der Erzählerpersönlichkeit zu tun zu haben scheinen und, wie wir in Kapitel IV.1 sehen werden, im Zusammenhang mit nicht-personalen Erzählern auch gar nicht auftreten können. Eine solche Fokussetzung kann sich auch dadurch ausdrücken, dass die fraglichen Theoretiker vom ‚unzuverlässigen Erzähler' anstatt von

‚unzuverlässigem Erzählen' sprechen (vgl. z. B. Booth 1961: 158), oder dadurch, dass erzählerische Unzuverlässigkeit mit *mangelnder Vertrauenswürdigkeit* gleichgesetzt oder umschrieben wird.

Bestätigungsansätze scheinen dahingegen das Hauptaugenmerk eher auf das Erzählen selbst bzw. auf dessen Ergebnis, die Erzählung, zu legen und damit Fragen der Vermittlung bzw. die Analyse von Sprechakten ins Zentrum zu rücken. Als Hinweis auf eine Bestätigungstheorie unzuverlässigen Erzählens wäre es dementsprechend zu werten, wenn im Rahmen der Definition unzuverlässigen Erzählens tatsächlich eine oder mehrere der fünf in Kapitel II.1 beschrieben Verhaltenstypen als notwendige (und hinreichende) Bedingungen für Unzuverlässigkeit ausgewiesen werden, anstatt bei der Begriffsbestimmung lediglich mit Charakterisierungen des Erzählers als Figur zu arbeiten.[245] Ein weiterer Hinweis darauf, dass der Fokus nicht auf dem Erzähler als Figur liegt, sondern auf den in den Kapiteln II.1 und II.2 diskutierten Tätigkeiten des Erzählers, liegt vor, wenn erzählerische Unzuverlässigkeit tatsächlich vollkommen ohne Referenz auf eine Erzählerfigur bestimmt wird (vgl. z. B. Köppe und Kindt 2014: 239; 246).[246] Denn während wir eine Erzählerfigur benötigen, um sinnvoll davon zu sprechen, dass Persönlichkeit oder Umstände des Erzählers die Wahrscheinlichkeit erhöhen, dass eine der Fehlfunktionen vorkommen könnte, setzen einige der relevanten Fehlfunktionen selbst offenbar keine ausgestaltete Erzählerfigur voraus.

Die Schwierigkeit, genau herauszufinden, welchen Begriffsumfang die einzelnen Theoretiker eigentlich im Blick haben, ist nun zu einem großen Anteil dadurch bedingt, dass die beiden beschriebenen Phänomentypen durch Indikatorenverhältnisse miteinander verknüpft sind. Dieses Phänomen haben wir in Kapitel II.1 schon feststellen können. Dort hatte ich darauf hingewiesen, dass

---

245 Auch Kendall Walton trifft diese Unterscheidung unter Referenz einerseits auf die Persönlichkeit des Erzählers und andererseits auf dessen Äußerungen: Wenn man an erzählerische Unzuverlässigkeit denke, so schreibt er, „[...] one may have in mind either of two very different points. One is a matter of what propositions about narrators are fictional" (Walton 1990: 358). Hier geht es also um Persönlichkeitsmerkmale des Erzählers. Solche Erzähler seien „often ‚reliable' in a second sense as well: What fictionally they say is a reliable indication that fictionally it is true" (Walton 1990: 360). In diesem zweiten Fall geht es also um die Adäquatheit der Äußerungen des Erzählers.
  Eine ähnliche Charakterisierung lässt sich bei Hansen finden: Er verweist auf die „conceptual mixture of a clear-cut structural approach, where the unreliable narrator is a mediator, and the semantic approach, where he is a character" (Hansen 2007: 231).
246 Dies gilt allerdings nur für Köppes und Kindts Definitionen täuschender und offener (faktenbezogener) Unzuverlässigkeit, nicht dagegen für ihre Definition axiologischer Unzuverlässigkeit, die auf den Erzähler Bezug nimmt (vgl. Köppe und Kindt 2014: 252–253).

beispielsweise die kognitiven ‚Unzuverlässigkeitsvarianten' (d. h. problematische Überzeugungen und Wertungshaltungen) es deutlich *wahrscheinlicher* machen, dass ein Erzähler auch sprachlich unzuverlässig ist (also problematische Assertionen oder Wertäußerungen tätigt). Andersherum *kann* sprachliche Unzuverlässigkeit darauf hinweisen, dass der fragliche Erzähler auch kognitiv unzuverlässig ist. Wenn die jeweiligen Theoretiker nun nicht ganz deutlich machen, welche dieser Merkmale sie als definitorisch relevant für Unzuverlässigkeit verstehen und welche sie lediglich als Indikatoren ansehen, dann lässt sich nicht definitiv feststellen, welche Vorstellung sie vom Unzuverlässigkeitskonzept haben. Dies ist deswegen problematisch, weil kognitive und sprachliche Unzuverlässigkeitsvarianten nicht in einem *notwendigen* Verknüpfungsverhältnis stehen. Je nach Definitionsentscheidung unterscheidet sich also der Begriffsumfang.

Ein analoges Problem stellt sich nun auch im Zusammenhang mit der Unterscheidung zwischen Wahrscheinlichkeits- und Bestätigungsansatz unzuverlässigen Erzählens. Denn oft ist unklar, ob bestimmte stilistische Auffälligkeiten des Erzählberichts oder bestimmte Charaktereigenschaften des Erzählers nur insofern interessant sind, als sie das Auftreten einer der fünf Fehlfunktionen wahrscheinlicher machen, oder ob, andersherum, das Auftreten der Fehlfunktionen nur abgeleitet von Interesse ist, weil es auf bestimmte (charakterliche) Dispositionen des Erzählers hindeutet. Und damit zusammenhängend ist dann eben oft auch unklar, ob die Fehlfunktion selbst oder die Disposition dazu dasjenige ist, das als „unzuverlässiges Erzählen" bezeichnet werden soll.[247]

---

[247] Wie die von mir dargestellte Analogie zeigt, könnte die Grenze zwischen Bestätigungs- und Wahrscheinlichkeitsansatz unzuverlässigen Erzählens theoretisch auch an anderer Stelle gezogen werden. Beispielsweise könnte man das Ganze auch so rekonstruieren, dass nur die sprachlichen Unzuverlässigkeitsvarianten dem Bestätigungsansatz zugehörig sind und dass die kognitiven und aktionalen Varianten sowie die genannten Indikatoren (Persönlichkeit, Umstände und Erzählstil des Erzählers) das Auftreten dieser sprachlichen Fehlfunktionen nur wahrscheinlicher machen. Dass ich mich für die andere Darstellungsvariante entschieden habe, ist letztlich eine stipulative Entscheidung, die im Kontext dieser Arbeit allerdings nur die Systematik der Definitionsrekonstruktionen betrifft. Wenn man die Unterscheidung von Bestätigungs- und Wahrscheinlichkeitsansatz an der Fokussetzung auf die Vermittlungsstrategie einerseits und die Erzählerfigur andererseits festmacht, dann scheint es allerdings gute Gründe zumindest für meine Entscheidung zu geben, die kognitiven Unzuverlässigkeitsvarianten der Bestätigungstheorie zuzuordnen. Denn wie wir im Zusammenhang mit der Diskussion unzuverlässiger Reflektorfiguren noch sehen werden, lässt sich argumentieren, dass auch die kognitiven Varianten ganz unmittelbar etwas mit der Vermittlungsdimension von Erzählungen zu tun haben können (siehe Kapitel IV.1).

Nach diesen ‚Mahnungen zur Vorsicht' können wir uns etwas genauer anschauen, in welchen Theorien sich Indikatoren für bzw. gegen einen Wahrscheinlichkeitsansatz unzuverlässigen Erzählens finden lassen.

Verhältnismäßig eindeutige Hinweise auf einen Wahrscheinlichkeitsansatz lassen sich bei Rimmon-Kenan finden. Sie definiert unzuverlässiges Erzählen als „[a narrator's] rendering of the story and/or commentary on it the reader *has reason to suspect*" (Rimmon-Kenan 1983: 100, meine Hervorhebung). Darüber hinaus scheint sie es als hinreichend für Unzuverlässigkeit zu betrachten, wenn ein Erzähler zugibt, dass er bei den erzählten Ereignissen nicht persönlich anwesend war, oder wenn der Erzähler persönlich emotional in das Erzählte involviert ist (vgl. Rimmon-Kenan 1983: 100 und 101).[248] Walls Theorie lässt sich so lesen, dass sie bestimmte Signale auf der Textoberfläche für hinreichend für Unzuverlässigkeit erachtet (vgl. Wall 1994: 19; 23–24). Ist diese Lesart zutreffend, so vertritt wohl auch Wall einen Wahrscheinlichkeitsansatz. Auch Hansen inkludiert offenbar einen Wahrscheinlichkeitsansatz in seine Unzuverlässigkeitstheorie: Sein Typ der intertextuellen Unzuverlässigkeit basiert auf Charaktertypen (vgl. Hansen 2007: 242) – er klassifiziert einen Erzähler also als unzuverlässig, weil Erzähler ‚seines Typs' oft die relevanten Fehlfunktionen an den Tag legen. Die von Tobias Klauk diskutierte Idee, unzuverlässiges Erzählen mit Zeugenaussagen in Verbindung zu bringen (vgl. Klauk 2011), lässt sich ebenfalls als Wahrscheinlichkeitsansatz verstehen: Wenn wir unzuverlässiges Erzählen bereits dann diagnostizieren, wenn wir Grund haben, einen Erzähler nicht als guten (d. h. vertrauenswürdigen) Informanten zu qualifizieren, dann haben wir es wohl mit einem Wahrscheinlichkeitsansatz zu tun. Auch Pettersson inkludiert den Wahrscheinlichkeitsansatz im Rahmen seines Typs der *speculative unreliability*: Diese liegt dann vor, wenn ein Erzähler deutlich macht, dass die Basis der Geschichte Spekulation ist (vgl. Pettersson 2015: 118).

Margolin scheint Bestätigungs- und Wahrscheinlichkeitsansatz jeweils gesondert in seine Theorie zu integrieren. Ihm zufolge könne unzuverlässiges Erzählen unterschiedliche Dimensionen betreffen: die Dimension des Erzähltextes (*narrative*, Produkt), des Erzählvorgangs (*narration*, Produktion) und des Erzählers (*narrator*, Produzent, vgl. Margolin 2015: 35). Dabei sind seine Überlegungen zu Unzuverlässigkeit im Erzähltext am ehesten als Bestäti-

---

[248] Vgl. entsprechend auch Lahn und Meister, denen zufolge Unzuverlässigkeit bereits vorliegt, wenn die Äußerungen des Erzählers „zweifelhaft" sind (Lahn und Meister 2013: 183), ebenso wie Nünning (1998: 29).

gungsansatz zu verstehen, die Beschäftigung mit Erzählvorgang und Erzähler dagegen als Wahrscheinlichkeitsansatz.[249]

Neben den genannten Theoretikern, die einen Wahrscheinlichkeitsansatz unzuverlässigen Erzählens vertreten, gibt es auch Forscher, die diesen auszuschließen scheinen. Indikatoren gegen die Inklusion eines Wahrscheinlichkeitsansatzes finden sich beispielsweise bei Chatman: „What precisely is the domain of unreliability? It is the discourse, that is, the view of what happens or what the existents are like, not the personality of the narrator" (Chatman 1978: 234). Heyd macht ebenfalls deutlich: „[W]hat this framework describes, however, is different types of unreliable utterances – not types of unreliable narrators" (Heyd 2006: 234). Und auch Dan Shen betont unter Bezugnahme auf Chatman, dass Unzuverlässigkeit eine Frage realisierter Fehlfunktionen sei:

> Chatman [...] rightly points out that the domain of unreliability is the narrator's view on the level of discourse, not the personality of the narrator [...], since the narrator's problematic personality only forms a possible cause of unreliable narration.
>
> (Shen 2013: Paragraph 6)

Später greift Shen dieses Thema noch einmal mit Nachdruck auf: „No matter how honest a narrator is, so long as her/his discourse fails to meet these standards, the narration will remain unreliable" (Shen 2013: Paragraph 13).

Da es, wie wir gesehen haben, oft unklar ist, ob ein Bestätigungs- oder ein Wahrscheinlichkeitsansatz vertreten werden soll, bleiben auch die Gründe oft unthematisiert, die für die eine oder andere Variante, das Unzuverlässigkeitskonzept zu bestimmen, sprechen. Möglich ist, dass auch hier Interessensfragen den Ausschlag geben: Einige Theoretiker interessieren sich mehr für den Erzähler als Figur, andere mehr für Vermittlungsstrategien. Ebenso könnte bei einzelnen Theoretikern aber auch beispielsweise die Nähe zur alltagssprachlichen Bedeutung von „unzuverlässig" als Argument für den Wahrscheinlichkeitsansatz im Hintergrund stehen – oder die Tatsache, dass entweder das Vorkommen einer der fünf Tätigkeiten oder der Wahrscheinlichkeit als leichter diagnostizierbar erachtet wird.

Die obige Tabelle zeigt in einem Überblick, in welchen Theorien bereits ein wahrscheinliches Auftreten einer Fehlfunktion als Unzuverlässigkeit gilt und in welchen die Fehlfunktion realisiert sein muss (siehe Abb. 14, S. 191).

---

[249] Merkwürdigerweise scheint der Wahrscheinlichkeitsansatz bei Margolin aber letztlich auch schon in seine Definition von Unzuverlässigkeit auf der Ebene des Erzähltextes einzufließen: „A narrative proposition (claim) or set of propositions is deemed reliable or *credible* if we can count on it to provide us with the kind of true or valid information regarding the narrative domain we expect from propositions of this type, and unreliable if we cannot" (Margolin 2015: 36).

	Realisiert?	
	Fehlfunktion wahrscheinlich	Fehlfunktion realisiert
Booth 1961	(–)	✓
Chatman 1978	–	✓
Yacobi 1981; 2001		✓
Rimmon-Kenan 1983	✓	✓
Wall 1994	(✓)	✓
Currie 1995		✓
Nünning 1998; 1999	(✓)	✓
Martinez/Scheffel 1999	–	✓
Phelan/Martin 1999	–	✓
Zerweck 2001		✓
Heyd 2006	–	✓
Hansen 2007	(✓)	✓
Kindt 2008	(–)	✓
Margolin 2015	✓	✓

Abb. 14: Forschungsüberblick Realisiertheit der Fehlfunktion (Exzerpt).

6.2 Zur Operationalisierung des Wahrscheinlichkeitsansatzes

Einen Faktor, der im Zusammenhang mit einer genaueren Bestimmung des Wahrscheinlichkeitsansatzes wichtig ist, möchte ich hier noch kurz ansprechen. Hierbei handelt es sich um die Rolle von ‚Indikatoren' für unzuverlässiges Erzählen. Die Tatsache, dass im Rahmen vieler Arbeiten zu unzuverlässigem Erzählen Indikatoren (d. h. bestimmte textuelle Merkmale, die auf Unzuverlässigkeit hinweisen) diskutiert werden, ohne dass dabei deren genaue Rolle genannt wird,[250] ist meines Erachtens ein wichtiger Hinweis darauf, dass einige Theoretiker möglicherweise Wahrscheinlichkeitstheorien unzuverlässigen Erzählens vertreten wollen. Warum dies so ist, werde ich im Folgenden erläutern.

Die textuellen Signale, die im Rahmen von Indikatorenlisten für Unzuverlässigkeit angeführt werden,[251] betreffen sehr häufig stilistische oder inhaltliche Aspekte, die recht eindeutig auf Eigenschaften oder Umstände hinweisen, in denen Erzähler mit höherer Wahrscheinlichkeit die fraglichen Fehlfunktionen an den Tag legen. Diese Signale bestehen beispielsweise in vermehrten Ausrufen und Leseransprachen (wie in Poes *The Tell-Tale Heart*) oder in direkten Informationen über die psychische Verfasstheit des Erzählers (wie beispielsweise in Grass' *Die Blechtrommel*).

Nun ist es so, dass solche Signale im Rahmen von Bestätigungstheorien in der Regel zwar die Aufmerksamkeit des Lesers auf die Möglichkeit lenken, dass eine Fehlfunktion auftreten könnte. Dieser Verdacht muss aber erst *verifiziert* werden, bevor der Erzähler als unzuverlässig eingeordnet werden kann.[252] Im Gegensatz dazu scheint es tendenziell so zu sein, dass diese Indikatoren im Rahmen von Wahrscheinlichkeitstheorien unzuverlässigen Erzählens schon *hinreichend* für Unzuverlässigkeit sind und nicht weiter evaluiert werden müssen. Denn wenn ein Erzähler ‚auf merkwürdige Weise' erzählt oder bestimmte Formen psychischer Probleme aufweist, scheint es angebracht, davon auszugehen, dass er mit höherer Wahrscheinlichkeit zu den relevanten Fehlfunktionen neigt.[253]

---

250 Vgl. Kindt (2008: 37) für einen entsprechenden Hinweis.
251 Genauer werden Indikatoren und ihre Rollen in Kapitel IV.2 diskutiert. Dort wird dann unter anderem auch thematisiert, dass die unterschiedlichen Fehlfunktionen teilweise durch unterschiedliche Arten von Textsignalen angezeigt werden.
252 Wie in Kapitel IV.2 noch deutlich werden wird, scheint das zwar für die allermeisten, aber nicht unbedingt für alle im Rahmen von Indikatorenlisten angeführten ‚Signale' zu gelten, da neben Signalen der oben genannten Sorten auch solche Textmerkmale angeführt werden, die möglicherweise bereits hinreichend für eine der fünf Fehlfunktionen sind – zum Beispiel Inkonsistenzen zwischen *discours* und *histoire*.
253 Dieser Unterschied lässt sich auch anhand der zwei möglichen Lesarten von Kindts Unzuverlässigkeitsdefinition illustrieren, die in Kapitel II.2 und II.3 schon thematisiert worden sind

Um dieses Unterkapitel – und damit auch das gesamte Kapitel zur Rekonstruktion und Systematisierung bisheriger Definitionsvorschläge – abzuschließen, soll nun noch kurz diskutiert werden, ob und wie der Wahrscheinlichkeitsansatz mit den in den Kapiteln II.4 und 2.5 adressierten Einschränkungsvorschlägen des Begriffsumfangs erzählerischer Unzuverlässigkeit kombiniert werden kann.

Kommen wir zunächst zum Vorschlag, die Bezeichnung „unzuverlässiges Erzählen" auf Fälle einzuschränken, in denen keine ‚mildernden Umstände' wie Offenheit oder Auflösung vorliegen. Meines Erachtens wäre es nicht sinnvoll, eine Unzuverlässigkeitsdefinition zu entwerfen, der zufolge der Terminus „unzuverlässiges Erzählen" genau dann vorliegt, wenn es wahrscheinlich ist, dass täuschende oder nicht-aufgelöste ‚Unzuverlässigkeit' auftritt. Der Grund hierfür sollte eigentlich in Kapitel II.4 schon deutlich geworden sein: Ob Unzuverlässigkeit offen oder täuschend bzw. aufgelöst oder nicht-aufgelöst ist, hängt nicht unbedingt mit Dispositionen oder Umständen des Erzählers zusammen. Stattdessen handelt es sich hier um vom Erzähler tendenziell unabhängige strukturelle Vermittlungstechniken.[254]

Wie sieht es mit Kombinationsmöglichkeiten zwischen Wahrscheinlichkeitsansätzen und dem Vorschlag, Unzuverlässigkeit zu graduieren, aus? Hier wäre es einerseits möglich, davon zu sprechen, dass ein Erzähler eine Disposition zu einem bestimmten Grad von Dysfunktionalität hat. Beispielsweise ist anzunehmen, dass ein Erzähler, der aufgrund einer Schizophreniediagnose in einer Psychiatrie untergebracht ist, eine stärker verzerrte Realitätswahrnehmung aufweist als ein Erzähler, der lediglich sehr emotional ist. Man könnte also sagen: Ein Erzähler des ersten Typs hat eine Disposition zu einer gravie-renderen Fehlfunktion als ein Erzähler des zweiten Typs.

Andererseits wäre es auch denkbar, die Disposition selbst zu graduieren – d. h. sich zu fragen, wie hoch die Wahrscheinlichkeit ist, dass ein Erzähler überhaupt eine der Fehlfunktionen zeigt. Beispielsweise scheint bei einem schizophrenen

---

(‚Nur Verstöße gegen die Maximen der Qualität und Quantität sind hinreichend für Unzuverlässigkeit' vs. ‚Auch Verstöße gegen die Maximen der Relevanz und der Modalität sind hinreichend').

Genauere Überlegungen zum Verhältnis von Erzählstil, Erzählerpersönlichkeit/-situation und den mit Unzuverlässigkeit assoziierten Fehlfunktionen finden sich in Kapitel V.3.

254 Möglich wäre nur, „unzuverlässiges Erzählen" auf Fälle einzuschränken, in denen wir dem Erzähler eine Disposition zu täuschendem Verhalten etc. diagnostizieren können – was aber eben nicht mit dem Phänomen der täuschenden Unzuverlässigkeit gleichgesetzt werden kann. Bei nicht-aufgelöster Unzuverlässigkeit erscheint eine analoge Option noch weniger naheliegend: Was würde es heißen, dass ein Erzähler die Disposition hat, seine Unzuverlässigkeit nicht aufzulösen?

Erzähler die Wahrscheinlichkeit, dass er die Realität *überhaupt* verzerrt wahrnimmt, größer als bei einem lediglich emotional involvierten Erzähler. Wie genau sich der Grad einer Disposition bemessen ließe, scheint mir allerdings noch unklarer als die Frage, wie der Grad tatsächlich realisierter Fehlfunktionalität gemessen werden kann.

III Typologie

Im Rahmen der Analyse von Definitionsvorschlägen haben wir nun – gewissermaßen automatisch – bereits einige *Typen* von Unzuverlässigkeitsphänomenen kennen gelernt. Dies lag zum einen daran, dass die Theorien unzuverlässigen Erzählens oft auf unklaren Vorstellungen oder Formulierungen basieren, die wir erst hinreichend verstehen können, wenn wir wissen, *welche Arten von Phänomenen* unter diese Vorstellungen und Formulierungen fallen. Ein Beispiel ist hier die allgemeine Vorstellung, dass unzuverlässiges Erzählen genau dann vorliegt, wenn bestimmte Erzählertätigkeiten nicht adäquat ausgeführt werden. Um zu verstehen, wie dies gemeint ist, müssen wir zum einen wissen, welche Tätigkeiten des Erzählers betroffen sein können (Äußern von Assertionen, Hegen von Überzeugungen, Äußern von Werturteilen, Hegen von Werturteilen oder das Exemplifizieren von Werten durch Handlungen) und in welcher Weise diese Tätigkeiten inadäquat ausgeführt werden können (‚inkorrekt' oder ‚unvollständig'). Durch die Spezifikation unklarer Begriffe haben wir also unterschiedliche Typen von unzuverlässigem Erzählen kennen gelernt (z. B. inkorrektes Berichten etc.). Ich habe diese Typen als „notwendig definitionsrelevant" bezeichnet, da auf jeden Fall im Rahmen von ausreichend verständlichen Definitionen auf diejenigen dieser Typen Bezug genommen werden muss, die in den Unzuverlässigkeitsbegriff integriert werden sollen.

Auf weitere Typen sind wir bei der Analyse der Definitionsvorschläge dadurch gestoßen, dass einige Theoretiker den Begriffsumfang unzuverlässigen Erzählens aufgrund bestimmter Eigenschaften weiter einschränken oder ausweiten wollen. Hieraus ergeben sich weitere Typen von Unzuverlässigkeitsphänomenen (z. B. aufgelöste und nicht-aufgelöste Unzuverlässigkeit), die wir als gewissermaßen ‚potenziell definitionsrelevant' bezeichnen könnten. Das bedeutet: Es ist nicht unbedingt obligatorisch, auf diese Typen im Rahmen von Definitionen Bezug zu nehmen, wenn nicht vorgesehen wird, den Begriffsumfang unzuverlässigen Erzählens auf Basis dieser Unterscheidung einschränken zu wollen. *Wenn aber so eine Einschränkung vorgenommen werden soll* (was im Rahmen einiger Theorien, wie ich deutlich gemacht habe, der Fall ist), dann muss dies im Rahmen der Definition klargemacht werden.

Man könnte also sagen: Alle Typen unzuverlässigen Erzählens, die wir bisher kennen gelernt haben, sind in allen oder in manchen Unzuverlässigkeitstheorien definitionsrelevant. Zusätzlich hat die Typisierung von Unzuverlässigkeitsphänomenen aber auch eine *heuristische* Funktion: Das gesamte narratologische Kategoriensystem basiert auf der Idee, dass die *Klassifikation von Textmerkmalen* im Rahmen literaturwissenschaftlicher Untersuchungen von großem Nutzen sein kann. Allgemein hilft uns narratologische Klassifikation dabei, Textmerkmale zu beschreiben. Dies soll auf eine zugleich detaillierte und komplexitätsreduzierende Art und Weise erfolgen, so dass wir einerseits *genaue* Beschreibungen erzielen und andererseits leicht *Ähnlichkeiten und Unterschiede* zwischen Texten und Textstrukturen feststellen können.[255]

Gerade für die Strukturierung des weiten und heterogenen Phänomenbereichs erzählerischer Unzuverlässigkeit scheinen Typologien nützlich, um Unzuverlässigkeitsphänomene besser charakterisieren und untersuchen zu können. Damit solche Typologien tatsächlich heuristisch nützlich sind, müssen sie jedoch bestimmte Anforderungen erfüllen. Im Folgenden werde ich diese klassifikationstheoretischen Anforderungen zunächst einführen und diskutieren (3.1). Im Anschluss daran werden die bisher vorgestellten Unzuverlässigkeitstypen auf diese Kriterien hin untersucht (3.2). Schließlich stelle ich noch einige wichtige ‚rein heuristische' Typologien unzuverlässigen Erzählens vor. Die dort inkludierten Unzuverlässigkeitstypen haben keine definitorische Relevanz, sondern dienen ausschließlich der genaueren Analyse von Unzuverlässigkeitsphänomenen.

1 Anforderungen an Typologien

Um den Nutzen von Typologien voll ausschöpfen zu können, müssen einige Dinge beachtet werden. Vier besonders wichtige Kriterien werde ich im Folgenden vorstellen.

1.1 Anzahl der Parameter

Damit eine Typologie zugleich eine möglichst genaue Beschreibung des Gegenstandsbereichs und eine Komplexitätsreduktion ermöglicht, muss die *Menge an Parametern*, die für die Generierung von Typen genutzt wird, gut abgestimmt sein. Wie wir in Kapitel II gesehen haben, können wir eine Reihe von Fragen stellen bzw. Parameter ansetzen, um Unzuverlässigkeitsfälle genauer zu klassifizieren (betroffene Tätigkeit, Art der Inadäquatheit, gewählter Bezugspunkt,

---

[255] Vgl. Bailey (1994: 12–14) zu den allgemeinen Vorteilen von Klassifikationen. Köppe und Kindt weisen allerdings auch auf die Gefahr zu detailierter Klassifikationstaxonomien hin – oft seien letztlich differenzierte Beschreibungen und Interpretationen oft nützlicher (vgl. Köppe und Kindt 2014: 247–248). Hilfreich wäre es hier, wenn die Autoren genauer angeben würden, ab welchem Detailgrad bzw. unter welchen Bedingungen Klassifikationen nicht mehr hilfreich sind.

Aufgelöstheitsstatus, Grad etc.). Je mehr Kriterien angesetzt werden, desto höher ist die Anzahl an Typen, denen Unzuverlässigkeitsphänomene zugeordnet werden können. Wichtig ist es nun, die Anzahl der Typen so abzustimmen, dass die Subkategorisierung unzuverlässiger Erzähler zwar aussagekräftig ist, aber dennoch nicht so spezifisch, dass statt einer Kategorisierung eigentlich gleich eine genaue Einzelfallbeschreibung hätte durchgeführt werden können.

1.2 Relevanz der Parameter

Da die Auswahl von Kriterien, nach denen Typen gebildet werden, also reguliert werden muss, ist es – gerade im Rahmen systematischer, konzeptioneller Typologien – wichtig, dass hier *relevante, aussagekräftige Kriterien* gewählt werden (vgl. Bailey 1994: 16).[256]

Im Falle von Unzuverlässigkeitstypen scheint mir diese Forderung in besonderem Maße für Typen mit ausschließlich heuristischer Funktion zu gelten. Denn während sich die ‚Existenzberechtigung' der definitionsrelevanten Typen schon dadurch ergibt, dass sie für das Verstehen des Konzepts unzuverlässigen Erzählens und der Unterschiede zwischen bestehenden Theorieangeboten notwendig sind, muss für die Relevanz nicht-definitionsrelevanter Typen erst argumentiert werden.

Wie meine Rede von *heuristischen Typen* nahelegt, besteht die naheliegendste Strategie zur Begründung der Relevanz von Parametern oder Typen darin, zu zeigen, dass sie der Aufdeckung besonders interessanter oder relevanter Unterschiede bzw. Gemeinsamkeiten zwischen konkreten Fällen unzuverlässigen Erzählens dienen. Unter welchen Bedingungen Unterschiede oder Gemeinsamkeiten als relevant verstanden werden, hängt allerdings – zumindest teilweise – von individuellen Forschungsinteressen und Schwerpunktsetzungen ab. Da sich viele Forscher dafür interessieren, welche Funktion unzuverlässigem Erzählen im Zusammenhang mit ‚der Werkbedeutung', der

---

256 Vgl. Bailey (1994: 2). Wie Bailey darlegt, betrifft diese Forderung vor allem Typologien, nicht aber Taxonomien. Während sowohl Typologien als auch Taxonomien (meist mehrdimensionale) Klassifikationssysteme darstellen, zeichnen sich Typologien dadurch aus, dass die Typen durch theoriegeleitete Kriterienauswahl bestimmt werden (vgl. Bailey 1994: 4–6). Als Taxonomien werden dagegen Klassifikationssysteme bezeichnet, die sich aus einer quantitativen und meist computergestützten empirischen Analyse des Datenmaterials aufgrund von Ähnlichkeiten oder Unterschieden ergeben (vgl. Bailey 1994: 34). Der Nachteil im Zusammenhang mit Taxonomien ist dadurch aber zugleich, dass Taxa nicht immer unbedingt theoretisch oder konzeptionell nützlich sind (vgl. Bailey 1994: 64).

allgemeinen Botschaft eines Textes zukommt, würde es beispielsweise für die Relevanz eines Typisierungsvorschlags sprechen, wenn man zeigen könnte, dass Unzuverlässigkeitsfälle, die sich hinsichtlich der herangezogenen Kriterien unterscheiden, unterschiedliche Effekte auf den Leser haben und dadurch geeignet sind, unterschiedliche Botschaften zu vermitteln.

Typisierungen dieser Art wären also insofern relevant, als eine entsprechende Klassifikation von Unzuverlässigkeitsfällen zugleich eine konkrete Interpretationshypothese für das fragliche Werk nahelegen kann. Da die Beschäftigung mit *rein* heuristisch nützlichen Typen und entsprechenden Untersuchungen von Zusammenhängen mit Werkbedeutungshypothesen nicht zu den Schwerpunktsetzungen dieser Arbeit gehört, bleiben meine Analysen hierzu kursorisch. Ich werde aber in Kapitel III.3 einige exemplarische heuristische Typologien vorstellen und kurz kommentieren.

Neben dem Aufzeigen des heuristischen Nutzens im Zusammenhang mit der Generierung umfassender Interpretationshypothesen sind aber auch anders ausgerichtete Argumentationen für die Relevanz eines Typisierungsvorschlags denkbar. Zum Beispiel erscheint mir eine Typisierung aus methodologischer und theoretischer Perspektive dann besonders nützlich zu sein, wenn die unterschiedlichen Typen (tendenziell) mithilfe unterschiedlicher *Methoden* festgestellt werden können bzw. müssen oder wenn der *Interpretativitätsgrad* von Thesen über das Vorliegen erzählerischer Unzuverlässigkeit je nach Typ variiert. Wie ich in Kapitel IV.2 zeigen werde, kommen äußerst vielen der in Kapitel II unterschiedenen Typen unzuverlässigen Erzählens solche methodologisch und theoretisch interessanten Eigenschaften zu.

1.3 Exklusivität und Vollständigkeit

Für jeden Parameter, den wir ansetzen, um Typen unzuverlässigen Erzählens festzulegen – oder anders ausgedrückt: für jede Frage, die wir zum Zweck der Klassifikation unzuverlässiger Erzähler stellen – müssen wir uns fragen, ob die jeweils identifizierten Typen exklusiv und zusammen vollständig sind oder nicht. „*Exklusiv*" bedeutet hier, dass ein konkreter Fall unzuverlässigen Erzählens (in Bezug auf einen Parameter der Typologie) maximal einem Typ zugeordnet werden kann, nicht aber zweien oder mehr. Wenn die Typen in Bezug auf einen Parameter *vollständig* sind, dann bedeutet dies, dass jeder Fall unzuverlässigen Erzählen (mindestens) einem dieser Typen zugeordnet werden muss – dass es also keinen Fall gibt, der nicht mithilfe dieser Typen klassifiziert werden kann.

Besser verständlich sollten die Eigenschaften der Exklusivität und Vollständigkeit werden, wenn ich in Kapitel III.2 die Typen aus Kapitel II im Hinblick auf diese Eigenschaften untersuche. Informationen darüber, ob eine Typologie exklusiv und/oder vollständig ist, sind notwendig, um den Status zu verstehen, den die Klassifikation eines unzuverlässigen Erzählers anhand der fraglichen Typologie einnimmt. So ist es beispielsweise wichtig zu wissen, ob die Kategorisierung eines Unzuverlässigkeitsfall als ‚offen unzuverlässig' zugleich bedeutet, dass dieser Fall nicht auch täuschend unzuverlässig sein kann.

Exklusivität und Vollständigkeit werden traditionellerweise als Gütekriterien für Typologien verstanden (vgl. Bailey 1994: 3) – Typologien können aber durchaus auch nützlich sein, wenn sie nicht exklusiv oder vollständig sind (vgl. Köppe und Klauk 2013: Paragraf 35).

1.4 Kombinierbarkeit

Ein letztes wichtiges Kriterium für die Nützlichkeit von Typologien, das ich hier ansprechen möchte, besteht darin, dass wir uns Aufschluss darüber verschaffen müssen, ob alle Parameter bzw. Kriterien, die für die Typisierung eines Phänomenbereichs angesetzt werden, frei miteinander kombinierbar sind oder nicht. Im Falle unzuverlässigen Erzählens müssen wir uns also fragen, ob wir alle Kriterien, die für eine genauere Klassifikation von Unzuverlässigkeitsfällen diskutiert werden, auf jeden konkreten Fall anwenden können, oder ob einige Kriterien nur auf bestimmte Untertypen angewandt werden können. Stellt man sich die Gesamttypologie unzuverlässigen Erzählens in Form einer hierarchisch gegliederten Baumstruktur vor, lässt sich diese Frage auch folgendermaßen formulieren: Ergibt sich hier ein vollkommen symmetrischer Baum oder stattdessen ein asymmetrischer? Teilweise habe ich solche Phänomene in Kapitel II schon diskutiert. Dort habe ich beispielsweise darauf hingewiesen, dass sich weder die *täuschend vs. offen-* noch die *aufgelöst vs. nicht-aufgelöst*-Unterscheidung sinnvoll auf wertebezogene Unzuverlässigkeit anwenden lässt. Noch klarer wird dieser Aspekt, wenn ich gleich in Kapitel III.2 noch einmal vollständig und zusammenfassend die Kombinierbarkeit der Typisierungen aus Kapitel II diskutiere.

Für den Fall, dass bestimmte Kriterien sich als ‚nicht kombinierbar' herausstellen, muss zudem geklärt werden, ob das bedeutet, dass diese Kombinationen lediglich de facto – also in der Empirie – nicht (bzw. in vernachlässigbarer Häufigkeit) vorkommen oder ob es theoretische Gründe gibt, aus denen bestimmte

Eigenschaften *unmöglich* zusammen vorkommen können. Gerade der letztere Fall scheint mir relevant zu sein, da die Berücksichtigung solcher fehlender Kombinationsmöglichkeiten für eine adäquate Nutzung der Typologien unabdingbar ist.[257]

2 Diskussion der definitionsrelevanten Typologien unzuverlässigen Erzählens

Im Folgenden möchte ich – zwecks Illustration und Umsetzung der oben genannten dritten und vierten Anforderung an Typologien – für die in Kapitel II herausgestellten Typen unzuverlässigen Erzählens explizieren, ob sie exklusiv und/oder vollständig sind und welche Typen zusammen auftreten können. Einige dieser Aspekte habe ich an unterschiedlichen Stellen in Kapitel II bereits angesprochen. Die folgenden Ausführungen können vor diesem Hintergrund als zusammenfassende und vervollständigende Rekapitulation verstanden werden.

2.1 Grundtypen

Die Typen, die sich aus den Kapiteln II.1 und II.2 ergeben, kann man als Grundtypen unzuverlässigen Erzählens betrachten, die sich gut in Form einer Baumstruktur darstellen lassen. Auf der ersten Hierarchieebene unterscheiden wir die zwei Grundrichtungen unzuverlässigen Erzählens: faktenbezogene und wertebezogene Unzuverlässigkeit. Die typenbildende Frage ist hier die nach dem groben Tätigkeitstyp, der von der Unzuverlässigkeit betroffen ist.

Auf der zweiten Hierarchieebene spalten wir die Grundrichtungen weiter danach auf, um welchen Typ von Tätigkeit es sich jeweils konkret handelt. Hier gibt es auf der faktenbezogenen Seite zwei Optionen (Äußern von Assertionen und Hegen von Überzeugungen), auf der wertebezogenen Seite dagegen drei

---

[257] Meines Erachtens ist das Fehlen empirischer Belege für das Vorkommen bestimmter Kriterienkombinationen kein Faktor, der Typologienentwürfe in literaturwissenschaftlichen Zusammenhängen beeinflussen sollte. Zwar schlägt Bailey zwecks Komplexitätsreduktion vor, dass empirisch nicht auftretende Kriterienkombinationen in Typologien vernachlässigt werden können (vgl. Bailey, Kenneth 1994: 26–30). Im Feld der Literaturwissenschaft kann es aber durchaus nützlich sein, solche nicht-realisierten Typen mit einzubeziehen, da der Kreativität von Autoren in der Regel keine Grenzen gesetzt sind. Solange es also keine konzeptuellen Gründe gibt, aus denen die Kombination bestimmter Merkmale unmöglich ist, können jederzeit neue, innovative Merkmalskombinationen auftreten.

(Äußern von Werturteilen, Hegen von Werturteilen und Exemplifizieren von Werten).

Auf der dritten Hierarchieebene fragen wir danach, welche Art von Inadäquatheit für die Unzuverlässigkeit verantwortlich ist. Hier gibt es für alle faktenbezogenen Varianten auf jeden Fall zwei Optionen (inkorrekt, unvollständig) – dieselben beiden Optionen gibt es womöglich auf der wertebezogenen Seite auch, aber das Konzept der Unvollständigkeit bleibt hier etwas problematischer.

Die auf Unvollständigkeit basierenden faktenbezogenen Varianten lassen sich auf einer vierten Hierarchieebene eventuell weiter danach aufteilen, welches Kriterium zusätzlich zur Unvollständigkeit noch hinzukommen muss (bzw. wie das Kriterium der ‚Relevanz' hier konkret verstanden werden kann), damit Unzuverlässigkeit vorliegt. Hier ergeben sich drei weitere Typen (potenzielle Täuschung, durch Erzählung aufgeworfene Fragen mit fehlender Antwort, das Wesentliche an einer Situation ausmachende fehlende Deutungsreichweite). Diese Aufteilung lässt sich so nicht sinnvoll auf wertebezogene Unvollständigkeit übertragen.

Obwohl wir also vier Hierarchieebenen mit zweimal zwei und zweimal drei Optionen verzeichnen können, ergeben sich hieraus aufgrund eingeschränkter Kombinierbarkeit nicht 36 Typen, sondern lediglich 14.

Bei den Grundtypen besteht auf allen Hierarchieebenen der Anspruch, dass die jeweils angegebenen Optionen zusammen vollständig sind. Schließlich ist die Idee, dass diese Typen in der Hinsicht definitionsrelevant sind, dass ihre Definitionen – disjunktiv aneinandergereiht – zusammen eine Definition erzählerischer Unzuverlässigkeit als Gesamtphänomen ergeben. Das wäre nicht gegeben, wenn die Typen nicht vollständig wären, denn dann wären die angegebenen Eigenschaften in ihrer Disjunktion nicht notwendig. Sollte sich also herausstellen, dass die Grundtypologie nicht vollständig ist, dann müssten Typen hinzugefügt werden oder man müsste die Typologie auf andere Art überarbeiten.

Um die Exklusivität der Grundtypologien unzuverlässigen Erzählens adäquat analysieren zu können, müssen wir uns zuerst klarmachen, auf welche Art von ‚Texteinheiten' eine Unzuverlässigkeitsdiagnose jeweils bezogen ist. Wie ich in Kapitel V.3 noch genauer erläutern werde, erscheint es mir eher nicht sinnvoll, Erzähler oder Erzähltexte pauschal als zuverlässig oder unzuverlässig zu kategorisieren. Würden wir dies tun, kämen wir auch schnell bei der genaueren Klassifikation der vorliegenden Unzuverlässigkeit in Bedrängnis – denn in einem Erzähltext kommen oft mehrere Unzuverlässigkeitselemente vor, die unterschiedlichen Typen unzuverlässigen Erzählens zuzuordnen sind. Ein Beispiel wäre hier E.T.A. Hoffmanns *Der Sandmann* (vgl. Hoffmann 1985). Es lässt sich argumentieren, dass in diesem Text mindestens zwei ‚große' Fälle unzuverlässigen Erzählens vorliegen: der Sandmann-Fall und der Olimpia-Fall. Der Sandmann-Fall wäre hier ein Beispiel unvollständiger Informationsvergabe auf Seiten des extradiegetischen

Erzählers[258] im zweiten Teil der Erzählung. Dieser gibt keine definitive Antwort auf eine zentrale, von der Erzählung selbst aufgeworfene Frage – nämlich auf die Frage, ob der Sandmann in der erzählten Welt tatsächlich existiert oder der Protagonist Nathanael lediglich phantasiert.[259] Dieser Fall unzuverlässigen Erzählens ist zudem ein Fall offener Unzuverlässigkeit: Von Anfang an wird deutlich, dass es sich hierbei um einen unklaren Aspekt der Erzählung handelt. Der Leser wird nicht hinsichtlich der Frage nach der Existenz des Sandmanns getäuscht.

Der Olimpia-Fall gestaltet sich dagegen anders: Nathanael kann durch das Fenster seines Zimmers das Haus seines Physikprofessors Spalanzani blicken und beobachtet dort dessen Tochter Olimpia. Auf einer Tanzveranstaltung lernt er diese schließlich kennen und verbringt fortan täglich mehrere Stunden mit ihr. Im Rahmen eines für Nathanael traumatisierenden Vorfalls erfährt er jedoch schließlich, dass es sich bei Olimpia lediglich um eine automatisierte Puppe handelt, die Spalanzani zusammen mit dem vermeintlichen ‚Sandmann', dem Wetterglashändler Coppola, entwickelt hat.[260] Der Leser erfährt erst zusammen mit Nathanael von der wahren Beschaffenheit Olimpias. Im Gegensatz zu dem oben geschilderten Sandmann-Fall lässt sich dieser Fall tendenziell als inkorrekte Informationsvergabe kategorisieren.[261] Zudem handelt es sich hier um täuschende und aufgelöste Unzuverlässigkeit: Der Leser hat zunächst gute Gründe anzunehmen, dass es sich bei Olimpia um eine echte Frau und nicht um eine ‚Automate' handelt. Insgesamt gilt also: Wir sollten eher Einzelhandlungen von Erzählern als die Einheiten betrachten, auf die Unzuverlässigkeitsurteile zutreffen.

Diese Überlegung ist im Zusammenhang mit der Beurteilung der Exklusivität der Unzuverlässigkeitstypen wichtig, weil es natürlich immer vorkommen kann, dass ein Erzähler bzw. eine Erzählung in mehrerlei Hinsicht unzuverlässig

---

258 Nach Genettes Terminologie bezeichnet „extradiegetischer Erzähler" im Fall von Texten mit mehreren Erzählebenen (d. h. mit ‚eingebetteten' Erzählungen) den Erzähler auf der äußersten Erzählebene (d. h. den ‚Rahmenerzähler', vgl. Genette 2010: 148).

259 Diese Einschätzung lässt sich auch an unterschiedlichen Stellen in der Forschungsdebatte zum *Sandmann* nachweisen, beispielsweise bei Walter (1984: 24) und bei Steinecke (1997: 104; 2004: 288). Zu einer anderen Ansicht (nämlich der, dass Nathanaels Sichtweise die korrekte ist) vgl. Tepe et al. (2009).

260 „Erstarrt stand Nathanael – nur zu deutlich hatte er gesehen, Olimpia's toderbleichtes Wachsgesicht hatte keine Augen, statt ihrer schwarze Höhlen; sie war eine leblose Puppe" (Hoffmann 1985: 45).

261 Ganz klar ist dies allerdings nicht, da es sich hier um unzuverlässiges Erzählen mithilfe einer ‚unzuverlässigen Reflektorfigur' handelt. Wie ich in Kapitel IV.2 erläutern werde, gibt es grundsätzlich zwei unterschiedliche Optionen, diese Fälle zu verstehen bzw. zu klassifizieren.

ist – dies hebt aber nicht unbedingt die Exklusivität der jeweiligen Typen auf. Eine ‚echte' Aufhebung der Exklusivität scheint mir nur dann vorzuliegen, wenn ein Erzähler durch ein und dieselbe Einzelhandlung die Bedingungen für mehrere Unzuverlässigkeitstypen auf derselben Hierarchieebene erfüllt.

Unter Berücksichtigung dieser Überlegungen lässt sich im Zusammenhang mit den Grundtypen unzuverlässigen Erzählens Folgendes sagen: Für die erste Hierarchieebene gilt, dass keine *vollkommene* Exklusivität vorliegt, da konkrete Fälle zugleich fakten- und wertebezogene Unzuverlässigkeit darstellen können. Illustrieren lässt sich das allerdings am besten, wenn wir uns die konkreten Formen der Grundrichtungen auf der nächsten Ebene ansehen.

Dieser Fall kann nämlich nur bei einer ganz bestimmten Konstellation vorkommen – wenn ein Erzähler, indem er eine der sprachlichen oder kognitiven Unzuverlässigkeitsvarianten an den Tag legt, damit zugleich gegen die als relevant erachteten Werte verstößt. Besonders hervorzuheben ist hier wohl der Fall (intentionaler) sprachlicher, faktenbezogener Unzuverlässigkeit, d. h. wenn der Erzähler lügt – und dadurch womöglich zugleich ‚unmoralisch' handelt.

Andere Fälle ‚gleichzeitigen' Auftretens unterschiedlicher Erzählertypen, die allerdings nicht für eine echte Aufhebung der Exklusivität sprechen, können dagegen deutlich häufiger vorkommen. Dies liegt daran, dass die Unzuverlässigkeitstypen zum Teil kausal verknüpft sein können und/oder ein Typ als Indikator für das (gleichzeitige) Vorliegen eines anderen betrachtet werden kann. Insbesondere können problematische Überzeugungen der Grund für problematische Behauptungen sein (und andersherum problematische Behauptungen ein Indikator für problematische Überzeugungen), ebenso wie inadäquate axiologische Meinungen oft ein Grund für inadäquate Wertungsäußerungen sind (oder, andersherum, diese Wertungsäußerungen ein Indikator für derartige Meinungen). Auch zwischen fakten- und wertebezogenen Varianten können solche Relationen festgehalten werden: Beispielsweise kann schlechte Informiertheit eines Erzählers dafür sorgen, dass er problematische Urteile trifft und/oder äußert. Oder eine ‚schlechte' moralische Haltung führt dazu, dass ein Erzähler die Unwahrheit sagt. Darüber hinaus können, wie oben deutlich gemacht, in einem literarischen Text natürlich auch ohnehin mehrere verschiedene Formen unzuverlässigen Erzählens auftreten – auch ohne dass diese Fälle in irgendeiner Form in einem kausalen Zusammenhang stehen.

Kommen wir zur dritten Hierarchieebene. Hier ist festzuhalten, dass eine konkrete Einzelhandlung nicht zugleich eine inkorrekte und eine unvollständige Variante des darüber liegenden Typs sein kann, also beispielsweise nicht zugleich inkorrektes und unvollständiges Berichten. Hier scheint also keine tatsächliche Aufhebung der Exklusivität vorzuliegen.

Auf der vierten Hierarchieebene, die nur die weitere Aufspaltung der Unvollständigkeitsvarianten der faktenbezogenen Typen betrifft, lässt sich sagen, dass ein und derselbe Fall unzuverlässigen Erzählens theoretisch die Merkmale aller drei Typen zugleich aufweisen könnte – auch wenn Unvollständigkeitsfälle *normalerweise* nur einem dieser drei Typen zugeordnet werden können. Diese Typen sind also nicht exklusiv.

2.2 Sonderfall: Bezugsinstanztypen

Jeder der Grundtypen unzuverlässigen Erzählens kann unter Bezugnahme auf jede der drei Instanzen Text, Autor oder Leser genauer modelliert werden – und die gleich in Kapitel III.2.3 diskutierten weiteren Unterscheidungen können unabhängig von der Bezugspunktwahl operationalisiert werden. Wie ich in Kapitel III.3.3 schon deutlich gemacht habe, wird die Dimension der Bezugsinstanztypen dadurch so komplex, dass Bezugspunkte in dreierlei Hinsicht gewählt werden müssen, was dazu führt, dass theoretisch eine große Vielzahl an Kombinationsmöglichkeiten entsteht.

Die erste Hinsicht (Bezugsinstanz als Werteschablone) betrifft nicht die fakten-, sondern nur die wertebezogenen Unzuverlässigkeitstypen. Die zweite Hinsicht (Bezugsinstanz für Feststellung der Fakten) betrifft alle Typen, ebenso wie die dritte Hinsicht (Bezugsinstanz zur Feststellung der Werkbedeutung). Im Zusammenhang mit dieser dritten Hinsicht ist zusätzlich interessant, dass nicht unbedingt ein Bezugspunkt gewählt werden muss, sondern auch die Option besteht, gar keinen Bezugspunkt zu wählen.

Daraus ergeben sich theoretisch zwölf Bezugsinstanz-Kombinationsvarianten für die faktenbezogenen und 36 für die wertebezogenen Varianten. Wie ich aber in Kapitel II.3 bereits deutlich gemacht habe, lässt sich diese Anzahl erheblich reduzieren, wenn man sich auf die naheliegendsten Kombinationen konzentriert. Diese bestehen darin, entweder für alle Hinsichten denselben Bezugspunkt zu wählen oder aber nur für die ersten beiden Hinsichten denselben und für die dritte gar keinen. Daraus ergeben sich dann also für alle Grundtypen sechs Bezugsinstanzkombinationen.

Auch hier ist die Idee, dass die Typologie auf der Hierarchieebene der Bezugsinstanzen den Phänomenbereich der ‚Unzuverlässigkeit' vollständig abdeckt. Das bedeutet: Es gibt keinen Fall unzuverlässigen Erzählens, der sich nur durch die Wahl einer anderen, vierten Bezugsinstanz als solcher einordnen lässt.

In Bezug auf alle drei Hinsichten ist es möglich, dass ein Fall unzuverlässigen Erzählens in alle drei (oder bezüglich der dritten Hinsicht: alle vier) Kategorien zugleich fällt. Das ist immer dann der Fall, wenn alle drei Bezugsinstanzen in der jeweils relevanten Hinsicht koinzidieren, also wenn beispielsweise die Werte, die der Text implizit vermittelt, dieselben sind wie die des Autors und des Lesers. Die Bezugsinstanztypen sind also nicht exklusiv.

2.3 Weitere definitionsrelevante Typen

In Kapitel II.4 hatte ich zunächst zwischen offener und täuschender Unzuverlässigkeit unterschieden, basierend auf der Frage, ob die Unzuverlässigkeit erwartbar ist bzw. war oder nicht. Diese Unterscheidung lässt sich eigentlich nur sinnvoll auf faktenbezogene Unzuverlässigkeitsvarianten anwenden (siehe Kapitel II.4.1). Einen Sonderstatus haben hier aber die drei Unvollständigkeitstypen. Hier lässt sich festhalten, dass die täuschende Variante notwendigerweise immer täuschend ist, wohingegen die beiden anderen Varianten typischer-, aber nicht notwendigerweise offen sind.

Die zweite Unterscheidung in Kapitel II.4 bezog sich auf die Frage, auf welche Weise die Unzuverlässigkeit diagnostizierbar ist – die sich daraus ergebenden Typen sind aufgelöste und nicht-aufgelöste Unzuverlässigkeit. Diese Unterscheidung lässt sich ebenfalls nur sinnvoll auf faktenbezogene Unzuverlässigkeitsvarianten anwenden (siehe Kapitel II.4.2). Bezüglich der drei Unvollständigkeitsvarianten lässt sich festhalten, dass die täuschende typischerweise aufgelöst ist, die beiden anderen dagegen typischerweise unaufgelöst. Dies ist allerdings keine notwendige Relation. Die Eigenschaften *aufgelöst* und *unaufgelöst* lassen sich zudem frei mit den Eigenschaften *täuschend* und *offen* kombinieren.

In Kapitel II.5 habe ich die Option vorgestellt, unzuverlässiges Erzählen zu graduieren. Hier handelt es sich nicht im eigentlichen Sinn um Typen, da die Graduierung sehr fein erfolgen kann – in manchen Theorien unzuverlässigen Erzählens lassen sich aber durchaus Vorschläge finden, mit zwei bzw. mit drei Graden zu arbeiten.[262]

Generell ist eine Graduierung für alle Grundtypen möglich.[263] Manche Faktoren, nach denen der Grad der Unzuverlässigkeit bemessen werden kann, lassen sich auf einzelne Vorkommnisse von Unzuverlässigkeit anwenden (z. B. das Maß

---

262 1. So niedrigstufige ‚Unzuverlässigkeit', dass sie aus dem Begriffsumfang ausgeschlossen werden sollte, 2. niedrigstufige Unzuverlässigkeit (z. B. im Sinne von Phelans *underevaluating*), 3. höherstufige Unzuverlässigkeit (z. B. im Sinne von Phelans *misevaluating*).
263 Das Arbeiten mit zwei Graden (in *mis*- und *under*-Form) ist aber für die faktenbezogenen Varianten nur schwer umzusetzen.

und die Relevanz), andere dagegen nur auf die Gesamtheit der Vorkommnisse (Häufigkeit). Der ‚Gesamtgrad' scheint eine Eigenschaft zu sein, die nicht einzelne Vorkommnisse, sondern den Erzähler oder die Erzählung im Allgemeinen betrifft.

In Kapitel II.6 ging es um die Frage, ob die Grundtypen unzuverlässigen Erzählens tatsächlich vorliegen oder ob das Vorkommen einer der relevanten Verhaltensweisen lediglich erwartbar ist. Diese Unterscheidung kann gleichermaßen auf alle Grundtypen angewandt werden. Sollte die Frage nach der Wahrscheinlichkeit nach Typen differenziert beantwortet werden, dann scheint dies am sinnvollsten bezüglich der Unterscheidung zwischen fakten- und wertebezogener Unzuverlässigkeit durchführbar zu sein – eventuell zusätzlich auch noch auf der Ebene der Unterscheidung zwischen Inkorrektheit und Unvollständigkeit. Dies liegt daran, dass sich eine Disposition zu faktenbezogener Unzuverlässigkeit womöglich an anderen Merkmalen festmachen lässt als eine Disposition zu wertebezogener Unzuverlässigkeit – zum Beispiel durch wahrnehmungseinschränkende Faktoren einerseits und bestimmte Charakterschwächen andererseits. Dasselbe kann für die Neigung zu inkorrektem oder unvollständigem Berichten gelten – zum Beispiel durch wahrnehmungsbeeinträchtigende Faktoren einerseits (Drogenkonsum, Schizophrenie) und bestimmte gedächtnisbeeinträchtigende Faktoren andererseits (z. B. Alter). Die Frage, ob eher eine Disposition zu täuschender oder zu offener Unzuverlässigkeit bzw. eher zu aufgelöster oder zu nicht-aufgelöster Unzuverlässigkeit vorliegt, scheint nicht so sinnvoll, da beide Differenzierungen nicht notwendigerweise etwas mit dem Erzähler, sondern mit strukturellen Eigenschaften der Erzählung zu tun haben. Dagegen lässt sich die Dispositionsfrage gleich auf zweierlei Weise mit der Gradfrage kombinieren: Wir können uns entweder fragen, wie stark die Disposition eines Erzählers zu den relevanten Verhaltensweisen ist, oder wir können fragen, zu welchem Grad von Unzuverlässigkeit ein Erzähler eine Disposition hat.

Generell gilt auch für die definitionsrelevanten Typologien, die in den Kapiteln II.4 bis II.6 diskutiert worden sind, dass diese den Anspruch haben, vollständig zu sein.

Darüber hinaus sind die Typologien aus den Kapiteln II.4 und II.5 exklusiv – ein Einzelvorkommnis unzuverlässigen Erzählens kann weder zugleich offen und täuschend bzw. aufgelöst und nicht-aufgelöst sein, noch unterschiedliche Grade aufweisen. Für die in Kapitel II.6 diskutierten ‚Typen' gilt die Exklusivität dagegen nicht: Fälle, die nach dem Bestätigungsansatz als Unzuverlässigkeit kategorisiert werden, sind in der Regel auch ‚Wahrscheinlichkeitsfälle' unzuverlässigen Erzählens.

3 Exemplarische Diskussion rein heuristischer Typologien

Wie ich oben bereits geschrieben habe, ist die Diskussion rein heuristisch nützlicher Typen nicht mein Hauptanliegen in dieser Arbeit. Allerdings gibt es einige Gründe, sich dennoch wenigstens ein paar solcher Typisierungsvorschläge anzuschauen. Beispielsweise ist bei einigen Unterscheidungen gar nicht vollständig klar, ob sie nicht vielleicht doch in gewisser Hinsicht definitionsrelevant sind. Das liegt daran, dass viele Theorien unzuverlässigen Erzählens so ungenaue Formulierungen enthalten, dass sich nicht immer definitiv feststellen lässt, ob sie nicht doch bestimmte weitere Fälle aus dem Begriffsumfang unzuverlässigen Erzählens ausschließen wollen. Dies ist beispielsweise bei der ersten der im Folgenden vorgestellten Unterscheidungen der Fall: der zwischen intentionaler und nicht-intentionaler Unzuverlässigkeit.[264]

Ein weiterer Grund, hier auch einige heuristische Typologien vorzustellen, besteht darin, dass einige dieser Unterscheidungen im Rahmen der *praktischen Anwendung* des Unzuverlässigkeitskonzepts für viele Literaturwissenschaftler in ihrer Arbeit so wichtig sind, dass eine kurze Diskussion dieser Typen für ein tieferes Verstehen des Phänomenbereichs (bzw. seiner weiteren Untergliederung) sinnvoll erscheint. Dies gilt beispielsweise für die Unterscheidung zwischen unzuverlässig berichtenden und unzuverlässig interpretierenden Erzählern (siehe auch Kapitel II.1.1).[265]

Insgesamt können uns heuristische Typologien zeigen, welche Eigenschaften Literaturwissenschaftler an unzuverlässigen Erzählern besonders interessant finden. So beziehen sich zum Beispiel überraschend viele Typologien auf Aspekte, die wir zur Evaluation der innerfiktionalen Gründe, aus denen ein Erzähler unzuverlässig ist, anführen können. Dies gilt beispielsweise für die beiden bereits genannten Typologien – und darüber hinaus für Riggans berühmte Typologie, im Rahmen derer er unzuverlässige Erzähler nach Persönlichkeitstypen unterscheidet („Picaros, Madmen, Naifs, and Clowns", Riggan 1981). Weitere Typologien zeigen andere Forschungsinteressen auf, beispielsweise die Wirkung auf den Leser – dies

---

[264] Generell gilt: Eine Subklassifikation des Phänomenbereichs unzuverlässigen Erzählens wird immer dann definitionsrelevant, wenn sich ein Theoretiker dazu entschließt, auf Basis dieser Unterscheidung den Unzuverlässigkeitsbegriff weiter einzuschränken. Dadurch ist es möglich, dass zunächst rein heuristische Typologien zu definitionsrelevanten werden.
[265] Heuristische Typologien spielen keine unmittelbare Rolle für meine Explikation unzuverlässigen Erzählens in Kapitel V, wohl aber – wie sich dort zeigen wird – eine mittelbare. Denn durch die Option, konkrete Fälle unzuverlässigen Erzählens genauer zu typisieren, können wir die Gefahr umgehen, dass Unzuverlässigkeitsanalysen ihre Distinktionskraft verlieren (siehe Kapitel V.3).

gilt für Phelans Unterscheidung zwischen bindender und entfremdender Unzuverlässigkeit. Solche Hinweise auf Interessenschwerpunkte sind auch deshalb interessant, weil (weit geteilte) Forschungsinteressen ein wichtiger Faktor für die spätere Evaluation unterschiedlicher Definitionsvorschläge für unzuverlässiges Erzählen sein können (siehe Kapitel V).

Im Folgenden werde ich deswegen die vier eben genannten heuristischen Typologien ein wenig ausführlicher vorstellen und diskutieren.

3.1 Intentionale vs. nicht-intentionale Unzuverlässigkeit

Die Unterscheidung zwischen intentionaler und nicht-intentionaler Unzuverlässigkeit wird in fast allen Unzuverlässigkeitsanalysen konkreter literarischer Texte herangezogen. Allerdings wird sie im Rahmen von Unzuverlässigkeitstheorien nur selten explizit als Typologievorschlag eingeführt – möglicherweise, weil sie als zu grundlegend und/oder als selbsterklärend wahrgenommen wird. Eine Ausnahme stellt die Typologie von Lahn und Meister dar. Diese erklären, dass Erzähler nicht immer absichtsvoll die Unwahrheit sagen müssen, sondern dass es ebenso sein kann, dass ein Erzähler die Wahrheit verdrängt oder vor sich selbst beschönigt und somit selbst an die unwahre Version glaubt, die er berichtet (vgl. Lahn und Meister 2013: 185).

Man sollte die Unterscheidung zwischen intentionaler und nicht-intentionaler Unzuverlässigkeit allerdings noch weiter fassen. Denn nicht-intentionale Unzuverlässigkeit kann noch durch andere Gründe als durch Verdrängung oder Formen der Selbsttäuschung zustande kommen, beispielsweise durch drogeninduzierte oder pathologische Wahrnehmungsstörungen des Erzählers. Es erscheint deswegen sinnvoll, die Beschreibung dieser Unterscheidung allgemeiner zu halten: Unzuverlässiges Erzählen ist genau dann intentional, wenn der Erzähler die adäquate Fassung kennt, diese aber absichtsvoll verschweigt, und genau dann nicht-intentional, wenn die erzählte Fassung inadäquat ist, ohne dass der Erzähler die richtige Variante kennt. In dieser allgemeineren Variante lässt sich die Unterscheidung beispielsweise auch in der Theorie Margolins finden (vgl. Margolin 2015: 53–54).[266]

---

[266] Yacobi schlägt eine Klassifikation unzuverlässiger Erzähler vor, die einige Nähe zu der intentional/nicht-intentional-Unterscheidung aufzuweisen scheint: Ihr zufolge sollte man Erzähler danach einteilen, ob sie bewusst einen Zuhörer adressieren oder nicht – Yacobi beschreibt dies mit dem Stichwort „*self-consciousness*" (Yacobi 1981: 123). Im ersten Fall sei es darüber hinaus sinnvoll, danach zu fragen, ob der Adressat des Erzählers identisch sei mit dem des impliziten Autors (vgl. Yacobi 1981: 123). Diese Fragen haben insofern etwas mit der Intentionalität des

Einige Unzuverlässigkeitstheoretiker integrieren nicht nur die binäre Unterscheidung zwischen intentionaler und nicht-intentionaler Unzuverlässigkeit als Heuristik in ihren Ansatz, sondern arbeiten stattdessen mit ‚Intentionalitäts*graden*' bzw. Zwischenformen. Ein Beispiel hierfür ist Heyds Ansatz, in dem sie die Typen *quiet deception*, *self-deception* und *unintentional unreliability* modelliert (vgl. Heyd 2006: 227–233). Pettersson unterscheidet analog zwischen *fallible*, *(self-)delusional* und *deceptive narrators* (vgl. Pettersson 2015: 109–115).[267]

An der Unterscheidung zwischen intentionaler und nicht-intentionaler Unzuverlässigkeit fallen nun einige Dinge auf. Erstens scheint sich diese Unterscheidung, wie ich bereits in Kapitel II.1.1 angemerkt habe, durch eine kombinierte Analyse von sprachlicher und kognitiver Unzuverlässigkeit fassen zu lassen: Ein Erzähler ist genau dann intentional sprachlich unzuverlässig, wenn er zu seiner inadäquaten Behauptung keine passende inadäquate Überzeugung hat. Andersherum ist ein Erzähler genau dann nicht-intentional sprachlich unzuverlässig, *wenn* er eine problematische Überzeugung hat, die zu seiner problematischen Äußerung passt.[268] Zum anderen wird deutlich, dass die Unterscheidung zwischen intentionaler und nicht-intentionaler Unzuverlässigkeit wohl nur sinnvoll

---

erzählerischen Fehlverhaltens zu tun, als nur solche Erzähler, die sich bewusst an einen Adressaten wenden, diesen auch absichtlich zu täuschen versuchen können. Außerdem haben beide Fragen Konsequenzen für die *Feststellung* der Unzuverlässigkeit durch den Leser. Denn zum einen können Erzähler, die sich der kommunikativen Situation, in der sie sich befinden, bewusst sind, Mechanismen der Verschleierung der eigenen Unzuverlässigkeit einsetzen, andere Erzähler dagegen nicht. Zum anderen sind diese Mechanismen adressatenorientiert, weswegen es dem Leser tendenziell leichter fällt, Unzuverlässigkeit zu diagnostizieren, wenn der Adressat des Erzählers nicht mit dem (auktorialen) Leser identisch ist (vgl. Yacobi 1981: 124). Ich komme auf dieses Phänomen in Kapitel IV.2 zurück.

[267] In manchen Unzuverlässigkeitstheorien klingt die Tendenz an, die Unterscheidung zwischen intentional und nicht-intentional unzuverlässigen Erzählern definitionsrelevant werden zu lassen – und dies teilweise mit gegenläufigen Tendenzen. So schreibt Booth beispielsweise, unzuverlässiges Erzählen sei „not ordinarily a matter of lying" (Booth 1961: 159) – und Zerweck findet sogar noch deutlichere Worte: „The unintentional self-incrimination of the personalized narrator is a necessary condition for unreliability" (Zerweck 2001: 156). Andersherum geht täuschende Unzuverlässigkeit oft mit einer Täuschungsabsicht des Erzählers – also mit intentionaler Unzuverlässigkeit – einher. Und wie in Kapitel II.4.1 deutlich geworden ist, halten einige Theoretiker eine (potenzielle) Täuschung des Lesers für eine notwendige Eigenschaft unzuverlässigen Erzählens. Aufgrund der verhältnismäßigen Randständigkeit dieser Auffassung habe ich mich jedoch dagegen entschieden, die Unterscheidung *intentional vs. nicht-intentional* in Kapitel II.4 zusammen mit den Unterscheidungen *täuschend vs. offen* und *aufgelöst vs. nicht-aufgelöst* zu diskutieren.
[268] Zwar sind hier Ausnahmen denkbar – diese sind aber hinreichend abwegig, um sie in die Theoriebildung einzubeziehen. Beispielsweise ist es möglich, dass ein Erzähler sich verspricht und dadurch etwas Falsches erzählt, obwohl er eine korrekte Überzeugung über den fraglichen

auf faktenbezogene Unzuverlässigkeit angewendet werden kann. Zwar ist es auch im Fall wertebezogener Unzuverlässigkeit theoretisch möglich, dass die geäußerten Werturteile und die tatsächlichen Meinungen eines Erzählers auseinanderfallen – es scheint allerdings sprachlich unpassend, ein derartiges Phänomen mithilfe der intentional/nicht-intentional-Unterscheidung zu fassen.[269] Schließlich lässt sich noch feststellen, dass diese Unterscheidung sowohl auf Fälle inkorrekter als auch auf Fälle unvollständiger Informationsvergabe angewandt werden kann: Ein Erzähler kann absichtsvoll oder unabsichtlich etwas Falsches erzählen – genauso können seinem Erzählbericht relevante Informationen entweder deswegen fehlen, weil er sie bewusst weglässt, oder deswegen, weil er selbst nicht über sie verfügt.[270]

3.2 Unzuverlässiges Berichten vs. unzuverlässiges Interpretieren

Die Unterscheidung zwischen unzuverlässigem Berichten und unzuverlässigem Interpretieren wurde von Phelan und Martin in die Unzuverlässigkeitsdebatte eingeführt. In den Kapiteln II.1.1 und II.1.2 hatte ich mehrere Lesarten dieser

---

Sachverhalt hat. In so einem Fall wäre die Unzuverlässigkeit wohl auch als nicht-intentional zu bezeichnen.

269 Dies hat wohl unter anderem mit dem strukturellen Unterschied zwischen faktenbezogener und wertebezogener Unzuverlässigkeit zu tun, dass Wertungen nicht im eigentlichen Sinne als korrekt oder inkorrekt verstanden werden. Stattdessen gilt hier immer eine Bezugsinstanz als Abgleichpunkt – und diese Bezugsinstanz liegt in Relation zum Erzähler auf einer übergeordneten ontologischen Ebene. Man könnte also sagen, der Erzähler ‚weiß nichts' von dieser Bezugsinstanz und ihrer Rolle als Abgleichpunkt für seine Wertungen. Der Erzähler kann also nicht ‚intentional' Wertungen äußern, die von denen der Bezugsinstanz abweichen. Ein weiterer Grund, warum die *intentional vs. nicht-intentional*-Unterscheidung hier nicht sinnvoll ist, ist wohl die Tatsache, dass diese Unterscheidung häufig mit der Frage in Verbindung gebracht wird, ob der Erzähler seinen Adressaten *täuschen* will oder nicht. Wie ich aber in Kapitel II.4.1 angemerkt habe, lässt sich das Konzept der Täuschung nicht sinnvoll auf wertebezogene Unzuverlässigkeit anwenden

270 Dabei gibt es im Fall unvollständiger Informationsvergabe noch eine interessante Unterscheidung, die es im Falle inkorrekter Behauptungen nicht gibt. Hier lassen sich nämlich sowohl Fälle sinnvoll als ‚unabsichtliches Auslassen relevanter Informationen' bezeichnen, in denen der Erzähler selbst nicht über die relevanten Informationen verfügt, als auch Fälle, in denen der Erzähler zwar informiert ist, sich der *Relevanz* dieser Informationen aber nicht bewusst ist. Letzteres kann zum Beispiel daran liegen, dass er nicht weiß, dass ein Auslassen dieser Informationen zur Täuschung des Adressaten bzw. des Lesers führen könnte. Der erste dieser Fälle ist aber wohl häufiger und meistens gemeint, wenn von unabsichtlichem *underreporting* gesprochen wird.

Unterscheidung vorgestellt, denen zufolge drei unterschiedliche Kriterien entscheidend sein könnten:
(1) unzuverlässiges Berichten ist intentional (d. h. geht nicht mit einer entsprechenden Überzeugung einher), unzuverlässiges Interpretieren ist nichtintentional;
(2) unzuverlässiges Berichten bezieht sich auf ‚äußere', direkt zugängliche Fakten, unzuverlässiges Interpretieren dagegen auf ‚innere' Fakten (beispielsweise Handlungsmotive oder kausale Zusammenhänge);
(3) unzuverlässiges Berichten bezieht sich auf Assertionen, denen keine Schlussfolgerungen vorausgegangen sind, unzuverlässiges Interpretieren dagegen auf Assertionen, denen Schlussfolgerungen vorausgegangen sind.

Diese drei Kriterien treten zwar häufig zusammen auf (– ‚innere' Fakten müssen von den meisten Erzählern inferiert werden, und solche Schlussfolgerungen führen zu einer Überzeugung auf Seiten des Erzählers), sie sind jedoch theoretisch unabhängig voneinander.[271] Von diesen drei Lesarten hatte ich bisher nur die erste im Rahmen definitionsrelevanter Unzuverlässigkeitstypen modelliert – sie lässt durch die kombinierte Analyse sprachlicher und kognitiver faktenbezogener Unzuverlässigkeit abbilden. Aber lassen sich die anderen beiden Lesarten möglicherweise als robuste *heuristische* Typen modellieren?

Kommen wir zunächst zur Lesart, dass unzuverlässiges Berichten ‚äußere' Fakten, unzuverlässiges Interpretieren dagegen ‚innere' Fakten betrifft. Hier scheint mir eine robuste Modellierung zwar möglich, sofern genauer angegeben wird, was im Einzelnen unter ‚inneren Fakten' zu verstehen ist. Der heuristische Nutzen einer solchen Unterscheidung erschließt sich mir allerdings nicht.

Anders sieht es dagegen mit der letzten Lesart aus. Es scheint mir potenziell sinnvoll zu sein, Erzähler danach zu unterscheiden, ob zusätzlich zu ihren Assertionen auch ihr Schlussfolgern problematisch ist. Allerdings ergeben sich hier mindestens zwei Probleme.

Das erste dieser Probleme besteht darin, dass die wenigsten Fälle unzuverlässigen Erzählens, die in der Praxis als ‚unzuverlässiges Berichten' eingeordnet werden, tatsächlich *direkt* wahrnehmbare äußere Fakten betreffen. Stattdessen setzen fast alle ‚Berichte' bereits Schlussfolgerungen voraus. Schauen wir uns zur Illustration einmal an, wie ein Bericht direkt wahrnehmbarer, äußerer Fakten aussehen müsste. Ein Beispiel wäre hier die Äußerung: „Ich habe diese und jene Form- und

---

[271] Beispielsweise müssen allwissende Erzähler ‚innere' Fakten nicht inferieren – und Erzähler können über innere Fakten lügen. Für eine ausführlichere Argumentation vgl. Jacke 2017.

Farbwahrnehmung". Eine solche kryptische Äußerung wird sich aber wohl in kaum einer fiktionalen Erzählung finden. Viel eher finden wir dort ‚Berichte', die einem Satz wie: „Dort steht ein Baum" entsprechen. Solch ein Satz enthält, streng genommen, aber bereits Schlussfolgerungen mindestens zweierlei Art: Zum einen werden die Sinneswahrnehmungen als ein bestimmtes Objekt interpretiert (in diesem Fall als ein Baum); zum anderen werden diese Sinneseindrücke als realitätsgetreu interpretiert (d. h. eine Halluzination als Ursache der Sinneseindrücke wird ausgeschlossen). Die eigentliche Unterscheidung, die auf Basis der *Berichten vs. Interpretieren*-Typisierung getroffen werden soll, ist also möglichweise eher die zwischen wenig anspruchsvollen und komplexen Schlussfolgerungen, die narratorialen Assertionen vorausgehen. Diese Unterscheidung müsste dann aber robust definiert werden.

Ein zweites Problem besteht darin, dass zur Beurteilung der narratorialen Schlussfolgerungen eigentlich ein anderes Adäquatheitskriterium herangezogen werden müsste als das der inadäquaten Abbildung der fiktiven Fakten. Stattdessen müsste es hier um Fragen der *Schlüssigkeit* der Ableitungen gehen. Dieses Kriterium robust zu modellieren, ist aber wiederum eine schwierige Aufgabe, wenn nicht nur deduktiv schlüssige, sondern auch induktiv oder abduktiv plausible Schlussfolgerungen des Erzählers ausreichend für dessen Zuverlässigkeit in dieser Hinsicht sein sollen (vgl. Jacke 2017). Sollte die Unzuverlässigkeit narratorialer Schlussfolgerungen tatsächlich allein an deren fehlender Schlüssigkeit festgemacht werden, dann würde sich hieraus ein weiterer definitionsrelevanter Typ unzuverlässigen Erzählens ergeben.

Als Fazit für die Unterscheidung zwischen unzuverlässigem Berichten und Interpretieren lässt sich also Folgendes festhalten: Wenn sich diese Unterscheidung auf die Kriterien *intentional vs. nicht-intentional* reduzieren lässt, dann ist sie redundant. Wenn sie den Unterschied zwischen inadäquaten Assertionen über äußere vs. innere Fakten abbilden soll, müsste ihr heuristischer Nutzen gerechtfertigt werden. Und wenn sie die Unterscheidung zwischen unzuverlässigen Äußerungen ohne bzw. mit vorangegagenen Schlussfolgerungen modellieren soll, dann müssten diese Abgrenzung und die Adäquatheitskriterien für diesen Unzuverlässigkeitstyp robuster definiert werden.

3.3 Picaros, Verrückte, Naive und Clowns

Eine der frühesten und bekanntesten Typologien (oder besser: Taxonomien) stammt von Riggan: Er unterscheidet unzuverlässige homo- bzw. autodiegetische Erzähler anhand bestimmter Persönlichkeitsmerkmale in Picaros, Verrückte, Naive und Clowns (vgl. Riggan 1981). Riggan liefert keine eigentlichen

Definitionen für die einzelnen Typen, sondern diskutiert diese vornehmlich anhand von Beispielen. Folgende allgemeinere Beschreibungen lassen sich aber aus seinen Diskussionen ableiten:

Bei *Picaros* handelt es sich um Kleinkriminelle, die durch ihren niedrigen sozialen Status in die Gaunerei getrieben werden (vgl. Riggan 1981: 40–41). In ihren Erzählungen tritt eine Diskrepanz zwischen Selbstdarstellung und der moralischen Sicht des Lesers bzw. des impliziten Autors zutage:

> [A] gap is opened between his own rather whimsical and entertaining account and his self-indulgent explanations and morality, on the one hand, and the perceptions of the more sensitive author and reader on the other. (Riggan 1981: 42–43)

Picaros erzählen häufig von früheren Missetaten, die sie teilweise zu rechtfertigen suchen, und beteuern, dass sie sich mittlerweile geändert hätten, obwohl ihre indirekt zum Ausdruck kommenden Ansichten andere Worte sprechen.

Bei *verrückten Erzählern* handelt es sich häufig um völlig isolierte Individuen, denen meist in zunehmendem Maße die Fähigkeit abgeht, Handlungen und Ereignisse angemessen zu bewerten und zu interpretieren. Dies führt zum einen zu moralischen Urteilen, die sich von denen des impliziten Autors unterscheiden, zum anderen zu halluzinatorisch verzerrten Darstellungen der fiktiven Welt:

> The madman's narrative is therefore extremely unreliable in rendering an accurate picture of the occurrences and actions which constitute his story and also in the valuative and evaluative interpretations which he places on those elements of his narrative. (Riggan 1981: 143)

Bei *naiven Erzählern* unterscheiden sich die Moralvorstellungen des Erzählers aufgrund mangelnder Erfahrung von denen des Lesers bzw. des impliziten Autors. Dabei kommt es allerdings nicht selten vor, dass der naive Erzähler zugleich Charaktereigenschaften besitzt, die vom Leser gutgeheißen werden:

> His critique [...] thus does not work to his discredit but rather the opposite, despite his frequent confusion and error as he attempts to describe and come to terms with a world still beyond his ken. (Riggan 1981: 170)

Clowns sind häufig Erzähler mit unterdurchschnittlichen geistigen Kapazitäten bzw. moralischer Urteilsfähigkeit. Zwar gilt für das von ihnen Geäußerte gewissermaßen ‚Narrenfreiheit' (d. h. es wird nicht unbedingt ernstgenommen, sondern bietet Anlass für Amüsement), dennoch distanziert sich der Leser von diesem Typ Erzähler: „[T]hese figures are, so to speak, expelled by the very laughter they produce" (Riggan 1981: 108).

An Riggans Typisierung fallen nun einige Dinge auf. Zum einen handelt es sich hier offenbar nicht um eine Typologie, sondern um eine Taxonomie. Denn die einzelnen Typen werden nicht durch die tendenziell freie Kombination von einzelnen, theoretisch oder heuristisch relevanten Kriterien gebildet, sondern gewissermaßen durch eine Auswertung der Empirie (vgl. Bailey 1994: 4–6). Die dadurch entstehenden Klassen beschreiben durch eine lose Menge häufig zusammen auftretender Eigenschaften bestimmte Persönlichkeitstypen – die Klassen lassen sich aber nicht durch die Angabe von notwendigen und hinreichenden Bedingungen definieren, also durch Eigenschaften, die jedem Erzähler zukommen, der zu einem bestimmten Typ gehört, und *nur* diesen Erzählern. Ebenso wenig erhebt Riggans Taxonomie Anspruch auf Vollständigkeit.

Eine weitere Auffälligkeit besteht darin, dass Riggans Taxonomie nicht unbedingt an allen Stellen der von ihm gelieferten Definition erzählerischer Unzuverlässigkeit zu entsprechen scheint. Diese lautet:

> The norms propounded and exemplified by the narrator through his words and actions are at variance with those norms held by the implied author of the work and expected by him to be comprehended and largely shared by readers of the work. (Riggan 1981: 5)

Die Diskrepanz zwischen Definition und einigen Beispielen zeigt sich dabei zum einen in der Tatsache, dass Riggan in seiner Definition ausschließlich von den *Normen* des Erzählers spricht. In einigen seiner Beispiele scheint aber das ‚Unzuverlässigkeitsmoment' allein darin zu bestehen, dass der Erzähler unglaubwürdige deskriptive Aussagen über die fiktive Welt macht (so im Falle offenbar ausgedachter Episoden aus der Vergangenheit des Erzählers in *Die Blechtrommel*) – der Zusammenhang mit den Normen des Erzählers erschließt sich hier nicht unbedingt.[272]

Zum anderen besteht die Diskrepanz zwischen Definition und Typenbeschreibungen darin, dass Riggans Definition nahelegt, die fraglichen Fehlfunktionen (problematische Wertäußerungen und moralisch fragwürdige Handlungen) müssten tatsächlich realisiert sein, um als Unzuverlässigkeit zu gelten, während seine Typenbeschreibungen viel eher darauf hindeuten, dass er einen Wahrscheinlichkeitsansatz unzuverlässigen Erzählens vertritt (siehe Kapitel II.6). Denn offenbar

---

[272] Ein ähnliches Problem hatten wir auch schon bei Booth feststellen können. Insgesamt entsteht der Eindruck, dass Riggan nicht hinreichend zwischen Fakten und Werten unterscheidet. Dies zeigt sich auch daran, dass Riggan – gewissermaßen mit seiner Definition in Diskrepanz stehend – erklärt, alle von ihm diskutierten Typen zeichneten sich durch bewusste (Clown, Picaro) oder unbewusste (Verrückter, Naiver) Verstellung und oft durch zusätzliche Verschleierung aus und sorgen damit für „[the reader's] confrontation with the slippery nature of *truth*" (Riggan 1981: 182, meine Hervorhebung).

werden hier bestimmte Persönlichkeitsmerkmale und Verhaltensweisen beschrieben, die die Wahrscheinlichkeit erhöhen, dass ein Erzähler die definitorisch relevanten Verhaltensweisen an den Tag legt. Damit dient die Typologie zugleich dem Zweck, innerfiktionale Gründe für die möglicherweise auftretenden unzuverlässigen Verhaltensweisen zu differenzieren.

Riggans Taxonomie könnte davon profitieren, wenn man genauer analysierte, welcher Persönlichkeitstyp zu welcher definitionsrelevanten Fehlfunktion neigt. Ansatzweise finden sich solche Überlegungen bereits in meinen Rekonstruktionen von Riggans Typendefinitionen oben.[273]

3.4 Bindende vs. entfremdende Unzuverlässigkeit

Eine letzte Typisierung, die ich hier etwas ausführlicher ansprechen möchte, orientiert sich im Gegensatz zu den bisher diskutierten nicht in erster Linie an den Gründen, aus denen ein Erzähler gewisse Fehlfunktionen an den Tag legt, sondern an der *Wirkung*, die die Unzuverlässigkeit auf den Leser hat.[274] James Phelan unterscheidet hier erst einmal grob zwischen entfremdender (*estranging*) und bindender (*bonding*) Unzuverlässigkeit. Im Falle entfremdender Unzuverlässigkeit führt die Diskrepanz zwischen den Äußerungen oder Haltungen des Erzählers und den Auffassungen des auktorialen Lesers dazu, dass der Leser eine Distanz zum Erzähler wahrnimmt bzw. sich ihm fremd fühlt. Im Gegensatz dazu hat bindende Unzuverlässigkeit den Effekt, dass der Leser sich dem Erzähler in irgendeiner Weise nahe fühlt, d. h. ihn verstehen kann oder Zuneigung für ihn hat (vgl. Phelan 2007: 225). Phelan widmet sich sodann einer genaueren Analyse des Konzepts der bindenden Unzuverlässigkeit und identifiziert

---

273 Neben den drei bisher diskutierten Typologien, gibt es noch weitere, die – direkt oder indirekt – der Analyse des innerfiktionalen Grunds dienen, der für die Unzuverlässigkeit verantwortlich ist. Hier ist zum einen Walls Vorschlag zu nennen, unzuverlässige Erzähler danach zu unterscheiden, inwieweit ihnen selbst ihre Unzuverlässigkeit bewusst ist. Obwohl sie bezweifelt, dass hier tatsächlich immer eine klare Trennung möglich ist (vgl. Wall 1994: 21), unterscheidet sie die folgenden Typen: (1) bewusst lügende Erzähler, deren Darstellung fiktiver Ereignisse falsch ist; (2) Erzähler, die moralisch blind sind; (3) emotional stark involvierte Erzähler, die sich selbst belügen – diese Erzähler neigen eher zu unzuverlässigen Meinungen; (4) ‚gewöhnliche' unzuverlässige Erzähler, deren Subjektivität bestimmt, was sie wie wahrnehmen (vgl. Wall 1994: 22).
274 In der Typologie von Phelan, die ich im Folgenden diskutiere, geht es nicht um den realen Leser, sondern um den vom (impliziten) Autor adressierten bzw. anvisierten Leser.
    Die Unterscheidung zwischen bindender und entfremdender Unzuverlässigkeit wird auch von Lahn und Meister aufgegriffen (vgl. Lahn und Meister 2013: 185).

Gründe, die für diesen Effekt verantwortlich sein können. Hieraus ergeben sich die folgenden sechs Typen:

Buchstäblich unzuverlässige, aber metaphorisch zuverlässige Erzähler („literally unreliable but metaphorically reliable", Phelan 2007: 226) kommen hauptsächlich im Zusammenhang mit faktenbezogenen Unzuverlässigkeitsvarianten vor. Obwohl sie de facto inadäquate Behauptungen über die fiktiven Fakten tätigen, gelingt es ihnen, hiermit metaphorisch bestimmte interessante Zusammenhänge oder ‚Wahrheiten' aufzudecken. Eine weitere Möglichkeit, die gefühlte Distanz zwischen Erzähler und Leser zu verringern, besteht in einem *spielerischen Vergleich zwischen Erzähler und Autor* („playful comparison between implied author and narrator", Phelan 2007: 228). Allerdings könne diese Strategie – je nachdem, wie sie genau eingesetzt ist – auch entfremdende Effekte haben. Drittens könne Unzuverlässigkeit dann bindend wirken, wenn die Deutungen des Erzählers im Rahmen sogenannter *naiver Verfremdung* („naïve defamiliarization", Phelan 2007: 229) zwar falsch sind, aber eine neue, interessante Perspektive eröffnen. Viertens könne ein Erzähler im Rahmen wertebezogener Unzuverlässigkeit durch *aufrichtige, aber fehlgeleitete Missbilligung seiner selbst* („sincere but misguided self-deprecation", Phelan 2007: 229) die Distanz zum Leser verringern. Die fünfte von Phelan genannte Möglichkeit, eine gefühlte Bindung des Lesers an den Erzähler zu bewirken, ist eine teilweise *Entwicklung des Erzählers in Richtung der relevanten Norm* („partial progress toward the norm", Phelan 2007: 230). Diese Form tritt meistens im Zusammenhang mit wertebezogenen Unzuverlässigkeitsvarianten auf, kann aber beispielsweise auch die Deutungen des Erzählers (also bestimmte faktenbezogene Fälle) betreffen. Der letzte Typ bindender Unzuverlässigkeit, den Phelan anführt, besteht in *optimistischen Vergleichen* („bonding through optimistic comparison", Phelan 2007: 232) – hier wird die Unzuverlässigkeit eines Erzählers mit der gravierenderen Unzuverlässigkeit eines anderen Erzählers kontrastiert und wirkt dadurch abgemildert.

Phelans Subklassifikation von bindender Unzuverlässigkeit scheint ebenso wie Riggans Unterscheidung unterschiedlicher Persönlichkeitstypen eher eine empirisch begründete Taxonomie zu sein, die keinen Anspruch auf Vollständigkeit erhebt und mit grob formulierten Merkmalsbündeln arbeitet. Obwohl an einem solchen Vorgehen nicht unbedingt etwas auszusetzen ist, erwecken die von Phelan unterschiedenen Typen bindender Unzuverlässigkeit manchmal den Eindruck, sehr genau auf *einzelne* Fälle zugeschnitten zu sein. Möglicherweise könnte es hilfreicher sein, bindende Unzuverlässigkeit mithilfe der Frage weiter zu klassifizieren, welcher allgemeine Mechanismus der distanzverringernden Wirkung zugrunde liegt. Beispielsweise scheint bei den Typen 1 und 3 das ausschlaggebende Merkmal zu sein, dass die Unzuverlässigkeit mit einer Art der Erfassung bestimmter Aspekte von Wahrheit einhergeht, die erst durch sie ermöglicht wird. Der Erzähler bietet also gewissermaßen einen *Ausgleich* für seine Versäumnisse. Bei den Typen 5 und 6 liegt das distanzverringernde Moment dagegen offenbar darin, die Unzuverlässigkeit des Erzählers in Relation zu setzen und zu zeigen, dass auch deutlich gravierendere Fälle denkbar sind. Bei Typ 4 ist der ausschlaggebende Faktor anscheinend einfach die Tatsache, dass der Leser durch die spezifische Variante der Unzuverlässigkeit – nämlich gewissermaßen aufrichtige Selbstzweifel – Sympathie für den Erzähler empfindet. Bei ‚Typ' 2 schließlich ist Phelans Beschreibung so sehr auf den diskutierten Beispielfall angepasst, dass offenbleibt, welches allgemeinere Merkmal für den bindenden Effekt verantwortlich ist.

Während Phelans Subklassifikation bindender Unzuverlässigkeit also an einigen Stellen möglicherweise von etwas mehr Systematik profitieren würde, fallen andere Aspekte in dieser Hinsicht positiv auf. Das gilt beispielsweise für Phelans Überlegungen darüber, auf welche Weise seine Klassifikationssysteme miteinander kombinierbar sind. So merkt er an, dass die Unterscheidung zwischen entfremdender und bindender Unzuverlässigkeit auf werte- wie auf faktenbezogene Unzuverlässigkeit und auf *mis-* sowie auf *under-*Varianten angewandt werden kann (vgl. Phelan 2007: 225–226). Für die einzelnen Typen bindender Unzuverlässigkeit führt er – wie aus meiner Darstellung hervorgeht – häufig zumindest an, ob vermehrt fakten- oder wertebezogene Unzuverlässigkeit betroffen ist.

3.5 Zusammenfassung

Die vier von mir exemplarisch diskutierten heuristischen Typologien zeichnen sich durch eine verhältnismäßige Klarheit des Kriteriums aus, anhand dessen der Phänomenbereich unzuverlässigen Erzählens weiter klassifiziert werden soll: Es geht oft um den innerfiktionalen Grund für die Unzuverlässigkeit, es geht um Persönlichkeitstypen unzuverlässiger Erzähler oder um die Wirkung auf den Leser. Diese verhältnismäßige Klarheit lässt sich nicht bei allen im Rahmen der Unzuverlässigkeitsdebatte vorgeschlagenen Typologien feststellen – teilweise bleiben die Kriterien weitgehend unthematisiert und gehen im Rahmen ein und derselben Typologie heillos durcheinander.[275] Dennoch ist zugleich

---

275 Dies gilt beispielsweise für die von Olson thematisierte Typologie. Ihr zufolge lasse sich schon bei Booth eine Unterscheidung zwischen *unreliable*, *untrustworthy*, *inconscient* und *fallible narrators* feststellen. Die Textstellen bei Booth, die sie zur Stützung dieser These anführt, zeigen allerdings meines Erachtens zweierlei: Zum einen stützen sie eher den Eindruck, dass Booth diese vier Begriffe lediglich tentativ verwendet, um mit allen dasselbe vage Phänomen unzuverlässigen Erzählens zu umschreiben (vgl. hierzu auch Shen 2013: Paragraph 13). Zum

deutlich geworden, dass einige der Typologien eine robustere Modellierung der einzelnen Typen benötigen würden, um heuristisch wirklich nützlich zu sein. Darüber hinaus bestimmt sich die heuristische Nützlichkeit in weiten Teilen über individuelle Forschungsinteressen. Auch in solchen Fällen sollte aber gezeigt werden, inwieweit die angebotene Typologie tatsächlich geeignet ist, die jeweils im Hintergrund stehenden Forschungsfragen zu beantworten. Eine genauere Diskussion des Kriteriums der heuristischen Nützlichkeit (und auch ein Vorschlag darüber, dieses Kriterium teilweise von individuellen Forschungsinteressen zu lösen), erfolgt in Kapitel V.

Im Rahmen der dieser Arbeit soll die bisher erfolgte, weitgehend allgemeine und oberflächliche Diskussion rein heuristischer Typologien genügen. Weitere Bedarfe an Typologien, die über die hier detaillierter diskutierten definitionsrelevanten Typen hinausgehen, könnten im Rahmen einer umfangreichen empirischen Anwendung meiner Unzuverlässigkeitstheorie auf größere Textkorpora identifiziert werden.

---

anderen zeigen die Zitate, dass sich, *wenn* wir aus Booths Formulierungen unterschiedliche Typen ableiten, hier unterschiedlichste Kriterien vermischen (Erzählerverhalten, Effekt, Grund und Feststellbarkeit):

I have called a narrator reliable when he speaks for or acts in accordance with the norms of the work (which is to say, the implied author's norms), unreliable when he does not.

If [the narrator] is discovered to be untrustworthy, then the total effect of the work he relays to us is transformed.

It is most often a matter of what James calls inconscience; the narrator is mistaken, or he believes himself to have qualities which the author denies him.

Sometimes it is almost impossible to infer whether or to what degree a narrator is fallible.

(Booth zitiert nach Olson 2003: 96).

Das ‚Kondensat', das Olson letztlich aus dieser wenig plausiblen Rekonstruktion von Booths Theorie zieht, ist allerdings potenziell nützlich: Ihr Vorschlag lautet, situativ bedingt unzuverlässige Erzähler als *fallible* zu bezeichnen, dispositionell bedingt unzuverlässige Erzähler dagegen als *untrustworthy* (vgl. Olson 2003: 102).

IV Prinzipien der Anwendung

Nachdem in den vorangegangenen Kapiteln ausführlich die Definitionsvorschläge für „unzuverlässiges Erzählen" und die weiteren Klassifikationsmöglichkeiten für Unzuverlässigkeitsfälle vorgestellt, verglichen und diskutiert worden sind, können wir uns nun einem dritten großen Bereich der Unzuverlässigkeitsdebatte zuwenden: den Prinzipien der *Anwendung* des Unzuverlässigkeitskonzepts. Hier soll es vor allem um zwei Dimensionen der Anwendung gehen: Kapitel IV.1 adressiert die Frage, auf welche Erzählertypen (oder weitere Instanzen) die Kategorie des unzuverlässigen Erzählens überhaupt *theoretisch* anwendbar ist. In Kapitel IV.2 geht es dagegen um die Frage, wie unzuverlässiges Erzählen in literarischen Texten festgestellt werden kann – und als wie *interpretativ* dementsprechend die Zuschreibung von Unzuverlässigkeitsphänomenen einzuordnen ist.

Für die Beantwortung beider Fragen haben die Kapitel II und III eine differenzierte Vorbereitung geleistet – denn weder die Frage nach dem Anwendungsbereich noch die nach den Methoden der Feststellung kann pauschal für unzuverlässiges Erzählen im Allgemeinen beantwortet werden. Stattdessen ist es notwendig, differenzierte Antworten zu geben, die bestimmte Unzuverlässigkeitstypen gesondert behandeln.

1 Anwendungsbereich: Wann ist Unzuverlässigkeit möglich?

Eine wichtige Debatte im Kontext unzuverlässigen Erzählens betrifft die Frage, unter welchen Bedingungen das Unzuverlässigkeitskonzept überhaupt potenziell anwendbar ist. Dies kann sich beispielsweise auf das Subjekt der Unzuverlässigkeit beziehen („Auf wen ist das Konzept potenziell anwendbar?") oder aber auf (historische) Kontexte („In Texten welchen Genres/welcher Epoche kann Unzuverlässigkeit auftreten?").[276]

Ich werde diese Fragen im Folgenden in vier Schritten untersuchen. Die ersten drei beziehen sich auf das Subjekt unzuverlässigen Erzählens. Hier wird im ersten Schritt die Frage beantwortet, ob es bestimmte Typen von Erzählern gibt, die *nicht* unzuverlässig sein können (Kapitel IV.1.1). Dazu werde ich zunächst vier Erzählertypen unterscheiden, die in der Debatte um den Anwendungsbereich unzuverlässigen Erzählens oft verwechselt oder vermischt werden:

---

[276] Teile dieses Abschnitts habe ich bereits an anderer Stelle diskutiert (vgl. Jacke 2018).

heterodiegetische, nicht-personale, allwissende und festlegende Erzähler.[277] Während in der narratologischen Forschung häufig angenommen wird, dass diese Eigenschaften (oder einige von ihnen) notwendigerweise gekoppelt vorkommen, werde ich zeigen, dass es kaum notwendige Verknüpfungen zwischen den Typen gibt. Im Anschluss daran lässt sich für jeden dieser Typen einzeln zeigen, in welchen Hinsichten er unzuverlässig sein kann. Dabei ist es besonders wichtig, die Frage, ob und warum Unzuverlässigkeit jeweils möglich ist, für jeden der in Kapitel II.1. unterschiedenen Unzuverlässigkeitstypen einzeln zu untersuchen.

Im zweiten Schritt widme ich mich kurz einem weiteren Erzählertyp, der von den vier oben genannten Typen unabhängig untersucht werden kann: intradiegetischen Erzählern (Kapitel IV.1.2). Mit dieser Untersuchung lässt sich zugleich die Beantwortung der Frage verknüpfen, ob bestimmte Erzählertypen *notwendigerweise* unzuverlässig sind.

Im dritten Schritt werde ich untersuchen, ob möglicherweise nicht nur Erzähler, sondern auch so genannte Reflektorfiguren unzuverlässig sein können – und wenn ja, inwiefern (Kapitel IV.1.3).

Der vierte und letzte Schritt ist schließlich historischen Faktoren gewidmet. Hier werde ich untersuchen, inwiefern die Erzähltraditionen des Realismus, der Moderne und der Postmoderne Auswirkungen auf den Anwendungsbereich des Unzuverlässigkeitskonzepts haben (Kapitel IV.1.4).

1.1 Heterodiegetische, nicht-personale, allwissende und festlegende Erzähler

1.1.1 Definitionen und Interrelationen

Viele Theorien unzuverlässigen Erzählens sind explizit nur für ganz bestimmte Erzählertypen konzipiert. So beschränken sich beispielsweise Phelan und Martin in ihrer Theorieentwicklung auf *homodiegetische* Erzähler – also auf Erzähler, die selbst als Figur Teil der erzählten Welt sind. Diese Entscheidung scheint bei Phelan und Martin allerdings nicht mit der Überzeugung einherzugehen, dass heterodiegetische Erzähler nicht unzuverlässig sein *können*. Stattdessen liegen die Gründe für die Schwerpunktsetzung eher darin, dass Unzuverlässigkeit besonders häufig im Zusammenhang mit homodiegetischen Erzählern auftritt und ihre genauere Untersuchung potenziell besonders interessant ist. Insgesamt scheint in der Unzuverlässigkeitsforschung ein Konsens darüber zu

---

[277] Im Zusammenhang mit nicht-personalen Erzählern werde ich auch kurz auf Theorien eingehen, die unzuverlässiges Erzählen ‚ohne Erzähler' modellieren.

bestehen, dass homodiegetische Erzähler[278] (ebenso wie personale, epistemisch beschränkte und repräsentierende Erzähler) *selbstverständlich* unzuverlässig sein können. Diese Annahme muss hier also nicht weiter diskutiert werden.

Manche Theoretiker argumentieren allerdings dezidiert, dass unzuverlässiges Erzählen im Zusammenhang mit bestimmten Erzählertypen *unmöglich* vorkommen kann. Wie in Kapitel IV.1.1.2 noch deutlich werden wird, werden im Rahmen dieser Argumentationen aber oft vier Erzählertypenpaare durcheinandergebracht. Diese Typenpaare sind *homodiegetisch vs. heterodiegetisch, personal vs. nicht-personal, beschränkt vs. allwissend* und *repräsentierend vs. festlegend*.

Bevor ich im Einzelnen auf die von den unterschiedlichen Theoretikern hervorgebrachten Argumentationen eingehe, möchte ich mich vorbereitend der theoretischen Untersuchung dieser Typenpaare widmen. Dafür werde ich zunächst Definitionen für die Typen entwickeln und untersuchen, welche notwendigen Zusammenhänge zwischen den einzelnen Typen bestehen. Dabei greife ich zwar auf bisherige Definitionsvorschläge der fraglichen Termini zurück, achte aber zugleich darauf, dass diese Ausdrücke – zwecks Analyseflexibilität und heuristischer Nützlichkeit – jeweils nur *einzelne* Erzählereigenschaften bezeichnen und nicht gleich ganze Merkmalsbündel. Die Definitionen werden am Ende dieses Unterkapitels in einer Überblickstabelle dargestellt. Beginnen wir mit dem Typenpaar *homodiegetisch vs. heterodiegetisch*.

1.1.1.1 Homodiegetisch vs. heterodiegetisch

Die Unterscheidung *homodiegetisch vs. heterodiegetisch* betrifft den ontologischen Status des Erzählers in Relation zu der Welt, von der die Erzählung handelt. Dabei ist ein Erzähler genau dann homodiegetisch, wenn er Teil der erzählten Welt ist, und genau dann heterodiegetisch, wenn er nicht Teil dieser Welt ist.[279] Homodiegetische Erzähler können weiter danach unterschieden werden, wie stark sie in das

---

[278] Dazu gehört auch die Sonderform des autodiegetischen Erzählers, bei der der Protagonist selbst der Erzähler ist.

[279] Diese Unterscheidung geht auf Gérard Genette zurück. Bei ihm finden sich jedoch zwei Definitionen bzw. Beschreibungen dieser Unterscheidung, die sich in relevanter Hinsicht unterscheiden. Während er zunächst schreibt, die Unterscheidung sei diejenige zwischen heterodiegetischen Erzählungen, „in denen der Erzähler in der *Geschichte*, die er erzählt, nicht vorkommt, abwesend ist", und homodiegetischen Erzählungen, „in denen der Erzähler als Figur in der *Geschichte*, die er erzählt, anwesend ist" (Genette 2010: 159, meine Hervorhebungen), schreibt er später, die Unterscheidung liege darin, ob der Erzähler Teil des *diegetischen Universums* sei (vgl. Genette 2010: 160. Vgl. zum Hinweis auf diese Vermischung auch Köppe und Kindt 2014: 96 und Lang 2014). Da mir letztere Unterscheidung nützlicher erscheint, übernehme ich sie hier.

Geschehen involviert sind, heterodiegetische dagegen nicht.[280] Die Klassifikation eines Erzählers als homodiegetisch oder heterodiegetisch ist immer relational zu einer bestimmten narrativen Ebene – wie genau dies zu verstehen ist, werde ich später noch erklären.

1.1.1.2 Personal vs. nicht-personal

Die Unterscheidung *personal vs. nicht-personal* betrifft die Ausgestaltetheit des Erzählers als Figur. Ein Erzähler, der als Individuum mit bestimmten Eigenschaften hervortritt, ist personal; dagegen ist ein Erzähler, der lediglich aufgrund der Tatsache angenommen werden muss, dass die Erzählung irgendeinem Äußerungssubjekt zugeschrieben werden muss, ist als nicht-personal zu bezeichnen.[281] In anderen Worten: Im Falle des personalen Erzählers sind wir dazu eingeladen, uns einen Erzähler *auszumalen*, im Falle des nicht-personalen Erzählers dagegen nicht.[282]

Dieser Definition zufolge gibt es keine Grade von Nicht-Personalität – nur ein Erzähler, für den außer der ‚Eigenschaft', eine Geschichte zu erzählen, keine weiteren Eigenschaften festgestellt werden können, wird als nicht-personal bezeichnet.[283] Personalität lässt dagegen Grade zu.

---

[280] So kann ein homodiegetischer Erzähler einer Unterscheidung Lansers zufolge entweder unbeteiligter Beobachter, beteiligter Beobachter, Nebenfigur, eine der Hauptfiguren oder *die* Hauptfigur in der erzählten Geschichte sein (vgl. Lanser 1981: 160). Es handelt sich bei dieser Subklassifikation homodiegetischer Erzähler nach meinem Verständnis allerdings nicht um ‚Grade von Homodiegese', sondern eben um Grade der Involviertheit.

[281] Die Unterscheidung geht u. a. zurück auf Ryan: „The zero degree of individuation – what I shall call in this paper impersonal narration – is reached when the narrator's discourse presupposes only one property: the ability to narrate a story" (Ryan 1981: 518). Meinem Verständnis nach wird das, was Ryan als *impersonal narrator* bezeichnet, von Chatman *covert narrator* (vgl. Chatman 1978) genannt: „In covert narration we hear a voice speaking of events, characters, and setting, but its owner remains hidden in the discursive shadows" (Chatman 1978: 187). Im Kern sollte es sich um dasselbe Konzept handeln – auch wenn Ryan, wie wir später noch sehen, unnötigerweise eine Reihe weiterer Eigenschaften an diese Bezeichnung koppelt.

[282] Einige Theoretiker schlagen vor, in vergleichbaren Fällen nicht von nicht-personalen Erzählern, sondern von *erzählerlosen Erzählungen* (oder: Erzählungen ohne fiktiven Erzähler) zu sprechen (vgl. Köppe und Stühring 2011, Köppe und Kindt 2014: 84–97). Ich bin allerdings der Ansicht, dass diese terminologische und theoretische Entscheidung keine Konsequenzen für die Frage nach dem Anwendungsbereich unzuverlässigen Erzählens hat: Was ich über nicht-personale Erzähler und Unzuverlässigkeit sage, kann mehr oder weniger direkt auf ‚erzählerlose Erzählungen' übertragen werden.

[283] Neben weiteren Problemen, die sich aus diesem Vorschlag ergeben und die ich später noch thematisiere, lässt sich hier schon einmal festhalten, dass es natürlich doch *bestimmte* weitere Eigenschaften gibt, die wir wohl auch nicht-personalen Erzählern zuschreiben müssen – mindestens nämlich solche Eigenschaften, die wir jedem möglichen Objekt zuschreiben müssen, wie beispielsweise die Eigenschaft, mit sich selbst identisch zu sein.

Eine interessante – und für die Analyse des Anwendungsbereichs unzuverlässigen Erzählens relevante – Frage ist nun, wodurch die Nicht-Personalität des Erzählers aufgehoben wird. Hierbei ist es für die spätere Untersuchung der Frage, ob bzw. inwiefern nicht-personale Erzähler unzuverlässig sein können, besonders interessant, ob beispielsweise Aussagen, die epistemische Einschränkungen des Erzählers nahelegen (z. B. „Das Haus war wohl leer"), oder Wertungsäußerungen (z. B. „eine schreckliche Handlung") hinreichend sind, um die Nicht-Personalität des Erzählers aufzuheben. Diese Frage ist nicht so leicht zu beantworten. Generell scheint es mir hier aber die überzeugendste Haltung zu sein, dass beide Fälle nicht *notwendigerweise* die Nicht-Personalität des Erzählers aufheben. So nennen Köppe und Stühring beispielsweise unmittelbar einleuchtende Fälle, in denen wie Vermutungen erscheinende Äußerungen als physikalische Wahrscheinlichkeitsstatements verstanden werden können und im Erzähltext enthaltene Wertungen Figuren zugeschrieben werden müssen, von deren mentalen Zuständen und Vorgängen der Erzähler berichtet (vgl. Köppe und Stühring 2011: 71; 78). Und selbst im Fall von subjektiven Wahrscheinlichkeitsstatements und Wertungen, die keiner Figur zugeschrieben werden können, seien wir nicht notwendigerweise dazu aufgefordert, uns einen Erzähler vorzustellen. Stattdessen können wir derartige Textstellen als Aufforderungen verstehen, uns beispielsweise ein Haus vorzustellen, das *wahrscheinlich* leer ist, oder eine Handlung, die *schrecklich* ist – aber nicht dazu, uns einen Erzähler auszumalen.[284]

Zwar mag es weiterhin im Einzelfall schwer zu entscheiden sein, ob beispielsweise eine im Erzähltext enthaltene Wertung genug Grund zu der Annahme liefert, dass wir eingeladen sind, uns einen Erzähler vorzustellen – dies spielt jedoch im vorliegenden Zusammenhang keine zentrale Rolle.[285]

Welche Verknüpfungen ergeben sich zwischen den Erzählertypenpaaren homodiegetisch/heterodiegetisch und personal/nicht-personal? In der narratologischen Forschung scheint häufig von der Kopplung homodiegetisch/personal und heterodiegetisch/nicht-personal ausgegangen zu werden. Legt

---

284 Köppes und Stührings Analysen basieren auf Waltons Fiktionalitätstheorie, der zufolge Äußerungen uns vorschreiben oder uns dazu einladen, uns bestimmte Dinge vorzustellen (vgl. Walton 1990).
285 Als Faustregel können wir aber wohl dennoch festhalten, dass wir erst dann mit Sicherheit dazu eingeladen sind, uns einen Erzähler vorzustellen, wenn der Erzähler sich selbst oder seine Handlungen explizit zum Gegenstand seiner Äußerungen macht, und dies in der Regel durch Benutzung des Personalpronomens „ich" (z. B. „Ich habe gestern einen Freund getroffen"). In diesem Fall haben wir einen personalen Erzähler – in anderen Fällen ist oft Interpretation erforderlich, um Thesen darüber formulieren zu können, ob ein personaler oder ein nicht-personaler Erzähler vorliegt, weil in der Regel unklar ist, ob mögliche Anzeichen für eine personale Erzählfigur nicht auch anders gedeutet werden können.

man allerdings die eben vorgeschlagene Konzeptualisierung der Eigenschaft der Nicht-Personalität zugrunde, trifft das nicht zu: Damit wir einen Erzähler gut begründet als homodiegetisch oder heterodiegetisch klassifizieren können, müssen wir genau genommen mindestens *eine* recht wichtige Eigenschaft desselben kennen, wodurch wir zugleich notwendigerweise dazu eingeladen sind, uns einen Erzähler vorzustellen. Wir müssen nämlich wissen, ob er Teil der erzählten Welt ist oder nicht. Über einen absolut nicht-personalen Erzähler können wir streng genommen also gar nicht sagen, ob er homodiegetisch oder heterodiegetisch ist.

In der narratologischen Praxis scheint es sich dagegen eingebürgert zu haben, einen Erzähler, über dessen ontologischen Status wir nichts wissen, als heterodiegetisch zu verstehen. Dies erscheint mir aber weder notwendig noch sinnvoll. Ich würde stattdessen vorschlagen, in solchen Fällen auf die Klassifikation als homo- oder heterodiegetisch zu verzichten und es bei der Einordnung als nicht-personal zu belassen.[286] Wir können also festhalten: Wenn wir wissen können, ob ein Erzähler homo- oder heterodiegetisch ist, dann ist er, streng genommen, nicht mehr nicht-personal.

Aber wie sieht es mit einer modifizierten These aus: Sollten wir von der Kopplung homodiegetisch/stark personal (d. h. wir wissen mehr über den Erzähler als lediglich seinen ontologischen Status) bzw. heterodiegetisch/wenig personal (d. h. wir wissen nicht mehr über den Erzähler als seinen ontologischen Status) ausgehen?

Auch dies scheint mir nicht der Fall zu sein. Schauen wir uns erst einmal den Fall homodiegetisch/wenig personal an. Dies scheint vollkommen unproblematisch zu sein. Es kann durchaus sein, dass wir von einem Erzähler nur dessen ontologischen Status kennen, ansonsten aber nichts wissen, das ihn als Figur hervortreten lässt. Ein Beispiel wäre hier möglicherweise der Erzähler in Gustave Flauberts *Madame Bovary*, der zunächst von der Schulzeit Charles

---

[286] Ryan scheint übrigens von einer Kopplung von Erzählertypen auszugehen, die mir noch viel unplausibler erscheint als die eben diskutierte. Sie ist offenbar der Ansicht, dass nicht-personale Erzähler immer *homodiegetisch* sind: „An impersonal narrator does indeed view himself as a member of the same world as the characters he tells about, since he narrates their story as true fact. He can therefore quote, attack, and comment upon the discourse uttered by any of the members of the fictional world" (Ryan 1981: 533). Dieser These scheinen mindestens zwei Annahmen zugrunde zu liegen: erstens die, dass nicht-personale Erzähler grundsätzlich Geschichten erzählen, die aus ihrer Perspektive wahr sind; und zweitens die Annahme, dass ein Erzähler nur dann, wenn er sich selbst als der erzählten Welt zugehörig versteht, die Äußerungen von Figuren zitieren, angreifen und kommentieren kann. Beide Annahmen halte ich für unplausibel und Ryan führt keine Argumente an, um sie zu stützen.

Bovarys in der ersten Person Plural („*nous*") berichtet, ohne dabei jedoch weitere Spezifika über seine Person preiszugeben (vgl. Flaubert 1958). Im späteren Verlauf des Romans ist allerdings keine Verwendung von Pronomina in der ersten Person mehr nachzuweisen.

Können wir aber vielleicht von einem umgekehrten Inklusionsverhältnis ausgehen? Ist möglicherweise jeder stark personale Erzähler homodiegetisch? Das hängt meines Erachtens von einigen bisher noch nicht ausreichend diskutierten theoretischen Fragen ab. Ein wichtiger Faktor, der für die Beantwortung dieser Frage beachtet werden muss, ist die Tatsache, dass die Eigenschaft eines Erzählers, homodiegetisch oder heterodiegetisch zu sein, immer dann eine *relationale Eigenschaft* ist, wenn in einem narrativen Text mehrere ontologisch verschiedene narrative Ebenen vorkommen.[287] So können wir uns beispielsweise leicht eine Erzählung vorstellen, in der der Erzähler in Relation zur Rahmenerzählung homodiegetisch, in Relation zur eingebetteten Erzählung dagegen heterodiegetisch ist. Eine solche Erzählung könnte folgendermaßen aussehen: „Ich sitze hier nun endlich an meinem Schreibtisch, um diese Geschichte aufzuschreiben, die ich mir ausgedacht habe. Dafür war ich eben noch unterwegs, um Papier und Tinte zu besorgen, nun kann es endlich losgehen. Also: In einer Höhle lebte einst ein Drache [usw.]".

Die zentrale Frage lautet nun: Generiert ein heterodiegetischer Erzähler dadurch, dass er Eigenschaften von sich preisgibt, die ihn zu einem personalen Erzähler machen, automatisch eine zusätzliche narrative Ebene (in diesem Falle: eine Rahmenerzählung), in Bezug auf welche er als homodiegetisch zu verstehen ist? Wenn wir diese Frage mit „ja" beantworten, dann würde dies bedeuten, dass es tatsächlich eine interessante notwendige Verknüpfung von Typen aus den Erzählertypenpaaren *homodiegetisch vs. heterodiegetisch* und *personal vs. nicht-personal* gibt: Dann würde nämlich gelten, dass jeder stark personale Erzähler auf mindestens *einer* narrativen Ebene homodiegetisch ist. Gleichzeitig würde das bedeuten, dass jeder heterodiegetische Erzähler, der stark personal ist, auf mindestens einer Ebene *auch* homodiegetisch ist.

Aber sollten wir tatsächlich davon ausgehen, dass ein heterodiegetischer Erzähler dadurch, dass er Eigenschaften von sich preisgibt, die ihn recht stark als Person hervortreten lassen, eine neue narrative Ebene (in Form einer Rahmenerzählung) kreiert, in Bezug auf welche er homodiegetisch ist? Mir erschiene dies in derart undifferenzierter Form nicht plausibel. Stattdessen halte

---

[287] Ryan zufolge wird eine neue narrative Ebene in einer Erzählung entweder durch eine illokutionäre Grenzüberschreitung (,neuer Sprecher') oder durch eine ontologische Grenzüberschreitung (,neue Welt') generiert (vgl. Ryan 1991: 175–177).

ich es für sinnvoller, erst dann davon zu sprechen, dass ein heterodiegetischer Erzähler eine neue narrative Ebene generiert, wenn er sich selbst oder seine Handlungen explizit zum Gegenstand seiner Äußerungen macht – noch nicht dagegen dann, wenn er beispielsweise Vermutungen oder Wertungen über die erzählte Welt äußert, die seiner subjektiven Wahrnehmung zugeschrieben werden müssen.[288] Wenn wir diese Annahme zugrunde legen, dann gibt es keine notwendigen Abhängigkeiten zwischen homodiegetischen und stark personalen Erzählern (entsprechend der obigen Definition).

1.1.1.3 Beschränkt vs. allwissend

Kommen wir nun zu einem dritten Erzählertypenpaar, das im Zusammenhang mit dem Anwendungsbereich erzählerischer Unzuverlässigkeit relevant ist.

Die Unterscheidung *beschränkt vs. allwissend* betrifft den Wissenshorizont des Erzählers: Ist ein Erzähler epistemisch beschränkt, so hat er nicht zu allen Fakten der fiktiven Welt Zugang; ist er dagegen allwissend, so kennt er alle diese Fakten.[289]

Die Frage, wie wir Allwissenheit diagnostizieren können, ist – wie schon bei Nicht-Personalität – nicht trivial. Denn alles zu wissen, bedeutet nicht zugleich, auch alles zu erzählen (vgl. Sternberg 1978: 282). Ab wann können wir also davon ausgehen, dass ein Erzähler tatsächlich allwissend ist? Es scheint hier nicht unbedingt eine sinnvolle Faustregel zu sein, einem Erzähler Allwissenheit zuzuschreiben, sobald er mehr Wissen an den Tag legt, als menschenmöglich wäre – denn es

---

[288] Dieser Vorschlag basiert auf der Intuition, dass ein Erzähler uns im engeren Sinne etwas über sich *erzählen* muss, damit er eine *narrative* Ebene generiert – und auf der Intuition, dass *Erzählen* und *implizit Mitteilen* unterschiedliche Dinge sind. Hier wären aber wohl eigentlich genauere Untersuchungen erforderlich.

[289] Diese Definition steht in Diskrepanz zur Verwendungsweise des englischsprachigen Ausdrucks ‚omniscient narrator', der offenbar nicht für eine rein epistemische Kategorie steht, sondern für ein ganzes Merkmalsbündel. So versteht Paul Dawson unter einem *omniscient narrator* beispielsweise einen „all-knowing, heterodiegetic narrator who addresses the reader directly, offers intrusive commentary on the events being narrated, provides access to the consciousness of a range of characters, and generally asserts a palpable presence within the fictional world" (Dawson 2009: 143) Das Konzept erinnert also in gewissen Aspekten an Stanzels Konzept des auktorialen Erzählers (vgl. Stanzel 1969: 38–59). Da mir dies allerdings in theoretischer Hinsicht nicht sinnvoll erscheint, werde ich hierauf nicht weiter eingehen. Auch die Tatsache, dass einige Theoretiker die Eigenschaft der Allwissenheit noch weiter aufspalten (z. B. in die Fähigkeit, figurale Gedanken zu lesen, sowie das Verfügen über Wissen, das weder orts- noch zeitgebunden ist, vgl. Nelles 2006), ist im vorliegenden Zusammenhang nicht relevant: Für die Debatte um den Anwendungsbereich unzuverlässigen Erzählens sind alle zu Allwissenheit beitragenden Faktoren in ihrer Gesamtheit interessant.

kann durchaus vorkommen, dass einem Erzähler nur einzelne epistemische Sonderkompetenzen zukommen, nicht aber Allwissenheit (vgl. Culler 2004: 24–26). Dies scheint beispielsweise für Serenus Zeitblom, den Erzähler aus Thomas Manns *Doktor Faustus* zu gelten (vgl. Mann 1980).

Auch hier gilt, dass die Frage, ob ein Erzähler epistemisch beschränkt oder allwissend ist, im Einzelfall und durch Interpretation entschieden werden muss. Für die Debatte darum, ob Allwissenheit (aus theoretischen Gründen) notwendig an erzählerische Zuverlässigkeit gekoppelt ist, sind Fragen der Feststellbarkeit von Allwissenheit allerdings nicht zentral.

Häufig scheint in der Forschung davon ausgegangen zu werden, dass epistemische Beschränktheit an Personalität und Homodiegese, Allwissenheit dagegen an Nicht-Personalität und Heterodiegese gekoppelt ist. So simpel sind die Zusammenhänge aber durchaus nicht. Schauen wir uns zunächst die Zusammenhänge zwischen den Typenpaaren *beschränkt vs. allwissend* und *personal vs. nicht-personal* an und fragen wir uns: Ist jeder personale Erzähler notwendig epistemisch beschränkt? Dies scheint mir nicht der Fall zu sein: Es ist gut vorstellbar, dass ein Erzähler, obwohl er eindeutig als Figur hervortritt, dennoch allwissend sein kann. Zwar handelt es sich dann nicht mehr unbedingt um eine *realistische* Erzählung (außer wir gehen von der Existenz allwissender Wesen in unserer realen Welt aus), aber dies hat für fiktionale Texte bekanntlich keine Relevanz. Es ist also nicht jeder personale Erzähler epistemisch beschränkt. Entsprechend ist auch nicht jeder allwissende Erzähler nicht-personal.

Etwas komplizierter verhält es sich dagegen mit der Frage, ob jeder epistemisch beschränkte Erzähler notwendig personal bzw. ob jeder nicht-personale Erzähler notwendig allwissend ist. Meines Erachtens stellt sich hier ein ähnliches Problem wie bei den Zusammenhängen zwischen Homo- vs. Heterodiegese und Personalität vs. Nicht-Personalität: In der Praxis wird oft davon ausgegangen, dass wir einen nicht-personalen Erzähler automatisch als allwissend verstehen sollten. Diese Kopplung erscheint mir aber nicht sinnvoll. Stattdessen sollten wir auch hier davon ausgehen, dass ein Erzähler, über dessen epistemische Eigenschaften wir gut begründete Thesen aufstellen können, im strengen Sinne nicht mehr nicht-personal ist, da wir eine relevante Eigenschaft von ihm kennen.[290] Davon abgesehen gilt aber auch hier: Es gibt keinen Grund

---

290 Sollte dies wenig sinnvoll erscheinen, dann müsste eventuell die Bestimmung des Konzepts der Nicht-Personalität gelockert werden – beispielsweise indem die Kenntnis bestimmter Eigenschaften des Erzählers noch nicht als Anlass dient, um seine Nicht-Personalität als aufgehoben zu verstehen. Im Folgenden werde ich es aber bei der strengen Definition von Nicht-Personalität belassen.

anzunehmen, dass die Eigenschaften stark personal/kognitiv beschränkt und schwach personal/allwissend notwendigerweise gekoppelt vorkommen.

Kommen wir nun zur Untersuchung der notwendigen Abhängigkeiten zwischen den Typenpaaren *epistemisch beschränkt vs. allwissend* und *homodiegetisch vs. heterodiegetisch* und fragen wir uns zunächst: Ist jeder homodiegetische Erzähler notwendigerweise epistemisch beschränkt? Dies scheint nicht der Fall zu sein. Auch hier gilt wieder: Eine Erzählung, in der der Erzähler zugleich Teil der erzählten Welt und allwissend ist, ist wohl keine realistische Geschichte, aber dennoch problemlos möglich. Also: Nicht jeder homodiegetische Erzähler ist epistemisch beschränkt und nicht jeder allwissende Erzähler ist heterodiegetisch.

Aber wie sieht es mit der anderen Kopplung aus? Ist jeder heterodiegetische Erzähler allwissend bzw. jeder epistemisch beschränkte Erzähler homodiegetisch? Meines Erachtens ist auch das nicht der Fall. Ich bin der Ansicht, dass ein Erzähler nicht allein deshalb, weil er heterodiegetisch – und die erzählte Geschichte deswegen von seinem Standpunkt betrachtet fiktiv – ist, notwendigerweise unbegrenztes Wissen über die fiktiven Fakten hat. Die Begründung dieser These erfordert aber eine weitere Unterscheidung: die zwischen heterodiegetischen und *festlegenden* Erzählern. Während meine Argumentation also warten muss, bis ich das vierte und letzte hier relevante Erzählertypenpaar vorgestellt habe, können wir hier schon einmal die (bisher noch nicht ausreichend begründete) These festhalten: Nicht jeder epistemisch beschränkte Erzähler ist homodiegetisch – und nicht jeder heterodiegetische Erzähler ist allwissend.[291]

1.1.1.4 Repräsentierend vs. festlegend

Die Unterscheidung *repräsentierend vs. festlegend* betrifft die Frage, ob *im Zuge des Erzählaktes* die erzählte Welt nur wiedergegeben oder ob sie dabei – gewissermaßen ‚*on the fly*' – erschaffen wird. Ein repräsentierender Erzähler ist dabei einer, der eine bereits ‚existierende' Geschichte – und damit die Fakten der Welt, in der die Geschichte spielt oder sich zuträgt – lediglich wiedergibt, während ein festlegender Erzähler die Fakten der erzählten Welt erst stipuliert, indem er sie erzählt.[292]

---

291 Busch ist hier allerdings anderer Meinung: „[Privilegien der ‚Allwissenheit'] kommen qua Konvention nur heterodiegetischen Erzählern zu [...]. Dagegen sind homodiegetische Erzähler in ihrer Erkenntnisfähigkeit an kognitive und physikalische Grenzen menschlicher Subjekte gebunden" (Busch 1998: 44). Eine Begründung für diese Position findet sich bei Busch allerdings nicht.
292 Diese Unterscheidung ist nicht zu verwechseln mit Waltons Unterscheidung zwischen *reporting* und *storytelling narrators*: „In some cases it is fictional that the narrator speaks or writes nonfictionally, but in others it is fictional that he creates a fiction" (Walton 1990: 368). Meines Erachtens vermischt Walton in dieser Unterscheidung zwei Fragen: die Frage, ob das

Welche notwendigen Zusammenhänge können wir nun zwischen dem Typenpaar *repräsentierend vs. festlegend* und den bisher kennen gelernten anderen Typenpaaren feststellen? Beginnen wir mit dem Paar *homodiegetisch vs. heterodiegetisch*, da wir die Ergebnisse dieser Analyse zur Begründung der These benötigen, mit der ich den vorangegangenen Abschnitt geschlossen habe. Hier können wir uns zunächst fragen: Ist jeder homodiegetische Erzähler repräsentierend? Zunächst einmal scheint es nahezuliegen, diese Frage zu bejahen. Schließlich zeichnet sich ein homodiegetischer Erzähler dadurch aus, dass er Teil der erzählten Welt ist – und es mag zunächst merkwürdig erscheinen, sich vorzustellen, dass er in Bezug auf dieselbe Erzählebene auch festlegend sein kann. Allerdings gibt es mindestens zwei Fälle, in denen ein homodiegetischer Erzähler zugleich auch festlegend sein kann: den Fall, dass ein Erzähler Geschichten über sich selbst erfindet (wie beispielsweise der Erzähler in Max Frischs *Mein Name sei Gantenbein*, vgl. Frisch 1976b), und manche Sorten metaleptischer Erzählungen.[293]

Erzählte aus Sicht des Erzählers fiktiv oder real ist (heterodiegetisch vs. homodiegetisch), und die Frage, ob der Erzähler sich das Erzählte ausgedacht hat oder nicht (meine Unterscheidung zwischen repräsentierenden und festlegenden Erzählern). Wichtig für ein Verständnis des Konzepts des repräsentierenden Erzählers ist also, dass dieser Typ zwei Unterfälle umfasst: den eines Erzählers, der aus seiner Perspektive *reale* Ereignisse nacherzählt, und den des Erzählers, der für ihn *fiktive* Ereignisse nacherzählt, die sich aber jemand anders als er selbst ausgedacht hat.

Die Redeweise, dass der festlegende Erzähler die Geschichte bzw. die fiktive Welt, von der er erzählt, selbst erschafft, ist zwar, wie Köppe und Stühring anmerken, nicht ganz exakt:

> The author does create the text of the fiction, thereby inviting us to imagine some fictional states of affairs (including, for instance, the presence or absence of a narrator). The fictional narrator, on the other hand, does not create anything (since he does not exist); obviously, however, we might be justified in imagining of the narrator that he creates virtually anything, given that the text at hand invites us to do so. (Köppe und Stühring 2011: 68)

Allerdings ist diese Redeweise zugleich so anschaulich (und das von Köppe und Stühring angesprochene Missverständnis meines Erachtens so wenig naheliegend), dass ich diese Bezeichnung weiterhin verwenden werde.

293 Beide Fälle benötigen eine genauere Erläuterung: (1) Im Falle eines Erzählers, der sich Geschichten über sich selbst ausdenkt, würden die meisten Narratologen wohl der Ansicht sein, dass diese Geschichten nicht im eigentlichen Sinne vom Erzähler selbst handeln, sondern vielmehr vom ‚Erzähler*', d. h. einer Art Stellvertreter. Dies ergibt sich daraus, dass die meisten Narratologen streng an der Überzeugung festhalten, dass Autoren nicht zugleich Erzähler in fiktionalen Texten sein können. Allerdings gibt es auch Theoretiker, die hier anderer Auffassung sind (vgl. z. B. Köppe 2001 und 2018 sowie Folde 2017). Diese Theoretiker wären aller Wahrscheinlichkeit nach ebenfalls der Ansicht, dass Erzähler, die sich Geschichte über sich

Wir können also festhalten: Nicht jeder homodiegetische Erzähler ist repräsentierend und nicht jeder festlegende Erzähler ist heterodiegetisch – auch wenn diese Kopplung wohl eindeutig den Standardfall darstellen mag.

Wie sieht es nun mit dem umgekehrten Fall aus, den ich für meine ausstehende Argumentation benötige: Ist jeder repräsentierende Erzähler homodiegetisch bzw. jeder heterodiegetische Erzähler festlegend? Das scheint mir nicht der Fall zu sein. Denn die Tatsache, dass die erzählte Geschichte aus Sicht eines heterodiegetischen Erzählers immer fiktiv ist, bedeutet nicht, dass dieser Erzähler die Geschichte (bzw. die fragliche fiktive Welt) auch notwendigerweise im Zuge seines Erzählaktes erschafft. So können wir uns beispielsweise vorstellen, dass ein heterodiegetischer Erzähler eine aus seiner Sicht fiktive Geschichte erzählt, die sich aber jemand anders ausgedacht hat als er.[294] Halten wir also fest: Nicht jeder repräsentierende Erzähler ist homodiegetisch und nicht jeder heterodiegetische Erzähler ist festlegend.

Kommen wir nun kurz zurück zu meiner obigen These, dass nicht jeder heterodiegetische Erzähler notwendigerweise allwissend sein muss. Erschien diese These vorher unplausibel, so kam dies wahrscheinlich durch die fehlende Unterscheidung zwischen heterodiegetischen und festlegenden Erzählern zustande: Während wir nämlich dazu verleitet sein mögen, einen Erzähler, der zeitgleich festlegend ist, als allwissend zu verstehen, zeigt uns die vorangegangene Analyse, dass nicht jeder heterodiegetische Erzähler festlegend ist. Der Fall eines heterodiegetischen Erzählers, der eine nicht selbst ausgedachte Geschichte erzählt, mag nun die Möglichkeit eines heterodiegetischen epistemisch beschränkten Erzählers plausibilisieren.

Schauen wir uns nun die eben bereits kurz angerissene Beziehung zwischen den Typenpaaren *repräsentierend vs. festlegend* und *beschränkt vs. allwissend* an. Hier können wir uns zunächst die Frage stellen, ob jeder repräsentierende Erzähler notwendigerweise epistemisch beschränkt ist. Die Antwort lautet: nein. Denn wir können uns beispielsweise gut vorstellen, dass ein Erzähler, der eine aus seiner

---

selbst ausdenken, zugleich homodiegetisch und festlegend in Bezug auf dieselbe Erzählebene sind. (2) Unter einer Metalepse wird „a deliberate transgression between the world of the telling and the world of the told" verstanden (Pier 2016). Nun können wir uns eine metaleptische Erzählung vorstellen, in der ein Erzähler sich selbst durch Erzählen erschafft – auch wenn dies in unserer realen Welt metaphysisch unmöglich ist. Dieser Fall ist vergleichbar mit dem Escher-Bild, in dem sich zwei Hände gegenseitig malen. Da sich die narrativen Ebenen hierbei vermischen, ließe sich auch in einem solchen Fall argumentieren, dass der Erzähler zugleich homodiegetisch und festlegend ist.

294 Ebenso ist es übrigens vorstellbar, dass ein Erzähler eine aus seiner Sicht fiktive Geschichte erzählt, die er aber nicht im Zuge des Erzählakts erschafft, sondern sich zu einem früheren Zeitpunkt ausgedacht hat.

Sicht reale Geschichte wiedergibt, allwissend ist. Auch hier handelt es sich dann wieder um eine nicht-realistische Geschichte, die aber im Rahmen einer fiktionalen Erzählung durchaus möglich ist. Es ist also nicht jeder repräsentierende Erzähler epistemisch beschränkt und dementsprechend auch nicht jeder allwissende Erzähler festlegend.

Wie verhält es sich im umgekehrten Fall: Ist jeder epistemisch beschränkte Erzähler repräsentierend bzw. jeder festlegende Erzähler allwissend? Es mag zunächst plausibel erscheinen, diese Frage zu bejahen. Schließlich scheint es naheliegend anzunehmen, dass ein Erzähler, der die erzählte Welt zugleich erschafft, auch alles über diese Welt weiß – liegt es doch in seiner Macht, fiktive Fakten ad hoc durch Erzählen zu erschaffen. Allerdings kann es offenbar Fälle geben, in denen ein festlegender Erzähler durch Erzählen Fakten schaffen kann, die er selbst gar nicht kennt. Stellen wir uns beispielsweise einen Erzähler vor, der erzählt, dass in der erzählten Welt alle mathematischen Wahrheiten gelten, die auch in unserer realen Welt gelten. Obwohl wir wohl eigentlich ein paar grundlegendere Überlegungen darüber anstellen müssten, auf welche Weise genau fiktive Fakten geschaffen werden,[295] können wir uns doch vorstellen, dass dieser Erzähler damit die fraglichen mathematischen Sätze auch tatsächlich in der fiktiven Welt wahr macht. Gleichzeitig ist aber plausibel, dass er selbst diese Wahrheiten gar nicht alle kennen muss – er ist also nicht allwissend. Halten wir also das folgende notwendige Abhängigkeitsverhältnis fest: Nicht jeder epistemisch beschränkte Erzähler ist repräsentierend und nicht jeder festlegende Erzähler ist allwissend.[296]

Schauen wir uns nun noch kurz das Verhältnis zwischen den Typenpaaren *repräsentierend/festlegend* und *personal/nicht-personal* an. Hier würde ich – wie nun schon vorher zweimal – argumentieren: Wenn wir wissen, ob ein Erzähler repräsentierend oder festlegend ist, dann ist er streng genommen nicht mehr nicht-personal, weil wir eine wichtige Eigenschaft von ihm kennen, die über die Eigenschaft, eine Geschichte zu erzählen, hinausgeht. Wir können im Falle eines nicht-personalen Erzählers also nicht wissen, ob dieser repräsentierend oder

---

[295] Insbesondere müssten wir uns hier eigentlich folgende Fragen stellen: Sollten wir davon ausgehen, dass fiktive Welten immer vollständig sind, also dass für jede Proposition gilt, dass sie in der fiktiven Welt einen Wahrheitswert hat – auch wenn wir diesen Wahrheitswert nicht immer und nicht für alle Propositionen kennen? Wenn dies der Fall ist: Ist es dann nicht vorstellbar, dass auch ein festlegender Erzähler zu einem bestimmten Zeitpunkt nicht über alle Fakten der fiktiven Welt Wissen hat? Wenn *dies* wiederum der Fall ist: Macht das einen Unterschied, wenn der Erzähler die Autorität hat, jedes fiktive Faktum ad hoc zu erschaffen?

[296] Viele Theoretiker scheinen dies anders zu sehen. Nur ein Beispiel hierfür ist Nelles, der schreibt: „[O]mnipotence is not strictly speaking an attribute of omniscience, but it logically entails omniscience: since the narrator has invented everything in this world, he must know everything there is to know about it" (Nelles 2006: 120).

festlegend ist – und wir sollten meines Erachtens in diesem Fall auch keine standardisierten Zuweisungen treffen.[297] Für die Annahme, dass die Eigenschaften stark personal/repräsentierend und schwach personal/festlegend notwendig gekoppelt sind, lassen sich dagegen auch hier keine guten Gründe feststellen.

Für eine bessere Übersicht sind die definierenden Eigenschaften der besprochenen Erzählertypenpaare in der folgenden Tabelle zusammengefasst (siehe Abb. 15, S. 233).

Bei einer übersichtlich aufbereiteten Darstellung der notwendigen Zusammenhänge zwischen den Erzählertypen ergibt sich folgendes Bild (siehe Abb. 16, S. 233[298]): Die einzigen notwendigen Zusammenhänge involvieren immer das *personal/nicht-personal*-Paar und haben offenbar etwas mit der engen Definition eines nicht-personalen Erzählers zu tun.

Insgesamt zeigt sich also sehr deutlich, dass wir für die vier Erzählertypenpaare einzeln untersuchen müssen, inwieweit unzuverlässiges Erzählen hier vorkommen kann. Außerdem ist es notwendig, immer genau zu prüfen, auf welchen dieser Erzählertypen sich bestimmte Argumente in der Anwendungsbereichsdebatte beziehen.

---

297 Es scheint allerdings sehr verbreitet zu sein, davon auszugehen, dass nicht-personale Erzähler festlegend sind. Diese Annahme ist beispielsweise bei Doležel festzustellen: „[E]ntities introduced in the discourse of the anonymous third-person narrator are *eo ipso* authenticated as fictional facts" (vgl. Doležel 1998: 149). Auch Ryan ist dieser Ansicht, wie sich an folgenden Stellen zeigt: „If an impersonal narrator stands behind a proposition, then this proposition is valid in the fictional world, no matter how outrageous it is to the reader" (Ryan 1981: 533); und:

> [T]he impersonal narrator enjoys absolute authority for the fictional world. This absolute authority does not derive from a literary convention [...], but from logical necessity. Everything the impersonal narrator says yields a fact for the fictional world, either directly or after the ironic transformation. (Ryan 1981: 543)

Für diese Gleichsetzung finden sich bei Ryan jedoch keine guten Argumente – und mir scheint es deutlich nützlicher, die Eigenschaften, nicht-personal bzw. festlegend zu sein, auseinanderzuhalten. Hinzu kommt, dass Ryans Annahme, nicht-personale Erzähler seien grundsätzlich festlegend, zusammen mit ihrer Annahme, nicht-personale Erzähler seien grundsätzlich homodiegetisch, sehr unplausibel ist: Die Kombination festlegend/homodiegetisch ist offenbar ein Sonderfall. Bei Ryan scheint diese Kombination allerdings notwendig mit nicht-personalem Erzählen gekoppelt zu sein.

298 Eine Zeile wie „¬ (homodiegetisch → beschränkt)/ ¬ (allwissend → heterodiegetisch)" liest sich folgendermaßen: Es ist nicht der Fall, dass ein Erzähler immer beschränkt ist, wenn er homodiegetisch ist – und es ist nicht der Fall, dass ein Erzähler immer heterodiegetisch ist, wenn er allwissend ist. Eine Zeile wie „gut begründete Kategorisierung als beschränkt oder allwissend → personal" liest sich folgendermaßen: Immer dann, wenn eine gut begründete Kategorisierung als beschränkt oder allwissend möglich ist, ist ein Erzähler personal.

1 Anwendungsbereich: Wann ist Unzuverlässigkeit möglich? — 233

Kriterium	Erzählertypen und Definitionen	
Ontologischer Status des Erzählers	**homodiegetisch** Erzähler ist Teil der erzählten Welt	**heterodiegetisch** Erzähler ist nicht Teil der erzählten Welt
Ausgestaltetheit des Erzählers als Figur/ Einladung, sich den Erzähler auszumalen	**personal** Wir kennen Eigenschaften des Erzählers / Wir sind eingeladen, uns den Erzähler auszumalen	**nicht-personal** Wir kennen keine Eigenschaften des Erzählers / Wir sind nicht eingeladen, uns den Erzähler auszumalen
Wissen des Erzählers	**beschränkt** Erzähler kennt nicht alle Fakten der fiktiven Welt	**allwissend** Erzähler kennt alle Fakten der fiktiven Welt
Wesen des Erzählakts in Bezug auf die fiktiven Fakten	**repräsentierend** Erzähler ‚reproduziert' die fiktiven Fakten	**festlegend** Erzähler ‚produziert' die fiktiven Fakten

Abb. 15: Unterscheidung der Erzählertypenpaare.

keine notwendigen Zusammenhänge	**home- vs. heterodiegetisch und beschränkt vs. allwissend** ¬ (homodiegetisch → beschränkt)/¬ (allwissend→heterodiegetisch) ¬ (beschränkt → homodiegetisch)/¬ (heterodiegetisch→allwissend)	
	homo-/heterodiegetisch und repräsentierend/festlegend ¬ (homodiegetisch → repräsentierend)/¬ (festlegend → heterodiegetisch) ¬ (repräsentierend → homodiegetisch)/¬ (heterodiegetisch → festlegend)	
	beschränkt/allwissend und repräsentierend/festlegend ¬ (repräsentierend → beschränkt)/ ¬ (allwissend → festlegend) ¬ (beschränkt → repräsentierend)/ ¬ (festlegend → allwissend)	
notwendige Zusammenhänge	**personal/nicht-personal und beschränkt/allwissend** gut begründete Kategorisierung als beschränkt oder allwissend personal nicht-personal → keine Kategorisierung möglich	
	personal/nicht-personal und homo-/heterodiegetisch gut begründete Kategorisierung als homodiegetisch/heterodiegetisch → personal nicht-personal → keine Kategorisierung möglich	
	personal/nicht-personal und repräsentierend/festlegend gut begründete Kategorisierung als repräsentierend/festlegend → personal nicht-personal → keine Kategorisierung möglich	

Abb. 16: Notwendige Zusammenhänge zwischen Erzählertypen.

1.1.2 Die vier Erzählertypen und Unzuverlässigkeit

Wir haben im vorangegangenen Abschnitt die Unterschiede und Zusammenhänge zwischen vier unterschiedlichen Erzählertypenpaaren kennen gelernt. Wie ich bereits deutlich gemacht habe, müssen wir die Fragen, ob heterodiegetische, nicht-personale, allwissende und festlegende Erzähler unzuverlässig sein können, für jeden der fünf in Kapitel II.1 vorgestellten Grundtypen unzuverlässigen Erzählens einzeln beantworten. Ich beginne mit der Untersuchung heterodiegetischer Erzähler, für die ich zeigen werde, dass alle Formen unzuverlässigen Erzählens bei ihnen vorkommen können, fahre dann fort mit festlegenden Erzählern, bei denen dies ebenfalls der Fall zu sein scheint. Danach folgen die Analysen allwissender Erzählen, die auf vier von fünf möglichen Weisen unzuverlässig sein können, und nicht-personaler Erzähler, die (wahrscheinlich) auf zwei von fünf möglichen Arten unzuverlässig sein können.

1.1.2.1 Heterodiegetische Erzähler

Im Falle heterodiegetischer Erzähler können wir es uns einfach machen: Alle Argumente, die in der Unzuverlässigkeitsforschung für die These, dass heterodiegetische Erzähler nicht unzuverlässig sein können, angebracht worden sind, beziehen sich auf Eigenschaften, die heterodiegetische Erzähler nicht notwendigerweise besitzen. Bis plausible Argumente vorgelegt werden, die sich auf notwendige Eigenschaften heterodiegetischer Erzähler beziehen, sollten wir also davon ausgehen, dass alle Typen unzuverlässigen Erzählens auch bei heterodiegetischen Erzählern vorkommen können.[299]

1.1.2.2 Festlegende Erzähler

Viele Argumente in der Debatte um den Anwendungsbereich unzuverlässigen Erzählens beziehen sich eigentlich auf festlegende Erzähler, werden aber

---

[299] Viele Theoretiker kommen hier übrigens zum selben Ergebnis, beispielsweise Currie (1995: 20 – Currie nennt heterodiegetische Erzähler allerdings fälschlicherweise „extradiegetisch"), Nünning (1998: 10), Yacobi (2001), Martens (2008), Lahn und Meister (2013: 184), V. Nünning (2015b: 91) und Zipfel (2011: 124–126). Die Hauptargumente in diesen Zusammenhängen sind jedoch meist nicht theoretischer Natur, sondern es werden stattdessen konkrete literarische Beispiele für unzuverlässige heterodiegetische Erzähler angeführt.

Lodge dagegen ist anderer Ansicht, führt aber kein Argument an: „Unreliable narrators are invariably invented characters who are part of the story they tell" (Lodge 1992: 154).

fälschlicherweise im Zusammenhang mit anderen Erzählertypen angeführt.[300] Schauen wir uns zunächst sprachliche faktenbezogene Unzuverlässigkeit an: Hier scheint es erst einmal plausibel anzunehmen, dass festlegende Erzähler nicht in dieser Weise unzuverlässig sein können. Schließlich generiert so ein Erzähler die Fakten erst, indem er sie erzählt, und macht sie dadurch wahr. Allerdings gibt es einen Sonderfall, in dem die Sache nicht so klar erscheint: den Fall, dass ein festlegender Erzähler sich selbst korrigiert. Marie-Laure Ryan diskutiert diesen Fall und möchte zeigen, dass auch in diesem Fall keine sprachliche faktenbezogene Unzuverlässigkeit möglich ist:

> Once upon a time there was a woman called Emily. One day she murdered her lover, and she hid his body for thirty years under her bed. The previous declarations are either a lie or an error. Emily married her lover, and they lived happily ever after. [...] Would the reader [...] dismiss the first declaration and construe the fictional world on the basis of the second? This rationalization would destroy the effect of the text. The second of the two contradictory worlds is no more THE fictional world than the first one. Rather, the world of such fictions is a self-destroying and self-recreating world – something closer to a Moebius strip than to a round planet. Since the first declaration is as constitutive of the fictional world as the second, it cannot be interpreted as a lie, even if the narrator explicitly says so. (Ryan 1981: 531–532)

Ryan referiert in ihrer Argumentation offenbar auf vermeintlich geteilte Intuitionen: Es würde der beispielhaft angeführten Erzählung nicht gerecht, wenn man davon ausginge, der Erzähler korrigiere sich selbst und ‚entscheide sich in Bezug auf die fiktiven Fakten um'. Nun teile aber zumindest ich diese Intuition nicht: Mir erscheint es vollkommen plausibel, davon auszugehen, dass festlegende Erzähler sich selbst korrigieren können – zumindest deutlich plausibler, als davon auszugehen, dass in solchen Fällen immer inkonsistente fiktive Welten erschaffen würden. Bevor also genauere und besser fundierte Thesen darüber erarbeitet werden, wann und auf welche Weise fiktive Fakten im Detail erschaffen werden (können),[301] scheint mir die Ryans Behauptung entgegengesetzte These mindestens genauso legitim: Festlegende Erzähler können (im Falle von Selbstkorrekturen) sprachlich unzuverlässig in Bezug auf Fakten sein.

---

300 Das gilt z. B. teilweise für Ryans Argumentation im Zusammenhang mit nicht-personalen und für Manfred Jahns Argumentation im Zusammenhang mit allwissenden Erzählern (vgl. Ryan 1981; Jahn 1998).
301 Einige relevante Fragen wären hier: Wenn Selbstkorrektur möglich ist, erschafft der Erzähler dann zunächst immer die erste Variante von Fakten und ‚vernichtet' diese im Rahmen der Selbstkorrektur wieder? Sollte dies der Fall sein, hätte er zu keinem Zeitpunkt etwas über die fiktive Welt erzählt, das *zum Äußerungszeitpunkt* falsch ist. (Spielt der Äußerungszeitpunkt eine Rolle bei der Beurteilung sprachlicher faktenbezogener Unzuverlässigkeit?) Oder gibt es die Möglichkeit, dass ein festlegender Erzähler etwas äußert, ohne dass er es damit wahr machen will bzw. wahr macht?

Wie sieht es mit kognitiver faktenbezogener Unzuverlässigkeit aus? Sollte meine oben gemachte Annahme, dass festlegende Erzähler nicht immer allwissend sein müssen, zutreffen, dann spricht offenbar nichts dagegen, dass ein festlegender Erzähler kognitiv unzuverlässig in Bezug auf die fiktiven Fakten sein kann. Allerdings müssten wir, um ein sicheres Urteil fällen zu können, wohl noch etwas mehr darüber wissen, auf welche Weise genau fiktive Fakten generiert werden.

Kommen wir nun zu den wertebezogenen Varianten unzuverlässigen Erzählens. Hier ist die Sache etwas komplizierter: Es muss nämlich beachtet werden, dass ich mich in Kapitel II.1 dafür entschieden habe, wertebezogene Unzuverlässigkeit nicht analog zu faktenbezogener Unzuverlässigkeit zu definieren (also *nicht* beispielsweise so: Die Wertäußerungen des Erzählers sind *in Bezug auf die fiktive Welt* falsch oder in relevanter Hinsicht unvollständig). Zur Erinnerung: Um zu wissen, ob eine solche analoge Definition überhaupt möglich wäre, müssten wir wissen, ob es moralische Fakten gibt und ob wertebezogene Äußerungen und Einstellungen einen Wahrheitswert haben. Dies sind ungeklärte metaethische Fragen. Meines Erachtens ist es deswegen sinnvoll, wertebezogene Unzuverlässigkeit – gewissermaßen als Vorsichtsmaßnahme – nicht analog zur faktenbezogenen Variante zu definieren, sondern – wie es in der Unzuverlässigkeitsforschung auch tatsächlich oft geschieht – unter Rekurs auf ein Referenz-Wertesystem, beispielsweise auf das des Autors oder Lesers. Ich werde im Folgenden also weiterhin von einer derartigen Definition ausgehen.

Wie wir allerdings sehen, erhalten wir im Falle festlegender Erzähler in beiden Fällen die gleichen Ergebnisse: Wenn Werturteile einen Wahrheitswert haben sollten und wir wertebezogene Unzuverlässigkeit analog zu faktenbezogener definieren würden, dann würden die gleichen Ergebnisse gelten wie im Falle faktenbezogener Unzuverlässigkeit: Festlegende Erzähler können sprachlich und kognitiv unzuverlässig in Bezug auf Werte sein. Wenn wir faktenbezogene Unzuverlässigkeit dagegen unter Rekurs auf ein Referenz-Wertesystem definieren, ist ein festlegender Erzähler, der unzuverlässig in Bezug auf Werte ist, ebenso vorstellbar. Denn selbst wenn ein Erzähler Werturteile durch seinen Willen oder durch Äußerungen in einer fiktiven Welt ‚wahr machen' könnte, wäre es nicht der entscheidende Faktor für wertebezogene Unzuverlässigkeit, ob die Wertungen des Erzählers in der fiktiven Welt wahr sind.[302]

---

[302] Ryan geht allerdings anscheinend davon aus, dass wertebezogene Unzuverlässigkeit tatsächlich analog zur faktenbezogenen Variante funktioniert:

> In personal narration, we may accept a narrator's report but reject his evaluation. When, for instance, the personal narrator of Ring Lardner's *Haircut* expresses admiration for a behavior many people would find distasteful, we assume that the author intends us to reconstrue the

Aktionale wertebezogene Unzuverlässigkeit ist im Falle festlegender Erzähler wieder problemlos möglich, da die Handlungen eines Erzählers von seiner Fähigkeit, Fakten zu schaffen, unabhängig sind. Ein mögliches Beispiel wäre ein Erzähler, der sich Geschichten über sich selbst ausdenkt und dabei zugleich von seinen ‚unmoralischen' Handlungen erzählt.

1.1.2.3 Allwissende Erzähler

Prüfen wir auch für allwissende Erzähler die fünf Typen unzuverlässigen Erzählens der Reihe nach: Es scheint mir keinen guten Grund zu geben, anzunehmen, dass allwissende Erzähler nicht sprachlich in Bezug auf die Fakten der erzählten Welt unzuverlässig sein können. Ungeachtet der Tatsache, ob ein Erzähler alles weiß oder nicht, kann er sich dafür entscheiden, seinem Adressaten etwas Falsches zu erzählen oder wichtige Informationen zu unterschlagen.[303]

Allerdings scheint ein allwissender Erzähler nicht kognitiv in Bezug auf Fakten unzuverlässig sein zu können: Er weiß alles über die fiktive Welt, deswegen kann es nicht passieren, dass er fehlerhafte Überzeugungen in Bezug auf dieselbe hat oder dass ihm wichtige Überzeugungen fehlen.

Die Frage, ob allwissende Erzähler sprachlich unzuverlässig in Bezug auf *Werte* sein können, ist wieder unabhängig von der Frage, wie genau wir wertebezogene Unzuverlässigkeit definieren: Selbst wenn Moralurteile einen Wahrheitswert hätten und wir deswegen wertebezogene Unzuverlässigkeit analog zu faktenbezogener definieren könnten, könnte uns ein allwissender Erzähler alles erzählen, was ihm beliebt. Er kann also problemlos sprachlich unzuverlässig in Bezug auf Werte sein.[304]

---

fictional world on the basis of the proposition: ‚Jim's behavior is distasteful, but the narrator finds it admirable'. But if the narrator of *Haircut* were impersonal, this interpretation would have to be ruled out. The reader would face instead these two possibilities: (1) the narrator does not believe what he says, he is ironical, and the author wants us to integrate a transformed proposition in the fictional world; or (2) the narrator is sincere, and the author wants us to reconstrue the fictional world on the basis of the proposition ‚Jim's behavior is admirable'. If an impersonal narrator stands behind a proposition, then this proposition is valid in the fictional world, no matter how outrageous it is to the reader.   (Ryan 1981: 533).

303 Lodge scheint diesbezüglich allerdings skeptisch zu sein und betont: „An unreliable ‚omniscient' narrator is almost a contradiction in terms, and could only occur in a very deviant, experimental text" (Lodge 1992: 154). Diese Haltung teilt auch Fludernik. Ihr zufolge können auktoriale (allwissende) Erzähler nicht faktenbezogen unzuverlässig sein, da sie als zuverlässig gehandelt werden (vgl. Fludernik 2005: 47).
304 Dieser Ansicht ist auch Fludernik. Sie schreibt: „[D]iskordante auktoriale Erzähler existieren" (Fludernik 2005: 52).

Kognitive wertebezogene Unzuverlässigkeit dagegen ist vom oben beschriebenen Problem betroffen: Wenn es ‚moralisches Wissen' gäbe und wir wertebezogene Unzuverlässigkeit unter Rekurs auf die fiktiven ‚moralischen Fakten' definieren würden, könnte ein allwissender Erzähler nicht kognitiv unzuverlässig in Bezug auf Werte sein. Wenn wir dagegen wertebezogene Unzuverlässigkeit unter Rekurs auf ein Referenz-Wertesystem definieren, wie es in der Unzuverlässigkeitsforschung gängig ist, kann er es: Seine moralischen Einstellungen sind von seinem Wissen unabhängig.

Im Falle aktionaler wertebezogener Unzuverlässigkeit können wir nun wieder ein eindeutigeres Urteil fällen: Allwissende Erzähler können problemlos aktional unzuverlässig in Bezug auf Werte sein. Selbst wenn es moralisches Wissen geben sollte, könnten allwissende Erzähler immer noch ‚wider besseres Wissen' handeln.[305]

1.1.2.4 Nicht-personale Erzähler

Kommen wir nun zum wohl problematischsten Fall: zum nicht-personalen Erzähler. Auch hier sollten wir uns zunächst sprachliche faktenbezogene Unzuverlässigkeit ansehen. Chatman und Ryan gehen davon aus, dass nicht-personale Erzähler nicht auf diese Weise unzuverlässig sein können, weil bei ihnen keine *Motive* für die Aufstellung einer falschen Behauptung erkennbar sein können:

> [D]oes it make any sense to call narrators ‚unreliable' who are without personality or, as I have called them, ‚covert'? (This class includes virtually all cinematic narrators and many heterodiegetic narrators of novels and short stories.) It is hard to think of any reason for doing so. Unreliability depends on some clearly discernible discrepancy between the narrator's account and the larger implied meaning of the narrative as a whole. But that discrepancy would seem to depend pretty much on personality: there has to be some *reason* for us to distrust the narrator's account, and the only possible reason would be something in his character. Where there is no character – and hence no motive for giving a questionable account of the story – how can we even recognize that the account is unreliable?
>
> (Chatman 1978: 137)

Analog schreibt Ryan: „For a fictional declaration to count as a lie, the narrator must provide some specific motivation for not telling the truth" (Ryan 1981: 532). Mir kommt diese Argumentation allerdings nicht plausibel vor: Ob ein Erzähler falsche Assertionen äußert, ist eine andere Frage als die, ob wir Motive dafür feststellen können. Ich bin der Ansicht, dass es auch andere Möglichkeiten gibt, falsche Aussagen zu erkennen – beispielsweise im Falle eines Erzählers, der sich in

---

[305] Das nicht weiter qualifizierte Urteil, dass allwissende Erzähler unzuverlässig sein können, lässt sich auch bei V. Nünning finden (vgl. V. Nünning 2015b: 91).

Widersprüche verstrickt, ohne zu plausibilisieren, dass diese Widersprüche in der fiktiven Welt auch tatsächlich wahr sind.[306]

Aber vielleicht gibt es andere Gründe, aus denen wir annehmen müssen, dass nicht-personale Erzähler nicht auf diese Weise (oder sogar auf *irgendeine* Weise) unzuverlässig sein können. Wie ich vorher schon angemerkt habe, erscheint die Definition nicht-personaler Erzähler recht eng. Eventuell verpflichtet uns diese Definition nun dazu, dass wir, sobald wir irgendeine Form von Unzuverlässigkeit diagnostizieren können, annehmen müssen, dass dieser Erzähler nicht mehr nicht-personal ist. Schließlich kennen wir dann jeweils eine wichtige Eigenschaft von ihm, z. B. dass er die Unwahrheit erzählt, bestimmte Wertvorstellungen hat oder Ähnliches. Träfe dies zu, so wären es offenbar nicht bestimmte Eigenschaften, die nicht-personalen Erzählern notwendigerweise zukommen, die die Unzuverlässigkeit solcher Erzähler verunmöglichen. Stattdessen wäre es gewissermaßen andersherum: Sobald wir Unzuverlässigkeit feststellen, müssen wir unsere Hypothese revidieren, dass wir es hier mit einem nicht-personalen Erzähler zu tun haben. Dies erschiene mir äußerst unbefriedigend.[307]

---

306 Möglich ist allerdings, dass beispielsweise Ryan einen Wahrscheinlichkeitsansatz unzuverlässigen Erzählens vertritt (bei Chatman ergäbe dies dagegen Kontraindikatoren, siehe Kapitel II.6). Unzuverlässiges Erzählen würde demzufolge vorliegen, wenn es (beispielsweise aufgrund der Persönlichkeit des Erzählers) wahrscheinlich ist, dass er eine der relevanten Fehlfunktionen an den Tag legt. Ich war in Kapitel II.6 davon ausgegangen, dass der Wahrscheinlichkeitsansatz unzuverlässigen Erzählens ausschließlich *weiter* ist als der Bestätigungsansatzes, also alle Fälle des letzteren inkludiert. Schließlich scheint es plausibel, zu sagen, dass ein Erzähler, der einmal eine Fehlfunktion an den Tag legt, dies mit einiger Wahrscheinlichkeit wieder tun wird. Wenn man den Wahrscheinlichkeitsansatz allerdings enger fasst und verlangt, dass Unzuverlässigkeit tatsächlich nur dann vorliegt, wenn die *Persönlichkeit* des Erzählers eine Fehlfunktion wahrscheinlich macht, dann besteht eine notwendige Konsequenz darin, dass nicht-personale Erzähler nicht unzuverlässig sein können.
307 Dieses Ergebnis wäre allerdings kompatibel mit den Positionen einiger Theoretiker. So schreibt beispielsweise Zerweck: „[T]he concept of unreliable narration ‚is inapplicable' if a narrative is transmitted in an impersonal mode – no matter how strange the fictional world appears" (Zerweck 2001: 156). Allerdings fehlen bei Zerweck Argumente für diese Position: Darüber hinaus treibt Zerwecks Position äußerst unplausible Blüten – denn er geht sogar so weit zu sagen, dass nicht-menschliche Erzähler (wie ein Holzwurm in Julian Barnes' *History of the World*) nicht unzuverlässig sein können, weil der Leser keine menschliche Persönlichkeit oder Psychologie auf diese projizieren könnte (vgl. Zerweck 2001: 156).

Cohn teilt zumindest die Ansicht, dass nicht-personale Erzähler nicht sprachlich faktenbezogen unzuverlässig sein können:

> [T]he fictional events presented in a novel of this [i. e., the non-personal,] type, unlike those presented by an embodied narrator in first-person novels, cannot be understood as falsified or distorted by the narrator, since the belief in their accuracy enables for the reader the existence of the imagined world. (Cohn 2000, 311).

Es gibt allerdings durchaus einige Theoretiker, die dafür plädieren, dass nicht-personale Erzähler in bestimmten Hinsichten unzuverlässig sein können.[308] Um diese Position verstehen zu können, müssen wir eine etwas veränderte Perspektive auf das Konzept des nicht-personalen Erzählers einnehmen. Wenn wir uns nämlich stärker auf die Charakterisierung stützen, dass wir im Fall nicht-personaler Erzähler *nicht dazu eingeladen sind, uns einen Erzähler auszumalen*, dann können wir möglicherweise argumentieren, dass die beiden sprachlichen Typen unzuverlässigen Erzählens tatsächlich auch im Fall nicht-personaler Erzähler auftreten können. Denn wir sind beispielsweise nicht *notwendigerweise* eingeladen, uns einen (lügenden oder verwirrten) Erzähler vorzustellen, sobald ein Erzähltext nicht-plausibilisierte widersprüchliche Angaben über die fiktive Welt enthält. Stattdessen kann es vorkommen,

---

308 So schreibt beispielsweise Cohn, dass auch Erzähler, die nicht als „embodied narrators" auftreten, diskordant (also sprachlich wertebezogen) unzuverlässig sein können (Cohn 2000: 311). Currie vertritt die Idee, dass nicht-personale Erzähler (bzw. Erzählungen ohne fiktiven Erzähler) faktenbezogen und wertebezogen unzuverlässig sein können (vgl. Currie 2005: 139). Auch Köppe und Kindt sind der Ansicht, dass Unzuverlässigkeit bei ‚erzählerlosen' Erzählungen vorkommen kann:

> The narration expressed by a literary work W is mimetically unreliable if, and only if, W authorizes imagining that the narrator does not provide completely accurate information, or W does not authorize imagining that there is a narrator; instead W seemingly, or prima facie, authorizes imagining states of affairs that are not completely accurate.
>
> (Köppe und Kindt 2011: 90)

Ähnlich schreibt Margolin: „[T]he (un)reliability of narrated and narration can be dealt with separately from and independently of the availability of an inscribed narrating instance" (Margolin 2015: 37). Und auch V. Nünning vertritt die Ansicht, dass nicht-personale Erzähler unzuverlässig sein können. In solchen Fällen sei es lediglich nicht sinnvoll, nach persönlichen Motiven für die Unzuverlässigkeit zu suchen – stattdessen könne man aber beispielsweise nach der Funktion fragen (vgl. V. Nünning 2015b: 91). Ohme konstatiert die Möglichkeit unzuverlässigen Erzählens bei nicht-personalen Erzählern zumindest für den Fall sprachlicher faktenbezogener Unzuverlässigkeit – den einzigen Fall, der er in sein Konzept der ‚semantischen Markierung' integriert (vgl. Ohme 2015: 131–132). Und Pettersson geht zumindest im Rahmen seines Unterkonzepts der *expositional unreliability* davon aus, dass diese auch ‚ohne Erzähler' auftreten könne. In diesem Fall komme die Unzuverlässigkeit nämlich „less due to the deluded narrators than to the organization of the exposition" zustande (Pettersson 2015: 116) – also durch die Einführung des Lesers in die erzählte Welt und ihre Prinzipien, die oft unpersönlich gestaltet sei (vgl. Pettersson 2015: 116). Dort können nach Pettersson strukturelle oder rhetorische Techniken so zur Manipulation des Lesers genutzt werden, dass bestimmte Schlussfolgerungen hinsichtlich der Figuren oder der Handlung nahegelegt werden, die sich später als nicht haltbar erweisen (vgl. Pettersson 2015: 116).

dass wir hier in einigen Fällen lediglich eingeladen sind, uns zunächst eine bestimmte Situation vorzustellen, später aber eine ganz andere Situation, die mit der ersten nicht kompatibel ist – ähnlich wie in Ryans Beispiel. Ebenso mag es – wie ich ja bereits oben argumentiert habe – in einigen Fällen, in denen ein Text Wertungsäußerungen enthält, nicht notwendigerweise so sein, dass wir dadurch eingeladen sind, uns einen Erzähler auszumalen. Stattdessen könnten wir manchmal lediglich dazu eingeladen sein, uns etwas Schreckliches, etwas Schönes oder Ähnliches vorzustellen. Wenn dies zutrifft, dann können beide sprachlichen Unzuverlässigkeitsvarianten theoretisch auch im Falle nicht-personaler Erzähler vorkommen – obwohl es wohl in den meisten Fällen stark interpretationsabhängig sein wird, ob wir dazu eingeladen sind, uns einen Erzähler auszumalen oder nicht.

Die kognitiven Unzuverlässigkeitstypen und die aktionale Variante dagegen sind durch ihre Definitionen an das Bewusstsein bzw. an die Handlungen eines Erzählers gekoppelt. Deswegen können diese Typen tatsächlich *nicht* im Zusammenhang mit nicht-personalen Erzählern vorkommen.

Die Ergebnisse meiner bisherigen Anwendungsbereichsanalyse sind in der folgenden Tabelle zusammengefasst (siehe Abb. 17) – die eingeklammerten Ergebnisse sind allerdings solche, die teilweise auf nicht vollkommen robusten theoretischen Annahmen beruhen.

	sprachliche faktenbezogene Unzuverlässigkeit	kognitive faktenbezogene Unzuverlässigkeit	sprachliche wertebezogene Unzuverlässigkeit	kognitive wertebezogene Unzuverlässigkeit	aktionale wertebezogene Unzuverlässigkeit
heterodiegetische Erzähler	✓	✓	✓	✓	✓
festlegende Erzähler	(✓)	(✓)	(✓)	(✓)	(✓)
allwissende Erzähler	✓	–	✓	(✓)	✓
nicht-personale Erzähler	(✓)	(–)	(✓)	(–)	(–)

Abb. 17: Mögliches Vorkommen unzuverlässigen Erzählens bei vier Erzählertypen.

Für die weiteren in Kapitel II besprochenen Typen unzuverlässigen Erzählens sind keine derart aufwändigen Analysen notwendig, um zu erkennen, dass sie im Zusammenhang mit heterodiegetischen, festlegenden, allwissenden und nicht-personalen Erzählern vorkommen können. Unabhängig vom Erzählertyp ist ‚inkorrektes' wie ‚unvollständiges' Erzählen möglich, ebenso wie alle ‚Bezugsinstanzentypen', offene wie täuschende[309] Unzuverlässigkeit, aufgelöste wie nicht-aufgelöste, alle Grade unzuverlässigen Erzählens und Bestätigungs- wie Wahrscheinlichkeitsfälle.[310]

Ein wenig diffiziler sind die Zusammenhänge zwischen den in Kapitel III.3 diskutierten heuristischen Typen und den vier Erzählertypen. Hier gilt beispielsweise, dass wir im Falle nicht-personaler Erzähler nicht entscheiden können, ob die Unzuverlässigkeit intentional oder nicht-intentional ist, da wir für diese Entscheidung die Gedanken des Erzählers kennen müssten. In Bezug auf die Unterscheidung zwischen unzuverlässigem Berichten und Interpretieren muss beachtet werden, dass allwissende Erzähler für die Wiedergabe ‚innerer Fakten' keine Schlussfolgerungen benötigen. Je nachdem, wie „unzuverlässiges Interpretieren" genau definiert wird, ist es also möglich, dass diese Variante bei allwissenden Erzählern nicht auftreten kann. Für Riggans Unterscheidung zwischen unterschiedlichen unzuverlässigen Erzählerpersönlichkeitstypen und für Phelans Typen ‚bindender' Unzuverlässigkeit gilt dagegen wieder, dass diese Unterscheidungen nicht auf nicht-personale Erzähler angewandt werden können, da hier jeweils die Persönlichkeit der Erzähler die ausschlaggebende Rolle spielt. Eine genauere Analyse der weiteren Abhängigkeitsverhältnisse soll hier aber nicht erfolgen.

1.2 Intradiegetische Erzähler

Intradiegetische Erzähler werden in der Debatte um den Anwendungsbereich unzuverlässigen Erzählens nur selten direkt diskutiert. Wie ich allerdings zeigen werde, gibt es möglicherweise bestimmte Typen unzuverlässigen Erzählens, deren Möglichkeit im Zusammenhang mit intradiegetischen Erzählern nicht trivial ist – insbesondere täuschende Unzuverlässigkeit. Darüber hinaus sind intradiegetische Erzähler aus zwei weiteren Gründen interessant im Zusammenhang mit erzählerischer Unzuverlässigkeit: Zum einen scheint es

---

[309] Auf den Fall der täuschenden Unzuverlässigkeit im Zusammenhang mit personalen bzw. epistemisch eingeschränkten Erzählern gehe ich in Kapitel IV.1.2 noch einmal ein.
[310] In Bezug auf Wahrscheinlichkeitsfälle gilt dieses Urteil aber nur, wenn man davon ausgeht, dass laut Wahrscheinlichkeitsansatz auch alle ‚bestätigten' Unzuverlässigkeitsfälle als unzuverlässiges Erzählen klassifiziert werden müssen. Sollte dies allerdings nicht der Fall sein (zum Beispiel weil man davon ausgeht, dass die *Persönlichkeit* des Erzählers eine Fehlfunktion wahrscheinlich machen muss), dann können nicht-personale Erzähler nicht unzuverlässig sein.

paradoxerweise ebenfalls Anlass zu geben, zu untersuchen, ob intradiegetische Erzähler (und ebenso ggf. homodiegetische, personale oder kognitiv beschränkte Erzähler) eventuell im Fall bestimmter definitorischer Entscheidungen *notwendigerweise* unzuverlässig sind. Zum anderen stellt sich bei intradiegetischen Erzählern die Frage, welcher intrafiktionalen Instanz die Verantwortung für die Unzuverlässigkeit zugeschrieben werden kann: dem extradiegetischen oder dem intradiegetischen Erzähler. Eine ähnliche Frage wird uns auch in Kapitel IV.1.3 im Zusammenhang mit Reflektorfiguren beschäftigen.

Bevor diese Fragen untersucht werden können, beginnen wir aber mit einer Definition des Erzählertypenpaars *intradiegetisch vs. extradiegetisch*.

Die Begriffe „intradiegetisch" und „extradiegetisch" gehen auf Genette zurück. Diese Unterscheidung wird immer dann relevant, wenn in einer Erzählung mehrere Erzählebenen (bzw. eingebettete Erzählungen) auftreten. In solchen Fällen wird der Erzähler der umfassenderen bzw. der Rahmenerzählung als „extradiegetischer Erzähler" bezeichnet, der eingebettete Erzähler dagegen als „intradiegetisch" (vgl. Genette 2010: 148). Eine neue narrative Ebene kann laut Ryan durch einen illokutionären Wechsel („neuer Sprecher") oder durch einen ontologischen Wechsel („neue Welt") zustande kommen.[311] Immer wenn die zusätzliche narrative Ebene durch das Auftreten eines neuen Sprechers generiert wird, dann gibt es also einen extra- und einen intradiegetischen Erzähler.

Die Redeweise, dass es sich bei einem intradiegetischen Erzähler um einen ‚neuen' Erzähler handeln muss, ist allerdings möglicherweise etwas irreführend. Ein Sonderfall des intradiegetischen Erzählers liegt nämlich auch dann vor, wenn der Erzähler einer homo- bzw. autodiegetischen Erzählung von einem Erzählakt berichtet, den er *als erzählte Figur* ausgeführt hat (vgl. Genette 2010: 148). In einem solchen Fall wird das erzählte Ich zum erzählenden Ich.

Wie sieht es nun mit der Frage aus, ob intradiegetische Erzähler unzuverlässig sein können? Im Grunde scheint es erst einmal sinnvoll anzunehmen, dass bei intradiegetischen Erzählern die gleichen Fehlfunktionen vorkommen können wie bei Erzählern erster Ordnung. Mindestens einen Ausnahmefall gibt es allerdings möglicherweise. Denn es mag fraglich erscheinen, ob bei intradiegetischen Erzählern

---

[311] Während in Genettes expliziten Charakterisierungen der Eindruck entsteht, dass er nur im Falle eines Sprecherwechsels von zusätzlichen narrativen Ebenen ausgeht, zeigen seine Beispiele, dass beispielsweise auch Träume (des Erzählers) neue narrative Ebenen generieren (vgl. Genette 2010: 149). Aus diesem Grund scheint es angemessen, davon auszugehen, dass letztlich auch für Genette eine illokutionäre oder eine ontologische Grenzüberschreitung für eine neue narrative Ebene sorgt.

täuschende Unzuverlässigkeit in gleicher Weise möglich ist wie bei Erzählern erster Ordnung. Denn man könnte argumentieren, dass es für das Vorkommen täuschender Unzuverlässigkeit notwendig ist, dass dem fraglichen Erzähler ein Vertrauensvorschuss zukommt. Nun scheint es bei intradiegetischen Erzählern fraglich, ob es zu so einem Vertrauensvorschuss kommen kann. Hierfür gibt es mindestens zwei Gründe: Zum einen sind intradiegetische Erzähler fast immer personal und als realistische, menschlich-fehlbare Figuren gezeichnet. So schreibt beispielsweise Rimmon-Kenan:

> Intradiegetic narrators, especially when they are also homodiegetic, are on the whole more fallible than extradiegetic ones, because they are also characters in the fictional world. As such, they are subject to limited knowledge, personal involvement, and problematic value-schemes, often giving rise to the possibility of unreliability.
> (Rimmon-Kenan 1983: 193)

Warum sollten Leser diesen Erzählern einen Vertrauensvorschuss entgegenbringen? Ist nicht von vornherein erwartbar, dass solche Figuren Fehler machen können? Diese Argumentation würde allerdings gleichermaßen auf *extradiegetische* personale bzw. kognitiv beschränkte Erzähler zutreffen – hierauf werde ich in Kürze noch genauer eingehen.

Es gibt aber noch einen weiteren Grund, anzunehmen, dass intradiegetischen Erzählern vielleicht in noch geringerem Maße ein Vertrauensvorschuss entgegengebracht werden kann als selbst personalen und epistemisch beschränkten extradiegetischen Erzählern. Denn ein extradiegetischer Erzähler ist nun einmal im Normalfall *die* primäre Informationsquelle über die fiktive Welt der Erzählung – und er ist zugleich auch die Instanz, die gegebenenfalls intradiegetischen Erzählern das Wort erteilt. Uns bleibt deswegen oft nichts anderes übrig, ihnen als Erzählern erster Ordnung einen Vertrauensvorschuss zu gewähren, den wir nicht in gleicher Weise eingebetteten Erzählern entgegenbringen. Auch dieses Faktum macht es schwieriger, durch die mögliche Fehlfunktion eines intradiegetischen Erzählers überrascht zu werden.

Allerdings handelt es sich hierbei meines Erachtens nicht um zwingende Zusammenhänge. Es ist, in anderen Worten, nicht *unmöglich*, dass intradiegetische Erzähler täuschend unzuverlässig sind. Im Einzelfall ist die Frage, ob ein Erzähltext zeitweilig falsche Überzeugungen über die Fakten der fiktiven Welt autorisiert, sicherlich Interpretationssache (mehr hierzu in Kapitel IV.2). Es scheint mir allerdings durchaus denkbar, dass es einem Erzähltext ‚gelingt', die Vertrauenswürdigkeit eines intradiegetischen Erzählers zunächst so stark nahezulegen, dass der Leser später tatsächlich überrascht ist festzustellen, dass der Erzähler doch die fraglichen Fehlfunktionen an den Tag gelegt hat. Dies kann beispielsweise dadurch erreicht werden, dass der Erzähler zunächst als Figur mit Eigenschaften charakterisiert wird, die gerade *keine* Disposition zu Unzuverlässigkeit nahelegen. Eine andere Möglichkeit besteht darin, der eingebetteten Erzählung so viel Raum zu geben und den intradiegetischen Erzähler so wenig Zeichen der Personalität und Subjektivität in seiner Erzähläußerung zeigen zu lassen, dass im Laufe der Lektüre buchstäblich in Vergessenheit gerät, dass es sich überhaupt um eine intradiegetische Erzählsituation handelt.[312]

Insgesamt muss die Diagnose meines Erachtens also lauten, dass intradiegetische Erzähler durchaus unzuverlässig sein können[313] – und dass sogar täuschende Unzuverlässigkeit in diesem Zusammenhang vorkommen kann.

Es bleiben nun noch zwei Fragen zu klären: die Frage, ob wir vielleicht sogar Grund haben anzunehmen, dass intradiegetische Erzähler notwendigerweise unzuverlässig sind, und die Frage nach den ‚Verantwortungsverhältnissen' im Zusammenhang mit der Unzuverlässigkeit intradiegetischer Erzähler. Beginnen wir mit der ersten.

Einige Theoretiker scheinen der Ansicht zu sein, dass homodiegetische, personale oder epistemisch beschränkte Erzähler notwendigerweise unzuverlässig sind. Ein Beispiel hierfür ist Franz K. Stanzel („Der Ich-Erzähler ist nämlich per definitionem ein ‚unreliable narrator', um die Terminologie Booths zu verwenden", Stanzel 2008: 122). Da intradiegetischen Erzählern diese Eigenschaften (d. h. homodiegetisch, personal und epistemisch beschränkt zu sein) oft in besonderem

---

312 Dies gilt meines Erachtens insbesondere für eingebettete Erzählebenen, die Ryans Terminologie zufolge durch ein *actual crossing* einer illokutionären oder ontologischen Grenze zustande kommen (vgl. Ryan 1991: 175–177). In diesen Fällen treten wir gewissermaßen wie durch eine Tür direkt in die neue Ebene ein, anstatt nur wie durch ein Fenster in sie hineinzusehen.

313 Auch Ryan stellt die Diagnose, dass intradiegetische Erzähler generell unzuverlässig sein können:

> [T]he only way for an author to suggest a lack of fit between the facts of the fictional world and the narrative discourse is by having the narrator's declarations corrected by another discourse arising from the same text. The correcting discourse must either belong to the same level of embedding as the faulty declarations, or to a higher level. The possibility of demonstrating a statement's lack of accuracy thus increases with its depth of embedding. (Ryan 1981: 530)

Während ich hier so weit zustimmen würde, dass es im Falle intradiegetischer Erzähler *einfacher* ist, deren Unzuverlässigkeit zu markieren, stimme ich nicht mit Ryans Grundannahme überein, dass Unzuverlässigkeit generell nur durch einen zweiten Diskurs im Erzähltext markiert werden kann. Auch V. Nünning spricht sich explizit dafür aus, intradiegetische Erzähler in Unzuverlässigkeitsanalysen zu integrieren (vgl. V. Nünning 2015b: 90).

Weitere Argumente *gegen* die Möglichkeit unzuverlässiger intradiegetischer Erzähler, die mir allerdings auch nicht plausibel erscheinen, werden im Zusammenhang mit Chatmans Argumentation gegen die Möglichkeit unzuverlässiger Reflektorfiguren diskutiert (siehe Kapitel IV.1.3).

Maße zukommen, könnte man – folgt man Stanzels Annahme – geneigt sein, auch anzunehmen, dass intradiegetische Erzähler notwendigerweise unzuverlässig sind.

Mir erscheint diese Annahme aber überhaupt nur dann potenziell überzeugend, wenn man von einem Wahrscheinlichkeitsansatz unzuverlässigen Erzählens ausgeht – wenn man also der Ansicht ist, dass ein Erzähler schon dann unzuverlässig ist, wenn ein Auftreten der relevanten Fehlfunktionen (beispielsweise aufgrund seiner Eigenschaften) wahrscheinlich ist (siehe Kapitel II.6). Auch diese Argumentation scheint mir aber nicht überzeugend zu sein. Denn zum einen sind intradiegetische Erzähler nicht notwendigerweise homodiegetisch oder epistemisch beschränkt (– minimal personal müssen sie aber wohl tatsächlich sein). Zum anderen erscheint es nicht sinnvoll, selbst personalen oder epistemisch beschränkten Erzählern notwendigerweise eine Disposition zu den fraglichen Fehlfunktionen zu unterstellen. Hierfür sind meines Erachtens normalmenschliche epistemische Einschränkungen oder ein unvollkommenes Erinnerungsvermögen nicht hinreichend. Wir müssen uns beispielsweise bewusstmachen, dass nicht jede Form unvollständigen Erzählens oder Wissens bereits unzuverlässiges Erzählen darstellt, sondern erst das Fehlen *relevanter* Informationen (siehe Kapitel II.2).[314] Und schließlich ist die gesamte Argumentation, wie gesagt, ohnehin an den Wahrscheinlichkeitsansatz unzuverlässigen Erzählens gekoppelt. Wenn man dagegen davon ausgeht, dass die Disposition zu den relevanten Fehlfunktionen nicht ausreicht, um das Unzuverlässigkeitskonzept anzuwenden, sondern die Fehlfunktionen tatsächlich realisiert sein müssen, dann ist es noch deutlich unplausibler, davon auszugehen, dass intradiegetische, homodiegetische, personale oder epistemisch beschränkte Erzähler notwendigerweise unzuverlässig sind.

Kommen wir nun zur letzten Frage im Zusammenhang mit intradiegetischen Erzählern – der Frage, wer (intrafiktional) für die Unzuverlässigkeit ‚verantwortlich zeichnet'. Hierfür sollten wir noch einmal auf die Definition intradiegetischer Erzähler zurückkommen. Diese, so hatten wir gesagt, treten auf, wenn erzählte

---

[314] Auch Köppe und Kindt argumentieren, dass homodiegetische Erzähler nicht notwendigerweise unzuverlässig sind (vgl. Köppe und Kindt 2014: 248–149). Wie allerdings deutlich wird, basiert ihre Argumentation auf der Annahme, dass Fehlfunktionen erst ab einem gewissen ‚Schweregrad' als Unzuverlässigkeit gelten sollen – eine Idee, die sich meines Erachtens nur schwer in regelgeleiteter Weise umsetzen lässt (siehe Kapitel II.5). Darüber hinaus lässt sich die Einschätzung, dass nicht alle homodiegetischen (bzw. personalen) Erzähler unzuverlässig sind, auch bei Nünning und Ohme finden (vgl. Nünning 1998: 10; Ohme 2015: 131) – allerdings ohne genauere Argumente.

Figuren selbst das Wort ergreifen und somit zu eingebetteten ‚neuen' Sprechern, ‚neuen' Erzählern werden. Allerdings liegt in diesen Fällen nicht im engeren Sinne ein Erzähler*wechsel* vor. Der extradiegetische Erzähler berichtet von den Äußerungen des intradiegetischen Erzählers. Dies scheint mir sogar im Falle zitierter Figurenrede zuzutreffen – auch wenn hier der Eindruck vermittelt wird, der extradiegetische Erzähler übergebe tatsächlich das Wort an den intradiegetischen Erzähler. Denn es besteht immer die Möglichkeit, dass der extradiegetische Erzähler einen intradiegetischen *falsch zitiert*. Diese Möglichkeit kann gerade im Zusammenhang mit (täuschender) Unzuverlässigkeit eingesetzt werden, da zitierte Rede den Eindruck vollkommener Authentizität bei der Wiedergabe von Figurenrede erweckt.

Wie können wir unter diesen Voraussetzungen die Verantwortlichkeitsverhältnisse beschreiben? Zunächst einmal scheint Folgendes naheliegend: Der extradiegetische Erzähler ist verantwortlich dafür, die Äußerungen des intradiegetischen Erzählers korrekt wiederzugeben. Tut er dies nicht, ist er unzuverlässig. Der intradiegetische Erzähler ist dagegen verantwortlich für den *Inhalt* seiner eigenen Äußerungen – wenn er etwas Falsches erzählt, wichtige Informationen auslässt oder problematische Werturteile äußert, dann ist er unzuverlässig.

Möglicherweise können wir aber zusätzlich davon sprechen, dass der extradiegetische Erzähler auch dann schon unzuverlässig ist, wenn er keine korrigierenden Angaben macht, die die Äußerungen des intradiegetischen Erzählers richtigstellen – er macht sich also womöglich einer unzuverlässigen Form unvollständigen Erzählens schuldig. Die weitere Diskussion dieses Problems möchte ich aber auf das folgende Kapitel IV.1.3 verschieben – dort wird es in noch umfangreicherer Form relevant.

1.3 Reflektorfiguren

Eine Frage, die in der Debatte um unzuverlässiges Erzählen immer wieder aufkommt, ist die Frage, ob und inwieweit nicht nur Erzähler, sondern auch Reflektorfiguren unzuverlässig sein können. Unter einer Reflektorfigur können wir eine Figur verstehen, die nicht selbst erzählt (d. h. keine Sprechakte vollzieht), an deren Perspektive (d. h. beispielsweise Wahrnehmung, Gedanken, Einstellung) der Erzähler aber seine Darstellung der fiktiven Welt orientiert (vgl. Stanzel 2008: 16).[315] Stanzel beschreibt diesen Fall, den er „personale Erzählsituation" (und Genette „interne Fokalisierung") nennt, auch als

---

[315] Für ein detailliertes Modell zur Analyse der Erzählperspektive vgl. Schmid (2008: 115–153).

„Spiegelung der dargestellten Wirklichkeit im Bewußtsein einer Romangestalt, die wir im Gegensatz zum Erzähler einen Reflektor nennen" (Stanzel 2008: 70).

Nun wird unzuverlässiges Erzählen, wie in Kapitel II deutlich geworden ist, gemeinhin unter Bezugnahme auf einen *Erzähler* definiert. Dennoch wird immer wieder die Frage diskutiert, ob und inwiefern auch Reflektorfiguren unzuverlässig sein können. Diese Frage scheint in der Tat naheliegend zu sein. So unterscheidet beispielsweise Booth in *The Rhetoric of Fiction* noch nicht zwischen Erzählern und Reflektoren: Beide Rollen bezeichnet er als „Erzähler" (bzw. „*narrator*") – und seine Beispiele für unzuverlässige Erzähler umfassen demzufolge auch ‚unzuverlässige' Reflektoren. Das spricht dafür, dass es im Falle von Reflektoren Phänomene gibt, die strukturgleich oder identisch mit den Phänomenen sind, die im Falle von Erzählern als unzuverlässig bezeichnet werden.

Tatsächlich kann, wie ich schon in Kap. 2.1 dargelegt habe, das Phänomen der kognitiven Unzuverlässigkeit (sowohl in der faktenbezogenen als auch in der wertebezogenen Variante) auch bei Reflektoren vorkommen, denn die fraglichen Phänomene beziehen sich nicht auf sprachliche Äußerungen, sondern auf kognitive Vorgänge.[316]

Allerdings gibt es auch viele Theoretiker, die der Ansicht sind, dass Reflektorfiguren ‚nicht unzuverlässig sein können'. Welchen Stellenwert diese Thesen jeweils hat bzw. was die fraglichen Theoretiker eigentlich genau damit ausdrücken wollen, wird allerdings nicht immer ganz klar. Um derartige Positionen besser zu verstehen, erscheint es mir sinnvoll, zwei prominente Argumentationen *gegen* die Möglichkeit unzuverlässiger Reflektorfiguren genauer zu analysieren: Stanzels und Chatmans.

Stanzel argumentiert, dass Reflektorfiguren nicht als unzuverlässig bezeichnet werden sollen, da ansonsten die strukturelle Wichtigkeit der Unterscheidung zwischen Erzählern und Reflektoren verdeckt und die Brauchbarkeit des Unzuverlässigkeitsbegriffs reduziert werde (vgl. Stanzel 2008: 202). Außerdem sei Unzuverlässigkeit in Bezug auf Reflektoren irrelevant und deshalb keine heuristisch nützliche Analysekategorie. Angemessene Kategorien für Reflektoren seien: scharfe vs. schwache Wahrnehmungsgabe oder zur Cerebralisierung ihrer Erlebnisse neigende vs. geistig wenig rege/stumpfsinnige Reflektoren (vgl. Stanzel 2008: 203). Argumente für diese Einschätzung führt Stanzel jedoch nicht an.

---

[316] Das Konzept der *aktionalen* Unzuverlässigkeit hat sogar noch einen weiteren potenziellen Anwendungsbereich als kognitive Unzuverlässigkeit. Denn während letztere über Erzähler hinaus auch auf Reflektoren angewandt werden kann, kann ersteres auch zur Beschreibung von Figuren verwendet werden, über deren kognitiven Vorgänge wir keine Informationen haben. Hier ist bereits eine externe Fokalisierung auf diese Figuren hinreichend, um feststellen zu können, dass sie gegen bestimmte Werte verstoßen.

Eine naheliegende Vermutung scheint mir allerdings zu sein, dass es Stanzel aus terminologischen Gründen nicht plausibel erscheint, Reflektoren als unzuverlässig zu bezeichnen, weil dies womöglich ‚Schuldfähigkeit' impliziere, die bei Reflektoren nicht gegeben sei. Diese Option werde ich gleich im Zusammenhang mit Chatmans Argumentation noch genauer untersuchen.[317]

Auch Chatman ist der Ansicht, dass Reflektoren nicht unzuverlässig sein können. Sein Argument basiert dabei vor allem auf sprachlichen Intuitionen, und er schlägt vor, für Erzähler den Terminus „*unreliable*" (also „unzuverlässig") zu nutzen, für Reflektoren dagegen „*fallible*" („fallibel"/„fehlbar"):

> We must distinguish between two kinds of ‚untrustworthiness.' In the first, the *narrator's* account of the events (including what any character says or thinks) seems at odds with what the text implies to be the facts. That is what is generally meant by ‚unreliable narration.' In the second, a *character's* perceptions and conceptions of the story events, the traits of other characters, and so on, seem at odds with what the narrator is telling or showing. I propose that we call the latter effect *fallible filtration*. [...] The term ‚unreliable' seems suitable only where the narration itself is problematic, since the word presupposes that there somewhere exists a ‚reliable' account.　　　　　　　　　　　　　　　　　(Chatman 1990: 149)

Wie aus dem angeführten Zitat deutlich wird, führt Chatman schlicht unterschiedliche Definitionen für *unreliable narration* und *fallible filtration* an: Das erste Phänomen betrifft den Erzählerbericht, das zweite die Wahrnehmung und Gedanken von Figuren.[318] Der Grund, den Chatman an dieser Stelle für seine Entscheidung

---

317 Jahn scheint in Anlehnung an Stanzels Argumentation der Ansicht zu sein, dass Reflektorfiguren keine Erzähler sind und deshalb auch keine *unzuverlässigen* Erzähler sein können. Es gebe aber auch innere Monologe, die erzählerorientierte Merkmale aufweisen, beispielsweise im Fall von *simultaneous narration* – hier treten Reflektor und Erzähler als Personalunion auf. In solchen Sonderfällen könnten auch Reflektorfiguren unzuverlässig sein (vgl. Jahn 1998: 94–95). Ähnlich wie Jahn nimmt auch Fludernik an, dass Reflektorfiguren nur in ganz spezifischen Fällen unzuverlässig sein können (vgl. Fludernik 2005: 53–55). Als Grund für dieses eingeschränkte Urteil scheint sie ihre Auffassung zu verstehen, dass ein ‚Aha-Erlebnis' notwendig für unzuverlässiges Erzählen sei – aber dies erklärt ihr zögerliches Urteil bezüglich der möglichen Unzuverlässigkeit von Reflektorfiguren nur teilweise.
318 Ohme übernimmt Chatmans Argumentation, dass man Erzähler- und Reflektormodus auseinanderhalten müsse (vgl. Ohme 2015: 126–128). Eine ähnliche Stoßrichtung lässt sich auch bei Lahn und Meister feststellen: Reflektoren fallen ihres Erachtens nicht unter das Konzept des unzuverlässigen *Erzählens*, da Reflektorfiguren nicht erzählen, sondern wahrnehmen. Ein Ausnahmefall sei die erlebte Rede. Hier enthalten sich Lahn und Meister eines definitiven Urteils:

> Unzuverlässig wären dann aber auch in diesem Fall nicht die Darstellungen, sondern die Auffassungen und Bewertungen der Figur. Ob diese Konstellation zu den Phänomenen der

anführt, scheint mir allerdings nicht nachvollziehbar. Schließlich können auch die Auffassungen von Reflektoren gegen die Fakten der erzählten Welt (die beispielsweise im Erzähltext impliziert sein können) abgeglichen werden.[319] Während mir eine begriffliche Trennung der beiden Fälle durchaus gerechtfertigt erscheint (schließlich sind einmal Äußerungen und einmal Auffassungen betroffen), erschließt sich mir nicht, warum nicht beide Varianten als Fälle von Unzuverlässigkeit verstanden werden können. Die Differenzierung in sprachliche und kognitive Unzuverlässigkeit, die ich in Kapitel II.1 vornehme, scheint mir hier ausreichend zu sein.

Zusätzlich führt Chatman aber noch einen zweiten Grund für die terminologische Unterscheidung an: ‚Unzuverlässigen' Reflektoren komme in unterschiedlichen Hinsichten keine *Schuld* an ihrem ‚Fehlverhalten' zu, weshalb es nicht angebracht erscheine, sie als „unzuverlässig" zu bezeichnen.

> The effect of a character's misguided thoughts needs another name than ‚unreliability' for the same reason that narration and filtration themselves should be distinguished and not blurred under a single rubric like ‚point of view' or ‚focalization.' ‚Fallible' seems a good term for a filter character's inaccurate, misled, or self-serving perception of events, situations, and other characters, for it attributes less culpability to the characters than does ‚unreliable.' After all, the character has not *asked* that her mind be entered or her conversation overheard by a narrator and reported to a narratee. She communicates only intradiegetically, with other characters in the story. She is normally not aware of *being* in a story monitored by a discourse. As long as she is a character in and not the narrator of the main story or a story-within-a-story, she does not purport to be giving an account of that story. She cannot misrepresent it, because she is not attempting to represent it; rather, she is *living* it. So she can hardly be responsible to the narrative in the way that a narrator is. She may be lying or acting unreliably in other ways, with diegetic consequences to herself and other characters; within her own mind she may be fooling herself; but as a character she has no direct access to the discourse, to the transmission of the story, and therefore cannot be accused of unreliable narration. The milder characterization ‚fallible' – ‚liable to mistake or error' – seems preferable to the stronger term ‚unreliable,' since it does not connote a knowledge of textual intention or the intent to deceive some narratee. (Chatman 1990: 149–150)

Chatmans Argumentation scheint mir an einigen Stellen unplausibel zu sein bzw. unterschiedliche Fälle zu vermischen. Dies betrifft zum einen den Aspekt der nicht-intentionalen Täuschung. Chatman zufolge ist der Terminus „unzuverlässig"

Unzuverlässigkeit zu zählen ist, ist nur eine von den vielen Fragestellungen, die sich der Erzähltheorie auf dem Gebiet der Unzuverlässigkeit noch stellen. (Lahn und Meister 2013: 184).

319 Chatman selbst wählt als Abgleichspunkt für *fallible filtration* allerdings nicht die Fakten der fiktiven Welt, sondern den Erzählerbericht. Dies ist aber sprachlich nicht plausibel: Ein Reflektor ist nicht notwendigerweise *fallible*, nur weil seine Auffassungen in Diskrepanz zum Erzählerbericht stehen.

nicht angebracht, wenn dem fraglichen Subjekt *keine Schuld* für seine Fehlleistung zuzuschreiben ist. Dabei nimmt Chatman insbesondere auf die Tatsache Bezug, dass Erzählen ein bewusster Akt ist, während das Eindringen in die Gedanken eines Reflektors von diesem nicht autorisiert worden ist. Auf diese Weise scheint es nahezu unmöglich, dass ein Reflektor uns willentlich täuscht.[320]

Was Chatman hier allerdings unkommentiert lässt, ist die Tatsache, dass auch Erzähler den Adressaten bzw. Leser unwillentlich täuschen können: Zwar entscheiden sie sich in der Regel bewusst dazu, einen Erzählbericht abzugeben – es ist aber möglich, dass dieser Erzählbericht *unabsichtlich fehlerhaft* ist, beispielsweise weil der Erzähler selbst falsche Überzeugungen hinsichtlich der erzählten Welt hat. Es scheint deswegen inkonsistent oder zumindest asymmetrisch, wenn Reflektoren aufgrund der fehlenden ‚Schuld' an ihrem Fehlverhalten nicht als unzuverlässig bezeichnet werden, der Terminus aber auf Erzähler trotz möglicherweise fehlender Schuld angewandt wird.

Zweitens spricht Chatman davon, dass Reflektoren (bzw. *filters*) mit anderen Figuren kommunizieren und in diesem Rahmen unter Umständen auch lügen können, sie aber dennoch nicht als „unzuverlässig" bezeichnet werden können, da ihnen nicht bewusst ist, dass sie Teil einer Geschichte sind.

Hier geht jedoch meines Erachtens einiges durcheinander: Sobald eine (Reflektor-)Figur mit anderen Figuren kommuniziert und dabei Äußerungen über die fiktive Welt macht, wird sie zu einem intradiegetischen Erzähler. Dieser Erzähler ist sich seiner Senderschaft also durchaus bewusst – wenn auch nicht seiner Senderschaft an einen extradiegetischen (bzw. extrafiktionalen) Adressaten.

Beide Kritikpunkte an seiner Argumentation nennt Chatman selbst schon kurz in einer Fußnote, ohne sie jedoch adäquat zu entkräften oder daraus Konsequenzen zu ziehen:

> The terms, of course, are not self-explanatory in the case of naive narrators or characters who lie in dialogue, but this terminology seems better than, say, ‚fallible narrator' and ‚unreliable filter.'
> (Chatman 1990: 228)

Was bleibt also übrig von der Argumentation gegen unzuverlässige Reflektorfiguren? Letztlich scheinen es ausschließlich terminologische Vorbehalte zu sein, die man in diesem Kontext sinnvoll anführen kann. Hier kann man dann weiter differenzieren: Unter die in Kapitel II angebotenen Definitionen unzuverlässigen

---

[320] Dass auch Gedanken einer Reflektorfigur willentlich täuschen können, ist allerdings in metaleptischen Erzählungen denkbar. Vorstellbar ist beispielsweise ein Szenario, in dem es der Figur bewusst ist, dass sie Teil einer Geschichte ist und der Erzähler in ihr Inneres eintritt – unter diesen Voraussetzungen könnte sie absichtlich etwas Falsches denken, um zu täuschen.

Erzählens scheinen „unzuverlässige" Reflektoren natürlich erst einmal nicht zu fallen, denn diese Definitionen beziehen sich explizit auf Erzähler. Dennoch wäre es durchaus möglich zu sagen, dass es Unzuverlässigkeit auch bei Reflektoren oder anderen Figuren geben kann. Hier müssen wir uns überlegen: Spricht etwas dagegen, diese Phänomene dann ebenfalls „kognitive" oder „aktionale Unzuverlässigkeit" zu nennen? Die Definitionen für Unzuverlässigkeit bei Reflektoren müssten dann nur minimal geändert werden, d. h. es müssten Reflektoren statt Erzähler als von der Unzuverlässigkeit betroffenes Subjekt eingeführt werden. Reichen die strukturellen Ähnlichkeiten aus, um die Nutzung desselben Begriffs zu rechtfertigen? Oder werden damit tatsächlich zu stark die Unterschiede zwischen Erzählern und Reflektoren verwischt? Hat es einen grundlegend anderen Stellenwert, wenn Erzähler diese Fehlfunktionen an den Tag legen, als wenn andere Figuren dies tun?[321]

Relevant für die Entscheidung könnte hier auch die Frage sein, ob wir kanonische Fälle unzuverlässigen Erzählens auch dann sinnvoll und exakt analysieren

---

[321] Yacobi geht ganz selbstverständlich davon aus, dass Unzuverlässigkeit auch Reflektoren betreffen könne: „[The problem of reliability] arises with respect to every speaking and reflecting participant in the literary act of communication" (Yacobi 1981: 113). Diese Haltung lässt sich auch bei Pettersson nachweisen, der in einem seiner Aufsätze prominent den Fall der *focal unreliability* bespricht (vgl. Pettersson 2015).

Eine detailliertere Diskussion unzuverlässiger Reflektoren findet sich bei Sternberg und Yacobi. Diese nehmen zum einen noch weitere Typen von ‚Mediatoren' als Zwischenformen zwischen klassischen Erzählern und Reflektoren an, die unzuverlässig sein können, so beispielsweise den *diarist*, also den ‚Tagebuchschreiber' (vgl. Sternberg und Yacobi 2015: 356–357). (Ich bin allerdings der Ansicht, dass man auch diese ‚Zwischenformen' getrost als unzuverlässige *Erzähler* analysieren kann – zumindest sofern man die Faktoren des (fehlenden) Adressatenbezugs und des Erzählzeitpunkts mit einbezieht, die Erzählertypen wie den *diarist* besonders auszeichnen.) Zum anderen diskutieren Sternberg und Yacobi die Frage, ob Reflektoren stärker oder weniger stark anfällig für Unzuverlässigkeit sind als Erzähler. Ihre Auffassungen hierzu scheinen allerdings nicht konsistent zu sein. Einerseits schreiben die Autoren, dass Reflektoren dadurch, dass sie sich keines Adressaten bewusst seien, „no reason to guard themselves against self-exposure" (Sternberg und Yacobi 2015: 357) hätten – sie seien somit anfälliger für Unzuverlässigkeit. Kurz danach vertreten die Autoren allerdings die Ansicht, dass Reflektoren zuverlässiger seien als Erzähler, da erstere „no audience to persuade, impress, amuse, bamboozle, intimidate, spare, with [their] account fashioned or manipulated accordingly" hätten" (Sternberg und Yacobi 2015: 357). (Insbesondere an der letzten Äußerung wird wieder einmal deutlich, dass bei Sternberg und Yacobi keine Definition der genauen Eigenschaften vorliegt, die Erzählern oder Reflektoren im Rahmen von Unzuverlässigkeitsdiagnosen zugeschrieben werden. Denn *unabsichtlich* falsch liegen können Mediatoren ohne Adressatenbewusstsein beispielsweise genauso wie Mediatoren, die sich einer Zuhörerschaft bewusst sind.)

können, wenn wir auf das Konzept der unzuverlässigen Reflektorfigur verzichten. Diese Option soll im folgenden Abschnitt kurz geprüft werden.

Um exemplarisch zu prüfen, ob wir das Konzept des unzuverlässigen Reflektors benötigen, um bestimmte Fälle unzuverlässigen Erzählens analysieren zu können, eignet sich Ambrose Bierces Erzählung *An Occurrence at Owl Creek Bridge* (vgl. Bierce 1970). In dieser Erzählung soll der Zivilist Peyton Farquhar von Unionssoldaten an der Owl Creek Bridge erhängt werden. In dem Moment, in dem Farquhar von der Brücke stürzt, reißt aber offenbar der Strick, den er um den Hals trägt, und Farquhar kann entkommen. In der Folge wird Farquhars Flucht geschildert – in dem Moment, als er zu Hause bei seiner Frau ankommt, wird jedoch klar, dass Farquhar sich die Flucht nur in den Sekundenbruchteilen zwischen dem Sturz von der Brücke und seinem Tod vorgestellt hat. Tatsächlich ist die Exekution planmäßig verlaufen und Farquhar hängt tot von der Brücke.

Es scheint in der literaturwissenschaftlichen Forschung unbestritten, dass wir es in der Erzählung *An Occurrence at Owl Creek Bridge* mit einem Fall von Unzuverlässigkeit zu tun haben.[322] Fraglich ist allerdings, wem genau die Unzuverlässigkeit hier zugeschrieben werden kann bzw. sollte. Davon, wie wir diese Frage beantworten, hängt auch ab, welcher Typ unzuverlässigen Erzählens hier einschlägig ist. Eine Möglichkeit, die Unzuverlässigkeit zu analysieren, besteht darin, sie Farquhar (als unzuverlässigem Reflektor) zuzuschreiben. Schließlich folgt die Erzählung Farquhars gestörter Wahrnehmung, wodurch es zu einer potenziellen Täuschung des Lesers kommt: Farquhar bildet sich in den Sekundenbruchteilen zwischen seinem Sturz von der Brücke und seinem Tod ein, dass er entkommen kann. Diese Wahrnehmung Farquhars erweist sich jedoch am Ende der Erzählung eindeutig als falsch. Wir können also sagen, dass Farquhar falsche Überzeugungen über die Fakten der fiktiven Welt hatte und hier deswegen ein Fall kognitiver faktenbezogener Unzuverlässigkeit vorliegt, die durch inkorrekte Überzeugungen zustande kommt.

Farquhar selbst ist jedoch kein unzuverlässiger Erzähler, denn er tätigt in der Erzählung keine nennenswerten Äußerungen.[323] Allerdings scheint es noch

---

322 Brütsch scheint hier anderer Ansicht zu sein (vgl. Brütsch 2011: 5) – seine Meinung, dass kaum ein Literaturwissenschaftler Bierces Text als Fall unzuverlässigen Erzählens verstehen würde, scheint mir aber schlichtweg falsch zu sein (vgl. beispielsweise Petraschka 2018).
323 Äußerungen von Farquhar sind lediglich im zweiten Teil der Erzählung nachzuweisen, in dem analeptisch von den Ereignissen berichtet wird, die zu Farquhars Exekution führen. In dieser Analepse wird ein Dialog zwischen Farquhar und einem als Konföderierter getarnten Späher der Unionstruppen dargestellt (vgl. Bierce 1970: 307–308). Selbst an dieser Stelle kann Farquhar allerdings nicht als (Binnen-)Erzähler verstanden werden, da er ausschließlich Fragen stellt und dementsprechend nicht von Ereignissen berichtet.

eine alternative Möglichkeit zu geben, die Unzuverlässigkeitsverhältnisse in *An Occurrence at Owl Creek Bridge* zu analysieren. Diese besteht darin, die Unzuverlässigkeit eben nicht der Reflektorfigur, sondern dem Erzähler zuzuschreiben. Bei dem Erzähler in *An Occurrence* handelt es sich um einen Erzähler, der sich lediglich als Erzählstimme nachweisbar, nicht aber als Figur ausgestaltet ist. Er kann deswegen als verhältnismäßig nicht-personal[324] und als mutmaßlich heterodiegetisch[325] kategorisiert werden. Inwiefern könnte dieser Erzähler nun als unzuverlässig beschrieben werden? Eine Möglichkeit, die Sache zu betrachten, wäre, dass uns der Erzähler etwas Falsches über die fiktive Welt erzählt. Schließlich äußert er Sätze wie den folgenden: „From this state he [i. e., Farquhar] was awakened [...] by the pain of a sharp pressure upon his throat" (Bierce 1970: 308). Dieser Satz ist in der Welt der Erzählung jedoch offensichtlich nicht wahr: Schließlich *ist* Farquhar nicht aufgewacht, sondern von der Brücke gestürzt und gestorben.

Es gibt jedoch noch eine andere, möglicherweise noch treffendere Möglichkeit, die Unzuverlässigkeit des Erzählers in *An Occurrence* genauer zu beschreiben. Denn man könnte argumentieren, dass der Erzähler ja lediglich akkurat Farquhars Wahrnehmung der fiktiven Welt wiedergibt. Aber selbst, wenn man diesen Einwand akzeptiert, scheint es immer noch möglich, den Erzähler mithilfe der Taxonomie, die bisher entwickelt worden ist, als unzuverlässig zu charakterisieren. Man könnte nämlich sagen, dass der Erzähler nicht ausreichend deutlich macht, dass er Farquhars Perspektive einnimmt – oder zumindest nicht hinreichend darauf hinweist, an welchen Stellen bzw. wie stark er dies tut. Man könnte also sagen: Dem Erzählbericht fehlen relevante Informationen (nämlich über den Grad bzw. die genauen Stellen der figuralen Perspektivierung) – es liegt hier also

---

[324] Ich bezeichne den Erzähler in *An Occurrence at Owl Creek Bridge* als nur ‚verhältnismäßig' nicht-personal, da er Werturteile äußert, deren Status nicht vollkommen klar ist. Farquhar als Reflektorfigur können sie hier offenbar nicht zugeschrieben werden (z. B.: „his features were good", Bierce 1970: 306). Es erscheint mir jedoch plausibel, hier davon auszugehen, dass diese evaluativen Ausdrücke lediglich als Aufforderung zu verstehen sind, sich einen Mann mit schönen Gesichtszügen vorzustellen – und nicht als subjektive Meinungsäußerung einer Erzählerfigur.

[325] Obwohl es, wie ich in Kapitel IV.1.1.1 deutlich gemacht habe, nicht ganz unproblematisch ist, nicht-personale Erzähler ohne Weiteres als heterodiegetisch einzuordnen, ist diese Klassifikation im Kontext der vorliegenden Erzählung wohl zu rechtfertigen. Schließlich spricht einiges dafür, dass wir es in *An Occurrence at Owl Creek Bridge* mit einer Welt zu tun haben, die der unseren hinsichtlich ihrer metaphysischen Eigenschaften entspricht. Es ist also davon auszugehen, dass ein homodiegetischer Erzähler nicht einfach Zugang zu den Gedanken anderer Figuren hat. Da der Erzähler in *An Occurrence* unbeschränkten Zugang zu Farquhars Innerem hat, ist davon auszugehen, dass es sich um einen heterodiegetischen Erzähler handelt.

offenbar ein Fall von unvollständiger Informationsvergabe vor, die zu einer potenziellen Täuschung des Adressaten führt.

Es ist also tatsächlich möglich, diesen und vergleichbare kanonische Unzuverlässigkeitsfälle auch dann mithilfe des Unzuverlässigkeitskonzepts zu analysieren, wenn wir die Unzuverlässigkeit nicht dem Reflektor zuschreiben, sondern stattdessen dem Erzähler – hier in Form unvollständiger Informationsvergabe. Zwei Gründe sprechen allerdings möglicherweise dennoch dafür, am Konzept des unzuverlässigen Reflektors festzuhalten: Zum einen kann die Unzuverlässigkeit noch genauer beschrieben und kategorisiert werden, wenn wir klarmachen können, dass der Erzähler sich hierbei der kognitiven Unzuverlässigkeit einer Reflektorfigur bedient. Zum anderen tauchen ‚unzuverlässige Reflektorfiguren' auch in Zusammenhängen auf, in denen die Unzuverlässigkeit keinem Erzähler zugeschrieben werden kann. Ein Beispiel hierfür wäre Arthur Schnitzlers *Leutnant Gustl* (vgl. Schnitzler 1961). Diese Erzählung besteht (ausgenommen der Titel und zwei kurze Dialoge) vollständig aus dem inneren Monolog des Protagonisten Gustl, der sich nach einer öffentlichen Beleidigung durch einen Bäckermeister derart in seiner Ehre geschädigt fühlt, dass er im Rahmen eines wirren Gedankenstroms sogar einen Selbstmord in Erwägung zieht, diese Idee aber schließlich aufgibt, nachdem der Bäckermeister überraschend an einem Herzinfarkt gestorben ist. Gustl selbst ist kein Erzähler (und es scheint hier auch keinen zu geben), sein innerer Monolog erfüllt aber die (übrigen) Kriterien für kognitive Unzuverlässigkeit: Gustl hat mindestens (moralisch) fragwürdige Auffassungen in Bezug auf zahlreiche Themen: Frauen,[326] Juden,[327] Ehre[328] und Weiteres.[329] Aufgrund der Abwesenheit eines Erzählers besteht hier nicht die Möglichkeit, die Unzuverlässigkeit einem Erzähler zuzuschreiben. Und selbst wenn es einen Erzähler gäbe, wäre dies nicht ohne Weiteres möglich. Schließlich liegt in *Leutnant Gustl* offenbar keine *täuschende* Unzuverlässigkeit vor – man kann also insgesamt nicht davon sprechen, dass die ‚Unzuverlässigkeit' durch irgendeine Art von Auslassung zustande kommt.

---

326 „Hat schon was für sich, so immer gleich ein hübsches Weiberl zu Haus vorrätig zu haben ... Zu dumm, dass die Steffi grad heut' keine Zeit hat! Wenn ich wenigstens wüßte, wo sie ist, möcht' ich mich wieder vis-a-vis von ihr hinsetzen. Das wär' eine schöne G'schicht', wenn ihr der draufkommen möcht', da hätt' *ich* sie am Hals" (Schnitzler 1961: 342).
327 „Muß übrigens ein Jud' sein! [...] Na, in mein Regiment sollt' er nicht zur Waffenübung kommen!" (Schnitzler 1961: 338).
328 „'s ist fürchterlich, es ist nicht zum Aushalten; ich muß ihn totschlagen, wo ich ihn treff'!" (Schnitzler 1961: 345).
329 Darüber hinaus ließe sich wohl argumentieren, dass auch Gustls ästhetische Urteile teilweise fragwürdig sind (vgl. Schnitzler 1961: 337), ebenso wie einige seiner (faktenbezogenen) Überzeugungen.

Wenn wir es in Erzählungen wie *Leutnant Gustl* also für sinnvoll halten, mit dem Unzuverlässigkeitskonzept zu arbeiten, dann kommen wir wohl nicht um die Rede von unzuverlässigen Reflektorfiguren herum.

Insgesamt mag die Frage, ob die Aufnahme von Reflektorfiguren in das Unzuverlässigkeitskonzept sinnvoll ist, also letztlich eine Sache individueller Abwägung sein. Einen eigenen Vorschlag hierzu möchte ich auf Kapitel V verschieben.

1.4 Genre- und epochenspezifische Erzählkonventionen

Zusätzlich zu den Fragen hinsichtlich des Anwendungsbereichs unzuverlässigen Erzählens, die Erzählertypen und Reflektoren betreffen, gibt es auch solche, die mit genre- bzw. epochenspezifischen Erzähltraditionen zusammenhängen. Analog lässt sich auch hier fragen: Gibt es bestimmte Genres bzw. literaturhistorische Epochen, in denen unzuverlässiges Erzählen nicht auftreten kann?[330]

Im Rahmen einiger theoretischer Arbeiten lassen sich Ansätze einer literaturhistorischen Einbettung unzuverlässigen Erzählens bzw. einer Nachzeichnung der Entstehensbedingungen und Entwicklung dieses Phänomens finden (vgl. beispielsweise Zerweck 2001; Kindt 2008; Meister unveröffentlicht). So wird zum Beispiel der poetische Realismus als ‚Vorbedingung' unzuverlässigen Erzählens verstanden (vgl. Zerweck 2001: 159): Dass ein Erzähler, der die fiktiven Fakten inadäquat darstelle, als ‚unzuverlässig' bezeichnet wird, sei überhaupt nur vor dem Hintergrund terminologisch nachvollziehbar, dass die adäquate Repräsentation äußerer Wirklichkeit zu den Aufgaben von Erzählern gehört. Unzuverlässiges Erzählen komme als Erzähltechnik nun vor allem in der späten Moderne ins Spiel: Ein Erzähler, der nur seine subjektiv verzerrte Sicht auf die Außenwelt präsentieren kann, oder einer, der sich selbst und seine eigenen Handlungen nicht versteht, eignet sich wunderbar, um die Thesen des Wahrnehmungsrelativismus bzw. des ‚unrettbaren Ichs' zu illustrieren (vgl. Zerweck 2001: 163; Kindt 2008: 212–215; Meister unveröffentlicht). Im Rahmen dieser geistesgeschichtlichen bzw. literaturhistorischen Zusammenhänge wird unzuverlässiges Erzählen, das terminologisch eigentlich als ‚narrative Pathologie' dargestellt wird, schließlich tendenziell vom Sonder- zum Standardfall. In extremen postmodernen Texten diagnostizieren einige Theoretiker schließlich ein Transzendieren des Un-

---

[330] Auf die Frage, ob es auch Genres gibt, für die unzuverlässiges Erzählen konstitutiv ist, gehe ich hier nicht näher ein. Einen Fall – den des fantastischen Erzählens – habe ich aber in Kapitel II.2.1.2 diskutiert.

zuverlässigkeitskonzepts, da hier mit Erzählkonventionen in so starkem Maße gebrochen werde, dass kein Maßstab mehr vorliege, an dem die Unzuverlässigkeit von Erzählern festgemacht werden könne.

Während solche literaturhistorischen Untersuchungen im Zusammenhang mit unzuverlässigem Erzählen fraglos wichtig und interessant sind, sollen sie mich im Rahmen dieser Arbeit nur insofern interessieren, als aus ihnen Thesen hinsichtlich des Anwendungsbereichs des Unzuverlässigkeitskonzepts abgeleitet werden. Ich werde deshalb im Folgenden kurz – und weniger systematisch als im Zusammenhang mit Erzählertypen und Reflektoren – einige Argumente untersuchen, die gegen die Möglichkeit faktenbezogener Unzuverlässigkeit in bestimmten Erzählgenres bzw. Epochen hervorgebracht werden.

1.4.1 Unzuverlässigkeit im Realismus

Bei Meister klingt die These an, dass realistische Romane nicht unzuverlässig sein können. Diese starke, allgemeine These relativiert er dann allerdings zugunsten von zwei schwächeren Thesen: Zum einen dürfe einem Erzähler der realistischen Erzähltradition nicht aufgrund der Tatsache Unzuverlässigkeit zugeschrieben werden, dass er eine allwissende und damit ‚unrealistische' Erzählperspektive einnehme.[331] Diese These scheint mir überzeugend zu sein – vor allem dann, wenn man den Erzähler als heterodiegetisch interpretiert, denn dann ist er nicht als Teil der erzählten Welt zu verstehen. Über die Möglichkeit oder Unmöglichkeit unzuverlässigen Erzählens in realistischen Romanen im Allgemeinen ist damit aber noch nichts gesagt. Denn es bleibt weiter die theoretische Möglichkeit offen, Erzählern in realistischen Romanen auf der Basis anderer Gründe Unzuverlässigkeit zu attestieren: Wie ich weiter oben gezeigt habe, können auch allwissende Erzähler in mehrerlei Hinsicht unzuverlässig sein. Die zweite These Meisters lautet, dass Erzählern in realistischen Werken nicht deswegen Unzuverlässigkeit zugeschrieben werden dürfe, weil sie die Wirklichkeit poetisieren und nicht – wie später im Naturalismus gefordert – vollkommen ‚nackt' und nüchtern präsentieren.[332] Anders ausgedrückt: Man dürfe keine ästhetisch fremden Maßstäbe – d. h. Maßstäbe, die nicht den

---

331 Eine ähnliche Stoßrichtung lässt sich auch bei Ohme nachweisen. Dieser schreibt, dass ‚unplausible' Überschreitungen der figuralen Perspektive und absurde Vermittlungsformen aus dem Unzuverlässigkeitskonzept ausgeschlossen seien (vgl. Ohme 2015: 258–261).
332 Einführende sowie weiterführende Informationen zu den spezifischen Merkmalen realistischen Erzählens finden sich in Brinkmann (1987).

epochenspezifischen Rahmenbedingungen entsprechen – zur Basis eines Unzuverlässigkeitsurteils machen.

Meisters Anmerkungen weisen auf wichtige Aspekte hin, die im Zusammenhang mit der Anwendung des Unzuverlässigkeitskonzepts beachtet werden müssen – sie sollten aber der Eindeutigkeit halber noch etwas spezifiziert werden.

Eine Regel gilt zweifelsohne: Ob ein Erzähler (faktenbezogen) unzuverlässig ist oder nicht, sollte nicht unreflektiert unter Rekurs auf unsere eigenen Wirklichkeitsvorstellungen entschieden werden, sondern unter Bezugnahme auf die im literarischen Text selbst etablierte Wirklichkeit.[333]

Meisters zweiter Punkt scheint allerdings eine andere Stoßrichtung zu haben. Die Zuschreibung unzuverlässigen Erzählens scheint hier als (negatives) ästhetisches Urteil verstanden zu werden, das unangemessen ist, weil es auf der Basis epochenfremder ästhetischer Maßstäbe getroffen worden ist. Meines Erachtens stellt die Feststellung eines unzuverlässigen Erzählers aber weder notwendigerweise ein (positives oder negatives) ästhetisches Urteil dar noch eine moralische Bewertung des Erzählers.[334] Stattdessen besteht sie zunächst einfach in der These, dass ein Erzähler die Fakten der erzählten Welt falsch oder unvollständig wiedergibt oder dass er eine der anderen in den Kapiteln II.1 und II.2 diskutierten Verhaltensweisen an den Tag legt.

Selbst wenn man sich auf eine solche nicht-emphatische Verwendung des Unzuverlässigkeitskonzepts einigt, könnte man nun aber immer noch einwenden, dass es im Rahmen bestimmter Epochenkonventionen und Erzähltraditionen *unangebracht* sei, die Zuverlässigkeit des Erzählers zu untersuchen – schließlich gehe es in diesen Zusammenhängen generell nicht darum, den Erzähler auf den Prüfstand zu stellen. In der Tat mag die Untersuchung erzählerischer Unzuverlässigkeit nicht in allen Kontexten *fruchtbar* sein – dies könnte beispielsweise auch für den in Kapitel II.2.1.2 diskutierten Fall des fantastischen Erzählens gelten. Es erscheint mir aber nicht sinnvoll, diese Erkenntnis in die Definition unzuverlässigen Erzählens einfließen zu lassen – beispielsweise indem das Unzuverlässigkeitskonzept nur dann verwendet werden darf, wenn es für den jeweiligen Text fruchtbar ist, die Behauptungen

---

333 Diese ‚textinterne Wirklichkeit' kann dabei auf unterschiedlichen ontologischen Ebenen stattfinden und dort auch jeweils unterschiedlich beschaffen sein. Ein heterodiegetischer, allwissender Erzähler in realistischen Texten ist also kein Grund, erzählerische Unzuverlässigkeit zu attestieren.

334 Hansen zufolge ist in Booths Definition ein moralischer Imperativ versteckt, da Booth davon ausgeht, dass der implizite Autor sich automatisch auf der ‚richtigen' Seite der Moral befindet (vgl. Hansen 2005: 294–295). Hof ist dagegen anderer Ansicht: „Diese Charakterisierung [eines Erzählers als unzuverlässig] beinhaltet keine moralische Wertung" (Hof 1984: 41).

oder Werturteile des Erzählers auf ihre Adäquatheit hin zu prüfen. Eine ausführlichere Argumentation für diese Auffassung liefere ich in Kapitel V.3. *Wenn* man sich allerdings dafür entscheidet, der Definition unzuverlässigen Erzählens bereits moralische oder ästhetische Urteile bzw. Relevanzerwägungen einzuschreiben, dann müssen diese definitorischen Entscheidungen explizit gemacht und begründet werden.[335]

1.4.2 Unzuverlässigkeit in der Moderne

Obwohl ich oben unzuverlässiges Erzählen als Phänomen dargestellt habe, das besonders gut geeignet ist, um die Programmatik der Moderne[336] umzusetzen, gibt es auch Gründe, aus denen man die Möglichkeit unzuverlässigen Erzählens in Texten der Moderne negieren könnte. Einer dieser Gründe klingt bei Zerweck an: Dadurch, dass in der späten Moderne die Möglichkeit einer mimetischen Darstellung von Wirklichkeit in Frage gestellt wird, wird unzuverlässiges Erzählen zur Norm – und ‚unzuverlässige' Erzähler werden quasi zuverlässig. Dieser Ansicht scheint mir allerdings wieder ein emphatisches – oder doch zumindest ein intuitives – Verständnis von Unzuverlässigkeit zugrunde zu liegen. Wenn man unzuverlässiges Erzählen dagegen (unter anderem) als inadäquate Darstellung der fiktiven Fakten definiert, dann spielt es keine Rolle, ob der Großteil der Erzähler diese Eigenschaft bzw. Verhaltensweise an den Tag legen – wenn sie es tun, sind sie unzuverlässig. Wenn es dagegen als notwendige Bedingung unzuverlässigen Erzählens verstanden wird, dass es eine ‚narrative Pathologie', einen Sonderfall darstellt, dann muss dies wiederum im Rahmen der Definition explizit gemacht und begründet werden.

Es gibt aber noch einen anderen möglichen Grund für die Annahme, Erzähler in Texten der Moderne könnten unmöglich unzuverlässig sein. Wenn man aus der These, dass eine objektive Wahrnehmung und Darstellung der empirischen Außenwelt unmöglich sei, ableitet, dass keine objektive empirische Welt

---

[335] Zerweck stellt eine weitere These über die Relation zwischen Unzuverlässigkeit und Realismus auf – nämlich dass die Zuschreibung eines unzuverlässigen Erzählers erst im Rahmen des realistischen Paradigmas des achtzehnten Jahrhunderts zu einer standardisierten Interpretationsstrategie werden konnte (vgl. Zerweck 2001: 159). Da ich allerdings der Ansicht bin, dass die tatsächliche Interpretation von Texten keine Auswirkung auf die Definition des Unzuverlässigkeitskonzepts haben sollte, und da historische Rezeptionsforschung nicht zu meinen Vorhaben im Rahmen dieser Arbeit gehört, werde ich mich mit dieser These hier nicht weiter auseinandersetzen.

[336] Worin im Einzelnen ‚die' Programmatik der Moderne besteht, darüber herrscht, wie beispielsweise Kindt deutlich macht, keine Einigkeit (vgl. Kindt 2008: 3). Ein Überblick über die Debatte lässt sich in Graevenitz (1999) finden.

außerhalb unserer Wahrnehmung und Gedanken *existiere*, dann können ‚die Fakten der fiktiven Welt' nicht als Schablone zur Bewertung der Assertionen des Erzählers herangezogen werden. Dieser These zufolge gibt es diese Fakten nicht – und mithin auch keine (faktenbezogene) Unzuverlässigkeit.[337] Diese Annahme ist jedoch nicht identisch mit der für die Moderne paradigmatischen These, dass wir die Außenwelt immer nur subjektiv gefärbt wahrnehmen können. Diese letztere These allein macht (faktenbezogene) Unzuverlässigkeit nicht unmöglich – sie steht aber im Verdacht, die Anwendung des Konzepts wieder *fruchtlos* zu machen. Denn wenn keine unverstellte Wahrnehmung und Darstellung der Außenwelt möglich ist, dann liegt die Folgerung nahe, dass jeder (nicht-allwissende) Erzähler notwendigerweise unzuverlässig ist. Allerdings ist auch dieser Schluss letztlich nicht zwingend: Wie ich in den Kapiteln II.5 und IV.1 deutlich gemacht habe, ist bloße Subjektivität nicht mit Unzuverlässigkeit gleichzusetzen – und die Einteilung konkreter Fälle unzuverlässigen Erzählens in Grade macht Unzuverlässigkeitsanalysen darüber hinaus auch dann fruchtbar, wenn die meisten Erzähler Zeichen von Unzuverlässigkeit zeigen.

1.4.3 Unzuverlässigkeit in der Postmoderne

Die Grenzen zwischen der späten Moderne und der Postmoderne werden von den meisten Theoretikern als fließend beschrieben. Dementsprechend ist Zerweck auch der Ansicht, dass frühe postmoderne Texte, in denen die Merkmale modernen Erzählens noch teilweise erhalten sind, durchaus unzuverlässig sein können (vgl. Zerweck 2001: 165–166). Anders beurteilt er dagegen radikale postmoderne Texte, in denen Erzählkonventionen auf unberechenbare Weise untergraben werden.[338]

Aus Zerwecks Überlegungen lassen sich unterschiedliche konkrete Argumente gegen die Möglichkeit unzuverlässigen Erzählens in radikal postmodernen Texten extrahieren, die kurz gesondert untersucht werden sollten.

Ein Argument, das Zerweck anführt, besteht darin, dass in postmodernen Texten in starkem Maße deren ‚Erfundensein', ihr Status als Fiktion betont wird (vgl. Zerweck 2001: 166). Wie ich schon im Zusammenhang mit festlegenden Erzählern erörtert habe, schließt das ‚Erfundensein' fiktiver Welten allerdings

---

[337] Diese These scheint einigen kognitivistischen Arbeiten zu unzuverlässigem Erzählen zugrunde zu liegen, beispielsweise Nünnings.

[338] Wie schon die beiden anderen adressierten Epochenbegriffe ist auch der der Postmoderne nicht unproblematisch. Einen Überblick über die relevanten Diskussionen des Begriffs in Literaturwissenschaft und anderen Disziplinen liefert Welsch (1988).

keine Form unzuverlässigen Erzählens notwendigerweise aus – es macht ihr Auftreten nur unwahrscheinlicher.

Einem zweiten Argument zufolge haben viele postmoderne Texte die Eigenschaft, dass sich keine personale Erzählinstanz auf den Text projizieren lasse. Dieses Argument kann aber überhaupt nur dann überzeugend sein, wenn man (wie Zerweck) davon ausgeht, dass personale Erzählinstanzen notwendig für unzuverlässiges Erzählen sind. Diese Annahme ist aber nicht plausibel – wie ich weiter oben gezeigt habe: Es können auch nicht-personale Erzähler unzuverlässig sein.

Ein plausibleres Argument, das sich möglicherweise aus Zerwecks Untersuchungen extrahieren lässt, besteht darin, dass unzuverlässiges Erzählen nicht in (postmodernen) Texten vorkommen kann, in denen im Grunde gar keine richtige Erzählung vorliegt – sondern beispielsweise nur unvollständige Sätze mit keinem ausmachbaren propositionalen Gehalt. Hierfür spricht die Tatsache, dass Zerweck eine entsprechende Passage aus Samuel Becketts Kurzgeschichte *Ping* anführt, um seine These zu untermauern (Zerweck 2001: 167). Dass unzuverlässiges Erzählen nicht vorkommen kann, wenn kein Erzählen (bzw. noch nicht einmal eine Beschreibung) vorliegt, ist einleuchtend. Allerdings lässt sich meines Erachtens nicht sinnvoll in Bezug auf sämtliche ‚radikal postmoderne' Texte sagen, dass sie nicht erzählen.

Ein letztes Argument gegen die Möglichkeit erzählerischer Unzuverlässigkeit in extremen postmodernen Texten könnte darin bestehen, dass viele dieser Texte von fiktiven Welten handeln, die so inkonsistent oder instabil sind, dass in ihnen nichts bzw. alles wahr ist.[339] Je nach Perspektive ließe sich dann entweder argumentieren, dass unzuverlässiges Erzählen in diesen Texten zwar formal vorkomme, eine solche Kategorisierung aber vollkommen irrelevant sei, weil dies auf alle Erzähler in dieser Art von Text zutreffe („nichts ist wahr"). Wenn man dagegen davon ausgeht, dass in solchen Texten alles wahr ist, dann ist faktenbezogene Unzuverlässigkeit hier tatsächlich unmöglich – zumindest solche, die durch inkorrekte Behauptungen des Erzählers zustande kommt.[340]

---

[339] Eine entsprechende Argumentation lässt sich bei V. Nünning finden (vgl. V. Nünning 2015b: 94).

[340] Brian Richardson, der sich ebenfalls mit der Relation zwischen postmodernem und unzuverlässigem Erzählen auseinandersetzt, kommt zu dem nicht genauer qualifizierten Schluss, dass Unzuverlässigkeit in der Postmoderne durchaus möglich sei – es seien lediglich neue Subkonzepte notwendig, um die spezifischen neuen Formen adäquat erfassen zu können (vgl. Richardson 2006: 103). In seiner Typologie listet er *fraudulent narrators* (nicht-realistische Erzählerfiguren, bei denen die Erzählweise nicht zu Figur passt), *contradictory narrators* (Wiedergabe widersprüchlicher Ereignisse, wobei unentscheidbar ist, ob dies immer dem Erzähler anzulasten ist), *permeable narrators* (unterschiedliche Erzählerfiguren,

Obwohl meine Untersuchung des Anwendungsbereichs in Bezug auf Genre nicht ganz so detailliert ausgefallen ist wie für die Erzählertypen und Reflektoren, lassen sich zusammenfassend interessante Ergebnisse festhalten: Es scheint keine harten Argumente zu geben, die notwendigerweise gegen das Auftreten unzuverlässigen Erzählens in bestimmten Genres oder Epochen sprechen.[341] Dafür sind nicht zuletzt auch die unklaren Epochen- und Genrebegriffe verantwortlich. Es gibt aber durchaus gute Gründe anzunehmen, dass die Feststellung unzuverlässigen Erzählens nicht im Zusammenhang mit allen Genres fruchtbar ist. Darüber hinaus sind zwei der Argumente, die gegen die Möglichkeit faktenbezogener Unzuverlässigkeit in *ganz bestimmten* Varianten postmoderner Texte sprechen, überzeugend.

2 Unzuverlässigkeitsdiagnosen: Methoden der Feststellung und Status der Hypothesen

Nachdem in Kapitel IV.1 nun ausführlich die Frage beleuchtet wurde, auf welche Typen von Erzählern, Instanzen oder Genres das Unzuverlässigkeitskonzept überhaupt potenziell angewandt werden kann, können wir uns einer anderen Frage zuwenden, die die Anwendung dieses Konzepts betrifft – der Frage nämlich, wie *interpretativ* Hypothesen über die Unzuverlässigkeit von Erzählern sind.[342] Hier scheint es mittlerweile fast ein Allgemeinplatz in der Narratologie zu sein, dass es sich bei der Zuschreibung von Unzuverlässigkeit immer um Interpretationen handelt.[343] Eine Erläuterung, was genau in diesem Kontext unter „Interpretation" zu verstehen ist und worin im Einzelnen die Gründe dafür liegen, dass die Anwendung des Unzuverlässigkeitskonzepts immer interpretativ ist, findet sich allerdings

---

die unmarkiert ineinander verschwimmen), *incommensurate narrators* (es lässt sich keine konsistente Stimme/Erzählerfigur konstruieren) und *dis-framed narrators* (bewegen sich metaleptisch zwischen Erzählebenen hin und her, vgl. Richardson 2006: 103–105). Bei einigen dieser Typen stellt sich allerdings die Frage, von welcher Unzuverlässigkeitsdefinition Richardson ausgeht.

341 Dies gilt zumindest dann, wenn nicht extra eine entsprechende Einschränkung in die Definition erzählerischer Unzuverlässigkeit integriert wird – und für eine solche Entscheidung müssten überzeugende Argumente angeführt werden.

342 Es soll im Folgenden ausschließlich um argumentative Interpretationen gehen (vgl. Folde 2015: 364–365), die wahr oder falsch bzw. plausibel/unplausibel sein können. Diese Interpretationen sind abzugrenzen von solchen, die lediglich Lesarten vorschlagen wollen, ohne Argumente dafür anzuführen (vgl. auch Shustermans Unterscheidung zwischen interpretationstheoretischem Deskriptivismus und Präskriptivismus, Shusterman 1978: 312–316).

343 Zahlreiche Beispiele hierfür listet Petraschka (2018).

nur selten. Ich möchte mich diesem Problemfeld im Folgenden in mehreren Schritten nähern. Zunächst werde ich die Frage untersuchen, was überhaupt unter „Interpretativität" verstanden werden kann (Kapitel IV.2.1). Im nächsten Schritt soll dann herausgestellt werden, auf welche Weise unterschiedliche Typen von Unzuverlässigkeit diagnostiziert werden können. Erst hierdurch kann schließlich die Frage beantwortet werden, unter welchen Voraussetzungen und in welcher Hinsicht die Diagnose welcher Unzuverlässigkeitstypen interpretativ ist (Kapitel IV.2.2).

2.1 Kriterien der Interpretativität

Viele Beiträge zur Beantwortung der Frage, was genau eigentlich (literaturwissenschaftliche) Interpretation ausmacht, legen den Fokus darauf festzustellen, was einen interpretativen Verstehens*prozess* von einem nicht-interpretativen unterscheidet. Ein zentrales Kriterium besteht hier offenbar darin, dass sich das Verstehen im Falle interpretativer Verstehensprozesse nicht ‚von allein' bzw. ‚automatisiert' einstellt, sondern dass sie bewusstes Nachdenken erfordern (vgl. bspw. Currie 2005: 291–292; Bühler 2003: 119).

Im Zusammenhang mit Unzuverlässigkeitsdiagnosen scheint die Frage, die Unzuverlässigkeitstheoretiker interessiert, aber ein wenig anders gelagert zu sein. Wie ich gleich zeigen werde, geht es den fraglichen Theoretikern eher darum, inwiefern *Hypothesen* oder *Aussagen* über die Unzuverlässigkeit von Erzählern – also die Ergebnisse von Verstehensprozessen – interpretativ (im Gegensatz zu: deskriptiv) sind. Hier ist nun offenbar keine Übertragung des für die Interpretativität von Verstehensprozessen angesetzten Kriteriums möglich: Diese These, dass Unzuverlässigkeitsdiagnosen generell interpretativ sind, scheint *nicht* darin zu bestehen, dass aktives Nachdenken gefordert ist, um sie zu treffen. Stattdessen besteht der Kern dieser These darin, dass Aussagen über die Unzuverlässigkeit von Erzählern *legitimerweise variieren* (und sich sogar widersprechen) können.[344]

Interessant sind an dieser Stelle nun vor allem zwei Fragen: Welche Faktoren werden dafür verantwortlich gemacht, dass Aussagen über die Unzuverlässigkeit von Erzählern generell variieren können? Und warum wird diese Variation als legitim verstanden?

---

[344] Auf die genaue Unterscheidung zwischen Hypothesengenerierung und Hypothesenprüfung gehe ich in Kapitel IV.2.2 noch einmal ausführlicher ein.

Die meisten Beiträge, die die generelle Interpretationsabhängigkeit von Unzuverlässigkeitsdiagnosen postulieren, stammen aus dem kognitivistischen Lager. Allerdings lassen sich dort kaum robuste Argumente für diese These finden. Ich werde mich deswegen im Folgenden nicht der Rekonstruktion dieser kognitivistischen Ansätze widmen, sondern stattdessen Kindts interpretationstheoretischer Position, die argumentativ deutlich besser fundiert ist.[345]

Eine nicht-kognitivistische Argumentation für die generelle Interpretativität von Unzuverlässigkeitsdiagosen findet sich bei Kindt (vgl. Kindt 2008: 42–46 und 55–60; siehe hierzu auch Kapitel II.3.2.2). Er bezeichnet Unzuverlässigkeitsdiagnosen deswegen als interpretativ, weil sie legitimerweise variieren können. Allerdings spricht er nicht in erster Linie von der Interpretativität von Unzuverlässigkeits*diagnosen*, sondern davon, dass die *narratologische Kategorie* unzuverlässigen Erzählens – im Gegensatz zu anderen narratologischen Kategorien – nicht interpretationstheoretisch neutral ist. Diese These lässt sich aber leicht so umformulieren, dass sie zu einer Aussage über Unzuverlässigkeitsdiagnosen wird. Denn dass eine narratologische Kategorie nicht interpretationstheoretisch neutral ist, bedeutet schlicht, dass ihre Anwendung auf literarische Texte keine interpretationstheoretisch neutralen Aussagen hervorbringen kann.

Um Kindts Argumentation zu verstehen, sollten wir uns zunächst fragen, worin seine Gründe für die Annahme liegen, dass Unzuverlässigkeitsdiagnosen grundsätzlich variieren. Dafür ist es notwendig, das Konzept der interpretationstheoretischen Neutralität genauer zu analysieren. Kindt zufolge sind die meisten narratologischen Kategorien interpretationstheoretisch neutral – d. h. ihre Anwendung auf Texte kann zu unstrittigen Ergebnissen führen.

---

345 Der Unterschied zwischen deskriptiven und interpretativen Aussagen über Texte ist im Rahmen mehrerer Beiträge diskutiert worden (vgl. bspw. Beardsley 1958; Reichert 1969; Matthews 1977; Margolis 1980; Barnes 1988; Goldman 1990; Werner 2014). Dass ich meine folgenden Untersuchungen nur auf Beiträge von Kindt bzw. Kindt und Müller stütze, hat zwei Gründe: Zum einen setzen viele der zuerst genannten Beiträge meines Erachtens eine zu enge Definition für Deskriptionen an, indem sie diesen Begriff auf Aussagen über rein formale Aspekte beschränken. Zum anderen möchte ich im vorliegenden Zusammenhang vor allem die These überprüfen, dass Diagnosen unzuverlässigen Erzählens notwendigerweise interpretativ sind. Deswegen ist es sinnvoll, dieser Prüfung die Interpretativitätskriterien zugrunde zu legen, die von Theoretikern entwickelt worden sind, die zugleich die notwendige Interpretativität von Unzuverlässigkeitsdiagnosen postulieren. Grundlage meiner Untersuchung ist deswegen die von Kindt bzw. Kindt Müller entwickelte Position zur Unterscheidung von Deskription und Interpretation (vgl. Kindt und Müller 2003a, Kindt und Müller 2003b; Kindt 2008; Kindt und Müller 2015; Kindt 2015).

Unzuverlässiges Erzählen wird hier also als Sonderfall verstanden. Aber was genau meint „interpretationstheoretische Neutralität"?

Laut Kindt und Müller ist eine narratologische Kategorie genau dann *nicht* interpretationstheoretisch neutral, wenn ihre Anwendung die Festlegung auf eine *bestimmte Bedeutungskonzeption* erfordert (vgl. Kindt und Müller 2003a: 290–295). Was unter einer Bedeutungskonzeption zu verstehen ist, ergibt sich wiederum aus Dannebergs Analyse literaturwissenschaftlicher Interpretationstheorien. Diese bestehen immer zum einen aus einer Bedeutungskonzeption (d. h. einer Antwort auf die Frage, wie sich die Bedeutung literarischer Texte konstituiert) und zum anderen aus einer Interpretationskonzeption (d. h. einer Antwort auf die Frage, mit welchen Methoden diese Bedeutung erschlossen werden kann, vgl. Danneberg 1999: 101–102).

Um die Kategorie unzuverlässigen Erzählens anzuwenden, so Kindt, sei also generell die Festlegung auf eine bestimmte Bedeutungskonzeption erforderlich. Hinzu kommt, dass das Ergebnis dieser Anwendung je nach Wahl der Bedeutungskonzeption variieren kann und nicht notwendigerweise über verschiedene Bedeutungstheorien hinweg stabil bleibt.[346] Der Grund hierfür besteht laut Kindt darin, dass für die Diagnose unzuverlässigen Erzählens ‚die Werte' des fraglichen literarischen Werks identifiziert werden müssten (dies gilt für wertebezogene Unzuverlässigkeit) oder die Frage beantwortet werden müsse, was in der fiktiven Welt des Werks wahr und relevant sei (dies gilt für die faktenbezogenen Unzuverlässigkeitsvarianten, vgl. Kindt 2008: 56; 58). Diese Fragen erforderten nun notwendigerweise die Wahl einer Bedeutungskonzeption. Die meisten anderen narratologischen Analysen (zum Beispiel die Beantwortung der Frage, ob der Erzähler Teil der erzählten Welt ist oder nicht, ob er also homo- oder heterodiegetisch ist), erforderten dagegen nicht die Beantwortung solcher vorgeordneter Fragen und somit auch keine Wahl einer Bedeutungskonzeption (vgl. Kindt 2008: 44).

Es entsteht also zunächst der Eindruck, dass bei Kindt allein die Bedeutungskonzeption (bzw. die Notwendigkeit, eine solche auszuwählen) der Faktor ist, der die grundsätzliche Interpretativität von Unzuverlässigkeitsdiagnosen ausmacht. Allerdings finden sich in Kindts bzw. Kindts und Müllers Ausführungen zusätzlich Verweise auf weitere Faktoren, die etwas mit dem Konzept der interpretationstheoretischen Neutralität zu tun haben könnten. Diese zusätzlichen Faktoren werden aber nicht in ausreichendem Maße vom Faktor der Bedeutungskonzeption separat untersucht – obwohl sie meines Erachtens von diesem weitgehend unabhängig sind. Es ist deswegen nicht unplausibel anzunehmen, dass diese Faktoren

---

346 Vgl. hierzu auch Petraschka (2018).

zusätzlich zum Kriterium der Bedeutungskonzeption die Interpretativität semantischer Aussagen über Texte bestimmen könnten. Schauen wir uns einmal an, um welche Kriterien es sich hier handelt.

Auf eines dieser zusätzlichen Kriterien stößt man, wenn man sich noch etwas genauer anschaut, was es – laut Kindt und Müller (Kindt und Müller 2003a, 2003b) – eigentlich mit Bedeutungskonzeptionen auf sich hat. Diese verweisen diesbezüglich auf Danneberg, bei dem sich der Hinweis findet, dass im Rahmen von Bedeutungskonzeptionen Texte mit bestimmten *Kontexten* verknüpft werden. Anders ausgedrückt: Im Rahmen von Bedeutungskonzeptionen werde angegeben, im Zusammenhang mit welchen Kontextinformationen sich die Bedeutung eines Textes konstituiere (vgl. Danneberg 1999: 101).

Mir erscheint es allerdings nicht plausibel, das Konzept der Bedeutungskonzeption auf diese Weise unter Bezugnahme auf Kontexte zu definieren. Denn meines Erachtens *kann* eine Bedeutungskonzeption zwar einen Kontext angeben, mit dem ein Text zwecks Bedeutungszuweisung in Verbindung gebracht werden soll, sie *muss* es aber nicht. Stattdessen ist es beispielsweise ebenso möglich, dass im Rahmen einer Bedeutungskonzeption angegeben wird, dass Texte gerade *nicht* mit Kontexten verknüpft werden sollen, sondern Bedeutungszuweisungen allein auf Basis des sprachlichen Materials des Textes vollzogen werden sollen. Andersherum ist es ebenso vorstellbar, dass ein Text mit bestimmten Kontexten in Verbindung gebracht wird, ohne dass dies mit der Annahme verknüpft ist, dass sich auf diese Weise ‚die Bedeutung' dieses Textes erschließt. Eine bessere Definition von „Bedeutungskonzeption" scheint mir dagegen folgende zu sein: Eine Bedeutungskonzeption gibt an, wie sich die ‚übertragene Bedeutung' bzw. die Botschaft eines literarischen Textes konstituiert.[347]

Wir können also sagen: Sowohl unterschiedliche Bedeutungskonzeptionen als auch unterschiedliche aktualisierte Kontexte können dafür verantwortlich sein, dass sich inkompatible semantische Aussagen über Texte ergeben. Und neben Bedeutungskonzeptionen und Kontexten scheint es bei Kindt sogar noch einen weiteren Faktor zu geben, der zur Interpretativität von semantischen Aussagen über literarische Texte beiträgt. So schreiben Kindt und Müller, dass interpretationstheoretisch neutrale Aussagen über Texte „gemeinhin auf Grundlage einiger markanter linguistischer Charakteristika, deren Vorliegen leicht festzustellen und deren Geltung allgemein ist" gemacht werden (Kindt und Müller 2003a: 296). In dieser Formulierung verweist mindestens die Phrase „deren Vorliegen leicht

---

[347] Gegebenenfalls müsste man noch andere Bedeutungsaspekte hinzufügen, über die Bedeutungskonzeptionen Auskunft geben sollen, wie beispielsweise darüber, wie sich die Fakten der erzählten Welt konstituieren, sofern derartige Fragen von der ‚übertragenen Bedeutung' des Werks unabhängig sind.

festzustellen ist" auf ein weiteres relevantes Kriterium. Wenn die ‚Beweislage' eindeutig ist, dann ist eine semantische Aussage über literarische Texte tendenziell nicht interpretativ; wenn sie dagegen uneindeutig ist, können Aussagen über die fraglichen Textaspekte nur interpretativ sein. Oder anders ausgedrückt: Nichtinterpretative Aussagen lassen sich mithilfe deduktiver (oder zumindest unproblematischer, nicht-strittiger) Schlüsse aus dem zugrunde gelegten Datenmaterial ableiten. Im Falle interpretativer Aussagen werden dagegen abduktive Schlüsse (d. h. Schlüsse auf die beste Erklärung) benötigt, bei denen die abgeleitete Aussage nie *notwendig* aus dem Material folgt.

Dieser die Schlussform betreffende Faktor, der die Interpretativität von Aussagen mitbestimmt, ist wiederum weitgehend unabhängig von den Faktoren der Kontextabhängigkeit und der Bedeutungskonzeption. Beispielsweise können wir uns vorstellen, eine uneindeutige Datenlage in einem Text dadurch zu beheben, dass wir uns für eine bestimmte Bedeutungskonzeption entscheiden und Kontextinformationen hinzuziehen – dies kann dann dazu führen, dass sich bestimmte semantische Aussagen aus diesem ‚aufgestockten' Datenmaterial deduktiv ableiten lassen. Zum anderen ist es aber ebenso denkbar, in solchen Fällen uneindeutiger Datenlage auf die Wahl von Bedeutungskonzeption und Kontext zu verzichten und einfach nicht-deduktive Schlüsse allein auf Basis des uneindeutigen Datenmaterials zu treffen. Ein weiteres Argument, das dafür spricht, dass abduktives Schließen ein von Bedeutungskonzeptionen und Kontexten unabhängiger Faktor ist, besteht darin, dass es durchaus möglich ist, dass die Datenlage trotz der Wahl einer Bedeutungskonzeption und eines Kontextes immer noch so uneindeutig bleibt, dass über bestimmte Aspekte des Textes keine deduktiv abgeleiteten Aussagen möglich sind.

Wir können also zusammenfassen: Aus Kindts Ausführungen lassen sich drei weitgehend unabhängige Faktoren ableiten, die dafür sorgen, dass diskrepante semantische Aussagen über literarische Texte getroffen werden können: die Notwendigkeit nicht-deduktiver Schlüsse für die Herleitung der Aussagen, die Abhängigkeit der Aussagen von bestimmten Kontexten und ebenso ihre Abhängigkeit von Bedeutungskonzeptionen. Je mehr dieser Faktoren vorliegen und je strittiger die Schlüsse, Kontexte oder Bedeutungstheorien sind, desto interpretativer ist eine solche Aussage.

Während Kindt explizit erklärt, warum Aussagen über die Unzuverlässigkeit von Erzählern aus *konzeptuellen Gründen* die Wahl einer Interpretationstheorie erfordern, geht er nicht näher darauf ein, ob bzw. warum sie auch zwingend die Wahl von Kontexten oder den Einsatz nicht-deduktiver Schlüsse notwendig machen. Dies liegt wahrscheinlich daran, dass Kindts Fokus auf dem Kriterium der Bedeutungskonzeption liegt und die beiden anderen Kriterien in irgendeiner Weise mit diesem vermischt werden.

Ebenso wie im Rahmen der kognitivistischen Argumentation findet sich auch bei Kindt keine explizite Angabe von Gründen dafür, dass die Varianz von Unzuverlässigkeitsdiagnosen, die sich (unter anderem) aus der Wahl unterschiedlicher Bedeutungskonzeptionen ergibt, als *legitim* verstanden werden muss. Die zugrunde liegende Annahme scheint aber zu sein, dass die Wahl von Bedeutungskonzeptionen letztlich arbiträr ist und wir Bedeutungstheorien insgesamt nicht hinsichtlich ihrer Güte unterscheiden können.

Nachdem wir nun einige der zentralen Argumente dafür kennen, warum Unzuverlässigkeitsdiagnosen (angeblich) grundsätzlich interpretativ sind, können wir uns der Prüfung dieser These zuwenden. Dazu werde ich im folgenden Unterkapitel untersuchen, wie Unzuverlässigkeitsdiagnosen im Falle der unterschiedlichen Unzuverlässigkeitstypen aufgestellt bzw. begründet werden. Im Anschluss daran kann dann geprüft werden, ob und, wenn ja, inwiefern in den einzelnen Fällen aus konzeptuellen Gründen einige der drei Interpretativitätsfaktoren involviert sind und ob Varianzen, die sich daraus womöglich ergeben, tatsächlich als legitim betrachtet werden müssen.

2.2 Die Interpretativität von Unzuverlässigkeitsdiagnosen

Um nun darüber entscheiden zu können, inwieweit Unzuverlässigkeitsdiagnosen von den drei genannten Interpretativitätsfaktoren abhängig sind, ist es zunächst hilfreich, wenn wir uns den Unterschied zwischen Hypothesengenerierung und Hypothesenrechtfertigung genauer ansehen. Ich werde versuchen zu zeigen, dass sich viele Arbeiten im Rahmen der Unzuverlässigkeitsdebatte damit auseinandersetzen, auf welche Weise Unzuverlässigkeitsdiagnosen zustande kommen, aber nicht danach fragen, ob bzw. in welcher Weise solche Diagnosen gerechtfertigt sind oder werden können. Diese letztere Frage ist es allerdings, die im Zusammenhang mit der Interpretativität von Unzuverlässigkeitsdiagnosen eine Rolle spielt. In anderen Worten: Die Tatsache, dass Hypothesen über unzuverlässiges Erzählen de facto auf eine bestimmte Art und Weise zustande kommen, kann nicht allein die Auffassung begründen, dass Unzuverlässigkeitshypothesen generell legitimerweise variieren können und in diesem Sinne interpretativ sind. Beispielsweise kann ein Leser aus den merkwürdigsten Gründen dazu kommen, einem Erzähler Unzuverlässigkeit zu unterstellen. Das bedeutet aber noch nicht, dass dies *gute* Gründe sind, Unzuverlässigkeit anzunehmen.

2.2.1 Die Generierung von Unzuverlässigkeitshypothesen

Die Theoretiker, die sich im Zusammenhang mit Unzuverlässigkeit den Mechanismen der Hypothesenbildung widmen, wollen herausfinden, aus welchen Gründen Leser literarischer Texte Erzählern Unzuverlässigkeit diagnostizieren. In diesem Kontext fertigen diese Wissenschaftler vor allem umfangreiche Listen ‚textueller Indikatoren' an, die bei Lesern den Verdacht erwecken können, dass sie es mit einem unzuverlässigen Erzähler zu tun haben. Allerdings werden diese Indikatoren meist als weder notwendig noch als hinreichend dafür verstanden, dass Leser auch tatsächlich Unzuverlässigkeit diagnostizieren. Ob es tatsächlich zu einer Diagnose kommt, hängt nämlich letztlich von anderen, kontextuellen Faktoren ab, so genannten *frames* oder Bezugsrahmen, die von Leser zu Leser variieren können.

Ich werde im Folgenden einige Arbeiten zu diesem Thema exemplarisch vorstellen. Im Anschluss daran zeige ich bestimmte Probleme auf, die sich bezüglich dieser Listen von textuellen Indikatoren und Bezugsrahmen ergeben, und erläutere, warum sie uns in dieser Form nicht helfen, die Interpretativitätsfrage zu klären.

Olson liefert eine Liste textueller Signale für unzuverlässiges Erzählen, die sie aus Booths *A Rhetoric of Irony* (vgl. Booth 1974) zusammenstellt. Sie schreibt hierzu:

> These textual signals include (1) paratextual elements, as in titles such as Thomas Mann's *Felix Krull, Confidence Man* and in epigraphs; (2) direct warnings that the narrator should not be confused with the author, as in Nabokov's postscript to *Lolita* in which he distances himself from the sexual preferences of Humbert Humbert; (3) obvious grammatical, stylistic, or historical mistakes on the part of the narrator; (4) conflicts between fictional facts; (5) and discrepancies between the values asserted in the work and those of the author in other contexts. (Olson 2003: 95)

Ein weiteres Beispiel für einen frühen Beitrag zur Indikatorenfrage ist der von Rimmon-Kenan:

> Various factors in the text may indicate a gap between the norms of the implied author and those of the narrator: when the facts contradict the narrator's views [...]; when the outcome of the action proves the narrator wrong [...]; when the views of other characters consistently clash with the narrator's [...]; and when the narrator's language contains internal contradictions, double-edged images, and the like[.] (Rimmon-Kenan 1983: 101)

Auch Wall listet eine Reihe unterschiedlicher Möglichkeiten auf, „how narrative unreliability is communicated and what devices the implied author has at his disposal for constructing two contradictory voices that we hear simultaneously"

(Wall 1994: 23).³⁴⁸ Wall zufolge wird Unzuverlässigkeit häufig bereits auf der Ebene des *discours* signalisiert und ist somit auf der Textoberfläche feststellbar. Ganz klar wird aus ihren Ausführungen allerdings nicht, ob die Unzuverlässigkeit im Diskurs nur signalisiert wird oder ob sie tatsächlich vollständig dort verortet ist. Die Unzuverlässigkeitssignale (oder -fälle), die sie hier diskutiert, umfassen stilistische Besonderheiten, die beispielsweise Subjektivität anzeigen (vgl. Wall 1994: 23–24). Andere Zeichen für Unzuverlässigkeit betreffen das Verhältnis zwischen *discours* und *histoire*, beispielsweise Diskrepanzen zwischen (zuverlässigen) szenischen Darstellungen durch den Erzähler und seinen interpretativen Zusammenfassungen und Kommentaren (vgl. Wall 1994: 24–26), ebenso wie Auffälligkeiten im Kontext der Zeit-Kategorien Ordnung und Dauer, die verdeckte Erzählmotive des Erzählers enthüllen können (vgl. Wall 1994: 30–36). Während die bisher genannten Aspekte offenbar weitgehend werkintern feststellbar sind, kann über solche textuellen Signale hinaus auch Vorwissen des Lesers eine wichtige Rolle bei der Zuschreibung unzuverlässigen Erzählens spielen. In diesem Fall, den Wall „naturalization" nennt, entsteht eine Inkongruenz zwischen diesem Vorwissen und dem Erzählten, indem wir als Leser „[use] what we know about human psychology and history to evaluate the probable accuracy of, or motives for, a narrator's assertions" (Wall 1994: 30).

Was im Rahmen der genannten Indikatorensammlungen häufig zu kurz kommt, ist die Beantwortung der Frage, welche konkrete Rolle die gelisteten Indikatoren im Rahmen von Unzuverlässigkeitsdiagnosen spielen.³⁴⁹ Auf diese Frage gehen andere Theoretiker expliziter ein – so beispielsweise Gaby Allrath, die eine Reihe textueller Indikatoren für unzuverlässiges Erzählen nennt und darauf hinweist, dass keines dieser Signale hinreichend für unzuverlässiges Erzählen sei (vgl. Allrath 1998: 61). Eine Häufung der identifizierten Signale lege eine entsprechende Interpretation zwar nahe (vgl. Allrath 1998: 78), letztlich seien aber die kulturellen Referenzrahmen, auf die einzelne Leser bei der Rezeption eines Textes zurückgreifen, die ausschlaggebenden Faktoren für die

---

348 Die Bezugnahme auf zwei Stimmen, die wir simultan hören, macht deutlich, dass Wall sich hier offenbar vornehmlich mit Fällen nicht-aufgelöster Unzuverlässigkeit beschäftigt – denn bei aufgelöster Unzuverlässigkeit ist es nicht notwendig, dass wir zwei Stimmen gleichzeitig hören. Stattdessen können die in Diskrepanz stehenden Perspektiven hier nacheinander kommuniziert werden.

Obwohl Wall ihre Indikatorenliste unter Rückgriff auf einen konkreten Fall erzählerischer Unzuverlässigkeit (Ishiguros *The Remains of the Day*) entwickelt, scheint sie damit einen verallgemeinerbaren Beitrag zur Theorie erzählerischer Unzuverlässigkeit leisten zu wollen.

349 Im Fall von Walls Theorie ist anzunehmen, dass Wall davon ausgeht, dass die von ihr gelisteten Signale nicht hinreichend für unzuverlässiges Erzählen sind (vgl. Wall 1994: 39) – allerdings wird diese Frage nicht im Detail diskutiert.

Zuschreibung von Unzuverlässigkeit (vgl. Allrath 1998: 61). Ihre Liste textueller Signale unterteilt Allrath in vier Typen. Einen ersten Typ stellen Signale innerhalb der erzählten Welt dar, d. h. Hinweise auf die psychische Konstitution des Erzählers (vgl. Allrath 1998:62–65). Zweitens können inhaltliche Aspekte auf der Vermittlungsebene Unzuverlässigkeit signalisieren – beispielsweise Widersprüche oder das explizite Thematisieren der eigenen Verrücktheit bzw. Reflexionen über das eigene Erinnerungsvermögen (vgl. Allrath 1998: 66–69). Drittens nennt Allrath sprachliche Indikatoren wie unvollständige Sätze, evaluative Ausdrücke oder vollständig emotionslose Sprache, vermehrte Leseransprache oder das vollkommene Zurücktreten des Adressaten (vgl. Allrath 1998: 70– 72). Die vierte Klasse stellen Signale auf der Ebene der strukturellen Relationen dar, beispielsweise Multiperspektivität, unmotivierte Wiederholungen sowie (intertextuelle) Verweise in Titeln, Vorworten und Kapitelüberschriften (vgl. Allrath 1998: 73–77).

Im Gegensatz zu Allrath beleuchtet Nünning in seinem Beitrag das Zusammenspiel zwischen textuellen Indikatoren und Bezugsrahmen bei der Zuschreibung von Unzuverlässigkeit genauer. Nünnings stichwortartiger Übersicht zufolge können folgende textuelle Eigenschaften als Indikatoren für Unzuverlässigkeit eine Rolle spielen:

- explizite Widersprüche des Erzählers und andere interne Unstimmigkeiten innerhalb des narrativen Diskurses;
- Diskrepanzen zwischen den Aussagen und Handlungen eines Erzählers;
- Divergenzen zwischen der Selbstcharakterisierung des Erzählers und der Fremdcharakterisierung durch andere Figuren;
- Unstimmigkeiten zwischen den expliziten Fremdkommentaren des Erzählers über andere und seiner impliziten Selbstcharakterisierung bzw. unfreiwilligen Selbstentlarvung;
- Diskrepanzen zwischen der Wiedergabe der Ereignisse durch den Erzähler und seinen Erklärungen und Interpretationen des Geschehens sowie weitere Unstimmigkeiten zwischen *story* und *discourse*;
- verbale Äußerungen und Körpersprache anderer Figuren als Korrektiv;
- multiperspektivische Auffächerung des Geschehens und Kontrastierung unterschiedlicher Versionen desselben Geschehen;
- Häufung von sprecherzentrierten Äußerungen sowie linguistische Signale für Expressivität und Subjektivität;
- Häufung von Leseranreden und bewußten Versuchen der Rezeptionslenkung durch den Erzähler;
- syntaktische Anzeichen für einen hohen Grad an emotionaler Involviertheit (z. B. Ausrufe, Ellipsen, Wiederholungen);
- explizite, autoreferentielle, metanarrative Thematisierung der eigenen Glaubwürdigkeit (z. B. emphatische Bekräftigung);

- eingestandene Unglaubwürdigkeit, Erinnerungslücken und Hinweise auf kognitive Einschränkungen;
- eingestandene oder situativ bedingte Parteilichkeit;
- paratextuelle Signale (z. B. Titel, Untertitel, Vorwort).

(Nünning 1998: 27–28)

In einem anderen Aufsatz nennt Nünning zusätzlich „morphological indications of unreliability" sowie „lexical indications of unreliability like evaluative modifiers and adjectives that express a narrator's attitude, and expressive intensifiers" (Nünning 1999: 65).

Nünning scheint allerdings *nicht* die Position zu vertreten, dass das Vorliegen solcher Indikatoren bereits hinreichend dafür ist, dass unzuverlässiges Erzählen zugeschrieben wird. Offenbar macht das Vorliegen der genannten Indikatoren eine Zuschreibung lediglich wahrscheinlicher – ob sie letztlich aber tatsächlich erfolgt, hängt laut Nünning von kontextuellen Faktoren ab, so genannten *frames of reference*, die sich in erfahrungsweltliche und literarische aufteilen lassen. Der erste Typ, der auf der Annahme beruhe, dass die Textwelt mit der realen Welt kompatibel sei, enthalte die folgenden Aspekte:

- allgemeines Weltwissen;
- das jeweilige historische Wirklichkeitsmodell [...];
- explizite oder implizite Persönlichkeitstheorien sowie gesellschaftlich anerkannte Vorstellungen von psychologischer Normalität oder Kohärenz;
- moralische und ethische Maßstäbe, die in ihrer Gesamtheit das in einer Gesellschaft vorherrschende Werte- und Normenmodell konstituieren;
- das individuelle Werte- und Normensystem, die Perspektive bzw. das Voraussetzungssystem des Rezipienten.

(Nünning 1998: 30)

Zu den literarischen Bezugsrahmen gehörten dagegen:

- allgemeine literarische Konventionen;
- Konventionen einzelner Gattungen und Genres;
- intertextuelle Bezugsrahmen, d. h. Referenzen auf spezifische Prätexte;
- stereotype Modelle literarischer Figuren [...];
- das vom Leser konstruierte Werte- und Normensystem des jeweiligen Textes.

(Nünning 1998: 31)

Ein weiterer Beitrag, in dem eine Indikatorenliste – allerdings ohne Vollständigkeitsanspruch – angeführt wird, ist der von Kindt. Kindt gibt diese Indikatoren im Zusammenhang mit seiner operationalisierten Definition mimetischer Unzuverlässigkeit (bzw. unzuverlässigen Berichtens) an, für die er auf die Grice'schen Konversationsmaximen zurückgreift:

a) Erzähler verletzen die Maxime der *Quantität*, indem sie Angaben zensieren, Bemerkungen repetieren oder von Ereignissen oder Erlebnissen berichten, die jenseits ihres Wissens- und Wahrnehmungshorizonts liegen.
b) Gegen die Maxime der *Qualität* verstoßen Narratoren, indem sie sich in Widersprüche (oder Unstimmigkeiten) verstricken, Mutmaßungen anstellen oder mit Unwahrscheinlichkeiten aufwarten.
c) Eine Missachtung der Maxime der *Relation* liegt vor, wenn sich ein Erzähler nebensächlicher Fragen annimmt, von bestimmten Themen ablenkt oder ihre Behandlung nur vorgibt.
d) Narratoren handeln der Maxime der *Modalität* zuwider, wenn sie Berichte liefern, die vage oder chaotisch, umständlich oder mehrdeutig sind.

(Kindt 2008: 67, Hervorhebungen im Original)

Allerdings ist auch im Rahmen von Kindts Theorie nicht ganz klar, welchen Status diese Indikatoren spielen, d. h. ob sie lediglich auf die noch zu prüfende Möglichkeit erzählerischer Unzuverlässigkeit verweisen oder ob ihr Vorliegen bereits hinreichend für Unzuverlässigkeit ist (siehe hierzu auch Kapitel II.3.1.3).

Im Zusammenhang mit den meisten Beiträgen zur Indikatorendebatte stellen sich zwei Probleme. Das erste besteht darin, dass die Indikatoren nicht nach Typen unzuverlässigen Erzählens sortiert werden, wodurch die Analysen einiges an Nützlichkeit einbüßen. Denn die Indikatoren für faktenbezogene Unzuverlässigkeit können beispielsweise deutlich andere sein als die für wertebezogene Unzuverlässigkeit – und die für sprachliche Unzuverlässigkeit können andere sein als die für kognitive. Dieses Manko resultiert wohl vor allem daraus, dass viele der fraglichen Theoretiker sich nur in unzureichendem Maße der Definition und Typisierung unzuverlässigen Erzählens widmen und somit gar keine theoretische Grundlage für die fraglichen Differenzierungen haben. Eine Ausnahme stellt Kindt dar – dieser beschränkt seine Operationalisierung der Unzuverlässigkeitsdefinition, und entsprechend auch seine Indikatorenliste, allerdings auf die (sprachliche) faktenbezogene Unzuverlässigkeitsvariante (vgl. Kindt 2008).[350]

---

[350] Ein weiterer – allerdings sehr kursorischer – Ansatz zur Subklassifikation von Indikatorenlisten findet sich bei Heyd. Sie nennt an einigen Stellen Indikatoren, die speziell auf bestimmte Typen unzuverlässigen Erzählens hinweisen (so beispielsweise bestimmte *politeness*

Das zweite Problem der meisten Indikatorenanalysen – oder doch zumindest ein meines Erachtens äußerst unzweckmäßiger Fokus – hat etwas damit zu tun, dass diese Listen oft im Kontext kognitivistischer Ansätze angefertigt werden. Diesen Theoretikern geht es nämlich anscheinend nicht darum, wann unzuverlässiges Erzählen tatsächlich vorliegt, sondern wann Leser es zuschreiben. Da ich die Annahme vertrete, dass nicht jede semantische Aussage über einen Text diesem auch *angemessen* ist – und dass die Frage, welche Aussagen angemessen sind und welche nicht, *relevant* ist – denke ich, dass man auch die Indikatorenlisten in dieser Hinsicht weiter strukturieren und damit noch nützlicher machen sollte.

Wenn wir nämlich davon ausgehen, dass unzuverlässiges Erzählen ein Phänomen ist, das recht klar definierte Erzählphänomene beschreiben soll, dann erscheinen die Indikatorenlisten noch in einer anderen Hinsicht heterogen: Einige der sogenannten Indikatoren sind nämlich möglicherweise schon *hinreichend* für das Vorliegen einer relevanten Fehlfunktion, während andere höchstens den Verdacht erregen, aber noch validiert werden müssen. Im Kontext streng kognitivistischer Theorien spielt dieser Unterschied freilich keine Rolle – denn selbst im Falle ‚hinreichender Indikatoren' scheint für die fraglichen Theoretiker nur interessant zu sein, ob Leser auch tatsächlich Unzuverlässigkeit zuschreiben. Nimmt man dagegen eine weniger relativistische Perspektive ein, dann könnte man beispielsweise sagen, dass die ersten sieben ‚Indikatoren' aus Nünnings oben zitierter Liste möglicherweise bereits hinreichend für (sprachliche faktenbezogene) Unzuverlässigkeit sein könnten, da sie *Widersprüche* in den Behauptungen über die fiktive Welt darstellen. Denn Widersprüche sind in der Regel hinreichend dafür, dass *etwas Falsches* erzählt wurde – auch wenn wir nicht in allen Fällen sagen können, welche von zwei einander widersprechenden Aussagen falsch ist bzw. wer (im Fall von zwei unterschiedlichen Sprechern)[351] die falsche Aussage getätigt hat.[352]

---

markers auf ihren Typ der *semi-conscious unreliability* (vgl. Heyd 2006: 237) und *orality markers* auf intentionale Unzuverlässigkeit (vgl. Heyd 2006: 238–239).
351 Dies gilt z. B. für Nünnings Indikatoren, bei denen die Aussagen anderer Figuren in Diskrepanz zu den Aussagen des (extradiegetischen) Erzählers stehen.
352 Ob Widersprüche tatsächlich als hinreichend für bestimmte Formen von Unzuverlässigkeit betrachtet werden können, hängt von einigen theoretischen Vorannahmen ab. Eine dieser Vorannahmen betrifft die Frage, ob in fiktiven Welten Widersprüche wahr sein können. Wenn man davon ausgeht, dass dies möglich ist, dann sind Widersprüche im Erzähltext nicht automatisch hinreichend für Unzuverlässigkeit – denn schließlich ist es möglich, dass die Widersprüche des Erzählers die Fakten der fiktiven Welt adäquat abbilden. In diesem Fall scheint es mir eine notwendige – wenn auch keine hinreichende – Bedingung zu sein, dass in der Erzählung die Möglichkeit, dass Widersprüche wahr sein können, explizit thematisiert werden muss (wie beispielsweise in Priests *Sylvan's Box*, vgl. Priest 1997), damit wir diese Option überhaupt in Erwägung ziehen. Eine zweite theoretische Frage, von der abhängig ist, ob Widersprüche

Bei den restlichen Indikatoren aus Nünnings Liste hingegen kann man höchstens dann davon sprechen, dass diese hinreichend für Unzuverlässigkeit sind, wenn man einen Wahrscheinlichkeitsansatz unzuverlässigen Erzählens vertritt – wenn man also davon ausgeht, dass ein Erzähler genau dann unzuverlässig ist, wenn die Wahrscheinlichkeit, dass er eine der relevanten Fehlfunktionen an den Tag legt, sehr hoch ist – beispielsweise weil der Erzähler emotional, verwirrt oder verrückt ist. Wenn man dagegen der Ansicht ist, dass die Fehlfunktionen auch tatsächlich realisiert sein müssen, damit wir von Unzuverlässigkeit sprechen können, sind diese letzten vier Indikatoren weder notwendig noch hinreichend für Unzuverlässigkeit. Das heißt, dass Unzuverlässigkeit auch ohne diese Indikatoren vorkommen kann – und dass, andersherum, diese Indikatoren vorliegen können, ohne dass der Erzähler tatsächlich unzuverlässig ist.[353]

Mit der Frage, welche unterschiedlichen Rollen Indikatoren bei der Begründung von Unzuverlässigkeitsdiagnosen spielen können, sind wir jetzt schon von der Diskussion der Hypothesengenerierung zur Hypothesen*prüfung* übergegangen. Diese scheint mir für die Frage nach der Interpretativität von Unzuverlässigkeitsdiagnosen ausschlaggebend zu sein.

2.2.2 Die Rechtfertigung von Unzuverlässigkeitshypothesen

Im vorangegangenen Unterkapitel wurde vornehmlich die Frage untersucht, auf welche Informationen Leser (mehr oder weniger unbewusst oder intuitiv) offenbar zurückgreifen, wenn sie einem Erzähler Unzuverlässigkeit unterstellen. Interessanter und relevanter im Zusammenhang mit der Interpretativität dieser Unzuverlässigkeitsdiagnosen erscheint mir aber die Frage, wie diese Hypothesen geprüft werden können – also beispielsweise welche textuellen oder kontextuellen Informationen oder theoretischen Annahmen notwendig sind, um eine Unzuverlässigkeitsdiagnose zu *begründen* bzw. zu rechtfertigen. Wenn sich herausstellt, dass Unzuverlässigkeitsdiagnosen generell tatsächlich nur unter Bezugnahme auf strittige Schlüsse, Kontexte oder

---

hinreichend für unzuverlässiges Erzählen sind, besteht darin, ob es als notwendige Bedingung für Unzuverlässigkeit angesehen wird, dass das fragliche Erzählphänomen eine wichtige Rolle im Rahmen der Werkbedeutung spielt. Denn wenn dies der Fall ist, sind Widersprüche nicht hinreichend für Unzuverlässigkeit – es muss dann nämlich (beispielsweise) außerdem gewährleistet sein, dass diese Widersprüche nicht einfach durch auktoriale Fehler zustande gekommen sind.

353 Ein zögerlicher Ansatz zu einer entsprechenden Subklassifikation von Indikatorenlisten findet sich bei V. Nünning. Sie unterteilt Indikatorenlisten in Widersprüche einerseits und stilistische Zeichen von Emotionalität andererseits (vgl. V. Nünning 2015b: 96) – allerdings trifft sie keine Aussagen zum unterschiedlichen Status dieser Typen von Indikatoren.

Bedeutungskonzeptionen (siehe Kapitel IV.2.1) gerechtfertigt werden *können*, dann müssen diskrepante Unzuverlässigkeitsdiagnosen als legitim verstanden werden – und die Interpretativität dieser Diagnosen wäre belegt.

Schauen wir uns nun einmal an, welche Aspekte von Unzuverlässigkeitsdiagnosen im Verdacht stehen, die Interpretativität dieser Diagnosen zu bestimmen. Im Rahmen dieser Untersuchung können wir prüfen, ob bzw. unter welchen Umständen tatsächlich Aspekte der Interpretativität (unsichere Schlüsse, strittige Kontextinformationen oder Bedeutungstheorien) ins Spiel kommen. Dabei möchte ich zunächst potenzielle Interpretativität untersuchen, die durch die Feststellung von fiktiven Fakten und den ‚Werten des Werks' bedingt ist. Im Anschluss daran wende ich mich Interpretativität zu, die direkt durch die Festlegung auf Kontexte im Rahmen der Unzuverlässigkeitsdefinition zustande kommt, und solcher, die aus der Forderung resultiert, unzuverlässiges Erzählen müsse eine zentrale Funktion im Rahmen der ‚allgemeinen Werkbedeutung' übernehmen.

2.2.2.1 Feststellung der fiktiven Fakten

Wie ich bereits in Kapitel II.3.1.2 deutlich gemacht habe, spielen im Zusammenhang mit den meisten Grundtypen unzuverlässigen Erzählens Aussagen über die Fakten der fiktiven Welt eine wichtige Rolle. Diese Tatsache allein scheint nun aber noch nicht für die postulierte notwendige Interpretativität von Unzuverlässigkeitsdiagnosen verantwortlich zu sein. Schließlich gilt für die meisten narratologischen Kategorien, dass ihre Anwendung Aussagen über die fiktiven Fakten notwendig machen. Dies trifft sogar auf Kategorien zu, die von Kindt als interpretationsneutral eingeordnet werden, beispielsweise auf die Unterscheidung zwischen homodiegetischen und heterodiegetischen Erzählern (vgl. Kindt 2008: 44): Um eine Aussage darüber machen zu können, ob ein Erzähler homodiegetisch oder heterodiegetisch ist, müssen wir bestimmte Fakten der fiktiven Welt kennen – wir müssen nämlich wissen, ob der Erzähler Teil dieser Welt ist oder nicht. Dies lässt sich zwar in den meisten Fällen eindeutig aus dem sprachlichen Material ableiten – aber nicht *notwendigerweise*. Denn für jede noch so voraussetzungslos und simpel erscheinende Kategorie ist es möglich, dass ein konkreter literarischer Text keine eindeutigen Informationen hinsichtlich des zu kategorisierenden Aspekts enthält. Ein Beispiel hierfür wäre möglicherweise der Erzähler in E.T.A. Hoffmanns *Der Sandmann*, der zu Beginn zwar behauptet, ein Freund des Protagonisten Nathanael zu sein (vgl. Hoffmann 1985: 25), später aber nicht nur keinerlei Selbstreferenz mehr an den Tag legt, sondern außerdem noch über ungewöhnlich viel Detailwissen zu verfügen scheint, ohne dass er dieses in irgendeiner Weise plausibilisiert. Es scheint deswegen unklar zu sein, ob der Erzähler tatsächlich Teil der Welt ist, wie er behauptet. Ob nicht-deduktive Schlüsse notwendig sind, um eine narratologische Kategorie auf einen Text anzuwenden, hat also nicht nur mit der Kategorie selbst, sondern auch mit dem individuellen literarischen Text zu tun.

Aber gibt es vielleicht Gründe anzunehmen, dass sich die für die Kategorisierung eines Erzählers als homo- oder heterodiegetisch relevanten Fakten sehr *häufig* robust aus dem Textmaterial ableiten lassen, die für Unzuverlässigkeitsdiagnosen notwendigen Fakten dagegen aber selten oder gar nicht? Um diese Frage beantworten zu können, ist eine Unterscheidung zwischen unterschiedlichen Typen fiktiver Fakten (oder: des *Gehalts* von Fiktionen) hilfreich: die Unterscheidung zwischen primären und sekundären fiktiven Wahrheiten (vgl. Lewis 1978: 41–46; Walton 1990: 140–143). Primäre (oder: explizite) fiktive Wahrheiten werden durch den Text explizit bzw. direkt vermittelt und sind deswegen unabhängig von anderen fiktiven Wahrheiten. Sekundäre (oder: implizite) fiktive Wahrheiten werden dagegen entweder – bestimmten Prinzipien folgend – in den Text ‚importiert' oder werden aus primären und/oder importierten Wahrheiten gefolgert (vgl. Folde 2015: 363–364).

Widmen wir uns zunächst den primären Wahrheiten. Hier lässt sich festhalten: Die Frage, ob ein Erzähler homo- oder heterodiegetisch ist, lässt sich wohl in den meisten Fällen sehr robust aus primären fiktiven Wahrheiten ableiten und ist deswegen nicht (oder nur wenig) interpretativ. Im Falle unzuverlässigen Erzählens scheint dies nicht zuzutreffen: Die für Unzuverlässigkeitsdiagnosen notwendigen Fakten werden oft nur indirekt kommuniziert. Aufgrund der Indirektheit dieser Hinweise wird es in solchen Fällen oft möglich sein, gerechtfertigterweise unterschiedlicher Meinung darüber zu sein, *ob* hier tatsächlich eine von der Erzählerdarstellung abweichende Variante herauszulesen ist oder nicht – auf derartige Fälle werde ich gleich noch einmal zurückkommen.

Es gibt aber auch bestimmte Fälle unzuverlässigen Erzählens, in denen sich die Unzuverlässigkeitsdiagnose auf Basis primärer Wahrheiten fällen – oder doch zumindest mithilfe robuster Schlüsse aus solchen ableiten – lässt. Dies ist bei aufgelöster Unzuverlässigkeit der Fall. Sie liegt vor, wenn (faktenbezogene) Unzuverlässigkeit im Nachhinein explizit enttarnt wird – in manchen Fällen wird das fragliche Fehlverhalten sogar korrigiert.[354] In diesen Fällen

---

354 Eventuell lassen sich hier noch andere Fälle hinzufügen – beispielsweise der Fall, dass sich schlicht Diskrepanzen innerhalb des Erzählerdiskurses finden lassen (vgl. Ohme 2015: 239): In diesem Fall ist es gar nicht unbedingt notwendig herauszufinden, was in der fiktiven Welt wahr ist – es reicht zu wissen, dass der Erzähler Äußerungen macht, die miteinander inkompatibel sind. Man könnte argumentieren, dass sich hier aus expliziten Äußerungen deduktiv ableiten lässt, dass der Erzähler etwas Falsches äußert.

lässt sich Unzuverlässigkeit also oft mit sehr sicheren Schlüssen allein aus dem sprachlichen Material des Textes ableiten.[355]

In vielen anderen Fällen dagegen werden die im Zusammenhang mit Unzuverlässigkeit relevanten Fakten tatsächlich nicht direkt vermittelt – und wie wir in Kapitel II.4 gesehen haben, wollen einige Theoretiker das Unzuverlässigkeitskonzept möglicherweise auf diese Fälle beschränken.[356] Wie werden Unzuverlässigkeitsdiagnosen in solchen Fällen getroffen – und welche Aspekte der Interpretativität kommen hier ins Spiel?

Eine Möglichkeit, im Falle uneindeutiger Datenlage Unzuverlässigkeitsdiagnosen zu treffen, besteht darin, die Diagnose auf der Basis unsicherer Schlüsse

---

[355] Dies macht auch Ohme deutlich. Ihm zufolge könne es explizite (text-)interne Maßstäbe für unzuverlässiges Erzählen (bzw. semantische Markierung) geben. Dies sei immer dann der Fall, wenn ein Erzähler sich selbst korrigiert oder durch die Darstellung eines anderen Erzählers korrigiert wird (vgl. Ohme 2015: 238–239). Vgl. hierzu auch Petraschka (2018), der anhand Agatha Christies *The Murder of Roger Ackroyd* und Ambrose Bierces *An Occurrence at Owl Creek Bridge* zeigt, wie leicht und eindeutig sich Unzuverlässigkeit in solchen Fällen feststellen lässt. Petraschka weist zugleich darauf hin, dass auch Bedeutungskonzeptionen denkbar sind, denen zufolge das sprachliche Material des literarischen Textes bei der Bedeutungszuschreibung nicht oberste Priorität hat. Allerdings macht er deutlich, dass unter dieser Voraussetzung auch andere narratologische Analysen in Relation zu Bedeutungskonzeptionen variieren würden. Da dies das eigentlich nützliche Konzept der interpretationstheoretischen Neutralität untergraben würde, schlägt er vor, von vornherein nur grundsätzlich plausible Bedeutungskonzeptionen zuzulassen. Obwohl es eigentlich umfangreicherer Diskussionen bedürfen würde, Plausibilitätskriterien für Bedeutungskonzeptionen festzulegen, erscheint die angemessene Berücksichtigung des sprachlichen Materials ein unmittelbar überzeugender Kandidat zu sein – und auf dieser Annahme basieren auch bereits meine Überlegungen in Kapitel II.3 und im gesamten Kapitel IV.2.
Die mögliche Argumentation, dass *Sprache* bereits ein Kontext ist, der hier herangezogen werden muss, erscheint mir wenig plausibel. Schließlich muss es irgendetwas geben, das *den Text selbst* konstituiert – und eben nicht bereits einen Kontext zu diesem Text darstellt. Das sprachliche Material und die dazugehörigen wörtlichen Bedeutungen scheinen mir hierfür ein sehr geeigneter Kandidat zu sein. Möglicherweise liegt der Sicht auf Sprache als Kontext aber auch eine Verwechslung von Kontexten und Bedeutungskonzeptionen zugrunde. Eine ausführliche Argumentation für meine Position findet sich in Jacke 2014.
[356] Ausschließlich an solche Fälle scheint mir beispielsweise auch Korthals Altes im Rahmen ihrer Überlegungen zur Diagnose unzuverlässigen Erzählens zu denken. So kritisiert sie strukturalistische Narratologen, die versuchen, ein „science-based, systematic, epistemologically more valid framework for the ‚analysis' of narrative structures" zu liefern (Korthals Altes 2015: 66). Derartige Modelle seien im Zusammenhang mit unzuverlässigem Erzählen nur sehr eingeschränkt nutzbar, da für dessen Feststellung hermeneutische Prozesse notwendig seien. Allerdings betrachtet Korthals Altes die Zuschreibung von Unzuverlässigkeit, im Gegensatz zu einigen Kognitivisten, auch nicht für vollkommen beliebig. So betont sie, dass oft durch textuelle und paratextuelle Signale mitgeteilt würde, welche Interpretationsschemata herangezogen werden sollen (vgl. Korthals Altes 2015: 76–78).

zu stellen. Wenn dies geschieht, dann können Hypothesen legitimerweise variieren und eines der drei Interpretativitätskriterien wäre gegeben. Man sollte sich allerdings klarmachen, dass auch nicht-deduktive Schlüsse besser oder schlechter gestützt sein können. Dass sich bestimmte Diagnosen nicht mithilfe deduktiver Schlüsse herleiten lassen, heißt also noch nicht automatisch, dass dann *alle* diskrepanten Ergebnisse gleichermaßen legitim sind.[357] Solche Fälle, in denen sich die für die Unzuverlässigkeitsdiagnose relevanten fiktiven Fakten, trotz indirekter Kommunikation, mithilfe relativ robuster Schlüsse auf Basis des Textmaterials rekonstruieren lassen, werden unter anderem von Busch, Vogt und Ohme diskutiert. Busch macht beispielsweise deutlich, dass die Rekonstruktion dieser Fakten auch textintern recht konklusiv möglich sein kann, wenn im Text noch andere Perspektiven (insbesondere ‚kollektive' Perspektiven) kommuniziert werden, von denen die des Erzählers abweicht, oder wenn der Text von Techniken der Iteration (beispielsweise Wiederaufnahme mit Variation oder kontrastierende/gleichstimmige Spiegelung) Gebrauch mache (vgl. Busch 1998: 52–54). Eine ähnliche Idee findet sich auch bei Vogt (vgl. Vogt 2015; 2018). Dieser schreibt, dass unzuverlässiges Erzählen in einigen Fällen durch im Text feststellbare ‚*world clashes*' bzw. ‚Weltkonflikte' erkannt werden könnte (z. B. zwischen der (Gedanken-)Welt des Erzählers und der (Gedanken-)Welt' von Figuren). Diese ‚Welten' könnten wir unter anderem rekonstruieren, indem wir vom Verhalten dieser Figuren auf deren Überzeugungssysteme schlössen. Eine Hierarchisierung dieser ‚Welten' – d. h. die Feststellung, welche dieser subjektiven ‚Welten' die fiktive Welt des Werks adäquat wiedergibt – sei in manchen Fällen beispielsweise dadurch möglich, dass im Text mehrheitlich geteilte Welten identifizierbar sind, die dann als autoritativ gelten können (vgl. Vogt 2015: 148).[358]

---

[357] So nennt Köppe beispielsweise Rationalitätsstandards, die uns helfen können, zwischen konkurrierenden Interpretationshypothesen auszuwählen: Konservatismus (Interpretationen sollen auf primären fiktiven Wahrheiten basieren), negative Kohärenz (Interpretationen sollen keine Widersprüche beinhalten), positive Kohärenz (Elemente der Interpretation sollen aufeinander bezogen sein), Einfachheit/Bescheidenheit (Interpretationen sollen leicht zu rechtfertigen sein) und Reichweite (Interpretation soll viele Textelemente erklären, vgl. Köppe 2005: 223–226; Köppe 2008: 79–81)

[358] Obwohl sich bei Vogt einige sehr interessante Gedanken zur Diagnose von Unzuverlässigkeit (insbesondere zur Hierarchisierung verschiedener im Text präsentierter Überzeugungssysteme) finden lassen (vgl. Vogt 2018, Kap. V–VIII), wird mir nicht vollständig klar, welchen Mehrwert die Operationalisierung der *possible worlds theory* im Zusammenhang mit unzuverlässigem Erzählen haben soll. Meines Erachtens generiert diese keine neuen Erkenntnisse über Unzuverlässigkeit – stattdessen Vogt bringt hier lediglich eine neue Metapher bzw. Terminologie ins Spiel, um auf die Überzeugungs- und Meinungssysteme von Erzählern und (anderen) Figuren zu referieren. Dieselbe Kritik lässt sich auch in Bezug auf Zipfels Beitrag anbringen (vgl. Zipfel 2011).

Das Zwischenfazit wäre also: Die Rechtfertigung von Unzuverlässigkeitsdiagnosen erfordert *nicht notwendigerweise* unsichere Schlüsse (beispielsweise nicht im Falle aufgelöster Unzuverlässigkeit). Allerdings sind solche induktiven oder abduktiven Schlüsse hier wohl insgesamt im Vergleich zu anderen narratologischen Untersuchungen überdurchschnittlich häufig notwendig.

Eine weitere Möglichkeit, wie im Falle uneindeutiger Datenlage Unzuverlässigkeitsdiagnosen getroffen werden können, besteht darin, bestimmtes extratextuelles Wissen bzw. kontextuelle Annahmen hinzuzuziehen. Häufig entsteht dadurch eine neue Datenbasis, die in ihrer Gesamtheit konklusiv genug ist, um die relevanten Fragen mithilfe robuster Schlüsse zu beantworten. Die auf diese Weise erschlossenen fiktiven Wahrheiten gehören dann also nicht zum primären Gehalt, sondern zum sekundären, da sie durch Import von Kontextwissen zustande gekommen sind. Wenn Kontextinformationen herangezogen werden, um die Fakten der fiktiven Welt zu bestimmen, dann liegt dieser Entscheidung – implizit oder explizit – eine Bedeutungstheorie zugrunde, die beispielsweise angibt, welche Sorten extratextueller Informationen bei der Interpretation fiktionaler Texte herangezogen werden dürfen.

Allerdings führt die Heranziehung von Bedeutungstheorien und Kontextinformationen nicht notwendigerweise zu interpretativen Aussagen im oben definierten Sinne. Dies ist nur der Fall, wenn die Bedeutungskonzeptionen oder Kontexte begründet strittig sind – denn nur in diesem Fall können semantische Aussagen über Texte legitimerweise variieren. Kontextinformationen können zum einen dadurch strittig sein, dass ihre Wahrheit in Zweifel steht. Ein Beispiel hierfür ist die psychoanalytische Theorie, die oft im Rahmen von Textinterpretationen herangezogen worden ist. Dieser Kontext ist insofern strittig, als unklar ist, ob die im Rahmen der psychoanalytischen Theorie aufgestellten Thesen über die menschliche Psyche zutreffend sind. Kontexte können aber auch noch in anderer Weise strittig sein: Es ist möglich, bestimmte Kontextinformationen als wahr anzuerkennen, zugleich aber zu bezweifeln, dass diese Informationen für die Auslegung fiktionaler Texte herangezogen werden dürfen. Ein Beispiel sind textexterne Informationen über die Intentionen des Autors: Die Wahrheit solcher Informationen mag zwar im Einzelfall unstrittig sein – viele Literaturwissenschaftler sind aber dennoch der Ansicht, dass sie nicht im Rahmen der Auslegung fiktionaler Texte verwendet werden sollten. Immer wenn Kontexte in dieser zweiten Hinsicht strittig sind, dann sind zugleich die Bedeutungstheorien strittig, die diese als relevant für die Textauslegung verstehen.

Es gibt aber auch Bedeutungstheorien und mit ihnen assoziierte Kontexte, die als relativ unstrittig gelten können. Beispiele für solche Bedeutungstheorien sind das so genannte *Reality Principle* und das *Mutual Belief Principle* (vgl. bspw. Lewis 1978: 41–49; Walton 1990: 150–161). Laut *Reality Principle* darf Wissen über unsere reale Welt in die fiktive Welt eines fiktionalen Textes importiert werden, solange es nicht mit (primären oder anderen) fiktiven Wahrheiten in Diskrepanz steht – und das *Mutual Belief Principle* sieht vor, dass als fiktive Wahrheit importiert werden darf, was in der Gesellschaft zur Entstehungszeit des fraglichen fiktionalen Textes als allgemein geteiltes Wissen galt. Obwohl es im Zusammenhang mit beiden Prinzipien zu Schwierigkeiten kommen und sie im Einzelfall auch in Diskrepanz zueinander stehen können,[359] können unter Hinzuziehung dieser Prinzipien (insbesondere des *Reality Principle*) häufig Aussagen über die Fakten bestimmter fiktiver Welten generiert werden, die als relativ unstrittig gelten. Analoges gilt für weitere Bedeutungstheorien (bzw. Elemente solcher Theorien), die, im Gegensatz zu den beiden genannten Prinzipien, keine eigenen Namen haben – zum Beispiel für die Auffassung, dass wir Wissen über literarische Konventionen (wie Genrekonventionen) heranziehen dürfen, um Aussagen über fiktive Fakten zu treffen.[360]

Viele Unzuverlässigkeitsdiagnosen können unter Hinzuziehung solcher Prinzipien getroffen werden – und die Anwendung der meisten anderen narratologischen Kategorien erfordert ebenfalls diese Art von Kontextbezug bzw. die Festlegung auf Bedeutungstheoriekomponenten. Hier lässt sich hinsichtlich der Interpretativitätskriterien also wieder kein absoluter Unterschied zwischen der Kategorie des unzuverlässigen Erzählens und anderen narratologischen Kategorien feststellen. Allerdings: Die Fälle, in denen solche im Grunde allgemein akzeptierten Prinzipien nicht ausreichen, um relevante Fragen über fiktive Fakten zu beantworten, werden bei der Diagnose unzuverlässigen Erzählens wieder häufiger auftreten als bei der Feststellung anderer narrativer Phänomene. In solchen Fällen muss dann gegebenenfalls auf strittigere Bedeutungstheorien und/oder Kontexte zurückgegriffen werden – beispielsweise auf solche, die den semantischen Intentionen des Autors oder den möglicherweise idiosynkratischen Überzeugungen bestimmter Leser oder Lesergruppen eine hohe Relevanz zusprechen. Da davon auszugehen ist, dass hier die Hinzuziehung unterschiedlicher Bedeutungstheorien zu unterschiedlichen Unzuverlässigkeitsdiagnosen führen kann, und zudem davon, dass es ist nicht trivial ist zu entscheiden, welche dieser Konzeptionen die plausibelste ist, können potenziell unterschiedliche Ergebnisse gleichermaßen zulässig sein. Unzuverlässigkeitsdiagnosen sind also auch im Hinblick auf die Interpretativitätskriterien *Kontext* und *Bedeutungstheorie* häufiger interpretativ als andere narratologische Analysen.

---

359 Vgl. hierzu beispielsweise Walton (1990: 147–150; 153–161) oder Zipfel (2011: 112).
360 Eine weitere Möglichkeit wäre, dass im Text selbst signalisiert wird, welche Interpretationsschemata bzw. Kontexte herangezogen werden sollen (vgl. beispielsweise auch Korthals Altes 2015: 76–78).

Wie ich in Kapitel II.3.1.2 deutlich gemacht habe, unterscheiden sich die fünf Grundtypen unzuverlässigen Erzählens hier tendenziell folgendermaßen: Faktenbezogene und kognitive Unzuverlässigkeitsvarianten erfordern häufiger nicht-triviale Hypothesen über die fiktiven Fakten, wertebezogene und sprachliche Varianten dagegen seltener. Im Falle aufgelöster Unzuverlässigkeit ist die Feststellung fiktiver Fakten grundsätzlich relativ problemlos möglich.

2.2.2.2 Feststellung der ‚Werte des Werks'

Neben der Identifikation der Fakten der fiktiven Welt kann auch die Feststellung der ‚Werte des Werks' ein Faktor sein, der die Interpretativität von Unzuverlässigkeitsdiagnosen bedingt. Während fiktive Fakten im Zusammenhang mit allen fünf Grundtypen unzuverlässigen Erzählens eine Rolle spielen, sind die ‚Werte des Werks' potenziell nur für die drei Typen wertebezogener Unzuverlässigkeit relevant. Sie sind es genau dann, wenn im Rahmen der Definition der wertebezogenen Unzuverlässigkeitsvarianten die ‚Werte des Werks' (d. h. die im Werk implizit kommunizierten Werte) als Bezugspunkt bestimmt werden – und nicht einfach die Werte einer (textexternen) Bezugsinstanz (siehe Kapitel II.3.1.1 und II.3.3).[361] Die Frage, auf welche Weise sich die in einem fiktionalen Text kommunizierten Werte bestimmen lassen, ist hier wieder eine Frage, die unter Hinzuziehung einer Bedeutungstheorie beantwortet werden muss. In dieser Hinsicht ist sie der oben diskutierten Frage nach den Fakten der fiktiven Welt ähnlich.

Es gibt allerdings auch einen relevanten Unterschied zwischen der Feststellung fiktiver Fakten und der Feststellung der ‚Werte des Werks' im Zusammenhang mit der Diagnose unzuverlässigen Erzählens. Wie ich eben argumentiert habe, gibt es einige Fälle, in denen sich die für Unzuverlässigkeitsdiagnosen relevanten Fakten nicht-interpretativ feststellen lassen, weil sie robust aus dem sprachlichen Material des Textes abgeleitet werden können – nämlich alle Fälle aufgelöster Unzuverlässigkeit. Es gibt aber keine Fälle, in denen wir in analoger Weise explizit im Nachhinein darüber aufgeklärt werden, welche Werte in einem bestimmten fiktionalen Text kommuniziert werden sollen – und dass diese von den zuvor durch den Erzähler vertretenen Werten abweichen. An dieser Stelle

---

[361] Wie ich in den Kapiteln II.1.3 und II.3 deutlich gemacht habe, definieren gar nicht unbedingt alle Unzuverlässigkeitstheoretiker wertebezogene Unzuverlässigkeit unter Rekurs auf die Werte des Werks. Dies gilt beispielsweise für Kognitivisten, die in ihrer Definition unzuverlässigen Erzählens teilweise auf die Werte des Lesers zurückgreifen, ohne dabei davon auszugehen, dass diese die Werte des Werks konstituieren. In solchen Fällen ist unklar, ob hier tatsächlich Aspekte der Werkbedeutung eine Rolle spielen.

bietet es sich an, die Diagnose wertebezogener Unzuverlässigkeitsvarianten, die unter Rekurs auf die ‚Werte des Werks' definiert werden, ein wenig genauer zu untersuchen. Hiermit kann zugleich meine in Kapitel II.4.1 vertretene These untermauert werden, dass aufgelöste Unzuverlässigkeit nicht im Zusammenhang mit wertebezogener Unzuverlässigkeit vorkommen kann.

Wie also diagnostizieren wir die ‚Werte des Werks' – und mit ihnen wertebezogene Unzuverlässigkeit? In der Debatte um unzuverlässiges Erzählen finden sich viele bildhafte Umschreibungen dieses Zuschreibungsprozesses; so beispielsweise der Hinweis, man müsse ‚zwischen den Zeilen lesen'. Diese Vagheit hat viele Kognitivisten dazu veranlasst, die Annahme, dass ein fiktionaler Text Werte kommunizieren könne, zu verwerfen, und stattdessen die Werte des Lesers als relevanten Bezugspunkt zu verstehen. Diese Entscheidung erscheint mir allerdings zu vorschnell – insbesondere vor dem Hintergrund, dass die relevanten Fragen hinsichtlich der Kommunikation von Werten im Rahmen literaturtheoretischer Untersuchungen bereits systematisch verhandelt worden sind. Eine aufschlussreiche Analyse liefert beispielsweise Simone Winko (vgl. Winko 1991). Winko macht deutlich, dass es im Falle fiktionaler Texte zwei Ebenen gibt, auf denen Wertanalysen möglich sind: Zum einen könnten die fiktiven Wertzusammenhänge (d. h. die Werte der Figuren und des Erzählers) untersucht werden – zum anderen könnten die Werte untersucht werden, die gewissermaßen ‚dem Text selbst' zuzuschreiben seien (vgl. Winko 1991: 182). Insgesamt können Werte in Texten laut Winko entweder explizit oder implizit kommuniziert werden (vgl. Winko 1991: 134). Allerdings können uns alle expliziten Wertungen, die sich in fiktionalen Texten finden lassen, ausschließlich Auskunft über die *fiktiven* Wertzusammenhänge liefern – also beispielsweise darüber, welche Werte der Erzähler vertritt. Wertungen ‚zweiter Ordnung' dagegen können immer nur implizit kommuniziert werden (vgl. Winko 1991: 183–184). Die implizite Kommunikation von Wertungen kann grundsätzlich auf zwei Arten umgesetzt sein:

> Unter die impliziten Bewertungshandlungen fallen ‚verdeckte' und ‚implizite Bewertungen'. ‚Verdeckte Bewertungen' erscheinen in Texten z. B. in Form deskriptiver Aussagen, deren evaluatives Moment nur durch die Berücksichtigung des Textzusammenhanges zu verdeutlichen ist. [...] Außer den verdeckten sollen hier auch solche Formen der Bewertung zu den impliziten Bewertungshandlungen gezählt werden, die sprachlich nur indirekt manifest werden, die ‚bewertende Struktur' eines Textes jedoch mitbestimmen. Es sind Wertungen, die sich in Gegenstandswahl und sprachlicher Gestaltung, wie Stil, Aufbau, Bilderwahl etc., niederschlagen. [...] Sie lassen sich, zumeist unter Einbeziehung von Kontextwissen, an Schwerpunktsetzungen, stilistischen Elementen, der Durchführung eines Themas u. a. erkennen und sollen ‚implizite Bewertungen' genannt werden. (Winko 1991: 135)

An einer späteren Stelle beschreibt Winko Techniken für die implizite Kommunikation der ‚Werte des Werks' noch etwas detaillierter:

> Besonders geeignet scheinen strukturelle Beziehungen wie Oppositionen oder Parallelen in der Handlungsführung, im bildlichen oder thematischen Bereich zu sein. Sie lassen sich in der Regel kotextuell nachweisen. Wo das nicht möglich ist, kann auf kontextuelles Wissen, auf Informationen zum Verfasser, zu anderen seiner Werke, zu besonderen Sprach- bzw. Begriffsverwendungen der Zeit oder Gattungstraditionen zurückgegriffen werden. Sie sind zudem erforderlich, um entscheiden zu können, ob Bilder, Begriffe, Themen oder auch Stilebenen in einem Text wertenden Charakter haben. (Winko 1991: 184)

Aus Winkos Analysen wird nun zweierlei deutlich: Einerseits ist die Feststellung solcher implizit kommunizierten ‚Werte des Werks' eine interpretative Angelegenheit – eben weil der Text keine *eindeutigen* Hinweise liefern kann. Anderseits ist die Feststellung der ‚Werte des Werks' aber auch keine vollkommen beliebige Operation, denn zum einen lassen sich im Text *Hinweise* auf Wertungen finden und viele Zuschreibungen lassen sich sinnvoll unter Rekurs auf den Kotext (also auf textinterne Aspekte) treffen. Zum anderen wird es auch hier Fälle geben, in denen relativ unstrittiges Kontextwissen ausreichend ist, um robuste Diagnosen zu treffen.

Wertebezogene Unzuverlässigkeitsvarianten lassen sich also im Gegensatz zu faktenbezogener Unzuverlässigkeit nicht allein unter Rekurs auf fiktive Fakten (zu denen auch die Wertungen von Figuren und Erzählern gehören) treffen: Es ist immer ein nicht-fiktiver Bezugspunkt nötig (also beispielsweise ‚die Werte des Werks'), zu dem die Wertungen des Erzählers in Diskrepanz stehen. Da diese nur implizit kommuniziert werden können, gibt es keine Fälle aufgelöster wertebezogener Unzuverlässigkeit, in denen sich die Unzuverlässigkeitsdiagnose allein auf Basis des Textmaterials deduzieren lässt. Im Vergleich mit anderen narratologischen Kategorien erfordert die Anwendung wertebezogener Unzuverlässigkeitskategorien (wenn diese unter Rekurs auf die Werte des Werks definiert werden), also wohl überdurchschnittlich oft unsichere Schlüsse bzw. (strittige) Kontextinformationen und Bedeutungstheorien.

2.2.2.3 Konzeptuelle Kopplung an bestimmte Kontexte

Die in den letzten beiden Abschnitten verhandelten Aspekte, die die Interpretativität von Unzuverlässigkeitshypothesen bedingen, waren jeweils abhängig davon, wie genau unzuverlässiges Erzählen in einem konkreten Text umgesetzt ist: Je nachdem, wie eindeutig die textuellen Hinweise sind, variiert die Interpretativität konkreter Unzuverlässigkeitsdiagnosen. Es gibt nun aber noch einen grundsätzlich anderen Umstand, der die Interpretativität von Unzuverlässigkeitsanalysen bedingen kann – den Fall nämlich, dass unzuverlässiges Erzählen konzeptuell an bestimmte Kontexte gekoppelt ist. Dies ist im Zusammenhang mit manchen Definitionen wertebezogener Unzuverlässigkeit der Fall.

Wie ich in den Kapiteln II.3.1.1 und II.3.3 deutlich gemacht habe, definieren einige Theoretiker wertebezogene Unzuverlässigkeit nicht unter Bezugnahme auf die ‚Werte des Werks', sondern stattdessen unter Bezugnahme auf die Werte einer (textexternen) Bezugsinstanz – ohne dabei allerdings davon auszugehen, dass diese Bezugsinstanz etwas damit zu tun hat, welche Werte der Text implizit kommuniziert. Obwohl ich in Kapitel II.3.3 argumentiert hatte, dass derartige Definitionen wenig sinnvoll sind, sollten sie hier kurz adressiert werden – denn es ist wichtig zu verstehen, welche Konsequenzen sich Theoretiker einhandeln, die dennoch an einer derartigen Definition wertebezogener Unzuverlässigkeit festhalten.

Diejenigen Definitionen wertebezogener Unzuverlässigkeit, die ein textexternes Wertesystem als relevante Schablone für die Wertungen des Erzählers verstehen, sind nun aus konzeptuellen Gründen notwendigerweise an diese (teilweise strittigen) Kontexte gekoppelt. Da sich die Relevanz oder Irrelevanz bzw. die Richtigkeit oder Falschheit dieser Kontextannahmen in vielen Fällen nicht letztgültig feststellen lässt, sind hier legitime diskrepante Unzuverlässigkeitsdiagnosen denkbar.

2.2.2.4 Konzeptuelle Kopplung an Werkbedeutung

Zuletzt möchte ich noch einen Fall besprechen, der einige Parallelen mit der weiter oben diskutierten Feststellung der ‚Werte des Werks' gemeinsam hat. Wie ich in Kapitel II.3.1.3 aufgezeigt habe, fordern einige Unzuverlässigkeitstheoretiker, dass unzuverlässiges Erzählen nur dann angenommen werden soll, wenn die fakten- oder wertebezogenen Fehlfunktionen eines Erzählers eine Funktion im Zusammenhang mit der Werkbedeutung einnehmen – also mit der allgemeinen, ‚übertragenen' Botschaft des Textes.

Ebenso wie die ‚Werte des Werks' kann eine solche allgemeine Botschaft nur indirekt kommuniziert werden – und ihre Identifikation scheint mir sogar in noch viel stärkerem Maße von unsicheren Schlüssen, strittigen Bedeutungstheorien und mit diesen verbundenen Kontextinformationen abhängig zu sein als die Identifikation der implizit vermittelten Werte. Für die Identifikation von ‚Werkbedeutungen' oder ‚Gesamtbotschaften' scheinen generell sehr spezielle und komplexe Theorien notwendig – und das gesamte Konzept macht einen weniger robusten Eindruck als das speziellere Konzept der ‚Werte des Werks'. Wenn also definitorisch gefordert wird, dass unzuverlässiges Erzählen eine Funktion im Zusammenhang mit der allgemeinen Werkbedeutung einnehmen muss, dann führt diese definitorische Entscheidung dazu, dass Unzuverlässigkeitsdiagnosen im Schnitt als noch stärker interpretativ einzuordnen sind als ohnehin schon.

2.2.2.5 Zusammenfassung

Die folgende Grafik fasst die Ergebnisse hinsichtlich der Interpretativität von Unzuverlässigkeitshypothesen zusammen (siehe Abb. 18).

Faktoren der Interpretativität		
unsichere Schlüsse	**Kontextabhängigkeit**	**Abhängigkeit von Werkbedeutungstheorie**
d.h. das Vorliegen eines narrativen Phänomens kann nur mithilfe (strittiger) abduktiver Schl(ü)sse aus dem Datenmaterial abgeleitet werden.	d.h. das Vorliegen eines narrativen Phänomens kann nur unter Hinzuziehung (strittiger) Kontextinformationen festgestellt werden.	d.h. das Vorliegen eines narrative Phänomens kann nur unter Hinzuziehung einer (strittigen) Theorie der Werkbedeutung festgestellt werden.
➤ trifft (evtl.) *notwendigerweise* nur bei nicht-aufgelöster Unzuverlässigkeit zu ➤ trifft *überdurchschnittlich oft* bei kognitiver und wertebezogener Unzuverlässigkeit zu (– wenn letztere unter Rekurs auf die Werte des Werks definiert werden)	➤ trifft *notwendigerweise* nur bei wertebezogener Unzuverlässigkeit zu (– wenn diese unter Rekurs auf textexterne Werte definiert wird) ➤ trifft *überdurchschnittlich* oft bei nicht-aufgelöster Unzuverlässigkeit zu und wenn angenommen wird, dass Unzuverlässigkeit notwendigerweise eine Funktion im Rahmen der Werkbedeutung einnehmen muss, sowie bei kognitiver und wertebezogener Unzuverlässigkeit (– wenn letztere unter Rekurs auf die Werte des Werks definiert werden)	➤ trifft *notwendigerweise* nur dann zu, wenn angenommen wird, dass Unzuverlässigkeit notwendigerweise eine Funktion im Rahmen der Werkbedeutung einnehmen muss ➤ trifft *überdurchschnittlich oft* bei nicht-aufgelöster Unzuverlässigkeit zu

Das Vorliegen unzuverlässigen Erzählens ist nicht notwendigerweise, sondern nur überdurchnittlich oft interpretativ. Es gibt keine konzeptuellen Gründe, warum aufgelöste Unzuverlässigkeit nicht ähnlich häufig nicht-interpretativ feststellbar sein sollte wie andere narrative Phänomene.

Abb. 18: Interpretativität von Unzuverlässigkeitsdiagnosen.

Ob semantische Aussagen über narrative fiktionale Texte interpretativ sind, bestimmt sich nicht primär darüber, auf welchem Wege diese Hypothesen zustande kommen, sondern dadurch, ob die Rechtfertigung bzw. Begründung dieser Hypothesen plausible, aber dennoch strittige (1) abduktive Schlüsse, (2) Kontextinformationen und/oder (3) Bedeutungstheorien erfordert. Wenn dies der Fall ist, dann können Unzuverlässigkeitsdiagnosen variieren, ohne dass wir feststellen können, welche Variante die plausiblere ist.

Ob diese Interpretativitätsfaktoren gegeben sind, hängt nicht ausschließlich von einer narratologischen Kategorie selbst ab, die im Rahmen der Textanalyse genutzt wird, sondern zum Teil auch davon, ob ein konkreter Text explizite und eindeutige Angaben bezüglich der relevanten Fragen enthält.

Im Zusammenhang mit unzuverlässigem Erzählen ist es wohl *überdurchschnittlich oft* der Fall, dass eine Unzuverlässigkeitsdiagnose einige der Interpretativitätskriterien erfüllt: Insbesondere kognitive Varianten erfordern Hypothesen über fiktive Fakten bei oft unklarer Datenlage – dadurch basieren diese Hypothesen oft auf unsicheren Schlüssen und/oder erfordern die Hinzuziehung einer Bedeutungskonzeption, die wiederum die Heranziehung bestimmter Kontexte fordern kann. Die Diagnose wertebezogener Unzuverlässigkeitsvarianten weist, sofern diese Varianten unter Bezugnahme auf die Werte des Werks definiert werden, dieselben Interpretativitätsmerkmale auf. Wenn sie dagegen unter Bezugnahme auf die Werte extratextueller Instanzen definiert wird, sind zwar nicht unbedingt Bedeutungskonzeptionen involviert, wohl aber Kontextinformationen. Zudem ist die Abhängigkeit von diesen Kontextinformationen in diesem Fall *konzeptuell* begründet – und nicht nur durch typische Formen der Umsetzung. Ein weiterer Fall konzeptuell begründeter Interpretativität liegt vor, wenn definitorisch festgelegt wird, dass unzuverlässiges Erzählen nur dann vorliegt, wenn es eine Funktion im Rahmen der Werkbedeutung übernimmt. Hier liegt eine notwendige Abhängigkeit von Bedeutungskonzeptionen vor, die wiederum auf Kontexte Bezug nehmen können.

Auf der anderen Seite gibt es aber auch Varianten unzuverlässigen Erzählens, deren Vorliegen fast immer nicht-interpretativ begründet werden kann. Hierzu zählt insbesondere aufgelöste Unzuverlässigkeit (als Unterfall faktenbezogener Unzuverlässigkeit).[362]

Interpretativität ist also zum einen kein binäres, sondern ein graduelles und multifaktoriell bestimmtes Phänomen. Zum anderen lässt sich nicht sagen, dass Unzuverlässigkeitsdiagnosen generell interpretativ sind, andere narratologische Diagnosen dagegen nicht. Stattdessen kann unzuverlässiges Erzählen

---

[362] Darüber hinaus wären möglicherweise Unzuverlässigkeitsvarianten zu nennen, die dadurch definiert sind, dass das Auftreten einer erzählerischen Fehlfunktion lediglich *wahrscheinlich* ist, da für eine entsprechende Diagnose tendenziell leicht feststellbare textuelle Indikatoren hinreichend sind.

auch oft nicht-interpretativ festgestellt werden, und andere narratologische Diagnosen können auch interpretativ sein. Definitiv sagen lässt sich lediglich: Unzuverlässigkeitshypothesen sind im Schnitt wohl häufiger und stärker interpretativ als andere narratologische Analysen – und *einige* Unzuverlässigkeitsvarianten weisen aus konzeptuellen Gründen Kriterien der Interpretativität auf.

V Explikation unzuverlässigen Erzählens

Die Analysen aus den Kapiteln II bis IV konnten einige theoretische Fragen im Zusammenhang mit unzuverlässigem Erzählen ausführlich und differenziert beantworten. Wir wissen nun, welche Phänomene von unterschiedlichen Erzähltheoretikern als erzählerische Unzuverlässigkeit verstanden werden (Kapitel II), wie wir diesen Phänomenbereich sinnvoll untergliedern und systematisieren können (Kapitel II und III), unter welchen Bedingungen welche dieser Phänomene vorkommen können (Kapitel IV.1) und auf welche Weise sie diagnostiziert werden (Kapitel IV.2). Eine wichtige Frage ist allerdings noch offen. Die bisherigen Ausführungen waren alle mehr oder weniger analytisch bzw. rekonstruktiv ausgerichtet. Ich habe beispielsweise versucht, vage oder unklar formulierte Theorien unzuverlässigen Erzählens eindeutig und systematisch darzustellen und die Implikationen bestimmter Teildefinitionen unzuverlässigen Erzählens zu identifizieren. Weitgehend ausgelassen habe ich dagegen die Frage, wie die rekonstruierten Theorien einzuschätzen sind. Sind einige der Theorien besser als andere? An welchen der Definitionsvorschläge sollten wir uns halten? Oder sollten wir womöglich einfach *alle* der in Kapitel II angesprochenen Phänomene als Varianten erzählerischer Unzuverlässigkeit verstehen?

Um diese Fragen beantworten zu können, müssen wir uns mit den Kriterien auseinandersetzen, die Definitionen (literatur-)wissenschaftlicher Konzepte erfüllen müssen, um als ‚gute Definitionen' zu gelten. Interessanterweise werden diese Kriterien im Rahmen der Debatte um die Definition unzuverlässigen Erzählens kaum explizit thematisiert. Dies ist verwunderlich – denn offenbar sind viele der an der Debatte beteiligten Theoretiker dennoch der Ansicht, dass ihr eigener Definitionsvorschlag in irgendeiner Hinsicht *besser* ist als bisherige Versuche. In einigen Fällen scheinen Theoretiker gar der Ansicht zu sein, ihre Definition könne besser als andere das erfassen, was unzuverlässiges Erzählen *sei*. Dabei ist jedoch unklar, was damit genau gemeint ist – denn bei unzuverlässigem Erzählen handelt es sich um ein fachwissenschaftliches Konzept, das aufgrund bestimmter Analysebedarfe in die Erzähltheorie eingeführt worden ist und tendenziell frei definiert werden kann. Es gibt also keinen ‚eigentlichen Kern' des Konzepts, der unabhängig von Analysebedarfen ist.

Ich möchte deswegen den Versuch unternehmen, die eigentlichen Kriterien, die den unterschiedlichen Definitionsansätzen implizit zugrunde liegen, zu identifizieren und zu bewerten bzw. gegeneinander abzuwägen. Um diesem Versuch einen adäquaten theoretischen Rahmen zu geben, ist es zunächst sinnvoll, einige Grundlagen der Definitionstheorie einzuführen (Kapitel V.1). Interessant ist hier zum einen die Bestimmung des Typs von Definition, um den es uns hier gehen soll – zum anderen sollten wir die Forderungen kennen, die Definitionen dieses Typs, ganz allgemein betrachtet, erfüllen sollten. Im Anschluss daran kann untersucht werden, wie diese Forderungen im Zusammenhang mit unzuverlässigem Erzählen konkret ausgelegt werden können (Kapitel V.2). Diese Vorarbeiten ermöglichen schließlich die Formulierung eines eigenen Definitionsvorschlags (Kapitel V.3).

Diese stärker normativ ausgerichtete Auseinandersetzung mit dem Unzuverlässigkeitskonzept habe ich bewusst ans Ende dieser Arbeit gesetzt. Auf diese Weise konnte ich vorher alle ‚Unzuverlässigkeitsphänomene', die im Rahmen der relevanten Debatten genannt werden, einer genaueren Untersuchung unterziehen. So ist gewährleistet, dass meine Untersuchung auch für solche Literaturwissenschaftler anschlussfähig ist, die meine Schwerpunktsetzung und Argumentation im Rahmen der normativeren Begriffsbestimmung nicht für überzeugend halten.

1 Definitionstheorie

Es gibt unterschiedliche Typen von Definitionen, die der Erfüllung verschiedener Zwecke dienen. So dient eine *stipulative Definition* beispielsweise der Einführung eines neuen Begriffs in ein Begriffssystem – hier werden die Eigenschaften, die ein Objekt erfüllen muss, um unter den fraglichen Begriff zu fallen, einfach festgesetzt. Stipulative Definitionen können aus diesem Grund auch nicht inadäquat sein – sie sind schlichtweg Setzungen. Anders sieht es dagegen mit *feststellenden Definitionen* aus. Dieser Typ von Definition dient der Rekonstruktion der tatsächlichen Verwendungsweise eines Ausdrucks. Im Grunde habe ich also in Kapitel II versucht, eine Reihe solcher feststellender Definitionen zu liefern, denn dort wollte ich herausfinden, wie unterschiedliche Theoretiker den Ausdruck „unzuverlässiges Erzählen" verwenden – allerdings war mein Vorgehen in Kapitel II, wie gleich noch deutlich werden wird, nicht *rein* feststellend. Im Gegensatz zu stipulativen Definitionen können feststellende Definitionen falsch sein – sie sind es dann, wenn sie die tatsächliche Verwendungsweise des fraglichen Ausdrucks nicht adäquat wiedergeben.

Was wir im Kontext unzuverlässigen Erzählens benötigen, ist ein dritter Typ von Definition, der Anteile beider vorher genannter Definitionstypen besitzt. Dieser Typ heißt – nach Rudolf Carnap – *„Explikation"*. Explikationen dienen der Schärfung eines bereits existierenden, aber mehr oder weniger unexakten Begriffs. Der zu schärfende Begriff heißt dabei „Explikandum", die Angabe der diesen Begriff definierenden Eigenschaften „Explikat".

Schauen wir uns einmal an, welche Forderungen Explikationen Carnap zufolge erfüllen sollen. Seines Erachtens kommen hier vier Kriterien zum Tragen:

(1) Es soll eine gewisse *Ähnlichkeit* zwischen Explikandum und Explikat bestehen.
(2) Das Explikat muss in *exakter* Weise angegeben werden.
(3) Das Explikat soll wissenschaftlich *fruchtbar* sein.
(4) Das Explikat soll möglichst *einfach* sein (vgl. Carnap 1959: 15).

Wenn wir uns diese Forderungen anschauen, wird schnell deutlich, warum der Typ Definition, der im Zusammenhang mit unzuverlässigem Erzählen relevant wird, eine Explikation ist: Es ist zunächst notwendig, dass die Definition, die wir für „unzuverlässiges Erzählen" entwickeln, an den bisherigen Begriffsgebrauch dieses Terminus anknüpft, also eine *Ähnlichkeit* mit diesem besitzt. Schließlich soll das Konzept auch weiterhin dazu dienen, möglichst viele der literaturwissenschaftlichen Fragestellungen zu bearbeiten, für die es auch bisher genutzt worden ist. Ein Konzept dagegen, das an den literaturwissenschaftlichen Begriffsbedarfen vorbeigeht, wäre nutzlos. Außerdem ist es, wie ich an früherer Stelle schon argumentiert habe, erstrebenswert, dass möglichst viele Literaturwissenschaftler den Ausdruck „unzuverlässiges Erzählen" auf die gleiche Weise verstehen, so dass es nicht aufgrund eines unterschiedlichen Begriffsgebrauchs zu Missverständnissen kommt. Auch für dieses Ziel ist es notwendig, eine Definition zu entwickeln, die gut an den bisherigen Begriffsgebrauch anknüpft – denn sonst wird es auf jeden Fall Literaturwissenschaftler geben, die „unzuverlässiges Erzählen" nicht auf die von mir später vorgeschlagene Weise verwenden, sondern an ihrer bisherigen Verwendungsweise festhalten.

Allerdings ist es im Rahmen von Explikationen nicht gefordert, dass das Explikat die bisherige Begriffsverwendung *genau* abbildet – denn Explikationen zielen ja auch darauf ab, vage und unklare Begriffe zu schärfen bzw. auf andere Weise zu verbessern. Zu diesem Zweck muss oft ein leicht modifizierter Begriffsgebrauch vorgeschlagen werden. Da es keine klaren Vorgaben darüber gibt, *wie* ähnlich das Explikat dem Explikandum sein muss, und da die Forderung nach Ähnlichkeit oft den drei weiteren Forderungen gegenläufig ist, bleibt es letztlich meist Abwägungssache, in welchem Maß die einzelnen Kriterien jeweils erfüllt werden müssen.

Eines dieser weiteren Kriterien, die Explikationen erfüllen sollen, ist das Kriterium der *Exaktheit*. Damit ist unter anderem gemeint, dass explizit und klar angegeben wird, welche Bedingungen erfüllt sein müssen, damit der Begriff zutrifft. Dieses Kriterium gewährleistet, dass der Begriff von all denjenigen, die ihn nutzen, auf die gleiche Weise verstanden wird und so eine regelgeleitete Anwendung möglich ist. Dies ist auch für „unzuverlässiges Erzählen" und narratologische Termini im Allgemeinen deshalb so wichtig, weil diese Begriffe ja gerade den wissenschaftlichen Austausch über literarische Texte erleichtern, standardisieren und besser nachvollziehbar machen sollen. In meinen Rekonstruktionen der Unzuverlässigkeitsdefinitionen in Kapitel II habe ich deswegen auch bereits versucht, dem Kriterium der Exaktheit (zusätzlich zu dem der Ähnlichkeit) gerecht zu werden: Ich habe versucht, unklare, vage oder widersprüchliche Aspekte in den Theorien zu eliminieren und dabei zugleich bestmöglich die vermuteten Kernintuitionen der jeweiligen Theoretiker zu erhalten. Hier habe ich also erste Abstriche hinsichtlich der Ähnlichkeit zugunsten der Exaktheit gemacht.

Die genaue Auslegung der beiden übrigen Kriterien Carnaps ist nun schon etwas schwieriger. Schauen wir uns zunächst die Forderung an, das Explikat solle *wissenschaftlich fruchtbar* sein. Was hat es hiermit auf sich? Carnap zufolge ist ein Explikat dann fruchtbar, wenn es die Formulierung möglichst vieler genereller Aussagen (z. B. empirischer Gesetze) ermöglicht (vgl. Carnap 1959: 15). Allerdings lässt sich diese Forderung nur schlecht auf die Literaturwissenschaft bzw. die Narratologie anwenden. So macht Tadeusz Pawłowski denn auch deutlich, dass das Kriterium der Fruchtbarkeit (bei Pawłowski: „wissenschaftliche Nützlichkeit") in weiten Teilen nur relational zu den Zielsetzungen der jeweiligen Disziplin bestimmt werden kann (vgl. Pawłowski 1980: 84). Ein interessantes allgemeingültiges Kriterium der wissenschaftlichen Fruchtbarkeit, das sich besser als das von Carnap genannte auch auf die Narratologie anwenden lässt, nennt er aber dennoch: Explikationen sollten die empirische Sensibilität der Wissenschaftssprache erhöhen, d. h. sie sollten es ermöglichen, die empirische Vielfalt von Phänomenen durch Differenzierungen einzufangen (vgl. Pawłowski 1980: 87–88). Dieses Teilkriterium der Forderung nach wissenschaftlicher Fruchtbarkeit habe ich in Kapitel II bereits an den Stellen mit berücksichtigt, an denen ich Unzuverlässigkeitskonzepte, die die Bündelung bestimmter Phänomene vorgesehen haben, zwecks größerer Analyseflexibilität in ihre Bestandteile aufgespalten habe. Dies gilt beispielsweise für Phelans und Martins Konzept des *unreliable interpreting*, das (in einer Lesart) als Kombination aus sprachlicher und kognitiver faktenbezogener Unzuverlässigkeit verstanden werden kann (siehe Kapitel II.1.2). Weitere Kriterien, die die wissenschaftliche Fruchtbarkeit narratologischer Konzepte bestimmen, müssen aber erst noch identifiziert werden. Einen Versuch hierzu unternehme ich in Kapitel V.2.

Die vierte Forderung, die Carnap nennt, ist die nach *Einfachheit*. Diese sei in zwei Facetten zu berücksichtigen: Zum einen solle die Definition selbstmöglichst einfach sein, zum anderen wird Einfachheit aber auch für diejenigen Gesetze gefordert, die den Begriff mit anderen fachspezifischen Begriffssystemen verknüpfen (vgl. Carnap 1959: 14–15) – in unserem Fall also vor allem mit anderen narratologischen Analysekategorien. Bestimmte grundlegende Einfachheitserwägungen habe ich auch schon in Kapitel II zu berücksichtigen versucht – beispielsweise indem ich im Falle von Asymmetrien in bestehenden

Unzuverlässigkeitstheorien Möglichkeiten der Symmetrisierung geprüft habe. Dies gilt beispielsweise für die unterschiedlichen Operationalisierungen des Unvollständigkeitskriteriums im Zusammenhang mit fakten- und wertebezogenen Unzuverlässigkeitsvarianten (siehe Kapitel II.2.3.2).

Pawłowski fügt den vier grundlegenden Kriterien, die Explikationen laut Carnap erfüllen müssen, noch weitere Adäquatheitsbedingungen hinzu (vgl. Pawłowski 1980: 181–182). Diese lassen sich jedoch meines Erachtens alle Carnaps Kriterien zuordnen: Die Forderung, dass die fachwissenschaftliche Nutzung des Begriffs eine gewisse Nähe zur Alltagssprache aufweist, kann dem Ähnlichkeitskriterium zugeordnet werden – und die Forderung, dass der Begriffsumfang besonders homogen sein soll, lässt sich als Kriterium der Einfachheit verstehen. Weitere mögliche Adäquatheitsbedingungen, die Pawłowski nennt, lassen sich meines Erachtens zwanglos als konkrete Ausformungen der Forderung nach wissenschaftlicher Fruchtbarkeit verstehen. Darunter fallen zum Beispiel die Forderung, dass bestimmte Gegenstände in den Begriffsumfang inkludiert oder aus ihm ausgeschlossen werden, dass die inkludierten Objekte mit anderen Gegenständen bestimmte Beziehungen eingehen sollen oder dass der Begriff bestimmte methodologische oder erkenntnismäßige Aufgaben erfüllt.

2 Probleme bei der Explikation unzuverlässigen Erzählens

Im Folgenden soll nun untersucht werden, welche Probleme bei der Explikation des Unzuverlässigkeitsbegriffs in Bezug auf die genannten Kriterien und Adäquatheitsbedingungen auftreten.

Das grundlegende Problem scheint hier das folgende zu sein: Würden wir alle in Kapitel II (re-)konstruierten Teildefinitionen einfach mittels einer sehr komplexen Disjunktion zusammenführen, dann wären Forderungen nach Ähnlichkeit und Exaktheit auf sehr hohem Niveau gemeinsam erfüllt. Problematisch ist allerdings, dass das Kriterium der Einfachheit dann in zwei wichtigen Hinsichten nicht berücksichtigt würde: Die Definition unzuverlässigen Erzählens wäre *extrem* komplex und kompliziert – und der hierdurch bestimmte Begriffsumfang wäre hochgradig heterogen.

Aber ist dieser Mangel an Einfachheit wirklich so problematisch? Schließlich gehen sowohl Carnap als auch Pawłowski davon aus, dass Einfachheit das am wenigsten wichtige der vier angeführten Kriterien darstellt. Definitionen sollen denn auch nur „so einfach [sein], als dies die wichtigeren Forderungen 1 bis 3 [d. h. Ähnlichkeit, Exaktheit, Fruchtbarkeit] gestatten" (Carnap 1959: 15).

Ein Problem ist hier allerdings, dass eine zu komplexe Definition mit einem zu großen und zu heterogenen Begriffsumfang sich gleichzeitig negativ auf die wissenschaftliche Fruchtbarkeit des Begriffs auswirken kann – und diese hält Pawłowski für das wichtigste der vier Kriterien. Wenn wir zu viele Erzählungen bzw. Erzähler als unzuverlässig klassifizieren und wenn diese zu wenig gemeinsam haben, dann verliert der Begriff womöglich seine Distinktionskraft (vgl. Köppe und Kindt 2014: 248–249) – und damit einen wichtigen Aspekt seiner narratologischen Fruchtbarkeit. Diese Argumentation liegt beispielsweise auch Chatmans Vorschlag, den Unzuverlässigkeitsbegriff nicht auf Reflektorfiguren anzuwenden, zugrunde (siehe Kapitel IV.1.3).

Aufgrund der Menge und Diversität der Phänomene, die als unzuverlässiges Erzählen bezeichnet werden, sowie aufgrund weiterer theoretischer Probleme plädiert Ohme dafür, das Konzept des unzuverlässigen Erzählens aufzugeben und durch sein Konzept der ‚semantischen Markierung' zu ersetzen (vgl. Ohme 2015). Seines Erachtens wirkt der Unzuverlässigkeitsbegriff insgesamt zu anthropomorphisierend und zu moralisierend. Dadurch werde fälscherweise eine Einschränkung auf personale Erzähler nahegelegt. Außerdem suggeriere das Konzept Binarität bzw. Konstanz über einen gesamten Erzähltext (vgl. Ohme 2015: 261–263). Sein Alternativkonzept, das er „semantische Markierung" nennt, habe demgegenüber einige Vorteile: Zum einen beschränke es sich auf sprachliche, faktenbezogene Aspekte der Erzählung und liefere zwei klare Normen zur Beurteilung dieser Facetten (nämlich Vollständigkeit und Korrektheit, für die Ohme eigene Definitionen anführt, siehe Kapitel II.2.1.1 und II.2.1.2). Dadurch seien intersubjektiv nachvollziehbare Zuschreibungen möglich. Alle kognitiven Aspekte schließt Ohme also aus, da diese bereits durch das Konzept der Erzählperspektive abgedeckt seien (vgl. Ohme 2015: 208). Auch jegliche Faktoren, die mit Wertungen zu tun haben, fallen aus Ohmes Konzept heraus, da es für die Beurteilung dieser Faktoren keine sinnvollen Normen gebe und das Phänomen ohnehin zu vielfältig und komplex sei. Dadurch würde es eine Erzählertypologie überfordern (vgl. Ohme 2015: 246–255). Aktionale Aspekte schließt Ohme darüber hinaus ohnehin aus, da es sich dort um Figurencharakteristik handele (vgl. Ohme 2015: 206). Auch diese Facette sei also durch ein anderes Analyseinstrumentarium abgedeckt. Zum anderen erlaube das Konzept der semantischen Markierung im Gegensatz zum Unzuverlässigkeitskonzept eine Binnendifferenzierung von Erzähltexten.

Ohmes Vorschlag erscheint mir aus mehreren Gründen problematisch. Zum einen geht er in seiner Reduktion der Phänomene sehr radikal vor. Beispielsweise schließt er Wertefragen vollständig aus, ohne ein alternatives Rahmenwerk vorzustellen, mithilfe dessen diese Aspekte von Erzähltexten sinnvoll analysiert werden können. Zum anderen will er sich des sehr etablierten und populären Terminus „unzuverlässiges Erzählen" entledigen – obwohl davon auszugehen ist, dass die meisten Literaturwissenschaftler nicht bereit sein werden, auf diesen Terminus zu verzichten. Beide Schritte führen dazu, dass sein Konzept der semantischen

Markierung kaum noch an die Bedarfe der literaturwissenschaftlichen Forschungsgemeinschaft angeknüpft ist. Deswegen ist es unwahrscheinlich, dass dieses Konzept in der vorgeschlagenen Form standardisiert von Literaturwissenschaftlern eingesetzt wird und zugleich das Unzuverlässigkeitskonzept ersetzt. Zudem denke ich, dass sich viele der konstatierten Probleme des Unzuverlässigkeitskonzepts auch dann lösen lassen, wenn wir den Terminus beibehalten und Umfang bzw. Heterogenität des Konzepts behutsamer reduzieren.

Ich werde deswegen im Folgenden Möglichkeiten prüfen, die Komplexität des potenziellen Unzuverlässigkeitsbegriffs, der aus Kapitel II hervorgegangen ist, zu reduzieren, ohne dabei unverhältnismäßige Einbußen hinsichtlich der Erfüllung der übrigen Kriterien (also Ähnlichkeit, Exaktheit und Fruchtbarkeit) zu erzeugen. Hier gibt es im Groben drei Möglichkeiten, die ich kurz nacheinander besprechen möchte.

2.1 Komplexitätsreduktion unter Rückgriff auf das Exaktheitskriterium

Eine erste Möglichkeit wäre, den Begriffsumfang sowie dessen Heterogenität unter Rückgriff auf das Kriterium der Exaktheit noch weiter zu reduzieren. Denn für einige der Unterkonzepte, die ich in Kapitel II diskutiert habe, ist es mir nicht gelungen, eine exakte Definition zu (re-)konstruieren. Dies gilt beispielsweise für die Varianten fakten- und wertebezogener Unzuverlässigkeit, die durch Unvollständigkeit zustande kommen. Eine Möglichkeit wäre also, diese verhältnismäßig unklaren Teilkonzepte aus dem Unzuverlässigkeitsbegriff auszuschließen, um dessen Exaktheit zu erhöhen.

Dies scheint allerdings keine zufriedenstellende Lösung zu sein. Denn zum einen sind einige dieser Konzepte – trotz unpräziser Bestimmung – offenbar sehr relevant für viele Literaturwissenschaftler. So scheint beispielsweise weitgehender Konsens darüber zu bestehen, dass im Falle naiver Erzähler wie Huckleberry Finn unzuverlässiges Erzählen vorliegt – und dass diese Unzuverlässigkeit fast ausschließlich durch Fehl- bzw. fehlende Interpretationen Hucks zustande kommt. Diese Unterkonzepte mangels exakter Definition zu streichen, würde also sowohl dem Kriterium der Ähnlichkeit als auch einer Facette des Kriteriums der Fruchtbarkeit zuwiderlaufen. Ein zweiter Grund gegen dieses Vorgehen besteht darin, dass nicht auszuschließen ist, dass eine exakte Definition dieser Unterkonzepte noch gefunden werden kann. Wenn dies geschieht, dann gäbe es keinen guten Grund, warum die Unterkonzepte dem Unzuverlässigkeitsbegriff nicht wieder hinzugefügt werden sollten. All dies scheint mir dagegen zu sprechen, so eine Streichung aufgrund mangelnder Präzision überhaupt erst vorzunehmen.

2.2 Komplexitätsreduktion unter Rückgriff auf das Ähnlichkeitskriterium

Eine zweite Option, den Begriffsumfang zu beschränken, besteht darin, bestimmte Facetten des Ähnlichkeitskriteriums stärker zu betonen. Eine dieser Facetten hat etwas mit der besonderen Entwicklung der literaturwissenschaftlichen Nutzung des Unzuverlässigkeitsbegriffs zu tun. Wie an früherer Stelle bereits deutlich geworden ist, ist der Begriff ursprünglich in ganz bestimmten Kontexten und zu ganz bestimmten Zwecken in die literaturwissenschaftliche Debatte eingeführt worden: Bei Booth war das Konzept des unzuverlässigen Erzählers eng mit der rhetorischen Literaturtheorie verknüpft und diente vor allem der Analyse bestimmter Wertaspekte von Literatur. Erst später wurde das Konzept von anderen Theoretikern in teilweise sehr unterschiedliche Richtungen ausgeweitet. Hierdurch entstanden unterschiedliche Varianten des Unzuverlässigkeitsbegriffs, die mit Booths Theorie – und vor allem miteinander – teilweise nur noch sehr lose verknüpft sind.

Eine Möglichkeit, Umfang und Heterogenität des Begriffs zu reduzieren, würde nun darin bestehen, nur die *ursprünglich vorgesehenen* Bedeutungsfacetten zuzulassen. Je nachdem, wie Booth zu lesen ist, würde das eventuell bedeuten, „unzuverlässiges Erzählen" als Terminus zu verstehen, der ausschließlich auf sprachliche und aktionale wertebezogene Unzuverlässigkeit, die unter Rekurs auf den impliziten Autor definiert sind, bezogen ist. Dies erscheint aber aus mehreren Gründen problematisch – der wichtigste besteht wohl darin, dass sich andere Verwendungsweisen des Begriffs mittlerweile mindestens genauso stark etabliert haben wie die von Booth ursprünglich intendierte. Dies gilt insbesondere für die Anwendung des Begriffs auf die faktenbezogenen Phänomene, die ich in Kapitel II.1 herausgestellt habe. Booths ursprünglicher Begriffsverwendung einen Sonderstatus einzuräumen, erscheint also nicht gerechtfertigt, denn eine entsprechende Reduktion des Begriffsumfangs würde einer anderen Facette des Ähnlichkeitskriteriums stark zuwiderlaufen.

Eine zweite Facette des Ähnlichkeitskriteriums, auf die im Rahmen einer Komplexitätsreduktion zurückgegriffen werden könnte, ist die Ähnlichkeit zur *Alltagssprache*. Einige Theoretiker scheinen dies in ihren Argumentationen für bestimmte Definitionsvarianten unzuverlässigen Erzählens (zumindest implizit) auch zu tun, indem sie darauf hinweisen, dass bestimmte Verwendungsweisen terminologisch unplausibel seien, d. h. nicht mit der alltäglichen Bedeutung des Ausdrucks „unzuverlässig" im Einklang stünden. Dies gilt beispielsweise für Chatmans Argumentation im Zusammenhang mit unzuverlässigen Reflektorfiguren und dem Phänomen der unvollständigen Informationsvergabe (siehe Kapitel IV.1.3 und II.2.1.2).

Für so eine Lösung spricht, dass es möglicherweise weniger leicht zu Missverständnissen über den Inhalt mithilfe narratologischer Fachbegriffe aufgestellter

Thesen kommt, wenn die Fachbegriffe sich eng am Gebrauch in der Alltagssprache orientieren.[363] Allerdings gibt es auch einige Gründe, die gegen dieses Vorgehen sprechen.

Erstens scheinen mir viele Argumentationen, die Bezug auf die Alltagssprache nehmen, nicht konsistent zu sein bzw. nicht unbedingt auf allgemein geteilten Intuitionen zu basieren. Der Vorwurf der Inkonsistenz lässt sich beispielsweise in Bezug auf Chatmans Argumentation gegen unzuverlässige Reflektorfiguren anbringen: Einigen seiner Argumenten zufolge müssten eigentlich auch nicht-intentional unzuverlässige Erzähler aus dem Unzuverlässigkeitskonzept ausgeschlossen werden.[364] Die Tatsache, dass manche Alltagssprache-Argumente nicht auf allgemein geteilten Intuitionen zu basieren scheinen, mag dagegen daran liegen, dass alltagssprachliche Begriffe oft vage und ungenau bestimmt sind und so variierende Verwendungsweisen zulassen.

Ein zweiter Grund gegen eine Reduktion des Begriffsumfangs unter Rückgriff auf die alltagssprachliche Bedeutung von „unzuverlässig" (und teilweise auch von „Erzählen") liegt darin, dass hier leicht die Gefahr besteht, dadurch ausgerechnet zentrale (bzw. ursprüngliche) Bedeutungsfacetten auszuschließen. Denn naheliegende Kandidaten für den Ausschluss wären hier wohl die folgenden drei: (1) wertebezogene Unzuverlässigkeit (insbesondere aktionale) und (2) unzuverlässige Reflektorfiguren, da beide Phänomene wenig mit ‚Erzählen' *per se* zu tun haben,[365] sowie (3) nicht-intentional unzuverlässige Erzähler, da diesen keine Schuld zukommt und die Bezeichnung als unzuverlässig deswegen womöglich ungerechtfertigt erscheint. Allerdings stehen alle drei genannten Phänomene ausgerechnet bei Booth im Fokus bzw. sind Teil seines Konzepts: Er beschränkt sich auf wertebezogene Unzuverlässigkeit, differenziert nicht zwischen Erzählern und Reflektoren und legt den Schwerpunkt auf nicht-intentionale Formen von Unzuverlässigkeit („Nor is unreliability ordinarily a matter of lying", Booth 1961: 159).[366] Eine strengere Orientierung an der Alltagssprache hätte also eine Vernachlässigung anderer Ähnlichkeitsfacetten und zentraler Konzeptbedarfe zur Folge. Und die Einführung eines neuen, treffenderen Begriffs für die Phänomene, die

---

363 Vgl. hierzu Fricke (1977: 255–265).
364 Dies liegt daran, dass er als ein Kriterium gegen unzuverlässige Reflektorfiguren anführt, dass diese sich nicht ‚ausgesucht' hätten, eine nicht-repräsentative Darstellung der fiktiven Ereignisse zu liefern.
365 Schließlich ist das Vorhandensein von Wertungen oder Wertungshaltungen kein notwendiger Bestandteil von Erzählungen – und Reflektorfiguren sind selbst keine Erzähler.
366 Booth hat diesen potenziellen Mangel an Nähe zur Alltagssprache auch selbst bemerkt und thematisiert – er hat den Unzuverlässigkeitsbegriff unter Verwendung der Formulierung „For a lack of better terms" eingeführt (Booth 1961: 158).

bisher als unzuverlässiges Erzählen bezeichnet wurden, scheint ebenfalls wenig sinnvoll – der Begriff ist mittlerweile zu etabliert für die Bezeichnung der von Booth herausgegriffenen Phänomene, so dass sich eine Umbenennung nicht durchsetzen könnte.

2.3 Komplexitätsreduktion unter Rückgriff auf das Fruchtbarkeitskriterium

Schließlich bleibt noch eine dritte Möglichkeit, die Komplexität des Begriffs zu reduzieren: die Orientierung am Kriterium der wissenschaftlichen Fruchtbarkeit. Die Idee wäre hier, nur die wirklich interessanten und relevanten narrativen Eigenschaften aus dem Pool an Phänomenen herauszugreifen, der aus den Rekonstruktionen in Kapitel II hervorgegangen ist. Diese Vorgehensweise liegt meines Erachtens implizit auch den meisten Definitionsvorschlägen zugrunde, die sich von vorherigen Theorien unzuverlässigen Erzählens abgrenzen wollen. Der Gedanke scheint hier letztlich oft einfach darin zu bestehen, dass der eigene Vorschlag die *interessanteren* Erzählphänomene fasst.

Das Problem an dieser Vorgehensweise ist jedoch offensichtlich: Welche Phänomene interessant und relevant sind, lässt sich nur schwer allgemein beantworten, sondern hängt meist von individuellen Forschungsschwerpunkten und Konzeptionen von Literatur ab. So mag es beispielsweise für kognitivistische Literaturwissenschaftler am interessantesten sein, zu untersuchen, wie Texte auf Leser wirken – was dazu führen kann, dass sie ein Unzuverlässigkeitskonzept für optimal halten, das allein unter Rekurs auf die Leserwirkung definiert wird oder sich auf Erzählstrategien beschränkt, die auf die Täuschung des Lesers gerichtet sind. Diese Schwerpunktsetzung mag einen strukturalistisch orientierten Literaturwissenschaftler allerdings wenig überzeugen – schließlich ist aus seiner Perspektive eine rein textbasierte Untersuchung der erzählerischen Vermittlung von Interesse.

Unter Bezugnahme auf die in den vorigen Absätzen vorgestellten Probleme und Optionen der Explikation des Unzuverlässigkeitsbegriffs sowie auf die Definitionsvarianten aus Kapitel II werde ich im folgenden Abschnitt meinen eigenen Explikationsvorschlag für „unzuverlässiges Erzählen" vorstellen.

3 Explikationsvorschlag für „unzuverlässiges Erzählen"

Im Folgenden werde ich schrittweise die sechs Unterkapitel von Kapitel II durchgehen und jeweils dafür oder dagegen argumentieren, unter Rekurs auf die in den Unterkapiteln getroffenen Unterscheidungen den Unzuverlässigkeitsbegriff einzuschränken.

3.1 Einschränkung unter Rekurs auf Tätigkeitstypen und Adäquatheitskriterien

In den ersten beiden Unterabschnitten von Kapitel II stelle ich verschiedene Tätigkeiten des Erzählers vor, die von Unzuverlässigkeit betroffen sein können (Kapitel II.1), und jeweils zwei Arten, auf die sich die Unzuverlässigkeit jeweils zeigen kann (Kapitel II.2). Obwohl die hieraus resultierende Definition unzuverlässigen Erzählens schon recht komplex ist und, wenn sie explizit genug sein soll, aus vielen Disjunkten besteht, scheint jedes dieser Phänomene aufgrund der bisherigen narratologischen Begriffsgeschichte stark mit dem Terminus „Unzuverlässigkeit" assoziiert. Ein Ausschluss eines dieser Phänomene aus dem Unzuverlässigkeitsbegriff scheint deswegen ein recht radikaler Schritt zu sein.

Dennoch möchte ich vorschlagen, das Unterkonzept der aktionalen wertebezogenen ‚Unzuverlässigkeit' fortan nicht mehr als Fall unzuverlässigen Erzählens zu verstehen. Hierfür sprechen meines Erachtens vor allem drei Gründe:

(1) Ob der Erzähler im Rahmen seiner Handlungen gegen bestimmte Werte verstößt, hat letztlich nicht ausreichend mit der erzählerischen Vermittlung zu tun, um eine Klassifikation als *unzuverlässiges Erzählen* terminologisch zu rechtfertigen. Stattdessen handelt es sich bei der moralischen Bewertung der Handlungen eines Erzählers letztlich um eine rein inhaltliche Analyse von Aspekten der Erzählung und ist im Kontext einer allgemeinen Figurenanalyse zu verorten. Die Bezeichnung „unzuverlässiges Erzählen" sollte dagegen Phänomenen vorbehalten bleiben, die in direkterem Zusammenhang mit der erzählerischen Vermittlung selbst stehen – dies zum einen aus terminologischen Gründen, zum anderen weil das Konzept von der Mehrheit der Literaturwissenschaftler so genutzt zu werden scheint. Der analytische Bedarf kann aber stattdessen durch die Anwendung narratologischer Kategorien zur Figurencharakterisierung auf Erzählerfiguren bedient werden (siehe hierzu auch die Zusammenfassung in Kapitel V.3.6).

(2) Durch den Ausschluss ‚aktionaler wertebezogener Unzuverlässigkeit' aus dem Unzuverlässigkeitskonzept wird die Einfachheit des Unzuverlässigkeitsbegriffs in zweifacher Weise befördert. Zum einen werden Größe und Heterogenität des Begriffsumfangs reduziert. Zum anderen wird die Definition dadurch vereinfacht, dass ein Disjunkt wegfällt und sich hierdurch zugleich eine symmetrischere Form ergibt: Sowohl fakten- als auch wertebezogene Unzuverlässigkeit haben nun nur noch zwei Unterformen auf der

nächsten Hierarchieebene, nämlich jeweils eine sprachliche und eine kognitive Variante.

(3) Der dritte Grund für einen Ausschluss ‚aktionaler wertebezogener Unzuverlässigkeit' besteht darin, dass dieser Fall (obwohl er explizit in einigen Definitionen genannt wird) nie gesondert im Rahmen von Unzuverlässigkeitstheorien diskutiert wird. Dadurch entsteht der Verdacht, dass es Unzuverlässigkeitstheoretikern womöglich gar nicht um den Verstoß des Erzählers gegen bestimmte Werte selbst geht, sondern dass sie derartiges Verhalten letztlich bloß als Indikator für andere, ‚echte' Formen von Unzuverlässigkeit verstehen. Als solcher kann dieses Phänomen auch weiterhin gelten – Teil der Unzuverlässigkeitsdefinition sollte es aber dennoch nicht sein.

Aufgrund all dieser Argumente scheint es mir gerechtfertigt, ‚aktionale wertebezogene Unzuverlässigkeit' trotz ihrer Nennung in Booths ursprünglicher Definition aus dem Unzuverlässigkeitskonzept auszuschließen.

Folgt aus dieser Entscheidung nun, dass auch die kognitiven ‚Unzuverlässigkeitsvarianten' ausgegliedert werden sollten, weil auch sie zu wenig mit Erzählen per se zu tun haben und zu viel Nähe zu einer bloßen Figurenanalyse aufweisen? Dies scheint mir nicht der Fall zu sein. Denn kognitive Aspekte wie Überzeugungen und Meinungen beeinflussen das Erzählen häufig direkt bzw. werden (wenn sie Reflektorfiguren zuzuordnen sind) im Rahmen von *Vermittlungs*strategien eingesetzt. Deswegen scheint es mir gerechtfertigt, die kognitiven Unzuverlässigkeitsvarianten ebenfalls als unzuverlässigem Erzählen zugehöriges Phänomen zu verstehen.[367]

Die Tatsache, dass es für einige Formen erzählerischer Fehlfunktionen bisher nicht gelungen ist, vollkommen robuste Definitionen anzuführen (so z. B. für unentscheidbares Erzählen, fehlende Deutungsreichweite und unvollständiges Bewerten), ist meines Erachtens nicht hinreichend, um diese Subkonzepte aus dem Unzuverlässigkeitskonzept auszuschließen. Schließlich sind diese Subkonzepte in einigen häufig angewandten Unzuverlässigkeitstheorien bereits etabliert (z. B. bei Martínez und Scheffel bzw. bei Phelan und Martin) und ihre Verwendung führt häufiger zu fruchtbaren Analysen als zu Problemen.

---

[367] Als weiteres mögliches Argument könnte die literaturhistorische Tatsache angeführt werden, dass die ‚inneren Vorgänge', das mentale Handeln von Figuren spätestens seit dem neunzehnten Jahrhundert als einer *der* zentrale Gegenstände von Literatur verstanden wird (vgl. beispielsweise Cohn 1978). Es scheint deswegen wissenschaftlich fruchtbar zu sein, das Unzuverlässigkeitskonzept auch für die Analyse und Beschreibung kognitiver ‚Dysfunktionen' nutzen zu können.

Der nach der vorgeschlagenen Reduktion um ‚aktionale Unzuverlässigkeit' verbleibende Unzuverlässigkeitsbegriff ist also immer noch recht komplex. Eine weitere Reduktion erscheint mir dennoch nicht zwingend notwendig. Um das potenzielle Problem der mangelnden Distinktionskraft auszugleichen, bietet es sich an, die Art der Unzuverlässigkeit einfach genauer zu klassifizieren. Auf diese Weise mangelt es zwar möglicherweise der bloßen Klassifikation als ‚unzuverlässiges Erzählen' an Distinktionskraft, nicht aber beispielsweise der Klassifikation als Unzuverlässigkeit durch die *Äußerung inkorrekter Assertionen*. Außerdem ließe sich argumentieren, dass die verbliebenen unter dem Label „Unzuverlässigkeit" gebündelten Phänomene nun genug gemeinsam haben, um diese Zusammenordnung zu rechtfertigen: Beispielsweise stehen sie alle im Zusammenhang mit Fehlfunktionen, die die erzählerische Vermittlung betreffen bzw. beeinflussen.

3.2 Einschränkung unter Rekurs auf Bezugspunkte

In Kapitel II.3 hatte ich unterschiedliche Hinsichten vorgestellt, in denen das Unzuverlässigkeitskonzept (bzw. dessen Zuschreibung) an bestimmte Interpretationstheorien gekoppelt sein kann. Die dritte Hinsicht bestand darin, dass einige Theoretiker vorschlagen, die in den Kapiteln II.1 und II.2 vorgestellten Phänomene nur dann als erzählerische Unzuverlässigkeit zu kategorisieren, wenn sie eine Funktion im Rahmen der Werkbedeutung einnehmen.

Dieser Vorschlag scheint auf den ersten Blick dem Kriterium der wissenschaftlichen Fruchtbarkeit zuträglich zu sein. Schließlich gehört die Auseinandersetzung mit holistischen Bedeutungszuschreibungen an literarische Texte zu den Hauptaufgaben der Literaturwissenschaft. Es mag deswegen zunächst naheliegend erscheinen, diejenigen Erzählphänomene aus dem Unzuverlässigkeitsbegriff auszuklammern, die zwar zu den in den Kapiteln II.1 und II.2 beschrieben erzählerischen Dysfunktionen zählen, aber *keine* Funktion im Rahmen der Werkbedeutung einnehmen.

Meines Erachtens empfiehlt sich eine andere Herangehensweise im Sinne der wissenschaftlichen Fruchtbarkeit aber deutlich mehr. Denn auch wenn narratologische Konzepte wie unzuverlässiges Erzählen letztlich dazu genutzt werden sollen, komplexe Werkinterpretationen zu unterstützen, sehe ich keinerlei Vorteil darin, das Konzept bereits im Rahmen seiner Definition notwendigerweise an holistische Interpretations- und Bedeutungstheorien zu koppeln. Wir sind nicht gezwungen, unzuverlässiges Erzählen nur dort anzunehmen, wo fehlerhaftes Berichten und die anderen Fehlfunktionen mit der allgemeinen Botschaft des Textes in Zusammenhang stehen – wir können zwanglos jede dieser Fehlfunktionen *unabhängig von ihrer Rolle* als Unzuverlässigkeit kategorisieren.

Für diese Option sprechen mindestens zwei wichtige Gründe:

(1) Erstens wird damit die flexible Anwendbarkeit des Begriffs erhöht, denn er ist nicht bereits auf konzeptueller Ebene an Interpretationstheorien gekoppelt. Dadurch wird zugleich die Chance erhöht, dass Literaturwissenschaftler unterschiedlicher theoretischer Ausrichtung den Begriff als wissenschaftlich fruchtbar einstufen, weil sie ihn im Rahmen ihrer Untersuchungen für textanalytische Arbeitsschritte verwenden können.

(2) Zweitens sind die meisten (wenn nicht sogar alle) anderen narratologischen Kategorien auch nicht auf diese Weise bereits auf der definitorischen Ebene an die Werkbedeutung gekoppelt. Ob beispielsweise eine Analepse vorliegt, machen wir nicht daran fest, ob ein bereits feststellbarer zeitlicher Rückgriff durch den Erzähler bewusst vom Autor eingesetzt worden ist, um einen Effekt zu erzielen, bzw. ob er vom Leser auf eine bestimmte Weise verstanden wird. Dies ist in zweifacher Hinsicht sinnvoll: Zum einen wird dadurch die bereits erwähnte analytische Flexibilität der Kategorien erhöht, da sie im Rahmen unterschiedlicher literaturwissenschaftlicher Zugänge verwendet werden. Zum anderen werden so tendenziell beschreibende Analyseschritte im Rahmen des Textverstehens (narratologische Analyse) von stärker interpretativen Schritten (Ermittlung der Funktion der identifizierten Textmerkmale, holistische Deutung etc.) getrennt. Das erleichtert die literaturwissenschaftliche Diskussion der daraus hervorgehenden Interpretationshypothesen.

Es spricht also einiges dafür, Zusätze wie „muss eine Funktion im Zusammenhang mit der Werkbedeutung erfüllen" aus der Definition unzuverlässigen Erzählens herauszulassen – weswegen ich genau dieses vorschlagen möchte.

Das bedeutet allerdings *nicht*, dass nur solche Phänomene als unzuverlässiges Erzählen verstanden werden sollten, die sich ohne die Interpretation eines Textes feststellen lassen. Denn wie schon in Kapitel IV.2 dargelegt, gibt es Fälle, in denen sich allein auf Basis des textuellen Materials nicht feststellen lässt, ob eine der für Unzuverlässigkeit relevanten erzählerischen Fehlfunktionen vorliegt – beispielsweise aufgrund der Offenheit oder Ambiguität des Textes. Dies kann genauso auch bei anderen narrativen Phänomenen (z. B. bei Analepsen) vorkommen, wird bei Unzuverlässigkeit allerdings vermehrt auftreten.

Mein Vorschlag wäre, es hier genauso zu handhaben, wie wir es bei anderen narrativen Phänomenen vermutlich tun: Wenn wir eine der erzählerischen Fehlfunktionen allein aufgrund des textuellen Materials feststellen können, dann können wir ein *sicheres*, vergleichsweise wenig interpretatives Urteil über das Vorliegen von Unzuverlässigkeit fällen. Wenn das textuelle Material dagegen offen bzw. ambig ist, dann machen wir deutlich, dass (und warum) eine Entscheidung hier Interpretationssache ist. Wenn wir noch einen Schritt weiter gehen wollen, können wir darüber hinaus deutlich machen, wie wir den Text (auf Basis bestimmter Theorien und Informationen) interpretieren, um dennoch ein Urteil darüber fällen zu können, ob Unzuverlässigkeit vorliegt oder nicht.

3.3 Einschränkung unter Rekurs auf ‚mildernde Umstände'

In Kapitel II.4 habe ich Unzuverlässigkeitstheorien vorgestellt, die – vermutlich aufgrund vager sprachlicher Intuitionen oder ‚Nützlichkeitserwägungen' – bestimmte Vorkommnisse der relevanten Fehlfunktionen aus dem Begriffsumfang unzuverlässigen Erzählens ausschließen. Dies gilt insbesondere für Fälle offener und aufgelöster Unzuverlässigkeit.

Allerdings scheinen mir hier die sprachlichen Intuitionen, auf denen solche Vorschläge basieren, nicht robust bzw. konsistent genug zu sein, um mittlerweile bereits etablierte Verwendungsweisen des Terminus auszuschließen. So ist beispielsweise Phelans und Martins *unreliable interpreting* meist als Variante offener Unzuverlässigkeit umgesetzt – und Arbeiten zu unzuverlässigem Erzählen im Film sind überdurchschnittlich oft mit Fällen aufgelöster Unzuverlässigkeit befasst (vgl. hierzu beispielsweise auch Brütsch 2011). In der Bilanz scheint mir deswegen an dieser Stelle die permissivere Lösung sinnvoller.

3.4 Einschränkung unter Rekurs auf den Grad

In Kapitel II.5 hatte ich den Vorschlag vorgestellt, den Begriff „unzuverlässiges Erzählen" nur dann anzuwenden, wenn eine der vorher vorgestellten relevanten Verhaltensformen nicht nur auftritt, sondern zusätzlich einen gewissen Grad übersteigt. Ich halte diesen Vorschlag allerdings nicht für praktikabel oder sinnvoll. Obwohl ich einige Parameter diskutiert habe, anhand derer der Grad der Fehlfunktionalität des Erzählers bestimmt werden kann, sind diese Überlegungen noch nicht robust genug, um davon eine binäre Kategorisierung einer Erzählung in *zuverlässig vs. unzuverlässig* abhängig zu machen. Insbesondere fehlen hier sinnvolle Lösungsansätze zur Festlegung des Punktes auf einer ‚Unzuverlässigkeitsskala', ab dem eine Kategorisierung als unzuverlässig gerechtfertigt ist.

Der hauptsächliche Beweggrund, die Unzuverlässigkeitsdiagnose vom Grad der Fehlfunktion abhängig zu machen, besteht offensichtlich in der Befürchtung, dass der Unzuverlässigkeitsbegriff ansonsten inflationär gebraucht wird und seine Distinktionskraft verliert. Wie ich allerdings früher schon angemerkt habe, lässt sich ein inflationärer Gebrauch (insbesondere in Bezug auf unvollständiges Erzählen, siehe Kapitel II.2.1.2) auch auf andere Weise vermeiden – und ein Mangel an Distinktionskraft kann durch eine zusätzliche Spezifizierung der Unzuverlässigkeitsdiagnose verhindert werden.

Mein Vorschlag, den Grad der Fehlfunktionalität nicht in Anschlag zu bringen, um eine binäre Klassifikation von Erzählungen in *zuverlässig vs. unzuverlässig* vorzunehmen, impliziert aber nicht, dass ein Erzähler oder eine Erzählung bereits beim kleinsten Auftreten einer Fehlfunktion als ‚unterm Strich unzuverlässig' verstanden werden sollte.

Stattdessen sollte die Kategorie gar nicht unbedingt genutzt werden, um Erzähler oder Erzählungen *insgesamt* zu beschreiben, sondern eher einzelne *Vorkommnisse von Unzuverlässigkeit* in Erzählungen (siehe auch Kapitel III.2.1), die zudem tentativ anhand ihres Grades eingeordnet werden können. Eine zusammenfassende Beschreibung des Grads von Huck Finns Unzuverlässigkeit könnte also beispielsweise schematisch folgendermaßen aussehen: „Unzuverlässiges Erzählen tritt in den *Adventures of Huckleberry Finn* zwar recht häufig auf, allerdings sind die einzelnen Fehlfunktionen meist eher niedrig in ihrem Ausmaß und betreffen nicht allzu relevante Aspekte der Geschichte". In einem nächsten Schritt könnte man dann gegebenenfalls ebenfalls tentativ den Gesamtgrad von Hucks Unzuverlässigkeit bestimmen und ihn beispielsweise als ‚milde unzuverlässig' einstufen.[368] Damit würde sich unzuverlässiges Erzählen als narratologisches Konzept also von einem klassifikatorischen Begriff hin zu einem komparativen bewegen – und falls robuste Vorschläge zur genaueren Bestimmung des Grads gemacht werden, könnte es sogar zu einem quantitativen Begriff werden. Laut Carnap verhilft uns dieser letztere Begriffstyp „zu einer viel präziseren Beschreibung komplexer Sachverhalte" (Carnap 1959: 16). Einen Begriff quantitativ nutzen zu können, setzt allerdings eine schon recht weit fortgeschrittene Verfeinerung der Wissenschaftssprache voraus, die wiederum nur durch eine genauere Erforschung des fraglichen Phänomenbereichs möglich wird. Es ist deswegen nicht ausgeschlossen, dass eine Weiterentwicklung der Unzuverlässigkeitsforschung den Unzuverlässigkeitsbegriff tatsächlich quantitativ nutzbar machen wird.

---

368 Darüber hinaus sollte natürlich eine genauere Beschreibung und Klassifikation der einzelnen Vorkommnisse von Hucks Unzuverlässigkeit erfolgen, wie beispielsweise Phelan sie vornimmt (vgl. Phelan 2007: 228–231).

3.5 Erweiterung unter Rekurs auf Wahrscheinlichkeitserwägungen

Zuletzt möchte ich noch auf die Option eingehen, die ich in Kapitel II.6 präsentiert habe. Die Idee war hier, einen Erzähler nicht erst dann als unzuverlässig einzustufen, wenn davon auszugehen ist, dass er eine der relevanten Fehlfunktionen bzw. Verhaltensweisen tatsächlich an den Tag legt, sondern bereits dann, wenn wir es aufgrund seiner Persönlichkeit, seiner Situation oder seines allgemeinen Verhaltens für *wahrscheinlich* halten können, dass es zu einer dieser Fehlfunktionen kommt.

Meines Erachtens ist diese Regelung nicht allzu sinnvoll. Die Gründe hierfür sind ähnliche wie schon im Fall meiner Entscheidung gegen die Aufnahme ‚aktionaler wertebezogener Unzuverlässigkeit' in den Unzuverlässigkeitsbegriff: Dieses Phänomen scheint eher der Stil- und Figurenanalyse zuordenbar als einer Analyse der erzählerischen Darstellung. Allgemeine Charakterisierungen des Erzählers und die Erstellung psychologischer Profile können auch ohne Nutzung des Unzuverlässigkeitsbegriffs auskommen. Hier ist es möglich, sich an etablierte Kategorien zu Figurenanalyse zu halten oder psychologisches Vokabular zu nutzen.

Außerdem ist nicht vollkommen klar, ob es tatsächlich Theoretiker gibt, die diese Verwendungsweise des Unzuverlässigkeitsbegriffs vorsehen. Schließlich weisen auf diese Möglichkeit hauptsächlich recht vage Formulierungen in Unzuverlässigkeitstheorien hin, beispielsweise „ein Erzähler, dem wir nicht trauen sollten". Derartige Formulierungen lassen sich aber auch anders deuten – es könnten hiermit auch Erzähler gemeint sein, die bereits eine der relevanten Fehlfunktionen gezeigt haben. Hierfür spräche beispielsweise auch, dass einige Theoretiker betonen, sogenannte Indikatoren für Unzuverlässigkeit, die eine Disposition zum fraglichen Fehlverhalten nachweisen, seien weder notwendig noch hinreichend für Unzuverlässigkeit. Letztlich erscheint es also sinnvoller, Erzähler, denen man lediglich eine Disposition zum fraglichen Verhalten nachweisen kann, als *potenziell unzuverlässig* zu bezeichnen – und textuelle Oberflächenmarker wie häufige Leseransprachen, Ausrufe und Ähnliches lediglich als weder notwendige noch hinreichende Indikatoren zu verstehen.

Alles in allem scheint mir also folgende Dreigliederung der Zuordnung bzw. Analyse sinnvoll zu sein:

(1) Das, was gewöhnlich als ‚stilistische Marker' für unzuverlässiges Erzählen gehandelt wird, sollte hauptsächlich im Rahmen von Stilanalysen untersucht werden. Hier werden sich dann auch gewöhnlich sehr robuste Analyseergebnisse erzielen lassen – denn Stilistik ist in weiten Teilen ein sehr formales Phänomen, das an der Textoberfläche direkt erkennbar ist und teilweise sogar

automatisiert untersucht werden kann.[369] Stilistische Analysen können nun fruchtbar mit der Untersuchung der Zuverlässigkeit des Erzählens kombiniert werden – für die Rechtfertigung einer Unzuverlässigkeitsdiagnose haben sie allerdings nur eine sehr eingeschränkte Relevanz.

(2) Die Analyse der Persönlichkeit und der Situation von Erzählern (und gegebenenfalls auch von anderen Figuren) sollte im Rahmen einer Figurenanalyse erfolgen. Hierbei handelt es sich letztlich hauptsächlich um Analysen des Inhalts (*histoire*). Bestimmte Aspekte der Persönlichkeit und der Situation können teilweise relativ direkt aus den oben genannten stilistischen Merkmalen des Erzähltextes abgeleitet werden (so beispielsweise die Emotionalität eines Erzählers aus häufigen Ausrufen etc.). Allerdings handelt es sich hier, im Gegensatz zur reinen Stilanalyse – oft schon um teilweise interpretative Leistungen. Wie ich in Kapitel II.6 deutlich gemacht habe, bestimmen viele solcher charakterlich oder situativ bedingten Faktoren zwar die *Disposition* eines Erzählers zu den im Zusammenhang mit Unzuverlässigkeit relevanten Fehlfunktionen – ob so eine Fehlfunktion aber tatsächlich vorliegt, ist eine andere Frage, für deren Beantwortung weitere Argumente hinzugezogen werden müssen.

(3) Die Frage, ob ein Erzähler unzuverlässig ist, ist gleichbedeutend mit der Frage, ob er *tatsächlich* eine der relevanten Fehlfunktionen an den Tag legt. Das Phänomen der erzählerischen Unzuverlässigkeit lässt sich also am ehesten beschreiben als Eigenschaft, die das Verhältnis zwischen Erzähltem und Erzählen betrifft (*discours*). Untersuchungen zum Stil und zur Erzählerfigur können zwar gewinnbringend hiermit kombiniert werden – die

---

369 Vgl. beispielsweise Eder et al. (2016). Hierin unterscheidet sich Stil auch vom narratologischen Konzept des discours, wie Shen in ihrem Aufsatz What Narratology and Stylistics Can Do for Each Other deutlich macht: „[D]iscourse is primarily concerned with modes of presentation that go beyond strictly linguistic matters, and style is generally concerned more narrowly with choices of language" (Shen 2005: 136). Das lässt sich sogar noch genauer fassen: In Genettes Theorie haben alle discours-Kategorien mit einer Analyse des Verhältnisses zwischen der Geschichte (d. h. dem vermittelten Inhalt) und der Vermittlung (d. h. der Art und Weise der Präsentation des Inhalts) zu tun – und nicht ausschließlich mit formal-sprachlichen Aspekten. Unzuverlässiges Erzählen selbst ist in diesem Sinne am ehesten eine discours-Kategorie.

Ohmes Konzept der stilistischen Markierung (d. h. sein Kondensat des mit unzuverlässigem Erzählen verwandten Konzepts des *skaz*) eignet sich aufgrund seiner Unterkomplexität übrigens nicht hierfür. Ohme schließt aus diesem Konzept nämlich alles aus, was nicht direkt der Individuierung der Erzählinstanz dient (also beispielsweise Leseransprache, Ausrufe, rhetorische Fragen, Selbstkommentare sowie Ellipsen, Pausen, Partikeln, Betonung). Es bleiben nur Dialekt, Soziolekt, Idiolekt (und letztlich noch der Sonderfall der Ornamentalistik, vgl. Ohme 2015: 266–267).

jeweils verwendeten Analysekategorien sollten aber als konzeptuell unabhängig voneinander verstanden werden.

An dieser Stelle spreche ich mich also gegen eine maximal inklusive Explikation unzuverlässigen Erzählens aus, und zwar aufgrund des vermuteten Begriffsgebrauchs, aus Gründen größerer heuristischer Nützlichkeit und aufgrund des Vorhandenseins alternativ nutzbarer Kategorien für Stilistik und Figurenanalyse.

3.6 Zusammenfassung

Meine Explikation unzuverlässigen Erzählens lässt sich also – semi-formal – folgendermaßen zusammenfassen:

> Unzuverlässiges Erzählen liegt genau dann vor, wenn ein Erzähler (oder eine Reflektorfigur) mindestens eine von vier Tätigkeiten inadäquat ausführt. Zwei dieser Tätigkeiten sind faktenbezogen (das Äußern von Assertionen und das Hegen von Überzeugungen), zwei wertebezogen (das Äußern von Werturteilen und das Hegen von Werturteilen). Inadäquat ausgeführt sind diese Tätigkeiten, wenn sie ‚inkorrekt' oder ‚unvollständig' sind. „Inkorrekt" bedeutet im Falle faktenbezogener Unzuverlässigkeit, dass die Assertionen oder Überzeugungen des Erzählers (oder der Reflektorfigur) in der fiktiven Welt unwahr sind; im Falle wertebezogener Unzuverlässigkeit heißt es, dass die Wertäußerungen oder Wertungshaltungen des Erzählers (oder der Reflektorfigur) mit den implizit im Text kommunizierten Werten in Diskrepanz stehen. „Unvollständig" bedeutet im Falle faktenbezogener Unzuverlässigkeit, dass relevante Assertionen oder Überzeugungen fehlen. Relevant sind diese Assertionen oder Überzeugungen genau dann, wenn durch ihr Fehlen zeitweilig falsche Überzeugungen über die fiktiven Fakten gerechtfertigt erscheinen, wenn Fragen, die die Erzählung selbst aufwirft, unbeantwortet bleiben oder wenn Deutungen die Reichweite fehlt, so dass das Wesentliche an einer Situation nicht deutlich wird. Im Falle wertebezogener Unzuverlässigkeit bedeutet „unvollständig", dass Wertäußerungen oder Wertungshaltungen fehlen, deren Relevanz implizit kommuniziert wird.
>
> Es ist nicht relevant für das Vorliegen unzuverlässigen Erzählens, ob diese inadäquat ausgeführten Erzählerhandlungen eine Funktion im Zusammenhang mit der Werkbedeutung erfüllen. Sollte sich allein auf Basis des Textmaterials nicht feststellen lassen, ob eine inadäquat ausgeführte Erzählerhandlung vorliegt (beispielsweise weil die fiktiven Fakten oder implizit kommunizierten Werte unklar sind), kann eine Interpretationstheorie herangezogen werden, die möglicherweise unter Rückgriff auf auktoriale Intentionen oder Leserinterpretationen eine Entscheidung erlaubt. Diese Entscheidung muss mit dem Textmaterial kompatibel sein.
>
> Es ist nicht relevant für das Vorliegen unzuverlässigen Erzählens, ob die Unzuverlässigkeit täuschend oder offen, aufgelöst oder nicht-aufgelöst ist. Für das Vorliegen eines Vorkommnisses von Unzuverlässigkeit spielt ebenfalls keine Rolle, in welchem Grad die relevanten Tätigkeiten inadäquat ausgeführt werden. Damit unzuverlässiges Erzählen vorliegt, muss begründet werden können, dass eine dieser inadäquat ausgeführten Tätigkeiten tatsächlich realisiert ist. Die bloße Disposition eines Erzählers zum fraglichen Verhalten ist nicht hinreichend.

Bei der Entwicklung dieser Explikation unzuverlässigen Erzählens habe ich versucht, in Bezug auf alle in Kapitel II thematisierten Definitionsunterschiede Entscheidungen zu treffen, die Carnaps vier Kriterien der Ähnlichkeit, Exaktheit, Fruchtbarkeit und Einfachheit bestmöglich miteinander in Einklang bringen. Obwohl ich mich dabei bemüht habe, allgemein nachvollziehbare Argumente anzuführen, sind viele der Vorschläge letztlich Setzungen und somit anfechtbar.

VI Schlussbetrachtungen und Ausblick

Ich habe im Rahmen dieser Arbeit die unterschiedlichen Definitionen für „unzuverlässiges Erzählen" rekonstruiert, systematisiert und verglichen, eine umfassende Typologie zusammengestellt und die Anwendungsprinzipien all dieser ‚Unzuverlässigkeitsphänomene' diskutiert. Auf diese Weise konnten einige wichtige Erkenntnisse erzielt werden:

Es ist deutlich geworden, wie groß und komplex die Varianz zwischen den bestehenden Unzuverlässigkeitstheorien teilweise ist. Zugleich konnte gezeigt werden, dass innerhalb der einzelnen Theorien Definition und Grundannahmen oft nicht explizit gemacht werden, weshalb diese Unterschiede nicht immer offensichtlich sind. Wie ich insbesondere in Kapitel IV herausgestellt habe, hat die genaue Definition des Unzuverlässigkeitskonzepts allerdings relevante Konsequenzen in Bezug auf einige wichtige theoretische Streitfragen in der Unzuverlässigkeitsdebatte – insbesondere auf die Fragen nach dem Anwendungsbereich und den Methoden der Feststellung unzuverlässigen Erzählens.

Dadurch, dass ich zunächst möglichst deskriptiv verfahren bin und alle Herangehensweisen an das Unzuverlässigkeitskonzept gleichermaßen analysiert habe, sollte meine Arbeit interessante Ergebnisse für Literaturwissenschaftler unterschiedlicher Ausrichtung bereithalten und im Allgemeinen als Nachschlagewerk im Zusammenhang mit theoretischen Fragen zu unzuverlässigem Erzählen dienen können.

Da sich meines Erachtens durch das reine Zusammentragen verschiedener Unzuverlässigkeitsdefinitionen allerdings keine handhabbare ‚Gesamtkategorie' ergeben hat, habe ich in Kapitel V, basierend auf den bisherigen Theorien, eine in ihrer Komplexität etwas reduzierte Definition entwickelt, die sich als standardisierte Variante des Konzepts eignen könnte. Obwohl ich im Rahmen dieser Explikation versucht habe, allgemein nachvollziehbare Argumente für meine definitorischen Unterscheidungen anzuführen, habe ich spätestens dort das relativ unparteiische Terrain verlassen müssen. Mein Explikationsvorschlag basiert letztlich auf der Überzeugung, dass es am sinnvollsten ist, wenn narratologische Kategorien konzeptuell möglichst wenig an komplexe Werkinterpretationen gekoppelt sind und auch in ihrer Anwendung möglichst wenig auf letztere angewiesen sind. Es ist auf diese Weise möglich, allgemein verständlich über textuelle Merkmale zu diskutieren, die im Rahmen unterschiedlichster literaturwissenschaftlicher Schulen potenziell bedeutsam sind. *Ob* ihnen in einem konkreten literarischen Werk tatsächlich eine zentrale Bedeutung zukommt, kann wiederum meist nur im Rahmen konkreter Interpretationen entschieden werden.

Mein Vorschlag, „unzuverlässiges Erzählen" so zu definieren, dass die Kategorie möglichst interpretationsneutral anwendbar ist, ist deswegen keinesfalls gleichbedeutend mit der Forderung, dass die literaturwissenschaftliche Erforschung von Texten sich auf die Feststellung nicht-interpretativer Textmerkmale beschränken sollte. Im Gegenteil: Nach einer so ausführlichen theoretischen Auseinandersetzung mit einem narratologischen Konzept, wie sie in dieser Arbeit erfolgt ist, ist es aus mindestens drei Gründen absolut notwendig, das von mir vorgeschlagene Unzuverlässigkeitskonzept zusammen mit der dazugehörigen Typologie im Rahmen interpretativer Vorhaben zur Anwendung zu bringen:

(1) Zum einen kann nur der praktische Einsatz im Rahmen konkreter Vorhaben letztlich zeigen, ob Konzept und Taxonomie genau genug bestimmt sind, um eine regelgeleitete Anwendung zu ermöglichen.
(2) Zum anderen muss die Anwendung zeigen, ob Konzept und Typologie in der Weise, wie ich sie hier bestimmt habe, für komplexe Interpretationen konkreter Werke wirklich hilfreich sind.
(3) Und schließlich kann uns erst die Anwendung des hier entwickelten Begriffsinstrumentariums im Zusammenhang mit umfassenden Textinterpretationen Aufschluss über die unterschiedlichen *Funktionen* geben, die der Einsatz von erzählerischer Unzuverlässigkeit im Werkzusammenhang einnehmen kann.

Im Rahmen dieser Arbeit habe ich mich kaum mit den Funktionen unzuverlässigen Erzählens auseinandergesetzt. Die einzige Ausnahme stellt die Frage dar, ob unzuverlässiges Erzählen unter Rekurs auf einzelne, bestimmte Funktionen definiert werden soll, die das fragliche Erzählerverhalten in konkreten Werkkontexten übernehmen kann. Meines Erachtens kann unzuverlässiges Erzählen ganz unterschiedliche Funktionen übernehmen – und es ist noch immer ein Desiderat der Unzuverlässigkeitsforschung, diese Funktionen systematisch zu untersuchen. Bisherige Arbeiten zu unzuverlässigem Erzählen haben sich zwar bereits vielfach mit Funktionen unzuverlässigen Erzählens auseinandergesetzt – dies aber meist nur im Rahmen der Frage, welche Funktion unzuverlässiges Erzählen in einem bestimmten Werk übernimmt.[370] Systematische Überlegungen zur Funktionenfrage bleiben dagegen meist kursorisch: Lahn und Meister nennen als zwei typische Funktionen unzuverlässigen Erzählens *aufklärerische Absicht* (d. h. der Leser soll lernen, eigenständig zu denken und nicht unreflektiert dem Erzähler zu folgen) und *Illustration der Verunsicherung in der Moderne* (d. h.

---

[370] Vgl. beispielsweise Pobloth 1998; Gymnich 1998; Surkamp 1998; Sommer 1998; Müller 1992.

beispielsweise des Bruchs mit epistemologischem Realismus, vgl. Lahn und Meister 2013: 186). V. Nünning spricht von didaktischen, propagandistischen, kognitiven und unterhaltenden Funktionen unzuverlässigen Erzählens (vgl. V. Nünning 2015: 104). Dies geschieht bei ihr aber nur im Rahmen einer Formulierung von Desideraten der Unzuverlässigkeitsforschung – eine genauere Erläuterung dieser Funktionen lässt sich bei ihr nicht finden. Den Anspruch, einen systematischen Beitrag zur Funktionenfrage zu leisten, haben Ronny Bläß (2005) und Claudia Hillebrandt (2011). Bläß entwirft eine Funktionstypologie unzuverlässigen Erzählens, die er in drei Kategorien unterteilt: textbezogene, kontextbezogene und leserbezogene Funktionen (vgl. Bläß 2005: 198). Zu den textbezogenen Funktionen gehören die Betonung der Erzählerfigur bzw. der Diskursebene, die Charakterisierung der Erzählerfigur sowie „ästhetische Funktionen durch Komplexität und Variation der ironischen Distanz" (Bläß 2005: 198). Kontextbezogene Funktionen können beispielsweise die Inszenierung außerliterarischer Diskurse sein, das Thematisieren von Subjektivität oder epistemologischem Skeptizismus oder die Darstellung von Satire. Die Darstellung von Satire kann ebenfalls als leserbezogene Funktion verstanden werden – weitere leserbezogene Funktionen sind die Bereitstellung von Rätseln, Sympathielenkung und Schock. Bläß weist darauf hin, dass es fruchtbar wäre, diese Funktionen im Zusammenhang mit historischen Genre- und Epochenmerkmalen zu untersuchen (vgl. Bläß 2005: 201–202).

Hillebrandt bezieht sich in ihrem Beitrag kritisch auf Bläß und gibt unter anderem zu bedenken, dass Bläß in seinen Analysen nicht zwischen unterschiedlichen Typen unzuverlässigen Erzählens differenziert (insbesondere zwischen fakten- und wertebezogener Unzuverlässigkeit), die wohl jeweils tendenziell unterschiedliche Funktionen erfüllen (vgl. Hillebrandt 2011: 23). Darüber hinaus weist Hillebrandt auf die Notwendigkeit hin, den Funktionsbegriff genauer zu spezifizieren, und entwirft selbst eine Typologie emotionaler Funktionen unzuverlässigen Erzählens. So macht sie beispielsweise deutlich, dass wertebezogene Unzuverlässigkeit eher moralisch gefärbte Emotionen beim Leser hervorruft, wohingegen faktenbezogene nicht-personale Unzuverlässigkeit eher geeignet ist, den Leser zu desorientieren, und faktenbezogene Unzuverlässigkeit personaler Erzähler tendenziell Spannung oder Überraschung hervorrufen kann (vgl. Hillebrandt 2011: 32). Was die Sympathielenkung des Lesers anbelangt, so vermutet Hillebrandt, dass die konkrete Wirkung im Falle faktenbezogener Unzuverlässigkeit von der Motivation des Erzählers abhängt, im Falle wertebezogener Unzuverlässigkeit dagegen vom Wertesystem des Lesers (vgl. Hillebrandt 2011: 33). Diese Thesen müssten aber laut Hillebrandt durch empirische Leserforschung überprüft werden.

Diese Ansätze einer differenzierten Funktionstypologie könnten nun durch diachrone Analysen und Interpretationen unzuverlässig erzählter Texte mithilfe des von mir weiterentwickelten Analyseinstrumentariums erweitert werden. Im Rahmen solcher Untersuchungen ließe sich etwa feststellen, ob unzuverlässiges Erzählen tatsächlich epochenspezifisch verschiedene Funktionen erfüllt – und ob diese Funktionen systematisch an bestimmte formal bestimmbare Typen unzuverlässigen Erzählens gebunden sind.[371] Zusätzlich könnte die von Hillebrandt erwähnte Leserforschung interessante Aufschlüsse über leserbezogene Funktionen liefern.

Neben dieser praktischen Anknüpfung an meine Untersuchungen gibt es aber auch theoretische Fragen, die systematisch ausgelassen worden sind. Durch den ausschließlichen Fokus auf textuelle, fiktionale Erzählungen habe ich mich nicht mit (Aspekten von) Unzuverlässigkeitstheorien beschäftigt, die das Konzept für die Analyse nicht-fiktionaler oder nicht rein textueller Erzählungen nutzbar machen wollen. Auf beide Felder sind die hier angestellten Überlegungen nicht direkt übertragbar – sie bilden aber dennoch eine gute Grundlage für die Entwicklung entsprechender Theorien.

Im Falle nicht-fiktionaler Erzählungen muss beachtet werden, dass die Unterscheidung zwischen Autor und Erzähler weniger trivial ist als im Falle fiktionaler Erzählungen. Unzuverlässigkeitstheorien, denen zufolge unzuverlässiges Erzählen in einer Diskrepanz zwischen Autor und Erzähler besteht, müssten hier also argumentieren, inwiefern Unzuverlässigkeit gegebenenfalls dennoch möglich ist. Entsprechende Argumentationen lassen sich beispielsweise bei Phelan finden (vgl. Phelan 2011). Ein weiterer Aspekt, der insbesondere im Zusammenhang mit der Feststellung potenzieller faktenbezogener Unzuverlässigkeit in nicht-fiktionalen Erzählungen beachtet werden muss, besteht darin, dass das textuelle Material offenbar nicht die wichtigste Quelle zur Bestimmung der Fakten darstellt, gegen die die Erzähleräußerungen geprüft werden müssen. Stattdessen sind die Fakten selbst in der realen Welt potenziell zugänglich für uns, um sie als Abgleichsschablone heranzuziehen.[372]

---

[371] Geeignet wären hier beispielsweise Ansätze computergestützter Annotation. Zu den Chancen und Herausforderungen im Kontext narratologischer Analysen vgl. Gius und Jacke 2015 und Gius und Jacke 2017.
[372] Ein ähnliches Problem stellt sich möglicherweise im Zusammenhang mit seriellen Erzählungen, beispielsweise Fortsetzungsromanen. Hier muss entschieden werden, ob zur Feststellung der Unzuverlässigkeit nur der Einzeltext als Quelle genutzt werden darf, um beispielsweise die fiktiven Fakten zu bestimmen, oder ob bzw. inwiefern auch die weiteren Texte als Grundlage zulässig sind. Derartige Fragen stellen sich aber bei seriellen Erzählungen im Zusammenhang mit allen Analysen, die etwas mit den fiktiven Fakten zu tun haben – es handelt sich also nicht um ein unzuverlässigkeitsspezifisches Phänomen.

Einige Theoretiker könnten aus diesen oder ähnlichen Gründen argumentieren, dass unzuverlässiges Erzählen nicht in nicht-fiktionalen Erzählungen vorkommen kann – weil dort andere Prinzipien gelten und identische Textmerkmale möglicherweise andere Funktionen haben. Eine abgeschwächte Form dieser These könnte darin bestehen, dass unzuverlässiges Erzählen in nicht-fiktionalen Texten nur dann vorliegt, wenn es im Rahmen einer Kompositionsstrategie mit bestimmter Wirkung eingesetzt wird bzw. wenn es allein auf Basis des textuellen Materials feststellbar ist. In jedem Fall wäre es notwendig, die genaue Argumentation im Einzelnen zu untersuchen. Denn möglicherweise zeigen sich hierin zusätzliche Bedingungen, die die fraglichen Theoretiker zwar unter der Hand für unzuverlässiges Erzählen ansetzen, in ihren Definitionen aber nicht explizit machen.[373]

Soll das Konzept unzuverlässigen Erzählens auch für die Analyse nicht rein textueller – beispielsweise filmischer – Erzählungen nutzbar gemacht werden, so ist hierbei vor allem zu beachten, dass sich ein weiterer Typ unzuverlässigen Erzählens ergibt. Betroffen ist hier *das Zeigen von Fakten* durch die audiovisuelle Erzählinstanz (vgl. Kuhn 2011) – auch dieses Zeigen kann inkorrekt oder unvollständig sein. Hierbei handelt es sich möglicherweise um einen zusätzlichen definitionsrelevanten Typ unzuverlässigen Erzählens.[374]

Darüber hinaus ist für die wertebezogenen Typen unzuverlässigen Erzählens fraglich, ob diese im Zusammenhang mit der audiovisuellen Erzählinstanz auftreten können.[375] Für die sprachlichen Formen unzuverlässigen Erzählens lässt sich dagegen festhalten, dass diese nur dann vorkommen können, wenn

---

[373] Cohn ist der Ansicht, dass wertebezogene Unzuverlässigkeit nicht in nicht-fiktionalen Erzählungen vorkommen kann – eben weil es dort keinen Unterschied zwischen Autor und Erzähler gibt (Cohn 2000: 307). Auch Hansen diskutiert die Möglichkeit unzuverlässigen Erzählens in nicht-fiktionalen Texten und weist in diesem Zusammenhang auf Probleme mit Unzuverlässigkeitsdefinitionen hin, die auf den impliziten Autor Bezug nehmen (Hansen 2007: 232–234). Ohme schreibt, das Unzuverlässigkeitskonzept könne nicht auf die Geschichtsschreibung angewandt werden, da es sich um „ein spezifisch literarisches Phänomen mit einer kalkulierten ästhetischen Wirkung" handele (Ohme 2015: 126).

Mit unzuverlässigem Erzählen in nicht-fiktionalen Texten beschäftigt sich darüber hinaus eine Reihe von Beiträgen – so beispielsweise Dernbach (2015) und Bietz (2015) mit Unzuverlässigkeit im Journalismus, Elter (2015) mit Unzuverlässigkeit in der Politik, Jaeger (2015) theoretisiert Unzuverlässigkeit für das Feld der Geschichtswissenschaft, von Arnauld und Martini (2015) für die Rechtswissenschaft, Mildorf (2015) für die Medizin und Boothe und Stojković (2015) für die Psychologie. Eine etwas allgemeinere theoretische Arbeit, die der Theoretisierung von Unzuverlässigkeit für nicht-fiktionale Kontexte gewidmet ist, liefert Martens (2015).

[374] Zu unzuverlässigem Erzählen in audiovisuellen Medien vgl. beispielsweise Kuhn (2015).

[375] Eine der wenigen Arbeiten, in denen wertebezogene Unzuverlässigkeit im Film ausführlich diskutiert wird, ist Laass (2008). Vgl. hierzu außerdem Koch (2011).

sprachliche Erzählinstanzen auftreten – dieses Auftreten ist im Film (im Gegensatz zu rein textueller Literatur) nicht notwendig.

Des Weiteren ergeben sich im Film zusätzliche Möglichkeiten der Umsetzung unzuverlässigen Erzählens durch die Kombination von audiovisuellem und sprachlichem Erzählen.

Wie schon im Zusammenhang mit nicht-fiktionalem Erzählen könnte auch in Bezug auf filmisches Erzählen argumentiert werden, dass unzuverlässiges Erzählen hier nicht vorkommen kann (sofern keine sprachliche Erzählinstanz vorkommt). Die Gründe können hier zum einen in bestimmten Definitionsdetails unzuverlässigen Erzählens bestehen (z. B. indem vorausgesetzt wird, dass es einen personalen Erzähler geben muss) oder in bestimmten filmtheoretischen Auffassungen. Hier wäre beispielsweise die Auffassung zu nennen, es sei nicht sinnvoll, eine audiovisuelle Erzählinstanz anzunehmen. Unter dieser Voraussetzung gäbe es möglicherweise kein Subjekt, auf das das Konzept des unzuverlässigen Erzählens angewandt werden kann. Obwohl insgesamt schon viel Forschungsliteratur auf dem Feld filmischer Unzuverlässigkeit existiert, wäre meines Erachtens auch hier eine systematische vergleichende Analyse der bestehenden Ansätze nötig, um konzeptuelle Klarheit zu erreichen.[376]

Die genannten Desiderate machen deutlich, dass die Unzuverlässigkeitsforschung immer noch wichtige Aufgaben zu bewältigen hat. Meine theoretischen Untersuchungen in Bezug auf unzuverlässiges Erzählen in fiktionalen, textuellen Erzählungen mögen hierfür aber eine Grundlage geliefert haben.

---

[376] Neben der Untersuchung der Möglichkeiten unzuverlässigen Erzählens nicht-fiktionalen Texten und in anderen Medien ist auch eine Analyse der Optionen von Unzuverlässigkeit in anderen Gattungen ein Desiderat. Einige wenige Arbeiten beschäftigen sich bereits mit diesem Problemfeld, so beispielsweise Hühn (2015), der Unzuverlässigkeit in lyrischen Texten untersucht, oder Nünning und Schwanecke (2015) sowie Richardson (1988), die sich Unzuverlässigkeit im Drama widmen.

Literatur

Allrath, Gaby (1998): „But why will you say that I am mad?" Textuelle Signale für die Ermittlung von unreliable narration. In: Ansgar Nünning, Bruno Zerweck und Carola Surkamp (Hrsg.): *Unreliable Narration. Studien zur Theorie und Praxis unglaubwürdigen Erzählens*. Trier: Wissenschaftlicher Verlag Trier, 59–79.
Arnauld, Andreas von und Stefan Martini (2015): Unreliable Narration in Law Courts. In: Nünning, Vera (Hrsg.): *Unreliable Narration and Trustworthiness. Intermedial and Interdisciplinary Perspectives*. Berlin [u. a.]: De Gruyter, 347–370.
Bailey, Kenneth D. (1994): *Typologies and Taxonomies. An Introduction to Classification Techniques*. Thousand Oaks, Kalifornien, London und New Delhi: Sage Publications.
Barnes, Annette (1988): *On Interpretation. A Critical Analysis*. Oxford: Blackwell.
Barnes, Julian (2012 [2011]): *The Sense of an Ending*. London: Vintage.
Bauer, Matthias, Joachim Knape, Peter Koch und Susanne Winkler (2010): Dimensionen der Ambiguität. In: *Zeitschrift für Literaturwissenschaft und Linguistik* 40 (158), 7–75.
Beardsley, Monroe C. (1958): *Aesthetics. Problems in the Philosophy of Criticism*. New York [u. a.]: Hartcourt, Brace & World.
Beaugrande, Robert de und Wolfgang U. Dressler (1981): *Introduction to Text Linguistics*. London [u. a.]: Longman.
Bierce, Ambrose (1970 [1891]): An Occurrence at Owl Creek Bridge. In: Ders.: *The Complete Short Stories of Ambrose Bierce*. Hrsg. v. Ernest Jerome Hopkins. Garden City, New York: Doubleday, 305–313.
Bietz, Christoph (2015): Tracing Televised ‚Truth': Reality Effect and Unreliable Narration in TV News. In: Vera Nünning (Hrsg.): *Unreliable Narration and Trustworthiness. Intermedial and Interdisciplinary Perspectives*. Berlin [u. a.]: De Gruyter, 273–302.
Bläß, Ronny (2005): Satire, Sympathie und Skeptizismus. Funktionen unzuverlässigen Erzählens. In: Fabienne Liptay und Yvonne Wolf (Hrsg.): *Was stimmt denn jetzt? Unzuverlässiges Erzählen in Literatur und Film*. München: Edition Text + Kritik, 188–203.
Bolander, Thomas (2017): Self-Reference. In: Edward N. Zalta (Hrsg.): *The Stanford Encyclopedia of Philosophy*. https://plato.stanford.edu/entries/self-reference/ (22. November 2017).
Booth, Wayne C. (1961): *The Rhetoric of Fiction*. Chicago [u. a.]: University of Chicago Press.
Booth, Wayne C. (1974): *A Rhetoric of Irony*. Chicago [u. a.]: University of Chicago Press.
Boothe, Brigitte und Dragica Stojković (2015): Communicating Dreams. On the Struggle for Reliable Dream Reporting and the Unreliability in Dream Reports. In: Vera Nünning (Hrsg.): *Unreliable Narration and Trustworthiness. Intermedial and Interdisciplinary Perspectives*. Berlin [u. a.]: De Gruyter, 415–428.
Brinkmann, Richard (Hrsg.) (1987 [1969]): *Begriffsbestimmung des literarischen Realismus*. 3., erw. Aufl. Darmstadt: Wissenschaftliche Buchgesellschaft.
Brütsch, Matthias (2011): Von der ironischen Distanz zur überraschenden Wendung. Wie sich das *unzuverlässige Erzählen* von der Literatur- in die Filmwissenschaft verschob. In: kunsttexte.de 1. http://edoc.hu-berlin.de/kunsttexte/2011-1/bruetsch-matthias-8/PDF/bruetsch.pdf (04. Oktober 2017).
Brütsch, Matthias (2015): Irony, Retroactivity, and Ambiguity. Three Kinds of „Unreliable Narration" in Literature and Film. In: Vera Nünning (Hrsg.): *Unreliable Narration and*

Trustworthiness. Intermedial and Interdisciplinary Perspectives. Berlin [u. a.]: De Gruyter, 221–244.

Bühler, Axel (2003): Die Vielfalt des Interpretierens. In: Ders. (Hrsg.): *Hermeneutik. Basistexte zur Einführung in die wissenschaftstheoretischen Grundlagen von Verstehen und Interpretation.* Heidelberg: Synchron Wissenschaftsverlag der Autoren, 99–120.

Busch, Dagmar (1998): *Unreliable Narration* aus narratologischer Sicht. Bausteine für ein erzähltheoretisches Analyseraster. In: Ansgar Nünning, Bruno Zerweck und Carola Surkamp (Hrsg.): *Unreliable Narration. Studien zur Theorie und Praxis unglaubwürdigen Erzählens.* Trier: Wissenschaftlicher Verlag Trier, 41–58.

Camus, Albert (2013 [1942]): L'étranger. In: Ders.: *Œuvres.* Hrsg. v. Raphael Enthoven. Paris: Gallimard, 161–239.

Camus, Albert (1953) [1942]): *Le mythe de sisyphe.* Paris: Gallimard.

Carnap, Rudolf (1959): *Induktive Logik und Wahrscheinlichkeit.* Wien: Springer.

Carroll, Noël (2007): Narrative Closure. In: *Philosophical Studies* 135, 1–15.

Chatman, Seymour (1978): *Story and Discourse, Narrative Structure in Fiction and Film.* Ithaca, New York: Cornell University Press.

Chatman, Seymour (1990): *Coming to Terms. The Rhetoric of Narrative in Fiction and Film.* Ithaca, New York: Cornell University Press.

Christie, Agatha (1990 [1926]): *The Murder of Roger Ackroyd.* Glasgow: Fontana/Collins.

Cohn, Dorrit (1978): *Transparent Minds.* Princeton, New Jersey: Princeton University Press.

Cohn, Dorrit (2000): Discordant Narration. In: *Style* 34, 307–316.

Culler, Jonathan (1975): *Structuralist Poetics. Structuralism, Linguistics and the Study of Literature.* London: Routledge.

Culler, Jonathan (2004): Omniscience. In: *Narrative* 12 (1), 22–34.

Currie, Gregory (1995): Unreliability Refigured. Narrative in Literature and Film. In: *The Journal of Aesthetics and Art Criticism* 53 (1), 19–29.

Currie, Gregory (2004): *Arts and Minds.* Oxford: Oxford University Press.

Currie, Gregory (2005 [2003]): Interpretation in Art. In: Levinson, Jerrold (Hrsg.): *The Oxford Handbook of Aesthetics.* Oxford [u. a.]: Oxford University Press, 291–306.

Danneberg Lutz (1999): Zum Autorkonstrukt und zu einem methodologischen Konzept der Autorintention. In: Fotis Jannidis, Gerhard Lauer, Matías Martínez und Simone Winko (Hrsg.): *Rückkehr des Autors. Zur Erneuerung eines umstrittenen Begriffs.* Tübingen: Niemeyer, 77–105.

Dawson, Paul (2009): The Return of Omniscience in Contemporary Fiction. In: *Narrative* 17 (2), 143–161.

Dernbach, Beatrice (2015): (Un)reliable Narration in Journalism. The Fine Line between Fact and Fiction. In: Vera Nünning (Hrsg.): *Unreliable Narration and Trustworthiness. Intermedial and Interdisciplinary Perspectives.* Berlin [u. a.]: De Gruyter, 305–328.

Doležel, Lubomír (1998): *Heterocosmica. Fiction and Possible Worlds.* London: The John Hopkins University Press.

Durst, Uwe (2001): *Theorie der phantastischen Literatur.* Tübingen [u. a.]: Francke.

Eder, Maciej, Jan Rybicki und Jan Kestemont (2016): Stylometry with R. A Package for Computational Text Analysis. In: *The R Journal* 8 (1), 107–121.

Ellis, Bret E. (1991): *American Psycho.* New York [u. a.]: Vintage Books.

Ellis, Bret E. (2011 [1985]): *Less Than Zero.* London: Picador.

Elter, Andreas (2015): Unreliable Narratives in the US Elections. How Much Reliability Can a Campaign Take? In: Vera Nünning (Hrsg.): *Unreliable Narration and Trustworthiness. Intermedial and Interdisciplinary Perspectives.* Berlin [u. a.]: De Gruyter, 329–346.
Flaubert, Gustave (1958 [1857]): *Madame Bovary.* Paris: Quais de Paris.
Fludernik, Monika (1999): Defining (In)Sanity. The Narrator of *The Yellow Wallpaper* and the Question of Unreliability. In: Walter Grünzweig und Andreas Solbach (Hrsg.): *Grenzüberschreitungen. Narratologie im Kontext/Transcending Boundaries. Narratology in Context.* Tübingen: Narr, 75–95.
Fludernik, Monika (2005): *Unreliability* vs. *Discordance.* Kritische Betrachtungen zum literaturwissenschaftlichen Konzept der erzählerischen Unzuverlässigkeit. In: Fabienne Liptay und Yvonne Wolf (Hrsg.): *Was stimmt denn jetzt? Unzuverlässiges Erzählen in Literatur und Film.* München: Edition Text + Kritik, 39–59.
Fludernik, Monika (2013): Conversational Narration – Oral Narration. In: Peter Hühn et al. (Hrsg.): *the living handbook of narratology.* http://www.lhn.uni-hamburg.de/article/con versational-narration-%E2%80%93-oral-narration (22. November 2017).
Folde, Christian (2015): Grounding Interpretation. In: *British Journal of Aesthetics* 55 (3), 361–374.
Folde, Christian (2017): Non-Fictional Narrators in Fictional Narratives. In: *British Journal of Aesthetics* 57 (4), 389–405.
Foniokóva, Zuzana (2015): *Kazuo Ishiguro and Max Frisch. Bending Facts in Unreliable and Unnatural Narration.* Frankfurt am Main: Peter Lang.
Forster, Edward M. (1969): *Aspects of the Novel.* London: Arnold.
Fricke, Harald (1977): *Die Sprache der Literaturwissenschaft. Textanalytische und philosophische Überlegungen.* München: Beck.
Frisch, Max (1976a [1954]): Stiller. In: Ders.: *Gesammelte Werke in zeitlicher Folge.* Bd. III (2): 1949–1956. Hrsg. v. Hans Mayer. Frankfurt am Main: Suhrkamp, 359–780.
Frisch, Max (1976b [1964]): Mein Name sei Gantenbein. In: Ders.: *Gesammelte Werke in zeitlicher Folge.* Bd. V (1): 1964–1967. Hrsg. v. Hans Mayer. Frankfurt am Main: Suhrkamp.
Genette, Gérard (2010): *Die Erzählung.* München: Fink.
Gius, Evelyn und Janina Jacke (2015): Informatik und Hermeneutik. Zum Mehrwert interdisziplinärer Textanalyse. In: *Zeitschrift für digitale Geisteswissenschaften* 1. http://www.zfdg.de/sb001_006 (02. November 2017).
Gius, Evelyn und Janina Jacke (2017): The Hermeneutic Profit of Annotation. On Preventing and Fostering Disagreement in Literary Analysis. In: *International Journal of Humanities and Arts Computing* 11 (2), 233–254.
Glanzberg, Michael (2013): Truth. In: Edward N. Zalta (Hrsg.): *The Stanford Encyclopedia of Philosophy.* https://plato.stanford.edu/entries/truth/ (08. Novemvber 2017).
Goldman, Alan H. (1990): Interpreting Art and Literature. In: *The Journal of Aesthetics and Art Criticism* 48 (3), 205–214.
Graevenitz, Gerhart von (Hrsg.) (1999): *Konzepte der Moderne.* Stuttgart [u. a.]: Metzler.
Grice, Paul H. (1989 [1975]): Logic and Conversation. In: Ders.: *Studies in the Way of Words.* Cambridge, Massachusetts und London: Harvard University Press, 305–315.
Groeben, Norbert und Florian Pahlke (2016): Was kann und soll Rationale Rekonstruktion hermeneutischer Interpretationsansätze (nicht) leisten? In: *Journal of Literary Theory* 10 (1), 83–109.
Gymnich, Marion (1998): Identitätsspaltung oder epistemologische Verunsicherung. Unglaubwürdiges Erzählen in Margaret Drabbles *The Waterfall* und Brigid Brophys *In*

Transit. In: Ansgar Nünning, Bruno Zerweck und Carola Surkamp (Hrsg.): *Unreliable Narration. Studien zur Theorie und Praxis unglaubwürdigen Erzählens.* Trier: Wissenschaftlicher Verlag Trier, 147–164.
Haas, Wolf (1998): *Komm, süßer Tod.* Reinbek: Rowohlt.
Hansen, Per Krogh (2005): When Facts Become Fiction. Facts, Fiction and Unreliable Narration. In: Lars-Åke Skalin (Hrsg.): *Fact and Fiction in Narrative. An Interdisciplinary Approach.* Örebro: Örebro University, 283–303.
Hansen, Per Krogh (2007): Reconsidering the Unreliable Narrator. In: *Semiotica* 165, 227–246.
Herman, David (1999): Narratologies. New Perspectives on Narrative Analysis. Columbus, Ohio: Ohio State University.
Herman, David: Cognitive Narratology. In: Peter Hühn et al. (Hrsg.): *the living handbook of narratology.* http://www.lhn.uni-hamburg.de/article/cognitive-narratology-revised-version-uploaded-22-september-2013, 22. November 2017.
Heyd, Theresa (2006): Understanding and Handling Unreliable Narratives. A Pragmatic Model and Method. In: *Semiotica* 162, 217–243.
Heyd, Theresa (2011): Unreliability. The Pragmatic Perspective Revisited. In: *Journal of Literary Theory* 5 (1), 3–18.
Hillebrandt, Claudia (2011): Emotional Functions of Unreliable Narratives. An Outline for Future Research. In: *Journal of Literary Theory* 5 (1), 19–36.
Hof, Renate (1984): *Das Spiel des* unreliable narrator. *Aspekte unglaubwürdigen Erzählens im Werk von Vladimir Nabokov.* München: Wilhelm Fink Verlag.
Hoffmann, Ernst T. A. (1985 [1816]): *Der Sandmann.* In: Ders.: *Sämtliche Werke. Bd. 3: Nachstücke.* Hrsg. v. Hartmut Steinecke. Frankfurt am Main: Deutscher Klassiker-Verlag, 11–49.
Hühn, Peter (2015): Unreliability in Lyric Poetry. In: Vera Nünning (Hrsg.): *Unreliable Narration and Trustworthiness. Intermedial and Interdisciplinary Perspectives.* Berlin [u. a.]: De Gruyter, 173–187.
Jacke, Janina (2014): Is There a Context-Free Way of Understanding Texts? The Case of Structuralist Narratology. In: *Journal of Literary Theory* 8 (1), 118–139.
Jacke, Janina (2017): Interpreting ‚Unreliable Interpreting'. In: *Scientia Poetica* 21, 236–265.
Jacke, Janina (2018): Unreliability and Narrator Types. On the Application Area of ‚Unreliable Narration'. In: Journal of Literary Theory 12 (1), 3–28.
Jacke, Janina (2019): Narrative Unzuverlässigkeit erklärt. (Rezension von: Robert Vogt: Theorie und Typologie Narrativer Unzuverlässigkeit am Beispiel englischsprachiger Erzählliteratur, De Gruyter 2018). In: JLT online. http://www.jltonline.de/index.php/reviews/article/view/1014/2352 (26. Mai 2019).
Jaeger, Stephan (2015): Unreliable Narration in Historical Studies. In: Vera Nünning (Hrsg.): *Unreliable Narration and Trustworthiness. Intermedial and Interdisciplinary Perspectives.* Berlin [u. a.]: De Gruyter, 371–393.
Jahn, Manfred (1998): *Package Deals*, Exklusionen, Randzonen. Das Phänomen der Unverläßlichkeit in den Erzählsituationen. In: Ansgar Nünning, Bruno Zerweck und Carola Surkamp (Hrsg.): *Unreliable Narration. Studien zur Theorie und Praxis unglaubwürdigen Erzählens.* Trier: WVT, Wiss. Verl. Trier, 81–106.
Jannidis, Fotis (2003): Polyvalenz – Konvention – Autonomie. In: Fotis Jannidis, Gerhard Lauer, Matías Martínez und Simone Winko (Hrsg.): *Regeln der Bedeutung. Zur Theorie der Bedeutung literarischer Texte.* Berlin/New York: De Gruyter, 305–328.

Joyce, Richard (2015): Moral Anti-Realism. In: Edward N. Zalta (Hrsg.): *The Stanford Encyclopedia of Philosophy*. https://plato.stanford.edu/entries/moral-anti-realism/ (22. November 2017).
Kindt, Tom (2003): „Erzählerische Unzuverlässigkeit" in Literatur und Film. Anmerkungen zu einem Begriff zwischen Narratologie und Interpretationstheorie. In: Herbert Hrachovec, Wolfgang Müller-Funk und Birgit Wagner (Hrsg.): *Kleine Erzählungen und ihre Medien*. Wien: Turia + Kant, 55–66.
Kindt, Tom (2008): *Unzuverlässiges Erzählen und literarische Moderne. Eine Untersuchung der Romane von Ernst Weiß*. Tübingen: Niemeyer.
Kindt, Tom (2015): Deskription und Interpretation. Handlungstheoretische und praxeologische Reflexionen zu einer grundlegenden Unterscheidung. In: Marie Lessing-Sattari, Maike Löhden, Almuth Meissner und Dotothee Wieser (Hrsg.): *Interpretationskulturen. Literaturdidaktik und Literaturwissenschaft im Dialog über Theorie und Praxis des Interpretierens*. Frankfurt am Main [u. a.]: Lang, 93–112.
Kindt, Tom und Hans-Harald (2003a): Wieviel Interpretation enthalten Beschreibungen? Überlegungen zu einer umstrittenen Unterscheidung am Beispiel der Narratologie. In: Jannidis, Fotis, Lauer, Gerhard, Martínez, Matías und Winko, Simone (Hrsg.): *Regeln der Bedeutung. Zur Theorie der Bedeutung literarischer Texte*. Berlin und New York: De Gruyter, 286–304.
Kindt, Tom und Müller, Hans-Harald (2003b): Narrative Theory and/or/as Theory of Interpretation. In: Dies.: *What Is Narratology? Questions and Answers Regarding the Status of a Theory*. Berlin [u. a.]: De Gruyter, 205–219.
Kindt, Tom und Müller, Hans-Harald Müller (2006): *The Implied Author. Concept and Controversy*. Berlin [u. a.]: De Gruyter.
Kindt, Tom und Hans-Harald Müller (2011): Six Ways Not to Save the Implied Author. In: *Style* 45 (1), 67–79.
Kindt, Tom und Hans-Harald Müller (2015): Zum Verhältnis von Interpretation und Deskription. Ein Bestimmungsvorschlag und ein Beispiel. In: Jan Borkowski, Stefan Descher, Felicitas Ferder und Philipp D. Heine (Hrsg.): *Literatur interpretieren. Interdisziplinäre Beiträge zur Theorie und Praxis*. Münster: Mentis, 73–90.
Klauk, Tobias (2011): Can Unreliable Narration Be Analyzed in Terms of Testimony? In: *Journal of Literary Theory* 5 (1), 37–56.
Knights, Lionel C. (1946 [1933]): How Many Children Had Lady Macbeth? An Essay in the Theory and Practice of Shakespeare Criticism. In: Ders.: *Explorations. Essays in Criticism Mainly on the Literature of the Seventeenth Century*. London: Chatto & Windus, 1–39.
Koch, Jonas (2011): Unreliable and Discordant Film Narration. In: *Journal of Literary Theory* 5 (1), 57–80.
Köppe, Tilmann (2005): Prinzipien der Interpretation – Prinzipien der Rationalität. Oder: Wie erkundet man fiktionale Welten? In: *Scientia Poetica* 9, 310–329.
Köppe, Tilmann (2008): *Literatur und Erkenntnis. Studien zur Signifikanz literarischer Werke*. Paderborn: Mentis.
Köppe, Tilmann und Tom Kindt (2011): Unreliable Narration With a Narrator and Without. In: *Journal of Literary Theory* 5 (1), 81–93.
Köppe, Tilmann und Tom Kindt (2014): *Erzähltheorie. Eine Einführung*. Stuttgart: Reclam.
Köppe, Tilmann und Tobias Klauk (2013): Puzzles and Problems for the Theory of Focalization. In: Peter Hühn et al. (Hrsg.): *the living handbook of narratology*. http://www.lhn.uni-hamburg.de/node/24.html (8. September 2019).

Köppe, Tilmann und Jan Stühring (2011): Against Pan-Narrator Theories. In: *Journal of Literary Semantics* 40 (1), 59–80.
Korthals Altes, Liesbeth (2015): What about the Default, or Interpretive Diversity? Some Reflections on Narrative Unreliability. In: Vera Nünning (Hrsg.): *Unreliable Narration and Trustworthiness. Intermedial and Interdisciplinary Perspectives*. Berlin [u. a.]: De Gruyter, 59–82.
Kracht, Christian (1995): *Faserland*. Köln: Kiepenheuer & Witsch.
Kroon, Fred und Alberto Voltolini (2018): Fictional Entities. In: Edward N. Zalta (Hrsg.): *The Stanford Encyclopedia of Philosophy*. https://plato.stanford.edu/entries/fictional-entities/ (8. September 2019).
Kuhn, Markus (2011): *Filmnarratologie. Ein erzähltheoretisches Analysemodell*. Berlin [u. a.]: De Gruyter.
Kuhn, Markus (2015): (Un)reliability in Fictional and Factual Audiovisual Narratives on YouTube. In: Vera Nünning (Hrsg.): *Unreliable Narration and Trustworthiness. Intermedial and Interdisciplinary Perspectives*. Berlin [u. a.]: De Gruyter, 245–271.
Laass, Eva (2008): *Broken Taboos, Subjective Truths. Forms and Functions of Unreliable Narration in Contemporary American Cinema*. Trier: Wissenschaftlicher Verlag Trier.
Lahn, Silke und Jan Christoph Meister (2013 [2008]): *Einführung in die Erzähltextanalyse*. Stuttgart [u. a.]: Metzler.
Lang, Simone E. (2013): Fantastische Unzuverlässigkeit – unzuverlässige Fantastik. Ein Beitrag zur Diskussion um die Rolle des Erzählers in der literarischen Fantastik. In: *Komparatistik Online* 2013 (1), 9–21.
Lang, Simone E. (2014): Between Story and Narrated World. Reflections on the Difference between Homo- and Heterodiegesis. In: *Journal of Literary Theory* 8 (2), 244–368.
Lanser, Susan (1981): *The Narrative Act. Point of View in Prose Fiction*. Princeton, New Jersey: Princeton University Press.
Lewis, David (1978): Truth in Fiction. In: *American Philosophical Quarterly* 15 (1), 37–46.
Lodge, David (1992): *The Art of Fiction*. London: Penguin.
Lorand, Ruth (2001): *Telling a Story or Telling a World*. In: *British Journal of Aesthetics* 41 (4), 425–443.
Mackie, John L. (1977): *Ethics. Inventing Right and Wrong*. London: Penguin.
Mann, Thomas (1980 [1947]): Doktor Faustus. Das Leben des deutschen Tonsetzers Adrian Leverkühn, erzählt von einem Freunde. In: Ders.: *Gesammelte Werke in Einzelbänden*. Bd. 9. Hrsg. v. Peter de Mendelssohn. Frankfurt am Main: S. Fischer.
Mann, Thomas (2012 [1954]): *Bekenntnisse des Hochstaplers Felix Krull. Der Memoiren erster Teil*. In: Ders.: Große kommentierte Frankfurter Ausgabe. Werke, Briefe, Tagebücher. Bd. 12.1.Hrsg. v. Heinrich Detering, Eckhard Heftrich, Hermann Kurzke, Terence J. Reed, Thomas Sprecher und Hans R. Vaget. Frankfurt am Main: Fischer.
Margolin, Uri (2015): Theorising Narrative (Un)reliability. A Tentative Roadmap. In: Vera Nünning (Hrsg.): *Unreliable Narration and Trustworthiness. Intermedial and Interdisciplinary Perspectives*. Berlin [u. a.]: De Gruyter, 31–58.
Margolis, Joseph (1980): *Art and Philosophy*. Brighton: Harvester Press.
Martens, Gunther (2008): Revising and Extending the Scope of the Rhetorical Approach to Unreliable Narration. In: Elke d'Hoker und Gunther Martens (Hrsg.): *Narrative Unreliability in the Twentieth-Century First-Person Novel*. Berlin [u. a.]: De Gruyter, 77–106.

Martens, Gunther (2015): Unreliability in Non-Fiction. The Case of the Unreliable Addressee. In: Vera Nünning (Hrsg.): *Unreliable Narration and Trustworthiness. Intermedial and Interdisciplinary Perspectives*. Berlin [u. a.]: De Gruyter, 155–170.
Martínez-Bonati, Félix (1981): *Fictive Discourse and the Structure of Literature. A Phenomenological Approach*. Ithaca, New York und London: Cornell University Press.
Martínez, Matías und Michael Scheffel (1999): *Einführung in die Erzähltheorie*. München: Beck.
Matthews, Robert J. (1977): Describing and Interpreting a Work of Art. In: *The Journal of Aesthetics and Art Criticism* 35 (1), 5–14.
Meister, Jan Christoph (2014): Narratology. In: Peter Hühn et al. (Hrsg.): *the living handbook of narratology*. http://www.lhn.uni-hamburg.de/article/narratology (27. September 2017).
Meister, Jan Christoph (unveröffentlicht): *Unzuverlässiges Erzählen in Text und Film*. Vorlesung. Universität Hamburg, Sommersemester 2016.
Mildorf, Jarmila (2015): Unreliability in Patient Narratives. From Clinical Assessment to Narrative Practice. In: Vera Nünning (Hrsg.): *Unreliable Narration and Trustworthiness. Intermedial and Interdisciplinary Perspectives*. Berlin [u. a.]: De Gruyter, 395–413.
Müller, Hans-Harald (1992): Zur Funktion und Bedeutung des ‚unzuverlässigen Ich-Erzählers' im Werk von Ernst Weiß. In: Peter Engel und Hans-Harald Müller (Hrsg.): *Ernst Weiß – Seelenanalytiker und Erzähler von europäischem Rang. Beiträge zum Ersten Internationalen Ernst-Weiß-Symposium aus Anlaß des 50. Todestages*. Bern [u. a.]: Lang, 186–196.
Nabokov, Vladimir (1956 [1955]): *Lolita*. New York: Putnam.
Nelles, William (2006): Omniscience for Atheists. Or, Jane Austen's Infallible Narrator. In: *Narrative* 14 (2), 118–131.
Nindl, Sigrid (2010): *Wolf Haas und sein kriminalliterarisches Sprachexperiment*. Berlin: Schmidt.
Nünning, Ansgar (1998): „Unreliable Narration" zur Einführung. Grundzüge einer kognitiv-narratologischen Theorie und Analyse unglaubwürdigen Erzählens. In: Ansgar Nünning, Bruno Zerweck und Carola Surkamp (Hrsg.): *Unreliable Narration. Studien zur Theorie und Praxis unglaubwürdigen Erzählens*. Trier: Wissenschaftlicher Verlag Trier, 3–39.
Nünning, Ansgar (1999): Unreliable, Compared to What? Towards a Cognitive Theory of „Unreliable Narration". Prolegomena and Hypotheses. In: Walter Grünzweig und Andreas Solbach (Hrsg.): *Grenzüberschreitungen. Narratologie im Kontext/Transcending Boundaries. Narratology in Context*. Tübingen: Narr, 53–73.
Nünning, Ansgar (2005): Reconceptualizing Unreliable Narration. Synthesizing Cognitive and Rhetorical Approaches. In: Phelan und Peter J. Rabinowitz (Hrsg.): *A Companion to Narrative Theory*. Malden, Massachusetts [u. a.] Blackwell, 89–107.
Nünning, Ansgar (2008): Reconceptionalizing the Theory and Generic Scope of Unreliable Narration. Towards a Synthesis of Cognitive and Rhetorical Approaches. In: Elke d'Hoker und Gunther Martens (Hrsg.): *Narrative Unreliability in the Twentieth-Century First-Person Novel*. Berlin [u. a.]: De Gruyter, 29–76.
Nünning, Ansgar und Christine Schwanecke (2015): The Performative Power of Unreliable Narration and Focalisation in Drama and Theatre. Conceptualising the Specificity of Dramatic Unreliability. In: Vera Nünning (Hrsg.): *Unreliable Narration and Trustworthiness. Intermedial and Interdisciplinary Perspectives*. Berlin [u. a.]: De Gruyter, 189–219.

Nünning, Vera (1998): *Unreliable Narration* und die historische Variabilität von Werten und Normen. The Vicar of Wakefield als Testfall für eine kulturgeschichtliche Erzählforschung. In: Ansgar Nünning, Bruno Zerweck und Carola Surkamp (Hrsg.): *Unreliable Narration. Studien zur Theorie und Praxis unglaubwürdigen Erzählens*. Trier: Wissenschaftlicher Verlag Trier, 257–285.

Nünning, Vera (2004): Unreliable Narration and the Historic Variability of Values and Norms. The Vicar of Wakefield as a Test Case of a Cultural-Historical Narratology. In: *Style* 38 (2), 236–252.

Nünning, Vera (2015a): Conceptualising (Un)reliable Narration and (Un)trustworthiness. In: Vera Nünning (Hrsg.): *Unreliable Narration and Trustworthiness. Intermedial and Interdisciplinary Perspectives*. Berlin [u. a.]: De Gruyter, 1–28.

Nünning, Vera (2015b): Reconceptualising Fictional (Un)reliability and (Un)trustworthiness from a Multidisciplinary Perspective. Categories, Typologies and Functions. In: Vera Nünning (Hrsg.): *Unreliable Narration and Trustworthiness. Intermedial and Interdisciplinary Perspectives*. Berlin [u. a.]: De Gruyter, 83–108.

Ohme, Andreas (2015): *Skaz und Unreliable Narration. Entwurf einer neuen Typologie des Erzählers*. Berlin und New York: De Gruyter.

Olson, Greta (2003): Reconsidering Unreliability. Fallible and Untrustworthy Narrators. In: *Narrative* 11, 93–109.

Pawłowski, Tadeusz (1980): *Begriffsbildung und Definition*. Berlin [u. a.]: De Gruyter.

Petraschka, Thomas (2018): Warum die Aussage „Text T ist unzuverlässig erzählt" nicht immer interpretationsabhängig ist. Zwei Argumente. In: *Journal of Literary Theory* 12 (1), 113–126.

Pettersson, Bo (2015): Kinds of Unreliability in Fiction. Narratorial, Focal, Expositional and Combined. In: Vera Nünning (Hrsg.): *Unreliable Narration and Trustworthiness. Intermedial and Interdisciplinary Perspectives*. Berlin [u. a.]: De Gruyter, 109–129.

Phelan, James (2005): *Living to Tell about It*. Ithaca: Cornell University Press.

Phelan, James (2007): Estranging Unreliability, Bonding Unreliability, and the Ethics of Lolita. In: *Narrative* 15, 222–238.

Phelan, James (2011): The Implied Author, Deficient Narration, and Nonfiction Narrative: or, What's Off-Kilter in The Year of Magical Thinking and The Diving Bell and the Butterfly? In: *Style* 45 (1), 119–137.

Phelan, James und Mary P. Martin (1999): The Lessons of „Weymouth". Homodiegesis, Unreliability, Ethics, and „The Remains of the Day". In David Herman (Hrsg.): *Narratologies. New Perspectives on Narrative Analysis*. Columbus, Ohio: Ohio State University Press, 88–109.

Pier, John (2016): Metalepsis. In: Peter Hühn et al. (Hrsg.): *the living handbook of narratology*. http://www.lhn.uni-hamburg.de/article/metalepsis-revised-version-uploaded-13-july-2016 (20. April 2017).

Pobloth, Michel (1998): Erzählen als Mittel subjektiver Sinnstiftung. Das Problem der *(un-)reliability* in Graham Swifts Shuttlecock und Ever After. In: Ansgar Nünning, Bruno Zerweck und Carola Surkamp (Hrsg.): *Unreliable Narration. Studien zur Theorie und Praxis unglaubwürdigen Erzählens*. Trier: Wissenschaftlicher Verlag Trier, 131–146.

Poe, Edgar A. (1902 [1843]): The Tell-Tale Heart. In: Ders.: *The Complete Works of Edgar Allan Poe*, Vol. IV: Prose Tales. Hrsg. v. James A. Harrison. New York: Sproul [u. a.], 88–94.

Priest, Graham (1997): Sylvan's Box. A Short Story and Then Morals. In: *Notre Dame Journal of Formal Logic* 38 (4), 573–582.

Prince, Gerald (1988 [1987]): *A Dictionary of Narrative*. Aldershou [u. a.]: Scolar Press.

Reichert, John F. (1969): Description and Interpretation in Literary Criticism. In: *The Journal of Aesthetics and Art Criticism* 27, 281–292.
Rescher, Nicholas (1977): Handlungsaspekte. In: Meggle, Georg (Hrsg.): *Analytische Handlungstheorie*. Bd. I: Handlungsbeschreibungen. Frankfurt am Main: Suhrkamp, 1–7.
Richardson, Brian (1988): Point of View in Drama: Diegetic Monologue, Unreliable Narrators, and the Author's Voice on Stage. In: *Comparative Drama* 22 (3), 193–214.
Richardson, Brian (2006): *Unnatural Voices. Extreme Narration in Modern and Contemporary Fiction*. Columbus, Ohio: Ohio State University Press.
Riggan, William (1981): *Picaros, Madmen, Naifs, and Clowns. The Unreliable First Person Narrator*. Norman, Oklahoma: University of Oklahoma Press.
Rimmon-Kenan, Shlomith (1983): *Narrative Fiction. Contemporary Poetics*. London: Routledge.
Roojen, Mark van (2013): Moral Cognitivism vs. Non-Cognitivism. In: Edward N. Zalta (Hrsg.): *The Stanford Encyclopedia of Philosophy*. https://plato.stanford.edu/entries/moral-cognitivism/, 22. November 2017.
Ryan, Marie-Laure (1981): The Pragmatics of Personal and Impersonal Fiction. In: *Poetics* 10, 517–539.
Ryan, Marie-Laure (1991): *Possible Worlds, Artificial Intelligence, and Narrative Theory*. Bloomington: Indiana University Press.
Sartre, Jean-Paul (1939): Le Mur. In: Ders. *Le Mur*. Paris: Gallimard: 9–36.
Sayre-McCord, Geoff (2012): Metaethics. In: Edward N. Zalta (Hrsg.): *The Stanford Encyclopedia of Philosophy*. https://plato.stanford.edu/archives/sum2014/entries/metaethics/ (13. Oktober 2017).
Sayre-McCord, Geoff (2015): Moral Realism. In: Edward N. Zalta (Hrsg.): *The Stanford Encyclopedia of Philosophy*. https://plato.stanford.edu/entries/moral-realism/ (2. November 2017).
Schmid, Wolf (2008 [2005]): *Elemente der Narratologie*. 2., verb. Aufl. Berlin und New York: De Gruyter.
Schnitzler, Arthur (1961 [1900]): Leutnant Gustl. In: Ders.: *Gesammelte Werke*. Bd. 1: Die erzählenden Schriften. Frankfurt am Main: Fischer, 337–366.
Schwalm, Helga (2014): Autobiography. In: Peter Hühn et al. (Hrsg.): *the living handbook of narratology*. http://www.lhn.uni-hamburg.de/article/autobiography (22. November 2017).
Searle, John R. (1970 [1969]): *Speech Acts. An Essay in the Philosophy of Language*. Cambridge [u. a.]: Cambridge University Press.
Shen, Dan (2005): What Narratology and Stylistics Can Do for Each Other. In: James Phelan und Peter J. Rabinowitz. (Hrsg.): *A Companion to Narrative Theory*. Malden, Massachusetts [u. a.]: Blackwell, 136–149.
Shen, Dan (2013): Unreliability. In: Peter Hühn et al. (Hrsg.): *the living handbook of narratology*. http://www.lhn.uni-hamburg.de/article/unreliability (27. September 2017).
Shusterman, Richard (1978): The Logic of Interpretation. In: *The Philosophical Quarterly* 28 (113), 310–324.
Sommer, Roy (1998): Parodie des kolonialen Reiseberichts, Kritik an stereotypisierter Wahrnehmung des Fremden und Problematisierung von Fiktionalität und Authentizität. Die Funktionen von *unreliable narration* in Christopher Hopes *Darkest England*. In: Ansgar Nünning, Bruno Zerweck und Carola Surkamp (Hrsg.): *Unreliable Narration. Studien zur Theorie und Praxis unglaubwürdigen Erzählens*. Trier: Wissenschaftlicher Verlag Trier, 207–226.

Sperber, Dan und Deirdre Wilson (1981): Irony and the *Use – Mention* Distinction. In: Peter Cole (Hrsg.): *Radical Pragmatics*. New York: Academic Press, 295–318.

Stanzel, Franz K. (1969 [1955]): *Die typischen Erzählsituationen im Roman. Dargestellt an Tom Jones, Moby-Dick, The Ambassadors, Ullyses u. a.* Wien [u. a.]: Braumüller.

Stanzel, Franz K. (2008 [1979]): *Theorie des Erzählens*. Göttingen: Vandenhoeck & Ruprecht.

Stecker, Robert (2006): Interpretation and the Problem of Relevant Intention. In: Matthew Kieran (Hrsg.): *Contemporary Debates in Aesthetics and the Philosophy of Art*. Malden, Massachusetts: Blackwell, 269–281.

Stegmüller, Wolfgang (1979): *Rationale Rekonstruktion von Wissenschaft und ihrem Wandel. Mit einer autobiographischen Einleitung*. Stuttgart: Reclam.

Steinecke, Hartmut (1997): Der Sandmann. In: Ders.: *E.T.A. Hoffmann*. Stuttgart: Reclam, 103–108.

Steinecke, Hartmut (2004): Der Sandmann. In: Ders.: *Die Kunst der Fantasie. E.T.A. Hoffmanns Leben und Werk*. Frankfurt am Main [u. a.]: Insel-Verlag, 287–293.

Sternberg, Meir (1978): *Expositional Modes and Temporal Ordering in Fiction*. Bloomington und Indianapolis, Indiana: Indiana University Press.

Sternberg, Meir und Tamar Yacobi (2015): (Un)Reliability in Narrative Discourse. A Comprehensive Overview. In: *Poetics Today* 36 (4), 327–499.

Stock, Kathleen (2017): *Only Imagine. Fiction, Interpretation and Imagination*. Oxford: Oxford University Press.

Stockwell, Peter (2002): *Cognitive Poetics. An Introduction*. London und New York: Routledge.

Stühring, Jan (2011): Unreliability, Deception, and Fictional Facts. In: *Journal of Literary Theory* 5 (1), 95–108.

Surkamp, Carola (1998): Die Auflösung historischen Geschehens in eine Vielfalt heterogener Versionen. Perspektivenstruktur und *unreliable narration* in Paul Scotts multiperspektivischer Tetralogie *Raj Quartet*. In: Ansgar Nünning, Bruno Zerweck und Carola Surkamp (Hrsg.): *Unreliable Narration. Studien zur Theorie und Praxis unglaubwürdigen Erzählens*. Trier: Wissenschaftlicher Verlag Trier, 165–186.

Thon, Jan-Noël (2016): *Transmedial Narratology and Contemporary Media Culture*. Lincoln, Nebraska und London: University of Nebraska Press.

Tepe, Peter, Jürgen Rauter und Tanja Semlow (2009): *Interpretationskonflikte am Beispiel von E.T.A. Hoffmanns Der Sandmann. Kognitive Hermeneutik in der praktischen Anwendung*. Würzburg: Königshausen und Neumann.

Todorov, Tzvetan (1972): *Einführung in die fantastische Literatur*. München: Hanser.

Tsohatzidis, Savas L. (2002): The Gap between Speech Acts and Mental States. In: Ders. (Hrsg.): *Foundations of Speech Act Theory. Philosophical and Linguistic Perspectives*. London [u. a.]: Routledge, 220–233.

Twain, Mark (2001 [1884]): *Adventures of Huckleberry Finn. Tom Sawyer's Comrade*. Berkeley, California und London: University of California Press.

Vogt, Robert (2015): Combining Possible-Worlds Theory and Cognitive Theory. Towards an Explanatory Model for Ironic-Unreliable Narration, Ironic-Unreliable Focalization, Ambiguous Unreliable and Alterated-Unreliable Narration in Literary Fiction. In: Vera Nünning (Hrsg.): *Unreliable Narration and Trustworthiness. Intermedial and Interdisciplinary Perspectives*. Berlin [u. a.]: De Gruyter, 131–153.

Vogt, Robert (2018): *Theorie und Typologie narrativer Unzuverlässigkeit am Beispiel englischsprachiger Erzählliteratur*. Berlin und Boston: De Gruyter.

Wall, Kathleen (1994): The Remains of the Day and its Challenges to Theories of Unreliable Narration. In: *Journal of Narrative Technique* 24, 18–42.
Walter, Jürgen (1984): Das Unheimliche als Wirkungsfunktion. Eine rezeptionsästhetische Analyse von E.T.A. Hoffmanns Erzählung *Der Sandmann*. In: *Mitteilungen der E.-T.-A.-Hoffmann-Gesellschaft* 30, 15–33.
Walton, Kendall (1990): *Mimesis as Make-Believe: On the Foundations of the Representational Arts*. Cambridge, Massachusetts: Harvard University Press.
Welsch, Wolfgang (Hrsg.) (1988): *Wege aus der Moderne. Schlüsseltexte der Postmoderne-Diskussion*. Weinheim: VCH.
Werner, Jan C. (2014): Fiktion, Wahrheit, Referenz. In: Tobias Klauk und Tilmann Köppe (Hrsg.): *Fiktionalität. Ein interdisziplinäres Handbuch*. Berlin [u. a.]: De Gruyter, 125–158.
Winko, Simone (1991): *Wertungen und Werte in Texten. Axiologische Grundlagen und literaturwissenschaftliches Rekonstruktionsverfahren*. Braunschweig: Vieweg.
Wiśniewski, Andrzej (2010). *The Posing of Questions. Logical Foundations of Erotetic Inferences*. Heidelberg und Berlin: Springer.
Wünsch, Marianne (1991): *Die fantastische Literatur der frühen Moderne (1890–1930). Definition, denkgeschichtlicher Kontext, Strukturen*. München: Fink.
Yacobi, Tamar (1981): Fictional Reliability as a Communicative Problem. In: *Poetics Today* 2 (2), 113–126.
Yacobi, Tamar (2001): Package Deals in Fictional Narrative. The Case of the Narrator's (Un)Reliability. In: *Narrative* 8 (2), 223–229.
Yacobi, Tamar (2005): Authorial Rhetoric, Narratorial (Un)Reliability, Divergent Readings: Tolstoy's *Kreutzer Sonata*. In: James Phelan und Peter J. Rabinowitz (Hrsg.): *A Companion to Narrative Theory*. Malden, Massachusetts [u. a.]: Blackwell, 109–123.
Zerweck, Bruno (1998): „Boy, am I a reliable narrator". Eine kulturwissenschaftlich-narratologische Analyse des unzuverlässigen Erzählens in Martin Amis' *Money: A Suicide Note*. In: Ansgar Nünning, Bruno Zerweck und Carola Surkamp (Hrsg.): *Unreliable Narration. Studien zur Theorie und Praxis unglaubwürdigen Erzählens*. Trier: WVT, Wissenschaftlicher Verlag Trier, 227–255.
Zerweck, Bruno (2001): Historicizing Unreliable Narration. Unreliability and Cultural Discourse in Narrative Fiction. In: *Style* 35, 151–178.
Zerweck, Bruno (2002): Der *cognitive turn* in der Erzähltheorie. Kognitive und ‚natürliche' Narratologie. In: Ansgar Nünning und Vera Nünning (Hrsg.): *Neue Ansätze in der Erzähltheorie*. Trier: Wissenschaftlicher Verlag Trier, 219–239.
Zipfel, Frank (2011): Unreliable Narration and Fictional Truth. In: *Journal of Literary Theory* 5 (1), 109–130.

Namensregister

Allrath, Gaby 18, 145, 270, 271
Arnauld, Andreas von 313

Bailey, Kenneth 196, 197, 199, 200, 214
Barnes, Annette 264
Barnes, Julian 73, 239
Bauer, Matthias 76, 77
Beardsley, Monroe C. 264
Beaugrande, Robert de 77
Bierce, Ambrose 253, 254
Bietz, Christoph 313
Bläß, Ronny 311
Bolander, Thomas 65
Booth, Wayne C. 3, 19, 21, 22, 38–40, 47–49, 55, 56, 87, 99, 100, 113, 114, 117, 119, 148, 149, 159, 169, 170, 176, 187, 209, 214, 217, 218, 248, 258, 269, 296, 297, 298
Boothe, Brigitte 313
Brinkmann, Richard 257
Brütsch, Matthias 79, 110, 159, 169, 253, 303
Bühler, Axel 263
Busch, Dagmar 153, 228, 279

Camus, Albert 90, 91
Carnap, Rudolf 290–293, 304
Carroll, Noël 75
Chatman, Seymour 8, 22, 28–32, 47, 48, 67, 68, 99, 114, 115, 117–120, 159, 169, 190, 222, 238, 239, 249, 250, 251
Christie, Agatha 61, 74
Cohn, Dorrit 18, 23, 45, 46, 104, 139, 140, 239, 240, 300, 313
Culler, Jonathan 135, 227
Currie, Gregory 23, 75, 78, 124, 162, 163, 166, 175, 234, 240, 263

Danneberg, Lutz 105, 265, 266
Dawson, Paul 226
Dernbach, Beatrice 313
Doležel, Lubomír 232
Dressler, Wolfgang U. 77
Durst, Uwe 76

Eder, Maciej 306
Ellis, Bret E. 50, 90
Elter, Andreas 313

Flaubert, Gustave 225
Fludernik, Monika 1, 3, 90, 139, 145, 163, 237, 249
Folde, Christian 107, 109, 229, 262, 277
Fonioková, Zuzana 12
Forster, Edward M. 20
Fricke, Harald 297
Frisch, Max 168, 229

Genette, Gérard 1, 20, 67, 202, 221, 243, 247
Gius, Evelyn 312
Glanzberg, Michael 64
Goldman, Alan H. 264
Graevenitz, Gerhart von 259
Grice, Paul H. 59, 60, 128–131, 133, 273
Groeben, Norbert 12
Gymnich, Marion 310

Haas, Wolf 68
Hansen, Per K. 151, 152, 169, 187, 189, 258, 313
Herman, David 1, 100
Heyd, Theresa 59, 60, 68, 125, 128–131, 134, 146, 158, 167, 169, 190, 209, 273, 274
Hillebrandt, Claudia 311, 312
Hof, Renate 23, 38, 54, 69, 109, 134, 258
Hoffmann, Ernst T. A. 74, 201, 202, 276
Hühn, Peter 314

Jacke, Janina 13, 35, 160, 211, 212, 219, 278, 312
Jaeger, Stephan 313
Jahn, Manfred 26, 145, 235, 249
Jannidis, Fotis 102
Joyce, Richard 42

Kindt, Tom 1, 3, 12, 18, 21, 23, 24, 40, 45, 48, 52, 59, 60, 62, 66, 68–70, 72, 77, 78, 87, 91, 99–101, 104, 107, 109, 114–118,

131–134, 136, 151, 152, 160, 161,
163–166, 175, 176, 180, 187, 192, 196,
221, 222, 240, 246, 256, 259, 264–268,
273, 276, 294
Klauk, Tobias 189, 199
Knights, Lionel C. 69
Koch, Jonas 18, 313
Köppe, Tilmann 1, 23, 24, 40, 45, 48, 62, 68,
72, 77, 78, 160, 161, 163–166, 175, 176,
180, 187, 196, 199, 221–223, 229, 240,
246, 279, 294
Korthals Altes, Liesbeth 278, 281
Kroon, Fred 64
Kracht, Christian 50, 179
Kuhn, Markus 313

Laass, Eva 313
Lahn, Silke 24, 29, 45, 61, 66, 68, 87, 111,
134, 135, 167–169, 189, 208, 215, 234,
249, 250, 310, 311
Lang, Simone E. 76, 78, 79, 221
Lanser, Susan 18, 25, 175, 222
Lewis, David 64, 277, 280
Lodge, David 234, 237
Lorand, Ruth 65

Mackie, John L. 41
Mann, Thomas 40, 164, 227, 269
Margolin, Uri 23, 29, 30, 35, 41, 45, 60, 68,
87, 99, 165, 173, 175, 189, 190, 208, 240
Margolis, Joseph 264
Martens, Gunther 234, 313
Martin, Mary P. 18, 21, 23, 26–28, 34, 40,
48, 52, 54, 55, 58–63, 66, 68–70, 81,
82, 86–89, 93, 94, 104, 114, 149, 150,
177, 178, 210, 220, 300
Martínez, Matías 18, 23, 29, 30, 55, 66, 77,
126–128, 130, 133, 300
Martínez-Bonati, Félix 18
Martini, Stefan 313
Matthews, Robert J. 264
Meister, Jan Christoph 1, 24, 29, 45, 61, 66,
68, 87, 111, 134, 135, 167–169, 189, 208,
215, 234, 249, 250, 256, 257, 310, 311
Mildorf, Jarmila 313
Müller, Hans-Harald 100, 101, 114–118, 264,
265, 266, 310

Nabokov, Vladimir 88, 102, 149, 269
Nelles, William 226, 231
Nindl, Sigrid 68
Nünning, Ansgar 12, 18, 26, 44, 66, 97,
100, 102–104, 110, 141–145, 147,
149, 168, 175, 189, 234, 246, 271,
272, 314
Nünning, Vera 12, 26, 36, 144, 234, 238,
240, 245, 261, 275, 311

Ohme, Andreas 2, 24, 38, 46, 69, 87–89, 93,
99, 101, 110, 146, 240, 246, 249, 257,
277–279, 294, 306, 313
Olson, Greta 147, 150, 163, 217, 218, 269

Pahlke, Florian 12
Pawłowski, Tadeusz 11, 292–294
Petraschka, Thomas 253, 262, 265, 278
Pettersson, Bo 76, 165, 189, 209, 240, 252
Phelan, James 18, 21, 23, 25–28, 34, 40, 48,
52, 54–63, 66, 68–70, 81–84, 86–89,
93, 94, 99, 104, 114, 115, 120–124, 146,
149, 150, 165, 177, 178, 210, 215–217,
220, 300, 304, 312
Pier, John 230
Pobloth, Michel 310
Poe, Edgar A. 2, 17
Priest, Graham 274
Prince, Gerald 48, 51

Reichert, John F. 264
Rescher, Nicholas 81
Richardson, Brian 261, 262, 314
Riggan, William 45, 51, 114, 149, 207,
212–214
Rimmon-Kenan, Shlomith 22, 43, 55, 66, 68,
78, 104, 114, 124, 159, 169, 176, 189,
244, 269
Roojen, Mark van 42
Ryan, Marie-Laure 222, 224, 225, 232,
235–239, 243, 245

Sartre, Jean-Paul 37
Sayre-McCord, Geoff 41
Scheffel, Michael 23, 29, 30, 55, 66, 77,
126–128, 130, 300
Schmid, Wolf 247

Schnitzler, Arthur 100, 255
Schwalm, Helga 1
Schwanecke, Christine 314
Searle, John R. 21
Shen, Dan 12, 104, 124, 127, 141, 148, 190, 217, 306
Shusterman, Richard 262
Sommer, Roy 310
Sperber, Dan 128
Stanzel, Franz K. 226, 245–249
Stecker, Robert 125
Stegmüller, Wolfgang 12
Steinecke, Hartmut 202
Sternberg, Meir 5, 12, 19, 39, 52, 136, 138, 147–149, 151, 162, 175, 176, 186, 226, 252
Stock, Kathleen 118
Stockwell, Peter 135
Stojković, Dragica 313
Stühring, Jan 62, 68, 71, 72, 164, 222, 223, 229
Surkamp, Carola 310

Thon, Jan-Noël 1
Todorov, Tzvetan 76

Tsohatzidis, Savas L. 21
Twain, Mark 80

Vogt, Robert 13, 77, 79, 159, 160, 169, 279
Voltolini, Alberto 64

Wall, Kathleen 18, 124, 163, 176, 179, 181, 189, 215, 269, 270
Walter, Jürgen 202
Walton, Kendall 187, 223, 228, 277, 280, 281
Welsch, Wolfgang 260
Werner, Jan C. 264
Wilson, Deirdre 128
Winko, Simone 40, 283, 284
Wünsch, Marianne 76

Yacobi, Tamar 5, 12, 19, 22, 39, 52, 59, 66, 97, 100, 136, 138–143, 147–150, 162, 175, 176, 185, 186, 208, 209, 234, 252

Zerweck, Bruno 44, 48, 100, 104, 110, 143–145, 162, 209, 239, 256, 259–261
Zipfel, Frank 110, 177, 234, 279, 281

www.ingramcontent.com/pod-product-compliance
Lightning Source LLC
Chambersburg PA
CBHW031755220426
43662CB00007B/418